Green Street Wharf, San Francisco, 1849. (Photo O.V. Lange)
❝Mais à quoi faut-il attribuer cette affluence de navires qui, de tous les points du monde, viennent jeter des myriades de malheureux sur la plage californienne ? L'Europe a-t-elle le délire, et la France, particulièrement, est-elle devenue folle ? C'est l'or, dit-on, c'est l'or qui tourne les têtes, c'est l'or qui ôte esprit et raison…❞ A. Bernard de Russailh

Le trois-mâts *Star of Zealand* quittant la baie de San Francisco, en 1935, tandis que l'on construit le Golden Gate Bridge à l'entrée du détroit. (Photo Gabriel Moulin)

Cable car turn table. (Photo Max Yavno)
"Ils tournent le coin des rues pratiquement à angle droit, traversant d'autres lignes, et il se peut, pour autant que je sache, qu'ils grimpent sur les murs des maisons."
Rudyard Kipling

DE NOMBREUSES PERSONNALITÉS UNIVERSITAIRES OU LOCALES
ONT COLLABORÉ A CE GUIDE.
TOUTES LES INFORMATIONS CONTENUES DANS CET OUVRAGE
ONT ÉTÉ SOUMISES À LEUR APPROBATION.

GUIDES GALLIMARD
DIRECTION
Pierre Marchand
assisté de :
Hedwige Pasquet

RÉDACTION EN CHEF
Nicole Jusserand

COORDINATION
GRAPHISME : Élisabeth Cohat
ARCHITECTURE : Bruno Lenormand
CARTOGRAPHIE : Vincent Brunot
NATURE : Philippe J. Dubois,
Frédéric Bony
PHOTOGRAPHIE : Éric Guillemot,
Patrick Léger
RÉACTUALISATION : Anne-Josyane Magniant

FABRICATION
Catherine Bourrabier

PARTENARIATS
Philippe Rossat

COMMERCIAL
Jean-Paul Lacombe

PRESSE ET PROMOTION
Manuèle Destors

SAN FRANCISCO
ÉDITION : Isabelle de Coulibœuf
assistée de : Valérie Guidoux (Nature),
Gérard Dietrich-Sainsaulieu (Architecture),
Marie-Hélène Carpentier
(Art de vivre et Informations pratiques),
Julie Wood (Architecture),
Anne-Valérie Cadoret (Itinéraires)
RÉACTUALISATION : Julie Wood
MAQUETTE : Natacha Kotlarevsky,
Laurent Gourdon (Carnet d'adresses)
ICONOGRAPHIE : Randolph Delehanty,
Isabelle de Coulibœuf, Nathalie Pommier

DES CLEFS POUR COMPRENDRE
NATURE : Claire Peaslee, Zeke Grader,
Erik Gonthier, Greg de Nevers,
Jacques Dupont, Rich Stallcup
HISTOIRE : Malie Montagutelli
ART DE VIVRE : Malie Montagutelli,
Anthony Bliss, Alain Dister
ARCHITECTURE : Michael Corbett,
Isabelle Gournay
SAN FRANCISCO VU PAR LES PEINTRES :
Herma Kervran
SAN FRANCISCO VU PAR LES ÉCRIVAINS :
Catherine Sauvat

ITINÉRAIRES DANS SAN FRANCISCO
Lisa Anderson, Herma Kervran,
William Kostura, Gray Brechin, Ariel
Rubissow, Gladys Hansen, Bonnie Wach,
Autumn Stephen, Malie Montagutelli,
Eleonore Bakhtadze, Alain Dister,
Michel Frizot (Groupe F 64),
Pierre-Yves Pétillon (Jack London),
Valérie de Givry, Véronique Wiesinger

INFORMATIONS PRATIQUES
Nathalie Phan, Régis Navarre

ILLUSTRATIONS
NATURE : John Wilkinson,
Jacqueline Candiard, François Desbordes,
Jean Torton, François Place, Jean Chevallier,
Gilbert Houbre, Claire Felloni, Pascal Robin,
Gismonde Curiace, Bill Donohoe,
Catherine L'héritier
ARCHITECTURE : Siena Artworks Ltd.,
Londres
ITINÉRAIRES : Jean-Michel Kacédan,
Bruno Lenormand, Donald Grant,
Olivier Hubert, Jean-Marc Lanusse,
James Prunier, Jean-Philippe Chabot
INFORMATIONS PRATIQUES : Maurice Pommier
CARTOGRAPHIE : Harvey Stevenson,
Bruno Lenormand, Vincent Brunot,
Sylvie Serprix, Claire Cormier,
Jean-Marc Lanusse
INFOGRAPHIE : Paul Coulbois,
Sophie Compagne

CORRESPONDANTES LOCALES
Jennifer Kerr, Bellatrix Cochran

PHOTOGRAPHE
Andrew McKinney

Nous remercions pour leur aide précieuse
Jennifer Kerr, Anthony Bliss, Claire Peaslee,
Kimberley Harrington, Anne-Marie Lopez,
Jean Marin (IFREMER), Les Caves
du Monde, Ed Ueber, Michael Corbett,
Steve Sullivan (Acme Bakery)

RÉGIE PUBLICITAIRE
POUR LES GUIDES GALLIMARD
Bilobas Média
49, rue des Renaudes 75017 Paris
Tél. 01 46 22 95 00
Fax 01 46 22 95 01
E-Mail : bilobas @ pratique fr

Les erreurs ou omissions involontaires qui auraient pu subsister dans ce guide malgré les soins
et les contrôles de l'équipe de rédaction ne sauraient engager la responsabilité de l'éditeur.
Tous droits de traduction, de reproduction et d'adaptation réservés pour tous pays.
© Éditions Nouveaux-Loisirs, 1993
1er dépôt légal : septembre 1993. Dépôt légal : juin 1997
Numéro d'édition : 81856. ISBN 2-7424-0198-9
Photogravure : France Nova Gravure (Paris)
Imprimé en Italie par la Editoriale Libraria sur un papier 100 % biologique.
Juin 1997

ÉTATS-UNIS

SAN FRANCISCO

GUIDES GALLIMARD

Sommaire
Des clefs pour comprendre

Nature, 15

Faille de San Andreas, 16
Climatologie, 18
Marais salés de Bolinas, 20
Pêche et poissons, 22
Point Reyes, 24
Îles Farallones et mammifères marins, 26
Séquoias (Muir Wood), 30
Forêts de chênes (Oak woodlands), 34
Chaparral, 36
Vignobles de Napa Valley, 38
Nature dans la ville, 40

Histoire, 41

Chronologie, 42
Ruée vers l'or, 48
Évolution urbaine, 52
Le «Transcontinental Railway», 54
Le séisme de 1906, 58
La reconstruction, 62
Longshoreman's Association, 64

Art et traditions, 65

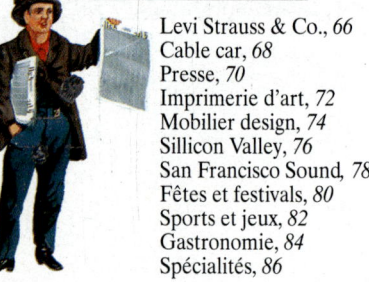

Levi Strauss & Co., 66
Cable car, 68
Presse, 70
Imprimerie d'art, 72
Mobilier design, 74
Sillicon Valley, 76
San Francisco Sound, 78
Fêtes et festivals, 80
Sports et jeux, 82
Gastronomie, 84
Spécialités, 86

Architecture, 87

L'héritage hispanique, 88
La «ville instantanée», 90
La maison victorienne, 92
La maison victorienne : les différents styles, 94
«City Beautiful Movement», 96
Bay Area Tradition, 98
Techniques antisismiques, 100
Les campus, 102
Les premiers gratte-ciel, 104
Les gratte-ciel modernes, 106
Vers un nouvel urbanisme, 108

Le pays vu par les peintres, 109

Le pays vu par les écrivains, 121

Sommaire
Itinéraires dans San Francisco

Le San Francisco historique, 145

Jackson Square, 146

Jackson Square, *146*
Chinatown, *152*
North Beach, *162*
Northern Waterfront, *172*
L'activité maritime, *174*
Alcatraz, *182*

Le San Francisco des collines, 187

Waterfront, *172*

Nob Hill, *188*
Russian Hill, *194*
Pacific Heights, *200*

Le San Francisco des affaires, 205

Financial District, *206*
Union Square, *218*
Civic Center, *224*

Nob Hill, *188*

Golden Gate Promenade, 233

Golden Gate Bridge, *242*

Financial District, *206*

Golden Gate Park et Haight-Ashbury, 253

Golden Gate Park, *254*
M.H. De Young Museum, *266*
Asian Art Museum, *270*
Haight-Ashbury, *274*
Les hippies, *276*

Golden Gate Promenade, *234*

Au sud de Market Street, 283

South of Market, *284*
Musée d'Art moderne, *288*
Le groupe F. 64, *290*
Mission District, *292*
Castro, *300*
La communauté «gay», *302*

Golden Gate Park, *254*

Autour de la Baie, 305

Oakland, *306*
Jack London, *310*
Oakland Museum, *314*
Berkeley, *320*
Marin County, *324*

South of Market, *284*

Informations pratiques, 329

Itinéraires thématiques, *353*
Carnet d'adresses, *363*

Annexes, 391

Bibliographie, *392*
Table des illustrations, *393*
Index, *401*

SAN FRANCISCO

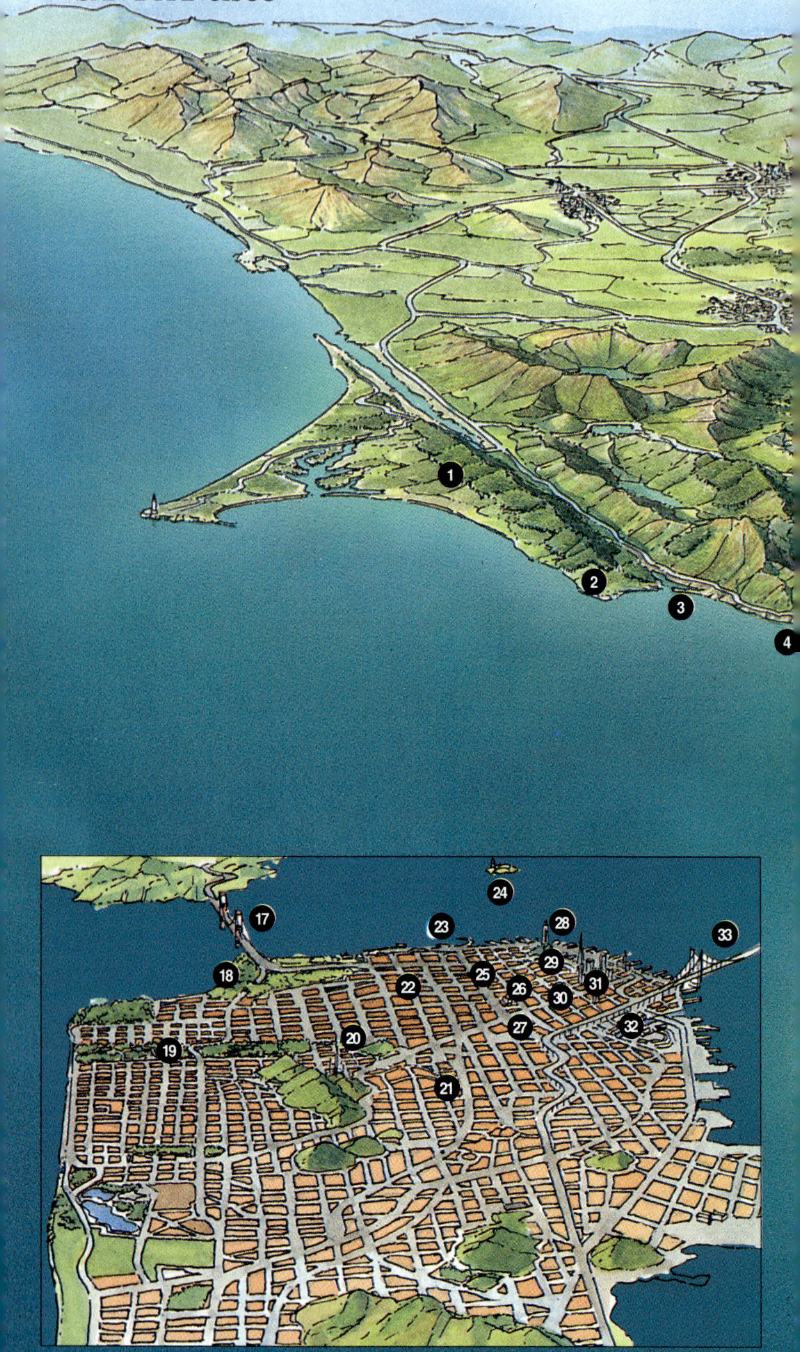

1. Point Reyes
2. Bolinas
3. Stinson Beach
4. Muir Beach
5. Sausalito
6. Tiburon
7. San Rafael
8. Napa Valley
9. San Pablo Bay
10. Richmond
11. Berkeley
12. Oakland
13. Daly City
14. San Bruno
15. Palo Alto
16. San Francisco
17. Golden Gate Bridge
18. Golden Gate promenade
19. Golden Gate Park
20. Haight-Ashbury
21. Mission / Castro
22. Pacific Heights
23. Northern Waterfront
24. Alcatraz
25. Russian Hill
26. Nob Hill
27. Civic Center
28. North beach
29. Chinatown
30. Union Square
31. Financial District
32. South of Market
33. Bay Bridge

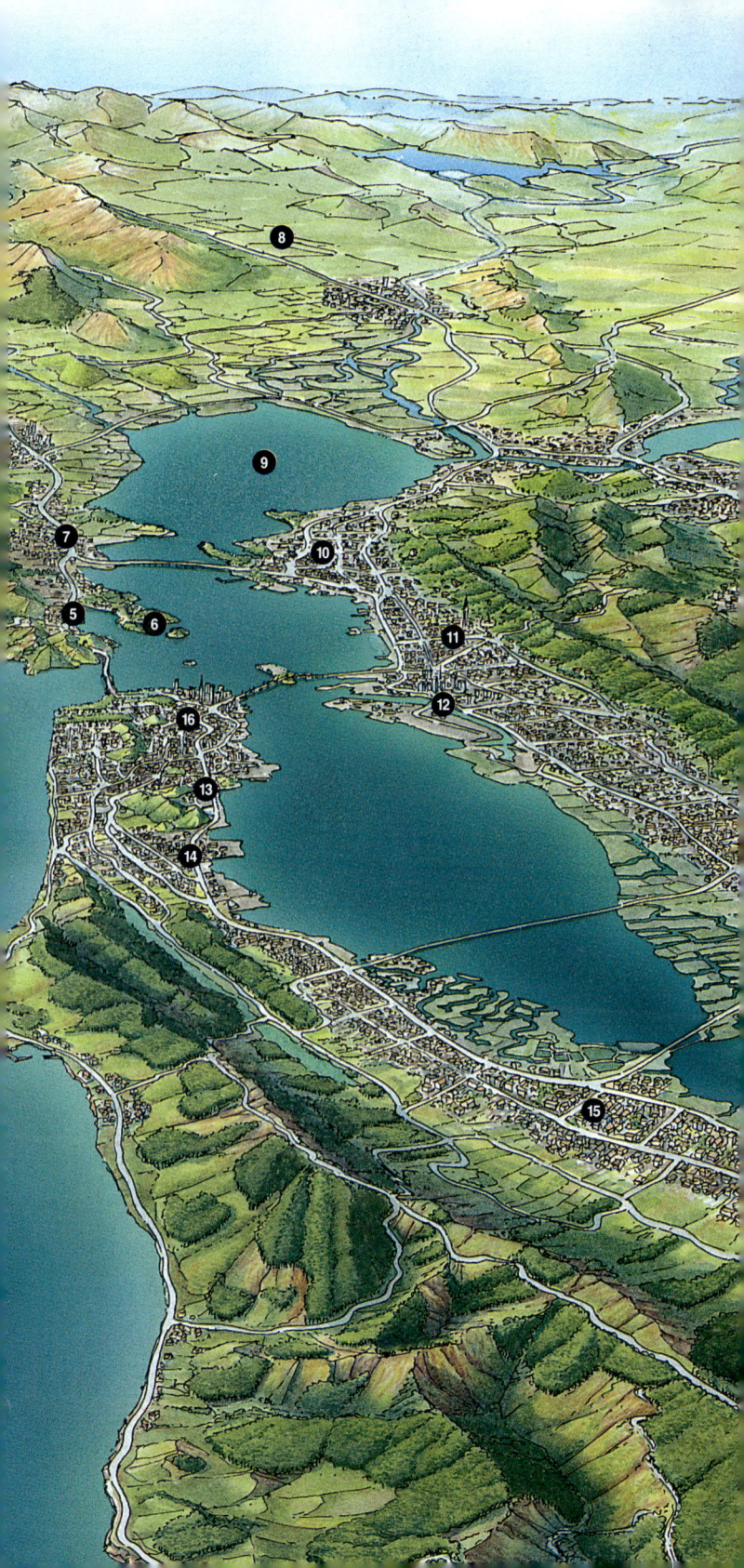

COMMENT UTILISER UN GUIDE GALLIMARD
(Page extraite du guide «Venise»)

En haut de page, les symboles annoncent les différentes parties du guide.

- 🟩 NATURE
- 🔴 DES CLEFS POUR COMPRENDRE
- 🔺 ITINÉRAIRES
- 🔶 INFORMATIONS PRATIQUES

La carte itinéraire présente les principaux points d'intérêt du parcours et permet de se reporter à un plan.

La minicarte situe l'itinéraire à l'intérieur de la zone couverte par le guide.

● ▲ ■ ◆
Les symboles, en titre ou à l'intérieur du texte, renvoient à un lieu ou à un thème traité ailleurs dans le guide.

♥ Le coup de cœur de l'éditeur pour un site dont la beauté, l'atmosphère ou l'intérêt culturel séduiront particulièrement le visiteur.

Au début de chaque itinéraire, les modes de déplacement possible et la durée sont signalés sous les cartes :
- 🚗 En voiture
- 🚶 A pied
- 🚤 En bateau
- 🚲 A bicyclette
- ⏱ Durée

L'ARRIVÉE À VENISE ♥ ■ 281

PONT DE LA LIBERTÀ. Construit par les Autrichiens, cinquante ans après le traité de Campoformio (1797) ● 34, pour relier Venise à Milan, ce pont mit fin à un isolement millénaire. Il bouleversa par la même occasion l'économie de la ville, qui, en pleine révolution industrielle, vit grandir

1/2 journée

LES PONTS DE VENISE

NATURE

FAILLE DE SAN ANDREAS, *16*
CLIMATOLOGIE, *18*
MARAIS SALÉS DE BOLINAS, *20*
PÊCHE ET POISSONS, *22*
POINT REYES, *24*
ÎLES FARALLONES
ET MAMMIFÈRES MARINS, *26*
SÉQUOIAS, *30*
FORÊTS DE CHÊNES, *34*
CHAPARRAL, *36*
VIGNOBLES DE NAPA VALLEY, *38*
NATURE DANS LA VILLE, *40*

FAILLE DE SAN ANDREAS

ROCHES LOCALES
1. Grès ferrugineux
2. Serpentine
3. Granite à biotite

San Francisco est située sur la limite entre la plaque pacifique et la plaque américaine, qui coulissent horizontalement l'une contre l'autre. La faille de San Andreas, frontière active entre ces deux plaques, parcourt la Californie du sud au nord sur 1 210 km, soumettant la zone qu'elle traverse à des tremblements de terre parfois très violents.
Des contraintes colossales, atteignant 8,9 sur l'échelle de Richter, occasionnent des catastrophes qui ont marqué l'histoire de la ville, comme celle d'avril 1906 (de magnitude 8,25), où 970 000 km^2 ont été ébranlés, ou plus récemment, celle d'octobre 1989.

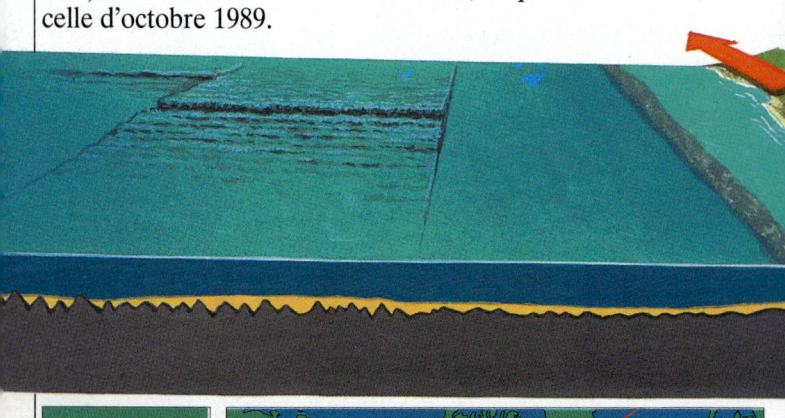

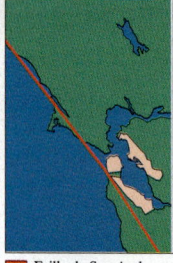

■ Faille de San Andreas
■ Zone urbanisée

La faille de San Andreas est le modèle des failles transformantes classiques.

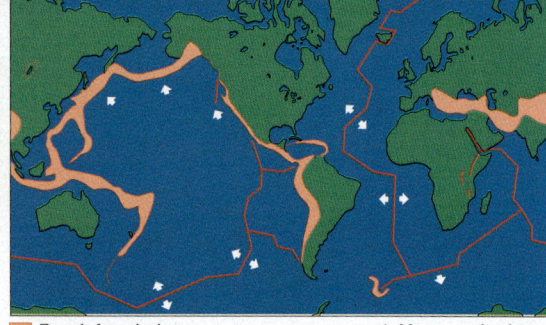

■ Zone de foyer sismique ◇ Mouvement des plaques

On retrouve des failles transformantes à travers la terre entière. Les séismes se produisent quand la pression due au déplacement régulier des plaques se libère ● 58.

Ce sont les effets secondaires du séisme, et
non la secousse elle-même, qui occasionnent
les victimes : ruptures de canalisations,
effondrements de bâtiments, glissements de
terrains, incendies...

San Franscico, octobre 1989, le lendemain du tremblement de terre.

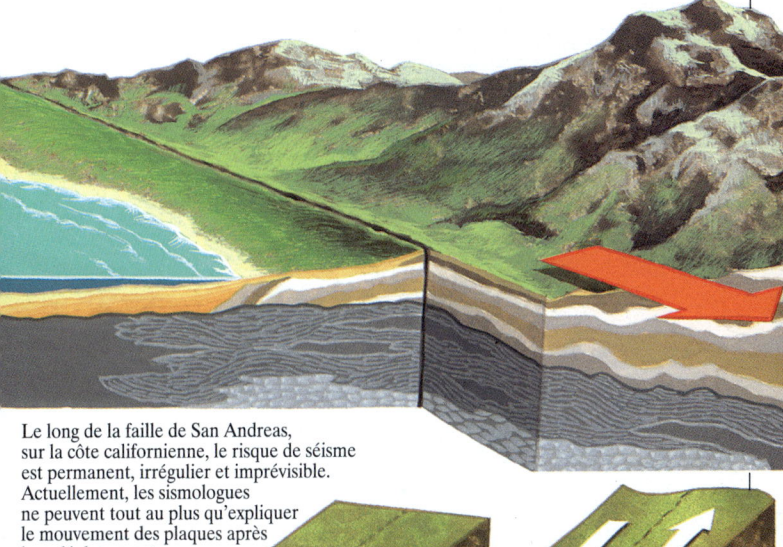

Le long de la faille de San Andreas,
sur la côte californienne, le risque de séisme
est permanent, irrégulier et imprévisible.
Actuellement, les sismologues
ne peuvent tout au plus qu'expliquer
le mouvement des plaques après
leur déplacement...

Frontière entre deux plaques, la faille transformante conserve
les surfaces des plaques qu'elle limite, à l'inverse des autres types
de frontières naturelles (dorsales océaniques dont les plans
s'élargissent, fosses de subduction dont les plans disparaissent).

Perpendiculaire
à l'axe
de déplacement
des plaques, cette
route est coupée
en deux.

La faille laisse par
endroits de visibles
empreintes dans
le paysage (ci-contre).

Le déplacement en translation horizontale caractérise la faille
de San Andreas. Le mouvement inverse des deux plaques tectoniques
agit comme une râpe et libère des ondes sismiques
sans aucune conséquence sur la transformation des roches.

CLIMATOLOGIE

CAMA BRUNE
Très sédentaire, elle vit exclusivement dans le chaparral baigné par le *fog*.

San Francisco bénéficie d'un climat maritime intimement lié au cycle océanographique. Au printemps, les effets du courant de Californie enrichissent les eaux côtières en plancton, favorisant la vie sauvage. En même temps, le fameux *fog* se met en place : jusqu'en juillet, il rafraîchit régulièrement l'atmosphère et témoigne du bon fonctionnement de l'écosystème marin. Août et septembre, mois les plus chauds, laissent place dans ce climat de type méditerranéen à une nouvelle saison humide, où règnent le *jet stream* et les brises venues de l'ouest.

Les orages d'hiver sont vitaux ici : ils donnent, sur la Sierra Nevada, de la neige qui remplit les réservoirs d'eau, plus tard dans l'année.

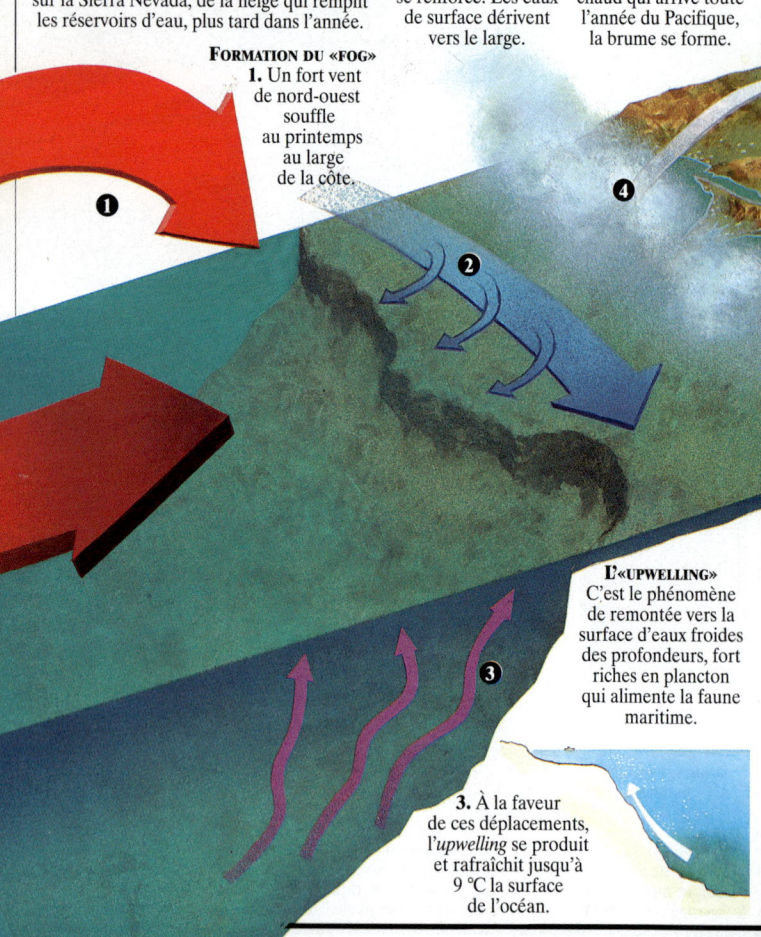

FORMATION DU «FOG»

1. Un fort vent de nord-ouest souffle au printemps au large de la côte.

2. Sous l'influence du vent, le courant de Californie se renforce. Les eaux de surface dérivent vers le large.

4. Quand ces eaux froides du fond rencontrent l'air chaud qui arrive toute l'année du Pacifique, la brume se forme.

L'«UPWELLING»
C'est le phénomène de remontée vers la surface d'eaux froides des profondeurs, fort riches en plancton qui alimente la faune maritime.

3. À la faveur de ces déplacements, l'*upwelling* se produit et rafraîchit jusqu'à 9 °C la surface de l'océan.

5. Attiré par les hautes températures de l'intérieur, le *fog* franchit les reliefs côtiers et pénètre dans les vallées.

6. Quand le *fog* a rafraîchi Central Valley, où règnent de fortes chaleurs, il se retire jusqu'aux Farallones : toute la baie a ainsi «respiré».

En été, le *fog* peut couvrir les côtes pendant plusieurs jours de suite.

Au niveau du Golden Gate ▲ *142, 242,* le *fog* forme comme une rivière flottante.

Les séquoias dépendent beaucoup du *fog* pour leur apport annuel en eau.

LUPIN ARBORESCENT **PIN DE CALIFORNIE**
Ces deux végétaux supportent bien le *fog*, mais ont également besoin de chaleur pour fructifier.

PLONGEON IMBRIN. Migrant le long du courant de Californie, il se nourrit autour du golfe des Farallones et vient peu sur les côtes.

BERNACHE CRAVANT DU PACIFIQUE
Durant sa migration, elle fait des étapes dans les estuaires où elle se nourrit presque exclusivement sur les herbiers à zoostères.

MARAIS SALÉS DE BOLINAS

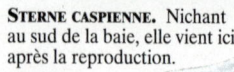

STERNE CASPIENNE. Nichant au sud de la baie, elle vient ici après la reproduction.

En lisière de la baie de San Francisco et des petits estuaires côtiers, comme la lagune de Bolinas, des estrans vaseux et des marais salés abritent une riche population animale et végétale dont la vie suit le rythme des marées. Ces milieux au climat tempéré, aux eaux calmes, recèlent une abondante nourriture propice aux invertébrés, aux poissons et surtout aux oiseaux qui hivernent en grand nombre sur ces marais. La baie accueille jusqu'à un million de limicoles lors des « pics de migration » du printemps...

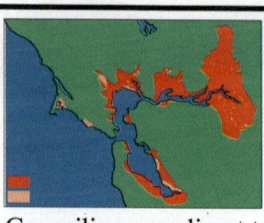

Les échassiers se retirent à marée haute, quand la végétation est inondée, et s'avancent à marée basse pour se nourrir sur les vasières.

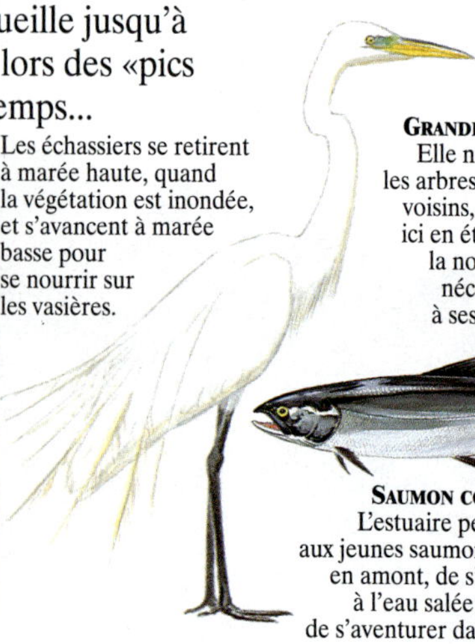

GRANDE AIGRETTE
Elle niche dans les arbres des canyons voisins, mais vient ici en été chercher la nourriture nécessaire à ses jeunes.

SAUMON COHO
L'estuaire permet aux jeunes saumons, nés plus en amont, de s'adapter à l'eau salée avant de s'aventurer dans l'océan.

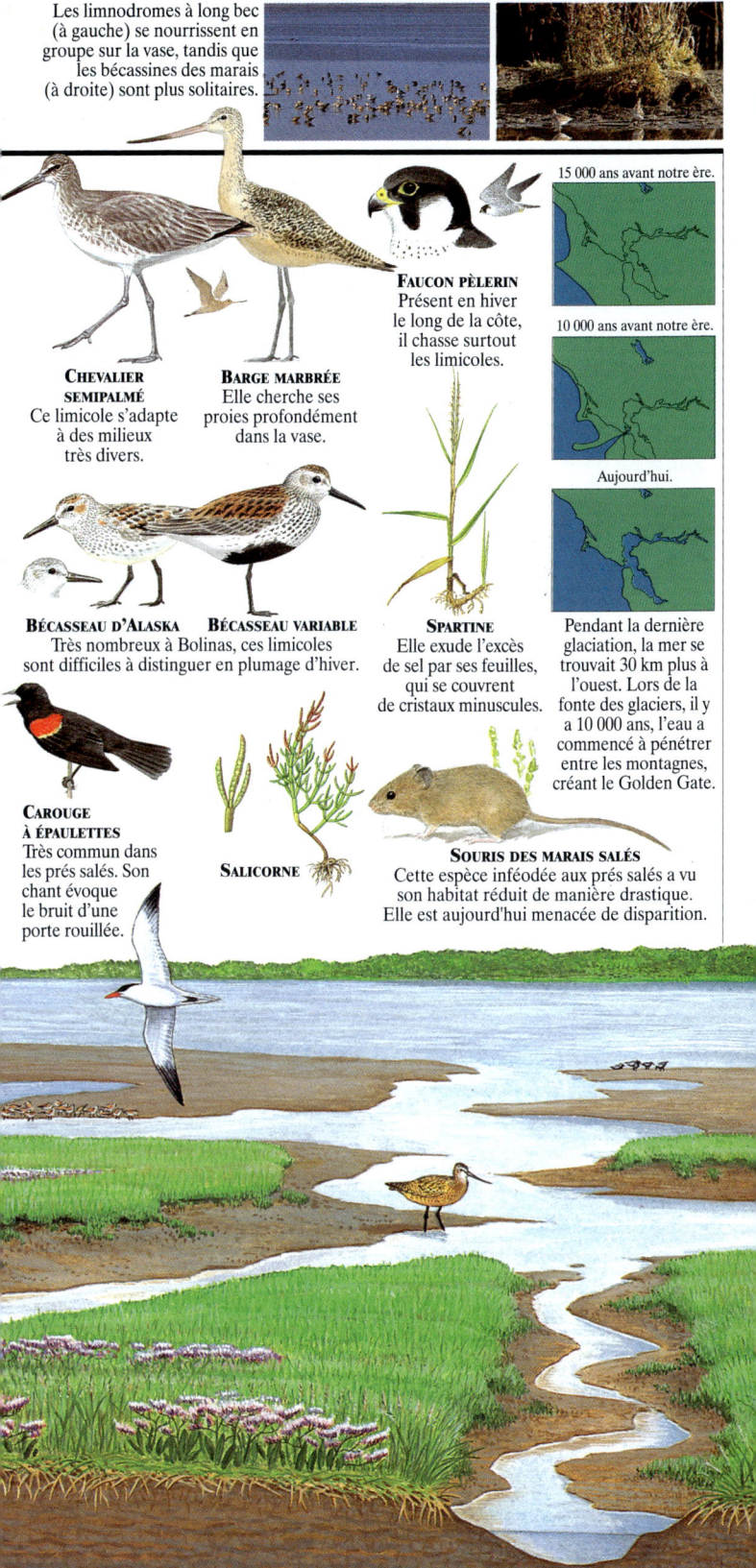

PÊCHE ET POISSONS

JONQUE. Chinois, Grecs ou Italiens, les pêcheurs immigrants ont apporté leurs techniques.

La baie de San Francisco est le plus important estuaire sur la côte ouest du continent américain. Elle est alimentée par les eaux de la Sierra Nevada occidentale, qui forment la rivière Sacramento au nord de *Central Valley* et la rivière San Joaquin au sud. Les deux rivières se rejoignent dans un vaste delta et s'écoulent vers l'ouest jusqu'à la baie, où elles rencontrent les marées de l'océan : là, ces eaux saumâtres riches en nutriments alimentent un écosystème jadis grouillant de poissons.

Le port de San Francisco, aujourd'hui.

HARENG DU PACIFIQUE
Le hareng fait l'objet, pour ses œufs, de la seule pêche commerciale aujourd'hui significative dans la baie elle-même.

SEINE COULISSANTE. Muni de flotteurs en haut, lesté par le bas, ce type de filet se referme peu à peu sur le banc de poissons, préalablement repéré au sondeur.

BATEAU «LAMPARA». Utilisé pour pêcher harengs et anchois sur le fond.

SAUMON CHINOOK. Sa pêche commerciale se fait «à la traîne» dans l'océan.

CLIPPER DE TYPE «MONTEREY»

Sorte de felouque à voile, agrandie et pourvue d'un moteur, d'un petit habitacle et d'une cale, construite jusque dans les années 1930.

Aujourd'hui, les bateaux à moteur accroissent la rentabilité de la pêche, aussi bien commerciale que «sportive».

FILET DÉRIVANT
Tendu en pleine mer, ce filet maillant permet une capture sélective. Utilisée pour les harengs, cette technique est interdite pour les saumons et les bars.

REQUIN LÉOPARD
Pêché à la ligne dans la baie.

Clippers Monterey sur *Fisherman's wharf*, en 1936. On voit encore ce type de bateaux dans le port.

ESTURGEON BLANC
Très prisé, c'est le plus gros poisson de la baie.

RAIE DE CALIFORNIE
Son dard, à la base de la queue, peut infliger une piqûre très douloureuse.

FLÉTAN DE CALIFORNIE
Pêché dans la baie ou au large du Golden Gate.

TURBOT DE CALIFORNIE
Pour la pêche commerciale du turbot, on utilise des chaluts à panneaux ou des lignes métalliques.

CRABE DE DUNGENESS
Il est capturé principalement sur le proche littoral, au moyen de casiers en grillage, pour le commerce. Mais les pêcheurs sportifs l'attrapent aussi, avec des filets tournants lancés depuis les jetées de la baie.

CASIERS
Le bateau les dépose sur le fond pour la capture des crabes.

HUÎTRES
La baie en abrite deux espèces principales : l'huître de l'Ouest et l'huître géante du Pacifique.

■ POINT REYES

Gauche à terre, l'otarie de Californie poursuit ses proies sous l'eau avec vélocité.

La péninsule de Point Reyes, située à l'ouest de la faille de San Andreas, est une «île» géologique qui s'avance dans les eaux froides du Pacifique au nord de San Francisco. Une importante côte rocheuse, de vastes plages de sable et d'anciens estuaires constituent un véritable paradis pour la vie sauvage. Limicoles ou passereaux en migration, oiseaux de mer, invertébrés ou mammifères marins savent tirer parti, chacun à leur manière, de cet habitat d'exception. Plus à l'intérieur, des fermes laitières traditionnelles subsistent, préservées en même temps que le milieu naturel de cette «île hors du temps».

Le rivage de Point Reyes ▲ *328* peut être aussi bien sableux et paisible - comme au pied des falaises de Drakes Beach - que rocheux, battu par les vagues et par le vent.

Les phoques veaux-marins se laissent souvent flotter, tête émergeant de l'eau, tandis que les otaries jouent dans les vagues.

ÎLES FARALLONES ET MAMMIFÈRES MARINS

À 40 km à peine de San Francisco, d'où on peut les voir par temps clair, les Farallones sont de petites îles granitiques d'une grande importance pour la vie sauvage. Ici, oiseaux marins, otaries et phoques ont installé de vastes colonies de reproduction. À l'abri des prédateurs terrestres, ils se nourrissent en abondance, les bonnes années, dans les eaux riches du courant de Californie. En hiver et au printemps, les parages des îles sont fréquentés par des baleines grises en migration. On les voit parfois depuis Point Reyes. En automne, des baleines à bosse et, plus rarement, des baleines bleues passent au large.

Macareux et guillemots de Troïl nichent sur les falaises, cormorans et guillemots colombins sur les pentes escarpées, goélands et alques sur les larges replats, tandis que les pinnipèdes fréquentent les anses rocheuses.

MACAREUX HUPPÉ
Rare sur ces îles, il devient tout noir en hiver, et son bec gris-orangé perd ses parties cornées.

CORMORAN À AIGRETTES
Il pêche dans les eaux superficielles proches du littoral.

CORMORAN DE BRANDT
Le plus commun des trois. Son jabot devient bleu vif lors des parades.

CORMORAN PÉLAGIQUE
Le moins grégaire des cormorans, il doit pouvoir se nourrir tout près de l'île pour élever ses jeunes.

SÉQUOIAS
MUIR WOOD

Il y a des millions d'années, les séquoias peuplaient largement l'hémisphère nord, entrant dans le menu des dinosaures.

Sur les cinq membres encore vivants de la famille des Taxodiacées, deux espèces à feuilles persistantes se rencontrent encore en Californie. Le séquoia géant, *Sequoiadendron giganteum*, se dresse en solitaire sur les hauteurs de la Sierra Nevada. Autour de San Francisco se trouvent des forêts de séquoias toujours-vert, *Sequoia sempervirens*, qui poussent uniquement dans la zone d'influence de la brume côtière, à faible altitude. Leurs racines, peu profondes mais denses, s'étendent en largeur au pied de l'arbre : elles récupèrent ainsi l'eau qui goutte des aiguilles, quand la brume passe sur elles pendant la saison sèche.

Séquoias toujours-vert
Séquoias géants

CÔNES ET AIGUILLES
Les graines du séquoia, sorties des cônes minuscules, ne germent que sur un sol minéral, mis à nu par une inondation ou un incendie.

FORÊTS DE CHÊNES
«OAK WOODLANDS»

CERF MULET
Les bois du mâle sont renouvelés chaque année.

Les chênaies sont parmi les associations végétales les plus répandues sur les collines de Californie. Ces arbres sont à la base d'une chaîne alimentaire primordiale dans la région : 101 espèces d'oiseaux et 37 mammifères sont dépendants des glands, tout comme l'étaient les Indiens vivant dans la forêt. Les chênes résistent fort bien au feu, phénomène normal et prévisible en Californie où les incendies reviennent tous les quinze à trente ans. L'installation des Indiens a sans doute accéléré ce rythme : la forêt ouverte d'aujourd'hui est en partie due aux hommes.

LYNX ROUX
Prédateur nocturne, le *bobcat* file sa proie, s'embusque, bondit. Ses griffes rétractiles immobilisent lapins, écureuils, souris ou colins qu'un rapide coup de dents achève.

RATON LAVEUR
Agile grimpeur, il se réfugie dans les arbres quand on le dérange et n'hésite pas à gonfler son pelage pour intimider un adversaire.

CHÊNE BLANC DE CALIFORNIE

CHÊNE DE DOUGLAS

CHÊNE DE WISLIZEN

CHÊNE VERT DE CALIFORNIE

SUMAC À FEUILLES DIVERSIFIÉES («POISON IVY»)
L'huile qu'il produit provoque des douleurs.

On identifie les chênes par les feuilles, les glands et les cupules. Le chêne blanc et celui de Douglas sont à feuilles caduques.

PIC GLANDIVORE
On repère de loin ses tambourinements ou son appel en forme de rire decrescendo.

CAMPAGNOL ARBORICOLE ROUGE
Ce petit rongeur ne descend jamais de son arbre.

CRAPAUD DE L'OUEST
Amphibien adapté aux milieux forestiers.

BUSE À QUEUE ROUSSE. Ce rapace se nourrit de lapins, de chiens de prairie ou de serpents. Son cri aigu se reconnaît aisément.

PUMA
On aperçoit parfois ce félin à la discrétion légendaire sur la péninsule de Point Reyes.

CHAPARRAL

CAMA BRUNE
Appelée «la voix du chaparral», son chant ressemble au bruit lointain d'une balle de ping-pong !

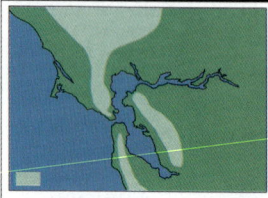

Le chaparral est un maquis dense et broussailleux, formé de plantes herbacées et d'arbustes pouvant atteindre 5 m de haut. Il occupe des pentes arides, exposées au sud, dans les collines et les montagnes de l'intérieur. Typique du climat méditerranéen, ce milieu a ses équivalents en Europe du Sud : son nom vient des habits de cuir épais portés par les *vaqueros* espagnols pour chevaucher à travers les buissons épineux. Les animaux trouvent des cachettes idéales dans l'enchevêtrement de cette végétation. Les abords du chaparral sont rasés sur 2 ou 3 m : les lièvres de Californie et les petits rongeurs sortent à peine des buissons pour brouter, et s'y réfugient à la moindre alerte...

Ici, les prairies sont nées de la déforestation ou d'incendies répétés du chaparral.

GEAI À GORGE BLANCHE
Il se nourrit principalement de glands.

TOHI À FLANCS ROUX
Il gratte le sol dense du chaparral à la recherche de graines.

Chaparral à *chamise*, typique des collines sèches et ensoleillées de l'arrière-côte.

URUBU À TÊTE ROUGE
Sa tête nue lui permet de fouiller sans se souiller les cadavres d'animaux dont il se nourrit.

LIÈVRE DE CALIFORNIE
Proie favorite de l'aigle royal, il ne s'éloigne guère du couvert végétal.

PAVOT DE CALIFORNIE
Fleur emblématique, de Californie, le *fire poppy* doit son nom au fait qu'il pousse à la suite d'un incendie.

«Manzanita»
Ce buisson, cousin des airelles, est caractéristique du chaparral.

Embrun-de-l'océan
Creambush ou *Ocean spray*, son nom lui vient de ses fleurs qui rappellent l'écume des vagues.

Nerprun de Californie

La *manzanita*, «petite pomme» en espagnol, tire son nom de la forme de ses fruits. Il en existe 60 espèces, la plupart cantonnées en Californie.

Hétéromèle

L'hétéromèle, ou *toyon*, est apprécié des oiseaux pour ses baies en hiver. L'écorce du nerprun de Californie a des vertus laxatives.

Érigone
Elle fleurit au milieu de l'été ou en automne, dans des milieux pierreux inhospitaliers.

«Chamise»
Cet arbuste constitue la seconde source d'alimentation des cervidés, après les glands de chênes. Après un incendie, ses repousses sont surpâturées.

Si l'on touche le petit stigmate blanc du mimule orange, la plante se referme lentement.

Colin de Californie
Oiseau emblème de la région. Peu farouche, la femelle qui couve ne s'envole qu'au dernier moment.

Coyote
Souvent pourchassé, il ajuste sa reproduction selon les ressources disponibles : si les proies sont nombreuses, il élèvera plus de jeunes.

VIGNOBLES DE NAPA VALLEY

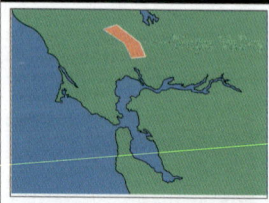

Paralysée en pleine croissance par la prohibition, Napa Valley a refait son retard depuis une trentaine d'années en adoptant les techniques les plus performantes rodées en Europe. Mais le phylloxéra freine de nouveau son développement, obligeant les propriétaires à arracher et à replanter des ceps plus résistants. Grâce aux conditions climatiques très favorables, la partie végétale de la vigne atteint des dimensions sans commune mesure avec ce que l'on connaît sur le «vieux continent» et les rendements sont considérables. Les vins s'y expriment en puissance plus qu'en élégance.

NapaValley ◆ *348* forme, avec ses deux appendices Sonoma et Los Carneros, le vignoble le plus célèbre des États-Unis.

On replante des ceps qui résistent au phylloxéra.

PHYLLOXÉRA
Cette larve d'insecte, qui se fixe sur les racines de la vigne, avait ravagé le vignoble européen à la fin du siècle dernier.

GEWURZTRAMINER
Cueilli à surmaturité, il donne des blancs liquoreux.

CHARDONNAY
Son manque d'acidité accentué par le climat rend parfois les vins un peu lourds.

SAUVIGNON
Parfumé et vif, son acidité procure de la fraîcheur aux vins blancs.

MERLOT NOIR
Rond et gras, il est vinifié seul ou avec le cabernet sauvignon.

PINOT NOIR
Il donne ici de très bons vins, mais moins réputés qu'en Orégon.

CABERNET SAUVIGNON
Cépage du Médoc très implanté ici.

ZINFANDEL
Le plus autochtone des cépages californiens, il donne un vin original au goût sauvage.

Blancs et rouges sont gras, onctueux, volumineux. Les blancs ne vieillissent guère.

Un climat chaud et humide, des sols perméables, assez profonds dans la vallée, donnent à la vigne des récoltes très abondantes. Sur les coteaux, la production est un peu moins importante mais les vins gagnent en finesse.

NATURE DANS LA VILLE

Le pélican brun fréquente le port de juin à novembre. Il niche sur des îlots au large du Mexique.

En dehors des espèces cosmopolites telles que moineaux, pigeons bisets, étourneaux ou chats, la vie sauvage est plutôt rare dans le centre ville : des faucons pèlerins réintroduits chassant les pigeons à travers les gratte-ciel, ou les clameurs des goélands, en sont les seuls témoins. Mais, non loin du *downtown*, sur le port, on peut voir des pélicans bruns pêcher à quelques mètres des promeneurs, ou des otaries de Californie se prélasser sur un appontement abandonné à leur seul usage.

À la fin de l'automne et en hiver, les otaries de Californie utilisent bouées, appontements et marinas comme autant de reposoirs.

GOÉLAND D'AUDUBON
En été, il est le seul laridé à fréquenter la ville, mais six autres espèces de goélands ou de mouettes sont présentes en hiver.

MOUFFETTE RAYÉE
Nocturne hôtesse des parcs citadins, elle émet une odeur à faire fuir le plus téméraire des chiens !

Le raton laveur, nocturne, n'hésite pas à visiter les poubelles au cœur de la ville.

MÉSANGE À DOS BRUN
Commune toute l'année en ville, on l'appelle *chickadee* à cause de son cri.

COLIBRI D'ANNA
Cet oiseau au vol de gros insecte se nourrit du nectar des fleurs.

EUCALYPTUS
Venus d'Australie, ils ont été plantés en nombre dans la ville au début du XIXe siècle, comme pare-vents ou bois de charpente. Certains atteignent 50 m de haut, mais ils n'attirent guère la faune locale.

CYPRÈS DE LAMBERT

MONARQUE
Surtout présent en hiver, il peut migrer jusqu'au Mexique.

Originaire de la péninsule de Monterey, à 160 km au sud, le cyprès de Lambert est ici le plus commun des conifères.

Histoire
de San Francisco

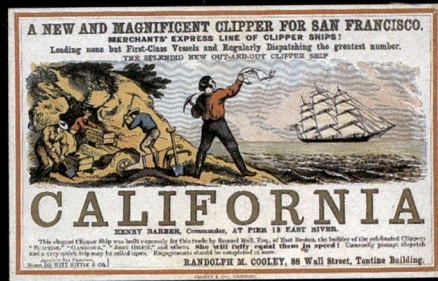

Chronologie, *42*
La ruée vers l'or, *48*
Évolution urbaine, *52*
Le «Transcontinental
  Railway», *54*
Le séisme de 1906, *58*
La reconstruction, *62*
Longshoreman's
  association, *64*

HISTOIRE

PREMIERS HABITANTS

Indiens Ohlones, gravure de L. Choris.

900-1000
Expéditions des Vikings en Amérique.

1492
Premier voyage de C. Colomb.

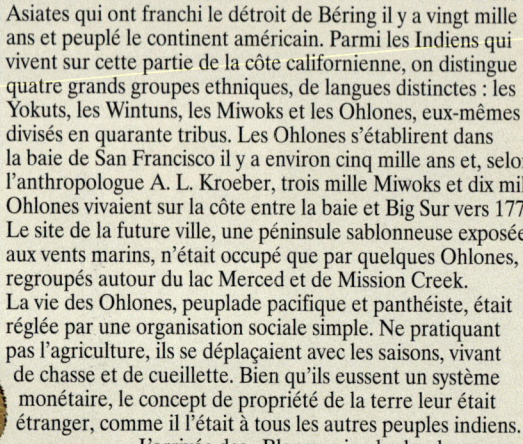

1494
Traité de Tordesillas : Portugal et Espagne se partagent le Nouveau Monde.

LES INDIENS sont vraisemblablement les descendants des Asiates qui ont franchi le détroit de Béring il y a vingt mille ans et peuplé le continent américain. Parmi les Indiens qui vivent sur cette partie de la côte californienne, on distingue quatre grands groupes ethniques, de langues distinctes : les Yokuts, les Wintuns, les Miwoks et les Ohlones, eux-mêmes divisés en quarante tribus. Les Ohlones s'établirent dans la baie de San Francisco il y a environ cinq mille ans et, selon l'anthropologue A. L. Kroeber, trois mille Miwoks et dix mille Ohlones vivaient sur la côte entre la baie et Big Sur vers 1770. Le site de la future ville, une péninsule sablonneuse exposée aux vents marins, n'était occupé que par quelques Ohlones, regroupés autour du lac Merced et de Mission Creek.
La vie des Ohlones, peuplade pacifique et panthéiste, était réglée par une organisation sociale simple. Ne pratiquant pas l'agriculture, ils se déplaçaient avec les saisons, vivant de chasse et de cueillette. Bien qu'ils eussent un système monétaire, le concept de propriété de la terre leur était étranger, comme il l'était à tous les autres peuples indiens.
L'arrivée des «Blancs» viendra bouleverser ce monde demeuré quasiment inchangé depuis l'âge de la pierre, et dont il ne reste que quelques objets usuels et une vannerie fine. En 1930, il n'y a presque plus aucun Ohlone dans la baie.

LES XVIᵉ ET XVIIᵉ SIÈCLES

1508-1515
Conquête espagnole de Porto Rico et de Cuba.

1519-1521
H. Cortés conquiert l'empire aztèque et fonde Mexico.

1542-1544
Quatrième guerre entre Charles Quint et François Iᵉʳ.

Sir Francis Drake

1562
Début des guerres de religion, en Europe.

1588
Défaite de l'Invincible Armada.

EXPLORATION DE LA CÔTE. Vers 1530, l'Espagne a établi sa suprématie sur une grande partie de l'Amérique centrale et du Sud, notamment le Mexique, mais les territoires situés au nord du Rio Grande restent *terra incognita*. Pourtant, avant même la conquête des Philippines, en 1565, deux expéditions espagnoles sont envoyées pour reconnaître la côte ouest du continent américain. En 1532, Hernan Cortés rencontre une «péninsule s'étirant entre le golfe et l'océan» qu'il baptise *California*, mais c'est à Juan Rodriguez Cabrillo que l'on attribue officiellement la découverte de la Californie, dix ans plus tard. En 1579, sir Francis Drake, corsaire à la solde de la reine d'Angleterre, jette l'ancre du *Golden Hind* au nord de la baie et revendique cette bande côtière pour le compte de l'Angleterre, la baptisant «Nouvelle Albion».
Les Espagnols, qui ont établi un important trafic maritime entre Manille et le Mexique, cherchent à installer un port de relâche sur cette côte et les expéditions de reconnaissance reprennent.
En 1602, Sebastien Vizcaino découvre la baie de Monterey. Mais il faudra attendre encore plus d'un siècle pour que soit découverte l'entrée de la baie de San Francisco, que le brouillard dissimule la plupart du temps aux navigateurs.

Flèches et fourreau ohlones.

«La découverte de la baie par Portola», A. F. Mathews, 1896.

1600
Création de la Cie anglaise des Indes orientales.

1685
Révocation de l'Édit de Nantes : exode des protestants français.

1713
Le traité d'Utrecht affirme la suprématie maritime des Anglais.

1763
les Français cèdent leurs terres d'Amérique du Nord aux Anglais.

1776-1783
Guerre d'indépendance américaine conclue par le traité de Paris.

1789
Ratification de la constitution américaine. George Washington devient président. Début de la Révolution française.

DÉCOUVERTE DE LA BAIE. Au XVIIIe siècle, l'Espagne, dont la puissance décline, concentre ses efforts sur ses colonies d'Amérique du Sud. Mais la présence en Californie du Nord de trappeurs russes venus d'Alaska inquiète les Espagnols, qui envoient une expédition, par voie de terre cette fois, sous la direction de Gaspar de Portola. En mars 1769, soixante hommes et une centaine de mules quittent San Diego, où le drapeau espagnol flotte depuis le mois de juillet. Ils doivent rejoindre la baie de Monterey, établir la présence espagnole dans cette partie de la Californie et favoriser l'implantation des missions franciscaines. En septembre, l'expédition atteint Monterey mais ne reconnaît pas la baie tant louée par Vizcaino et poursuit vers le nord. En novembre, elle découvre par hasard la baie de San Francisco. Le 5 août 1775, Juan Manuel de Ayala est le premier à franchir le détroit du Golden Gate avec son navire. Il établit un relevé topographique de la baie, dont il baptise la plupart des sites.

L'IMPLANTATION ESPAGNOLE. Le 27 juin 1776, trente-quatre familles espagnoles, accompagnées du moine franciscain Palou, parties de Sonora au Mexique sous la protection de Juan Bautista de Anza, s'installent dans la baie. Ils érigent deux structures symboles de la puissance espagnole : le Presidio, forteresse située à l'entrée de la baie, et une église, plus au sud, dédiée à saint François d'Assise ▲ *292*. Ils donnent à la baie le nom du saint patron de la mission, San Francisco, et au site celui de *Yerba Buena* en raison de l'abondance de la menthe sauvage. Les Ohlones leur font bon accueil. Au cours des années suivantes, les Franciscains, à qui le roi Charles III a confié la tâche d'évangéliser la Haute-Californie, bâtissent quinze autres missions. Celle de San Francisco prospère et compte 814 résidents en 1802. De nombreux Espagnols quittent alors les colonies mexicaines pour s'installer à Yerba Buena. Ces *Californios* vivent de l'élevage et de la vente des peaux aux bateaux de passage.

Carte de la baie établie en 1777 par le père Pedro Font.

Danse des habitants de Californie à la mission de San Francisco. Gravure de L. Chorris.

HISTOIRE

XIXᵉ SIÈCLE

1815
*Bataille de Waterloo.
Congrès de Vienne.*

À partir de 1810, des navires étrangers font plus souvent escale dans la baie, les Russes construisent un fort près de leur comptoir – Fort Ross – et une douzaine de pionniers américains s'installent dans la péninsule.

Californios chassant l'ours.

1821
*Indépendance
du Mexique.*

1848
*Annexion de territoires mexicains par
les États-Unis.*

1852
*H. Beetcher-Stowe
publie* La Case
de l'Oncle Tom.

1861-1865
Guerre de Sécession.

1865
*Abolition de
l'esclavage.
Assassinat du
président A. Lincoln.*

1869
*Inauguration
du canal de Suez.*

Débarquement
du *Portsmouth* dans
l'anse de Yerba Buena
le 9 juillet 1846.

L'INDÉPENDANCE DU MEXIQUE.

En 1821, le Mexique rompt ses liens avec l'Espagne au terme d'une guerre de dix années ; en 1824, il devient république indépendante. Le nouvel État, qui ne veut pas perdre la Haute-Californie, décide de séculariser les missions, installe un gouverneur et encourage le peuplement mexicain en cédant de vastes terres aux colons. En 1835, le Mexique refuse les 500 000 dollars offerts par le président Jackson pour l'achat de la Californie.

LE PEUPLEMENT AMÉRICAIN.

En 1839, William Richardson bâtit non loin de la mission une maison en bois, trace une rue (future Grant Avenue ▲ *156*) et une petite place, cœur d'un *pueblo* – *Yerba Buena* – où viennent s'établir des Américains. Très vite, le gouvernement mexicain ne peut endiguer cette vague de pionniers qui arrive par la piste de l'Oregon, pas plus que les ambitions du gouvernement de Washington d'établir sa mainmise sur la région, inquiet de l'intérêt qu'y portent la France et l'Angleterre. En 1846, le président James Polk décide d'annexer ce territoire coûte que coûte ; la nouvelle de l'éventuelle cession de la Californie à l'Angleterre contre une remise de dette précipite les choses. Le 13 mai 1846, les États-Unis déclarent la guerre au Mexique.

1846. LA RÉVOLTE DU «BEAR FLAG».

Un mois après la déclaration de guerre, des Yankees menés par Ezekiel Merritt et William B. Ide obligent le gouverneur mexicain Vallejo à signer la reddition de la Californie, à Sonoma. L'un d'entre eux, le capitaine John Frémont, hisse leur drapeau, un carré d'étoffe blanche orné d'un grizzli, le «Bear Flag», et William B. Ide se voit nommé président de l'éphémère République. Le 9 juillet de la même année, le capitaine John Montgomery, commandant du navire de guerre *Portsmouth*, accoste à *Yerba Buena* et s'empare du *pueblo* au nom des États-Unis. Les soldats du Presidio se rendent. Désormais, le drapeau de l'Union flottera sur Yerba Buena, rebaptisée San Francisco le 30 janvier 1847, associant ainsi le nom de la cité à celui de la baie. Le 12 février 1848, la Californie devient territoire américain par la signature du traité de Guadalupe Hidalgo, et en 1850, elle devient le trente et unième État de l'Union.

1848. L'OR !

La découverte de l'or dans l'*American River* bouleverse la vie de San Francisco, petite ville d'environ trois cents âmes, et principal port d'accès de la côte ouest ● *48*. La nouvelle se répand dans le monde entier et en quelques mois, la ville compte plus de 25 000 habitants ! Les premiers arrivants vivent dans des tentes qui font vite place à des baraques en bois, lesquelles sont régulièrement la proie des

Drapeau californien.

incendies. San Francisco devient la première ville de Californie. L'argent facile favorise violence et vice : maisons de jeu, maisons closes et fumeries d'opium abondent. Des gangs sèment la terreur. En juin 1851, las de l'impuissance de la justice à punir ces exactions, les San Franciscains s'organisent en milice et créent le comité de Vigilants sous l'égide du mormon Sam Brannan. En 1853, les principaux filons aurifères sont épuisés. L'immigration cesse, les prospecteurs désertent la région, le taux de l'argent et les valeurs immobilières chutent, les magasins font faillite. La ville, surendettée, souffre de la corruption des politiciens et des élus locaux, que la presse se fait fort de dénoncer. L'assassinat du directeur de l'*Evening Bulletin* ● *70,* en mai 1856, déclenche la formation d'un second comité de Vigilants, qui pratique une justice encore plus expéditive.

Chercheurs d'or.

1876
Invention du téléphone par A. Bell.
Exposition universelle de Philadelphie.

1859. SECOND SOUFFLE. La découverte par Henry Comstock d'un très important gisement d'argent dans le Nevada, à 170 km au nord-est de San Francisco, donne un nouvel essor économique à la ville : les mines sont lointaines mais seule San Francisco possède des banques et une Bourse de valeurs ▲ *208.* L'exploitation de ces gisements enfouis au cœur de la roche est, cette fois, l'affaire des capitalistes, et non du tout venant. San Francisco accueille alors les «Bonanza Kings» ▲ *193,* riches propriétaires des mines d'argent qui réinvestissent leurs bénéfices en ville, créant un boom économique dont tous profitent. On perce des rues, on construit logements, bureaux et usines, on ouvre banques, magasins et hôtels. Une vie culturelle s'ébauche. Un problème subsiste : San Francisco est isolée du reste de l'Amérique. Le vote du *Pacific Railroad Act* en 1862 ● *54* autorise la construction d'une voie ferrée intercontinentale qui sera achevée en 1869. Si le train désenclave la Californie, il entraîne parallèlement toute une série de problèmes économiques et sociaux et marque la fin d'une prospérité insouciante, plongeant San Francisco dans une période de dépression. Il faut désormais travailler au développement d'une économie diversifiée et plus stable. En 1894, un groupe de réformistes, décidé à débarrasser la ville de la gangrène qui la ronge, persuade Adolphe Sutro de se présenter à la mairie pour remplacer le très corrompu Christopher Buckley, président du *Democratic Party*. Mais Sutro, âgé de 65 ans, ne se sent pas à la hauteur de sa tâche et démissionne. En 1897, l'intègre James Phelan est élu maire à son tour et s'engage à assainir la ville sur le plan politique et urbain durant son mandat. Tandis que s'achève le XIXe siècle, très

1877
Les États du Sud réintègrent l'Union.

1898
Guerre hispano-américaine à Cuba et aux Philippines. Annexion de Hawaï.

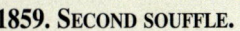

Pendaison d'un homme par le comité de Vigilants.

1901
Mort de la reine Victoria qui régnait depuis 1837.

1903
Les États-Unis reçoivent la gestion du canal de Panama, qui sera inauguré en 1914.

HISTOIRE

Clay Street Hill Railway, en 1875.

1905
Le Japon écrase militairement la Russie. Il s'implante en Corée et en Mandchourie.

1908
Ford lance son modèle T.

1912
W. Wilson président.

marqué par la corruption de la finance et de la politique, San Francisco retrouve un semblant de prospérité et s'agrandit vers l'ouest. Huit lignes de *cable car* ● 68 et de nombreux trolleys sillonnent la ville, qui s'est parée de belles maisons victoriennes, et dont la vie culturelle est florissante. Le commerce maritime et les activités portuaires sont en pleine expansion. San Francisco, qui caresse depuis peu l'ambition de devenir le centre d'un empire tourné sur le Pacifique, peut se vanter d'être la «métropole du Pacifique».

XXᵉ SIÈCLE

1917 *Révolution russe.*

1920
Le droit de vote est accordé aux femmes américaines

1927
Lindbergh effectue la première traversée aérienne de l'Atlantique sans escale.

Le début du XXᵉ siècle marque l'âge d'or de San Francisco, qui compte alors quelque 400 000 habitants – soit environ 45 % de la population totale de l'État –, mais également l'apogée de la corruption. En 1901, au lendemain d'une série de grèves, les syndicats fondent le *Union Labor Party*, dont le candidat, Eugene Schmitz, est élu à la mairie de San Francisco. Mais le nouveau maire, manipulé par le brillant avocat Abe Ruef, contrôle mal les abus de l'équipe municipale, connue dans toute la ville pour sa corruption et son népotisme. En 1905, un autre groupe de réformateurs, mené par James Phelan, Frémont Older et Rudolph Spreckels, décide à son tour de renverser Schmitz et son équipe. Le séisme interrompt leurs efforts.

1906. LA TERRE TREMBLE. Le 18 avril 1906, la ville est réveillée par de violentes secousses telluriques ● 58. Le séisme déclenche un peu partout dans la ville des incendies, que les pompiers mettront quatre jours à éteindre, grâce à la pluie qui se met à tomber. Les dégâts sont immenses ● 60. On installe des campements dans les parcs pour accueillir les sinistrés. La reconstruction commence très vite, grâce à l'aide financière qui arrive du monde entier, et se révèle étonnamment rapide puisque, en 1912, elle est quasiment

1932
Franklin D. Roosevelt est élu président.

1933
Vote du National Industrial Recovery Act *qui inaugure la politique de grands travaux (New Deal).*

1941
Les États-Unis entrent en guerre.

1945
Signature de la Charte de l'ONU à San Francisco.

1949
Proclamation de la République populaire de Chine.

achevée. La ville profite de l'occasion pour se débarrasser de Schmitz et de Ruef. James Rolph, qui prend la tête de la mairie, ouvre une période de réformes politiques et de restructurations économiques. L'achèvement du Civic Center ▲ 224 et l'ouverture de l'Exposition internationale Panama-Pacifique ▲ 236 célèbrent cette ère nouvelle et la reconstruction.

1917. LA PREMIÈRE GUERRE MONDIALE. Les États-Unis entrent en guerre en avril 1917. Le conflit mondial donne un essor économique indéniable à la ville en relançant les activités agricoles et industrielles, notamment la construction navale. Des bases s'établissent et l'économie locale se trouve liée aux activités militaires. La population augmente de 20 %. San Francisco participe également à la grande prospérité que connaît

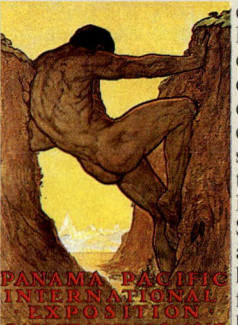

Affiche de P. W. Nahl pour l'Exposition Panama-Pacifique.

l'Amérique dans les années 1920 : financiers et industriels construisent les premiers gratte-ciel ● 104.

1930. LA DÉPRESSION. La crise frappe de plein fouet San Francisco, notamment ses activités portuaires et, en 1934, éclate l'une des grèves les plus dures de son histoire. Organisée par l'*International Longshoreman's Association* ● *64*, elle dure plus de trois mois et dégénère le jeudi 5 juillet en un violent affrontement entre policiers et grévistes, baptisé *Bloody Thursday*. San Francisco réussit néanmoins à maintenir son économie grâce à la mise en œuvre de grands chantiers, dont la construction de la Coit Tower ▲ *170* en 1933 et surtout celle du Bay Bridge et du Golden Gate Bridge ▲ *242*, inaugurés en 1936.

LA SECONDE GUERRE MONDIALE. Après l'attaque de Pearl Harbor en décembre 1941, qui détermine l'entrée en guerre des États-Unis contre le Japon, San Francisco devient le principal port militaire du Pacifique. De nouveaux chantiers navals voient le jour, le nombre d'usines augmente d'un tiers et le nombre d'ouvriers double. Des milliers de Noirs du sud des États-Unis viennent à San Francisco pour travailler dans les usines d'armement. On construit beaucoup et divise les anciennes maisons en appartements pour loger les nouveaux venus. Pendant la guerre, un million et demi de personnes et vingt-trois millions de tonnes de matériel ont franchi le détroit.

DEPUIS 1950. Les années d'après-guerre amènent d'importants changements économiques et sociaux. À la fin des années 1950, San Francisco donne naissance aux plus grands mouvements de contestation et de contre-culture. La *Beat Generation* ▲ *166* fait place aux hippies de la *Flower Generation* ▲ *276*. Tolérante, la ville accueille les mouvements alternatifs avec philosophie. L'université de Californie, à Berkeley, de l'autre côté de la baie, est le centre intellectuel de l'activisme politique des années 1960. L'opposition à la guerre du Viêt-nam y est très violente. Mais aujourd'hui, San Francisco, où les homosexuels sont nombreux, trouve un *statu quo* entre culture et contre-culture, que pourraient lui envier bon nombre de cités américaines. Toujours à la pointe du progrès technologique et social, c'est un centre urbain dynamique tourné vers l'avenir et les idées nouvelles.

Potrero Hill.

1950-1953
Guerre de Corée.

1957
Création de la CEE.

1963
Assassinat de John F. Kennedy.

1969
Les Américains marchent sur la Lune.

Grévistes en 1934. Marins dans le port de San Francisco.

1973
Accords de Paris sur le cessez-le-feu au Viêt-nam.

1974
Démission de Nixon à la suite du Watergate.

1989
Chute du mur de Berlin.

1991
Guerre du Golfe. Création de la CEI.

1993
Bill Clinton succède à George Bush.

La ruée vers l'or

La nouvelle de la découverte de filons aurifères dans la vallée du Sacramento, en janvier 1848, s'ébruite en quelques semaines. En moins d'un an, elle fera le tour du monde, provoquant l'une des plus grandes migrations de l'histoire. En trois mois, San Francisco passe brusquement de trois cents à vingt-cinq mille habitants et, durant les trois premières années de cette ruée vers l'or, on estime que plus de deux cent mille personnes font le voyage en Californie.

DE L'OR DANS FORT SUTTER
Le 24 janvier 1848, James Marshall découvre une pépite d'or dans le bief de la scierie qu'il construit à Coloma pour Johann Sutter, un Suisse arrivé en Californie en 1839, devenu citoyen mexicain en 1841 et possédant 25 000 ha dans *Central Valley* (Nouvelle Helvétie). Ne pouvant garder la nouvelle secrète, il verra ses terres confisquées et mourra misérable.

TROIS ROUTES Il y a trois routes pour rallier San Francisco. La majorité des gens viennent par bateau, soit en doublant le cap Horn, le voyage le plus long (six à huit mois) et le plus économique, soit en passant par l'isthme de Panama, périple le plus court mais le plus onéreux. La traversée du continent se révèle tout aussi meurtrière.

Les prospecteurs sacrifient toutes leurs économies pour acheter l'attirail de l'orpailleur ainsi qu'une bonne paire de bottes et parfois un mulet.

LA FORTUNE

COMPAGNIE DES MINES D'OR DE LA CALIFORNIE

LA FORÊT DE MÂTS En 1849, une nuée de bateaux convergent à San Francisco, le port le plus proche des filons aurifères. Trois-mâts, goélettes, baleiniers, steamers, souvent en piteux état, sont abandonnés par les marins qui partent prospecter dans la Sierra Nevada. À la fin de 1849, plus de six cents navires reposent ainsi dans le port de San Francisco, devenu un véritable cimetière de bateaux.

LE «FLYING CLOUD» En 1850, un nouveau bateau sort des chantiers navals de New York, le *clipper*, capable de faire le voyage depuis la côte Est en 89 jours au lieu de 182 jours.

LES «QUARANTE-NEUVARDS» Les premiers candidats à la fortune qui débarquent à San Francisco en 1849 sont baptisés «Quarante-neuvards». Déshérités, aventuriers ou indésirables politiques, ce sont surtout des hommes qui viennent tenter leur chance dans cet Eldorado du Nouveau Monde.

LA RUÉE VERS L'OR

ORPAILLAGE

Les premiers arrivants trouvent de l'or en abondance dans le lit des rivières. Il leur suffit de laver la terre d'alluvions dans une battée, avec l'eau du torrent : c'est la technique dite de la poêle à frire. Mais ce travail épuisant se révèle vite de faible rendement et les prospecteurs remplacent la battée par le *long tom* (ci-dessous), sorte de caisse en bois à deux étages.

«LONG TOM»

La terre est placée dans la partie supérieure du *long tom*, percée de trous, pour y être lavée. Les paillettes d'or sont recueillies dans la partie inférieure, légèrement inclinée et munie de traverses qui retiennent les alluvions. Le rendement est quatre fois supérieur à celui de la battée. Par la suite, les orpailleurs agrandiront le tamis supérieur (de 6 à 7 m de long) pour recevoir directement l'eau du torrent, grâce à des gouttières de bois appelées *sluices*.

L'OR !

Les plus chanceux trouvent des pépites, les autres se contentent de paillettes ou de poussière d'or. On instaure des bureaux où on établit le titre d'or contenu dans le minerai. Pour éviter les excès, l'Hôtel des Monnaies de San Francisco établit un cours officiel de l'or à 16 dollars l'once en 1854.

LA «MOTHER LODE»

Les filons de la *Mother Lode*, principale veine aurifère de la Sierra Nevada (entre Fort Sutter et Mariposa), sont vites recensés. Pour s'y rendre depuis San Francisco, il faut remonter la rivière San Joaquim jusqu'à Fort Sutter, puis continuer à pied ou à dos de mulet.

SITES D'EXTRACTION

LES CAMPS

Ce tableau de C. Nahl, *Dimanche matin à la mine*, illustre la société cosmopolite des camps de mineurs. La vie y est très dure. Mal nourris, exposés au soleil le jour et à l'humidité la nuit, ils souffrent de fièvre et de dysenterie, découvrant trop tard l'envers du mirage. Beaucoup y trouveront la mort.

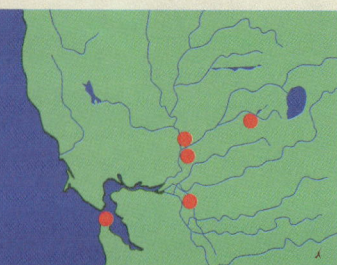

« LES DOIGTS NOUS DÉMANGEAIENT, NOUS BRÛLAIENT DE L'OR QUE NOUS ESPÉRIONS ; AUSSI, MOINS D'UNE DEMI-HEURE APRÈS NOTRE ARRIVÉE […] NOUS ÉTIONS TOUS À LA BESOGNE, AUSSI ARDENTS QUE LES AUTRES… » J. TYRWHITE-BROOKS

AUTRES TECHNIQUES
Le lavage dit « à l'écluse » consiste à creuser le sol à l'endroit où le courant est fort afin que les particules lourdes se déposent au fond. Vers 1850, les mineurs inventent le *coyotinh*, technique qui consiste à creuser des puits et des galeries pour parvenir jusqu'au lit rocheux d'une rivière afin d'y trouver une poche aurifère. Toutes ces techniques nécessitent beaucoup d'eau, élément indispensable à toute extraction. En 1849, les orpailleurs ont ramassé l'équivalent de 10 millions de dollars, 40 millions en 1850 et 80 millions en 1852, année record. Mais en 1854, la manne est déjà épuisée !

LES CONCESSIONS
L'État accorde des concessions, ou *claim,* de 15 à 20 m². En 1850, le gouvernement édicte la *Foreign Miners Licence Tax*, taxe de 20 dollars que doivent payer les étrangers pour pouvoir prospecter. Les mines se vident et San Francisco se remplit d'étrangers ruinés. La loi sera abolie en 1851.

« EMPIRE GOLD MINE »
Mineurs descendant dans la mine d'or de Grass Valley, entre 1880 et 1890. Très riche en minerai, cette mine exploitée par des Britanniques est restée en activité jusqu'en 1950.

ÉVOLUTION URBAINE

En vingt ans, la ville s'est considérablement étendue, comme le montrent ces gravures, l'une exécutée en 1874 (en bas) et l'autre en 1878 (ci-contre). On aperçoit nettement Market Street, cette artère percée à la diagonale qui «scinde la ville culturellement, géographiquement et météorologiquement», comme le remarque Herbert Gold.

● Le «Transcontinental Railway»

La ruée vers l'or avait mis en évidence la nécessité de désenclaver la Californie par la construction d'un chemin de fer transcontinental. Les clippers avaient beau battre tous les records, la route autour du cap Horn était longue et meurtrière. En 1862, le Congrès entérine le projet de tracé du jeune ingénieur Théodore Judah. Deux compagnies prennent en charge les travaux : la *Union Pacific,* soumise au contrôle du Congrès, doit construire le tronçon est-ouest, à partir d'Omaha, tandis que la *Central Pacific* doit réaliser le tronçon ouest-est, depuis Oakland. Six années seront nécessaires pour mener à bien cette entreprise, au prix de nombreuses vies humaines. En 1869, il ne faut plus que six jours et demi pour aller d'une côte à l'autre.

«Crocker's Pets» Les «esclaves de Crocker», tel est le surnom donné aux quinze mille *coolies* chinois venus construire la voie ferrée. S'ils touchent à peu près le même salaire que les Blancs, ils doivent se nourrir eux-mêmes. Ils travaillent en équipes de douze à vingt personnes, chacune ayant un cuisinier, un préposé au thé et un homme de rechange en cas d'incident.

Les «coolies» : des «hommes de peine»
La difficulté de trouver une main-d'œuvre stable et bon marché amène Charles Crocker, directeur des travaux de la *Central Pacific,* à passer un accord avec une société secrète de Chinatown qui s'engage à lui fournir une main-d'œuvre directement importée de Chine.

THÉODORE JUDAH
Cet ingénieur de la côte Est, qui vient d'achever une voie ferrée de 45 km reliant Sacramento aux mines d'or de la Sierra Nevada, est le véritable père du *Transcontinental Railroad*. Mais il perd vite le contrôle de son projet. Choqué par les pratiques malhonnêtes des *Big Four*, Judah vend ses parts et cherche un financement dans l'Est du pays pour racheter la compagnie. Le sort l'en empêchera : il meurt de la fièvre jaune contractée lors de sa traversée du Panama, en 1865.

Le *Pacific Railroad Act* attribuait aux deux compagnies de larges bandes de terre et des subsides, dont le montant était proportionnel à la distance à parcourir, établie pour chaque compagnie. Afin de protéger leur mise de fonds, les *Big Four* exigèrent un contrôle absolu des opérations. L'argent du gouvernement était versé à la *Crocker Company*, qui s'arrangeait pour construire à moindre coût (matériel sommaire) et reverser l'excédent aux quatre associés. Pour obtenir plus de subsides, Crocker n'hésita pas à inventer des terrains montagneux là où il y avait des plaines, soudoyant experts et géologues.

«BIG FOUR» : LES BARONS DU CHEMIN DE FER Le transcontinental doit traverser la Sierra Nevada et les montagnes Rocheuses, entreprise surhumaine qui n'effraye pas Judah, persuadé de la faisabilité du projet. Quatre riches commerçants de Sacramento – Collis P. Huntington, Mark Hopkins, Leland Stanford et Charles Crocker –, les *Big Four*, fondent la *Central Pacific* pour financer son projet et réussissent à convaincre le Congrès et le président Lincoln, qui signent le *Pacific Railroad Act* en juillet 1862. Cette loi prévoit la création d'une seconde compagnie ferroviaire. Les travaux commencent le 8 janvier 1863.

LE «TRANSCONTINENTAL RAILWAY»

PROMONTORY POINT Les deux lignes se rencontrèrent à Promontory Point, dans l'Utah, le 10 mai 1869. La *Central Pacific* avait posé 1 100 km de rails et la *Union Pacific* 1 740 km. Le transcontinental avait coûté cent dix-huit millions de dollars, largement enrichi les *Big Four* et tué un grand nombre de *coolies* chinois.

Le 29 avril 1869, les deux compagnies se lancèrent un défi : réaliser 11 km de voie dans la journée. Les 800 Chinois de la *Central Pacific* réussirent à battre ce record en 12 h.

DEUX COMPAGNIES RIVALES

Les travaux de la *Central Pacific* avancèrent plus lentement que ceux de la *Union Pacific* à cause des difficultés de terrain. Il fallut un an pour creuser Summit Tunnel, ouvrir les couloirs et aménager les rampes dans la Sierra. La rudesse de l'hiver 1866 ralentit encore les travaux. À la fin 1867, la *Union Pacific* avait posé 500 km de voie et la *Central Pacific* 140 ! Crocker décide alors d'intensifier le rendement et, en 1868, pose 350 km de rail dans l'année, atteignant le record de 1 km par jour.

LE DERNIER CLOU

La pose du dernier morceau de rail à Promontory Point, fixé aux traverses par trois tire-fond en métal précieux offerts par les États traversés (Californie, Nevada et Arizona) se fit dans la liesse.

Devant les progrès des ouvriers chinois, Huntington proposa d'amender la loi pour qu'elle autorise chaque compagnie à continuer de poser les rails jusqu'à ce que les voies se rencontrent. Dès lors, les compagnies devinrent rivales et non plus associées, chacune essayant de poser le plus de rails possible.

LE SÉISME DE 1906

La ville en feu peinte par William Coulter en 1906.

San Francisco connaît régulièrement des tremblements de terre, mais celui de 1906 fut d'une rare violence et déclencha un vaste incendie qui durera trois jours, ruinant une grande partie de la ville. Il est difficile d'évaluer les dégâts matériels et humains causés par le séisme même car les autorités locales, soucieuses de ne pas inquiéter la population et les investisseurs sur les risques sismiques, imputèrent alors le plus gros des dégâts au feu, n'hésitant pas à réviser les chiffres à la baisse. Tel le phénix, emblème de la cité depuis le XIXe siècle, la ville renaît de ses cendres avec une étonnante rapidité. La reconstruction demandera à peine six années.

48 SECONDES
Le 18 avril 1906, à 5 h 16 du matin, des secousses sismiques d'une amplitude de 8,25 sur l'échelle de Richter ébranlent la ville. La terre se met à onduler, formant des vagues de 2 à 3 m de haut, tandis qu'à d'autres endroits, le sol s'ouvre en crevasses qui engloutissent tout. En moins de 1 min, le quartier de l'actuel Civic Center et le sud de Market Street sont anéantis, l'hôpital central et le City Hall s'écroulent tels des châteaux de cartes.

TERRIBLE EARTHQUAKE IN SAN FRANCISCO

LA VILLE BRÛLE
La rupture des câbles électriques des trolleys et des conduites de gaz provoque une cinquantaine de foyers d'incendie à travers la ville. Les canalisations d'eau ayant cédé, les pompiers ne peuvent maîtriser les flammes. Le feu gagne du terrain et finit par former un seul vaste incendie, qui progresse inexorablement. Une chaleur insoutenable (2 700 °F) envahit la ville, qui brûle durant trois jours. Fer et acier plient, le marbre fond, le grès se délite.

LE DYNAMITAGE
Pour enrayer le feu, le général Funston (ci-contre), commandant du Presidio ▲ *240*, décide de son propre chef, sans en référer au maire, de prendre le contrôle des opérations. Il décrète la loi martiale, organise les premiers secours mais, surtout, décide le dynamitage des bâtiments situés en lisière du feu afin de créer des coupe-feu. C'est l'effet inverse qui se produit : les explosions alimentent l'incendie qui redouble et des milliers de gens sont piégés. Le 21 avril, le vent tombe et une légère bruine favorise l'extinction du feu.

On aperçoit la lueur des flammes à 80 km et la fumée s'élève en une colonne de 8 km. En quelques heures, tous les moyens de communication sont coupés. La ville est isolée du monde et ne peut coordonner les opérations de secours.

Le séisme de 1906

Un lourd bilan
Au terme de l'incendie, Nob Hill, Chinatown et toute la partie nord-est de la ville, de Southern Pacific Depot à Telegraph Hill, sont en ruine. Il semble que les chiffres réels des dégâts dus à la catastrophe aient été révisés à la baisse afin de ne pas effrayer les investisseurs. On pense aujourd'hui que plus de trois mille personnes périrent et non sept cents et que deux cent cinquante mille personnes se retrouvèrent sans abri. Quant aux dégâts matériels, ils furent considérables : cinq cent quatorze *blocks*, vingt-huit mille bâtiments et cinq cents millions de dollars (estimation des pertes matérielles) sont partis en fumée. La ville profitera de la catastrophe pour se débarrasser de son maire, le corrompu Eugène Schmitz
▲ *165.*

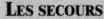

Les secours
Dès le 18 avril, l'armée organise le secours et l'évacuation des civils. Un navire de la marine américaine recueille des centaines de personnes fuyant vers la mer. Beaucoup prennent le ferry pour Oakland, mais la plupart des San Franciscains trouvent refuge dans les parcs de la ville, où on installe des grandes tentes. La population garde son calme et même son sens de l'humour. Évoquant la vieille rivalité qui oppose San Francisco à Oakland, on peut alors lire sur une baraque de réfugiés : « Mangez, buvez, soyez gai car demain il nous faudra peut-être aller à Oakland ! »

LES SOLDATS DU FEU
La ville n'a pas oublié le courage de ses pompiers qui, trois jours durant, luttèrent contre l'incendie.

PILLEURS Dès les premières heures du désastre le problème du pillage se pose. Le maire décide de faire fusiller tous les pillards surpris en flagrant délit, jugeant qu'il est impossible de les arrêter dans la panique générale. De son côté, Funston estime que la police seule ne peut faire régner l'ordre et se donne les moyens de l'assister en engageant ses troupes. Sept personnes seront ainsi exécutées.

Cette couverture du magazine *Nick Carter* évoque le problème du pillage.

LENDEMAINS DIFFICILES
Près de la moitié de la population de la ville (250 000 personnes) se retrouve sans abri. Il n'y a plus d'électricité et l'eau potable est rare. Par peur du feu, le maire interdit de cuisiner à l'intérieur, et les rescapés installent leurs fourneaux dans la rue. Mais les conditions insalubres dans lesquelles les réfugiés vont vivre pendant plusieurs mois sont à l'origine d'un autre drame : les rats se multiplient et propagent la peste, causant la mort de deux cents personnes.

● La reconstruction

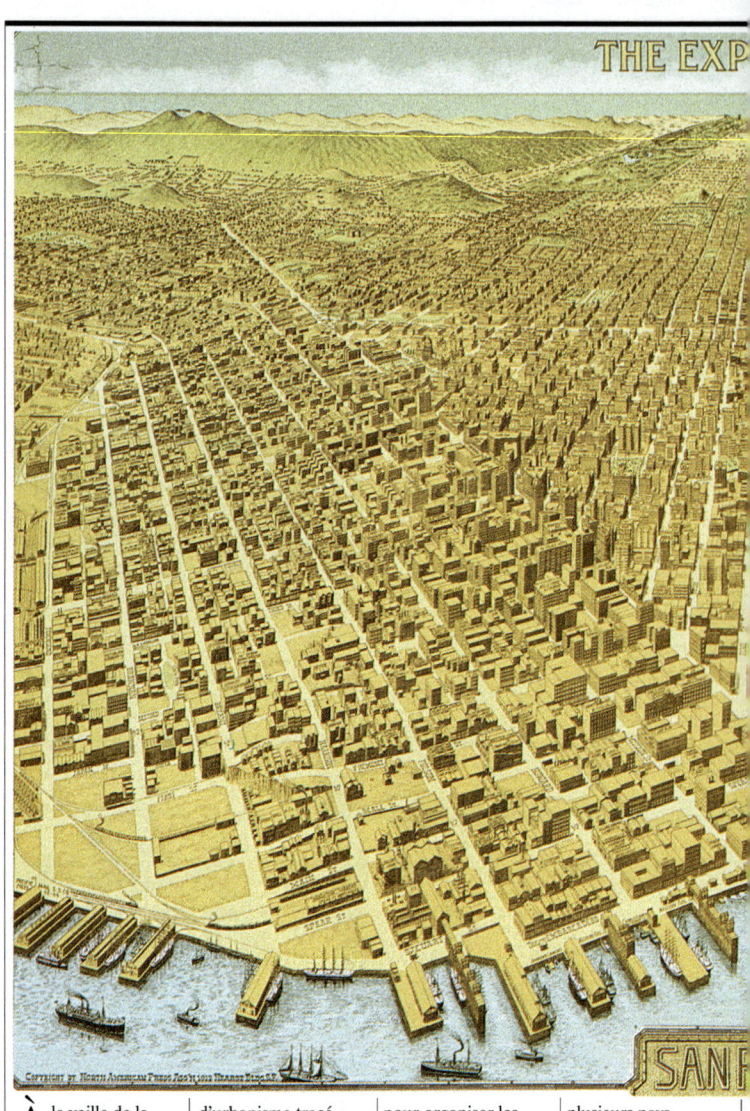

À la veille de la catastrophe de 1906, San Francisco est le principal centre financier, industriel et commerçant de la côte Ouest. Aussi la destruction des administrations, des bureaux, des magasins et des usines de cette métropole affecte-t-elle toute la région. Contre toute logique, alors que les incendies n'ont laissé que ruines fumantes, le plan d'urbanisme tracé par l'architecte Daniel Burnham ● 96, ▲ 224 et approuvé par la municipalité à la veille du séisme restera dans les tiroirs. Il nécessite, en effet, de multiples expropriations ; or en cette période d'incertitude, chacun se raccroche aux limites de son ancien domaine, y voyant la plus sûre garantie d'indemnisation. Un comité est constitué pour organiser les travaux et résoudre les problèmes les plus urgents. Les services bancaires étant réduits à néant, les fonds nécessaires à la reconstruction sont indisponibles. Mais bientôt, les banques de New York acceptent d'apporter leur contribution, les compagnies d'assurances d'indemniser leurs clients tandis que plusieurs pays étrangers offrent leur concours financier, notamment le Japon. Les travaux débutent donc rapidement. En fait, la ville va se relever de ses cendres plus propre et plus moderne, se dotant de nombreux gratte-ciel à ossature d'acier. Elle tirera de cette reconstruction globale une plus grande cohésion architecturale.

En 1912, la majeure partie de la ville est reconstruite, exploit dont les habitants tirent une fierté qu'ils célébreront lors de l'Exposition de 1915 ▲ 236. C'est un réel élan de solidarité et l'étonnant instinct de survie de sa population qui ont permis un tel redressement, prélude à un phénoménal essor de la «ville instantanée» ● 90.

● LONGSHOREMAN'S ASSOCIATION

Jusqu'aux années 1950, l'activité des dockers du port de San Francisco est aussi vitale pour la ville que celle des banquiers et des promoteurs. Pour un salaire de misère, dont ils reversent une large part aux agents recruteurs pour l'assurance d'une embauche, ces hommes effectuent, dans des conditions de sécurité précaires, de longues journées de travail. Fondé en 1898, l'ILA (*International Longshoremen's Association*), le syndicat le plus important, tente de défendre leurs intérêts. Mais après l'échec d'une grève, en 1919, il est supplanté par la *Longshoreman's Association*, organisation contrôlée par les compagnies de navigation. Il faudra attendre 1933 et le *National Recovery Act* de Roosevelt pour que les dockers s'organisent à nouveau et que l'ILA reprenne du service.

LA GRÈVE DE 1934 En mai 1934, une grève – pour un local syndical fermé, le contrôle de l'embauche, de meilleures conditions de sécurité et une augmentation de salaire – dégénère. Pendant trois jours, les dockers dressent des barricades contre la police. Le jeudi 5 juillet 1934, appelé *Bloody Thursday* (jeudi sanglant), celle-ci ouvre le feu, tuant deux dockers. Une grève générale de solidarité paralyse la ville pendant trois jours. Les dockers reprendront le travail le 31 juillet après l'intervention d'une commission d'arbitrage. Dans les années 1960, ils subiront de plein fouet la mise en place de la conteneurisation qui rend obsolètes les anciennes jetées.

HARRY BRIGGS
Cet Australien s'engage comme docker à San Francisco en 1932, et joue un rôle actif au sein de l'ILA. En 1937, il fonde un nouveau syndicat, l'*International Longshoremen's and Warehousemen's Union* (ILWU), qu'il présidera pendant quarante ans. Mort en 1990, à l'âge de 80 ans, il aura œuvré durant soixante années dans l'industrie portuaire de sa ville d'adoption.

Art de vivre

Levi Strauss & Co., 66
Cable car, 68
Presse, 70
Imprimerie d'art, 72
Mobilier Design, 74
Silicon Valley, 76
San Francisco Sound, 78
Fêtes et festivals, 80
Sports, 82
Gastronomie, 84
Spécialités, 86

● LEVI STRAUSS & CO

L'ÉTIQUETTE DE CUIR
Elle apparaît en 1886 et représente les deux chevaux qui testent et attestent la solidité des pantalons.

Étonnant destin que celui de cet émigré allemand débarqué à New York en 1847, à l'âge de dix-huit ans. En 1853, Levi Strauss part pour San Francisco, où il bâtira un empire grâce à son travail et à son sens des affaires. Ce faisant, il donne à l'Amérique l'un de ses objets-culte : le *blue-jean*. *Jean,* mot par lequel on désignait parfois ces pantalons à la fin du XIXe siècle, vient du français «Gênes», car les épais pantalons de Strauss rappellent ceux que portaient autrefois les marins génois. *Blue,* c'est la couleur indigo de la serge de Nîmes importée après 1860 pour les confectionner. Mais ce n'est que dans les années 1930 que le mot *jean* sera définitivement adopté pour désigner ces «salopettes de taille» et que le pantalon prendra sa forme actuelle. Depuis, ce symbole américain est devenu international et intemporel.

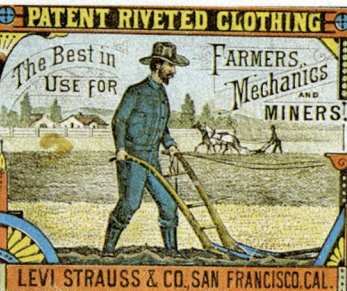

UN PANTALON POUR LES MINEURS
À son arrivée à San Francisco, la ruée vers l'or bat encore son plein. Levi Strauss a alors l'idée de fabriquer des pantalons de travail suffisamment robustes pour les mineurs avec de la grosse toile marron qui servait à confectionner les tentes et les bâches des chariots. Leur robustesse devait vite en faire un produit de qualité. En 1860, la toile de bâche est épuisée, aussi Levi Strauss décide-t-il d'utiliser de la toile de Nîmes (le fameux *Denim* du label) tout aussi robuste, mais de couleur bleue : le *jean* devient *blue-jean*.

DES RIVETS
En 1872, un couturier du Nevada propose de fixer des rivets en métal sur les points d'effort des poches afin de les renforcer. Il décide de s'associer avec Levi Strauss.

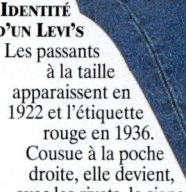

IDENTITÉ D'UN LEVI'S
Les passants à la taille apparaissent en 1922 et l'étiquette rouge en 1936. Cousue à la poche droite, elle devient, avec les rivets, le signe distinctif du *Levi's*.

LEVI STRAUSS & CO
Fabriqués à New York par les frères de Strauss, les *jeans* sont amenés à San Francisco par bateau. En 1873, Levi Strauss et son associé ouvrent leur première usine à San Francisco. Chaque produit sort des ateliers avec un numéro de fabrication.

UN PHÉNOMÈNE DE MODE

En raison de sa robustesse, les cow-boys l'adoptent ; ils en font leur vêtement quotidien. À la fin du siècle, le *jean* des mineurs est devenu le vêtement de travail par excellence. L'engouement pour le Far West qui touche l'Amérique dans les années 1940 en fait un article très recherché de tous les Américains. La mode est lancée…

Dans les années 1950, le *jean* devient, au même titre que le blouson de cuir, le vêtement fétiche d'une jeunesse rebelle qui s'identifie aux stars du grand écran comme James Dean ou Marlon Brando qui l'ont eux aussi adopté. De vêtement de travail, il devient l'uniforme de l'anticonformisme. Vingt ans plus tard, c'est un classique qui échappe aux modes et aux différences sociales.

UNE AFFAIRE DE FAMILLE

Dès 1980, les *Levi's* sont exportés dans soixante-dix pays d'Europe et d'Asie. La famille Strauss a conservé la direction de la firme : en 1984, l'arrière-arrière-petit-neveu de Levi Strauss a repris le contrôle de la compagnie, cotée en bourse depuis 1971.

● Le «cable car»

En 1869, l'ingénieur Andrew Hallidie voit périr cinq chevaux sur la colline de Nob Hill, écrasés par la charge trop lourde qu'ils tirent. Dès lors, celui-ci se mit à réfléchir à un système de transport mieux adapté à la topographie de la ville. Il imagine un câble souterrain tracté par un moteur puissant capable de donner une vitesse constante à une voiture sur rails. Le *cable car*, cet étrange tramway à crémaillère, voit ainsi le jour en 1873 et, en 1889, huit lignes sillonnent la ville sur quelque 180 km de rails. Seules trois de ces lignes ont survécu et, si elles constituent plus une curiosité historique qu'une commodité, elles continuent de transporter chaque jour des milliers de voyageurs.

UN CÂBLE
Le câble, composé de cent quatorze fils d'acier tressés, circule dans une fente creusée à 70 cm de profondeur, entre les rails. Pour relier le câble à la voiture, Hallidie eut l'idée d'une pince que le conducteur actionne avec un levier : la voiture roule si la pince accroche le câble qui, une fois tendu, la maintient à une vitesse constante de 15 km/h.

TRANSPORT HISTORIQUE
Très endommagé lors du séisme de 1906, le *cable car* ne fut que partiellement refait. En 1947, la mairie tenta de le remplacer par les trolleys et les autobus, meilleur marché. Mais les San Franciscains, très attachés au *cable car*, ont réussi à sauver trois des huit lignes, dont ils ont financé la rénovation complète, de 1981 à 1984.

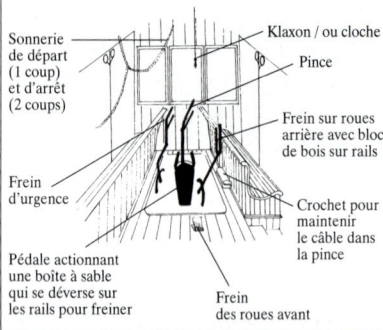

«CABLE CAR BARN» C'est dans cette salle ▲ *193* qu'est installée la machinerie qui actionne les trois câbles des lignes de Mason, Hyde et California Streets, qui fonctionnent toutes en circuit fermé. En fin du parcours, le câble s'embobine sur une large roue, qui permet de ramener la voiture à son lieu de départ.

Sonnerie de départ (1 coup) et d'arrêt (2 coups)

Klaxon / ou cloche

Pince

Frein sur roues arrière avec blocs de bois sur rails

Frein d'urgence

Crochet pour maintenir le câble dans la pince

Pédale actionnant une boîte à sable qui se déverse sur les rails pour freiner

Frein des roues avant

« LES CABLE CARS ONT, DANS LA PRATIQUE, APLANI SAN FRANCISCO. ILS NE TIENNENT AUCUN COMPTE DES ACCIDENTS DE TERRAIN, MAIS GLISSENT SANS HEURTS […] SUIVANT UNE TRAJECTOIRE IMMUABLE. » RUDYARD KIPLING

ANDREW S. HALLIDIE
Fils d'un fabricant de câbles londonien, il arrive en Californie en 1852. Avant de créer sa manufacture de North Beach, il construisait des tramways pour les mines de la Sierra Nevada. Son système mis au point, il investira toute sa fortune pour réaliser la première ligne, sur Clay Street, en 1873. L'année suivante, le succès de ce nouveau moyen de transport était assuré à San Francisco, où l'on construisit huit lignes.

DEUX MODÈLES DE VOITURE La plupart des lignes sont équipées de voitures simples (ci-contre). En fin de parcours, le conducteur doit faire pivoter le wagon sur une plaque tournante pour repartir en sens inverse ● 6.
Les voitures à commande double sont équipées d'une cabine de pilotage à chaque extrémité. Pour repartir, le *cable car* change d'aiguillage et le conducteur de cabine.

La première voiture à cabine double apparut en 1889 sur la ligne de California Street.

LA PRESSE

The Daily

SAN FRANCISCO : SUNDAY MORNING,

Dès la ruée vers l'or, San Francisco voit naître une multitude de journaux qui renforcent son statut de métropole de la côte Ouest. Très vite, la presse prend conscience de son influence et devient le porte-parole des intérêts de la communauté. En 1887, le fils d'un richissime propriétaire minier, William Randolph Hearst, prend la direction du *San Francisco Examiner* et lance un nouveau type de journalisme : le sensationnalisme. Formule prospère, puisque Hearst se retrouve bientôt à la tête du plus grand empire de presse américain. Le XXe siècle marque le début d'une ère corporatiste qui place les médias au centre du pouvoir. En 1965, la presse *underground*, qui choisit de traiter l'actualité ignorée par l'ensemble des médias, voit le jour dans la Baie, perpétuant à sa façon la tradition san franciscaine d'une presse libre et aventureuse.

«ALTA CALIFORNIA»
Fondé par Sam Brannan, le *California Star*, premier journal san franciscain, paraît le 9 janvier 1847. La même année, un autre hebdomadaire est lancé à San Francisco, *The Californian*, né à Monterey en 1846. À l'été 1848, les deux journaux fusionnent, donnant naissance à l'*Alta California*, qui devient un quotidien en janvier 1850.

«SAN FRANCISCO CHRONICLE»
Cette revue de théâtre créée en 1865 par les frères Charles et M. H. De Young ▲ *258* devient un quotidien similaire à l'*Examiner* en 1868. En 1880, le fils du maire Isaac Kalloch, le candidat du *Labor Party* devenu la cible favorite des attaques du *Chronicle*, assassine Charles De Young. En 1965, le quotidien reste seul en compétition avec l'*Examiner*.

«THE EVENING BULLETIN»
Il est créé en 1855 par James King of William, qui sera assassiné un an plus tard pour des questions d'opinions. En 1929, William Randolph Hearst rachète le *Bulletin*, qui disparaîtra en 1965.

«S. F. DAILY EXAMINER»
Le 4 mars 1887, W. R. Hearst rachète ce journal qui périclite. Il engage une équipe de choc : Samuel S. Chamberlain (du *New York Herald*), George E. Pancoast, futur inventeur de l'impression couleur et le célèbre écrivain Ambrose Bierce ● *132*.

Examiner.

APRIL 3, 1887---FOURTEEN-PAGE EDITION.

W. R. HEARST (1863-1951) À 24 ans, ce jeune homme dissipé qui a fait ses classes de journaliste chez Joseph Pulitzer, à New York, prend la tête du *S.F. Daily Examiner*. Il entend faire de ce journal un titre à grand tirage en attirant les lecteurs par des reportages sensationnalistes illustrés en couleurs ou par de vastes campagnes d'opinion dénonçant le plus souvent des abus de pouvoir. Il finira par contrôler une chaîne de 40 titres – journaux et magazines.

PRESSE LITTÉRAIRE ET SATIRIQUE Au XIXe siècle, elle joue un rôle essentiel dans la promotion des auteurs à l'ouest du Mississipi, où il n'y a pas d'éditeur. Après le *Golden Era*, fondé en 1852, l'*Overland Monthly* publie dès 1868 des œuvres inédites et devient la revue littéraire de référence sur la côte Ouest. *The Wasp*, revue satirique mordante de la fin du XIXe siècle, est connue pour ses caricatures en chromo.

«SAN FRANCISCO ORACLE» Animé par Allen Cohen dès 1966, l'*Oracle* se veut le reflet des grands courants spirituels qui animent les communautés hippies établies à Haight-Ashbury ▲ 276. Dans ce journal aux couleurs psychédéliques et au graphisme novateur, on peut lire des essais, de la poésie ou des critiques de théâtre et de musique.

«COMICS» ET PRESSE «UNDERGROUND» Robert Crumb et son *Mr. Natural* ▲ 278, Gilbert Shelton et ses *Freak Brothers*, S. Clay Wilson et ses *Hell's Angels Cannibales* lancent en 1968 *Zap Comics*, qui diffuse leurs idées par le biais de la bande dessinée. Le mensuel *Mother Jones*, lui, continue le combat de la presse contestataire des années 1960 pour établir un contre-discours, comme le *Berkeley Barb*.

IMPRIMERIE D'ART

L'imprimerie arrive très tard en Californie. À Monterey, alors capitale de la province mexicaine, une presse fonctionne de 1834 à 1836. Il faudra attendre l'arrivée de Sam Brannan en 1846 pour que San Francisco voit naître son premier journal. Pourtant, moins de cinquante ans seront nécessaires pour que s'y établisse une imprimerie d'art de qualité : en 1877, Edouard Bosqui publie son *Grapes and Grape Vines of California*, première édition de luxe à sortir des presses san franciscaines. D'autres imprimeurs ne tardent pas à s'établir en ville pour mettre leur talent au service des écrivains. San Francisco acquiert vite une renommée dans ce domaine et, aujourd'hui encore, la tradition se perpétue.

wrists. It was the magical line. An instant before, Stubb had swiftly caught two additional turns with it round the loggerhead, whence,

Darting harpoon

by reason of its increased rapid circlings, a hempen blue smoke now jetted up and mingled with the steady fumes from his pipe. As the line passed round and round the loggerhead; so also, just before reaching that point, it blisteringly passed through and through both of Stubb's hands, from which the hand-cloths, or squares of quilted canvas sometimes worn at these times, had accidentally dropped. It was like holding an enemy's sharp two-edged sword by the blade, and that enemy all the time striving to wrest it out of your clutch.

"Wet the line! wet the line!" cried Stubb to the tub oarsman (him seated by the tub) who, snatching off his hat, dashed the sea-water into it.* More turns were taken, so that the line began holding its place. The boat

Thrusting harpoon

*Partly to show the indispensableness of this act, it may here be stated, that, in the old Dutch fishery, a mop was used to dash the running line with water; in many other ships, a wooden piggin, or bailer, is set apart for that purpose. Your hat, however, is the most convenient.

La tradition de l'imprimerie en caractères de plomb est encore vivante à San Francisco malgré les assauts de l'ordinateur. La ville héberge toujours la société Mackenzie & Harris, la plus grande fonderie des États-Unis, et compte plusieurs sociétés d'amateurs du livre, de la reliure et de l'art du livre.

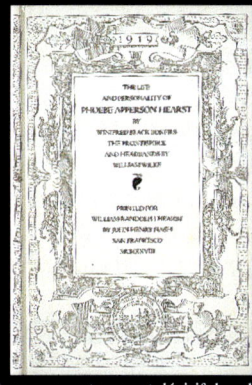

L'arrivée de J.H. Nash en 1898 marque un tournant décisif dans l'imprimerie d'art san franciscaine. Il donne sa préférence aux grands in-folio aux bordures colorées et très élaborées mais peut aussi faire preuve d'un grand raffinement (au milieu). La création du *Book Club of California* en 1912 encourage la production de belles éditions. Nash y travaille à forger l'image de marque de l'édition san franciscaine. En 1921 les frères Grabhorn s'installent en ville. Ils produiront des centaines d'éditions de style très varié, mais toujours avec le même souci de perfection dans l'impression, l'harmonie entre texte et illustration et la qualité du papier et de la reliure.

PRINTED FOR
WILLIAM RANDOLPH HEARST
BY JOHN HENRY NASH
SAN FRANCISCO
MCMXXVIII

Les années 1950 voient l'arrivée d'une nouvelle génération d'imprimeurs tels que Adrian Wilson, William Everson et Jack Stauffacher. L'Arion Press d'Andrew Hoyem prend la suite des Grabhorn en 1969. Leur édition de *Moby Dick* de 1982, illustrée par Barry Moser, est considérée comme leur chef-d'œuvre (ci-contre et ci-dessus à gauche).

«GRAPES AND GRAPE VINES OF CALIFORNIA» Imprimé et édité par Edouard Bosqui en 1877, cet ouvrage (à droite) a lancé la tradition de l'imprimerie d'art à San Francisco.

MOBILIER DESIGN

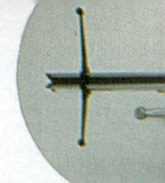

JEFF BENEDETTO (1986)
Se considérant comme un «anti-designer», il utilise des segments de clôture et s'inspire de la taille ornementale des arbres pour son siège de jardin.

Au XIXe siècle, l'émergence de San Francisco comme métropole coïncide avec le «mouvement esthétique», période artistique caractérisée par un goût souvent excessif pour la virtuosité et les fioritures dans les arts visuels. Au début du siècle, le mouvement Arts and Crafts, né en Angleterre, atteint San Francisco, mais c'est la reconstruction, au lendemain du séisme de 1906, qui donnera véritablement l'opportunité aux designers de la Baie de concevoir un style californien.

Les foires mondiales seront une autre étape décisive : véritables concentrations de talents, elles leur fourniront une occasion sans précédent de se faire connaître. Ainsi, l'exposition internationale du Golden Gate en 1939 exposera un mobilier destiné à une production de masse, plutôt que des pièces uniques. Aujourd'hui, les fabricants de meubles d'atelier ont en commun avec les artistes la conception et la manière : leurs pièces ne sont pas conçues pour un client en particulier mais répondent à une recherche personnelle ; elles sont uniques, ou éditées en série limitée.

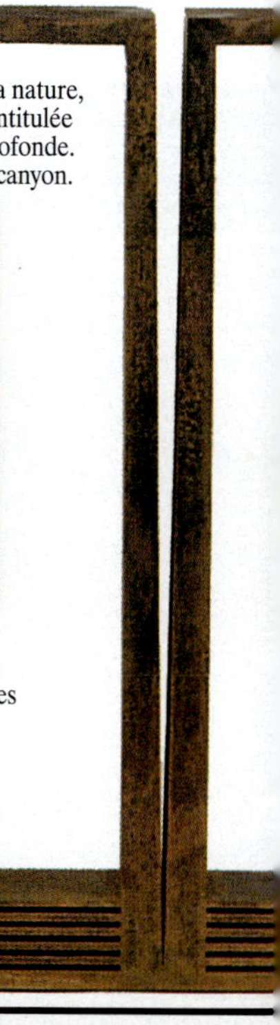

LES MEUBLES-NATURE DE GAIL FREDELL
Réalisée en 1992, cette table longue et étroite est une abstraction de la nature, principale source d'inspiration des réalisations récentes de l'artiste. Intitulée *Paysage de canyon*, elle représente la section d'une gorge étroite et profonde. L'acier recouvert d'une patine ferrugineuse rappelle les falaises d'un canyon.

HÉRITIERS DE L'ARTS AND CRAFTS
Durant la reconstruction, de nombreux designers exécutèrent sur commande des meubles et des objets décoratifs d'une grande qualité. Maîtrisant avec talent de nombreux moyens d'expression, Arthur et Lucia Mathew intégrèrent la peinture à leurs meubles. Ce secrétaire à abattant, datant de 1910-1915, est conçu à partir d'un panneau peint qui représente l'Arcadie (en Grèce) pré-industrielle.

DORMIR SUR L'EAU AVEC CHARLES HALL
Étudiant en design, Charles Hall invente le matelas à eau en 1968. Les membres de la contre-culture commercialisèrent ces poches en plastique remplies d'eau, notamment grâce aux stations de radio rock qui en faisaient la réclame. Dormir sur l'eau devint un symbole du mode de vie hippie.

LE BURDICK GROUP FURNITURE
Dans les années 1970, l'apparition de l'ordinateur personnel modifie l'organisation des bureaux et les méthodes de travail. Le groupe Burdick conçut alors un «matériel de travail» modulable qui soit capable de répondre à la diversité des nouveaux équipements. Le bureau ci-dessus, véritable «poste de commande», fut fabriqué par l'entreprise Herman Miller. À partir d'un axe central auquel sont rattachés plusieurs modules, le travailleur peut organiser son plan de travail comme il l'entend. Il a ainsi l'impression de ne pas seulement utiliser le bureau, mais de le posséder de manière explicite : sa forme révèle ses occupations, la manière dont il travaille et, par là, sa personnalité.

LES BOOMERANGS DU BABY-BOOM La population de la Baie connut un essor formidable après la Seconde Guerre mondiale : de retour au pays, nombre de soldats décidèrent de s'installer avec leur famille dans la baie. Luther Conover, créateur et fabricant de mobilier à Sausalito, pallia la pénurie de mobilier en créant des meubles peu onéreux, d'apparence légère et solide, comme la *Table à café boomerang*

CHAMBRE POUR CÉLIBATAIRE Cette pièce de Fritz E. Baldauf est constituée d'éléments conçus par lui – une première pour cet artiste habitué à exécuter des meubles sur commande–, mais réalisés par l'entreprise d'ameublement H. Miller.

PHILIPP AGEE
Chaque élément est indispensable dans la chaise *Crepe Kingdo* créée par Philip Agee en 1992. Sa coloration discrète, qui semble être dans la veine même du chêne cérusé, souligne l'expressivité de la structure.

● SILICON VALLEY

La vallée qui s'étend entre Palo Alto et San José, au sud de San Francisco, est devenue célèbre au cours des années 1970 sous le sobriquet de «Silicon Valley» car elle regroupait la plupart des industries fabriquant les circuits intégrés (puces) à base de silicium, clé de voûte de notre monde informatisé. La vallée deviendra par la suite un vaste laboratoire de recherches où seront inventés toute une batterie d'appareils qui ont changé notre vie, du micro-ordinateur au magnétoscope. Le boom de ces industries liées à l'informatique a totalement modifié le paysage économique et social de la région.

PREMIER ORDINATEUR
Les besoins militaires de la Seconde Guerre mondiale accélèrent la mise au point de la machine à calculer la plus rapide du monde. ENIAC, le premier ordinateur électronique, est mis au point à Philadelphie en 1946.

«MONDO 2000»
Cette luxueuse revue explore la «réalité virtuelle» à travers l'univers informatique et propose, comme son ancêtre l'*Oracle* ▲ *279*, de nouvelles utopies, une autre manière de rêver l'avenir.

LE CIRCUIT INTÉGRÉ
Inventé en 1959, le CI remplace les relais mécaniques et les lampes des premiers ordinateurs. Sa petite taille, qui lui vaut le surnom de «puce», augmente la rapidité des opérations de calcul. Très vite, le silicium, isolant bien adapté à la circulation des électrons, devient l'élément central du CI et permet de fabriquer des puces plus petites, plus complexes, plus puissantes et douées de mémoire. À la fin des années 1970, ces puces équipent toutes sortes d'appareils.

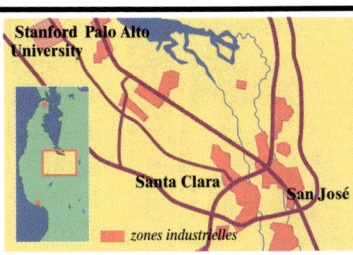

LES PIONNIERS
En 1939, B. Hewlett et D. Packard créent leur première firme d'électronique à Palo Alto. Dans les années 1960, ils comptent parmi les premiers à construire des mini-ordinateurs et des calculatrices programmables équipés des puces révolutionnaires.

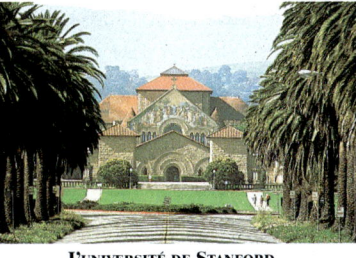

L'UNIVERSITÉ DE STANFORD
Créée en 1891 ▲ *103*, elle est devenue un centre de recherches de référence dans les domaines médical, scientifique et technologique. L'étroite collaboration entre l'université et l'industrie a largement contribué au développement de Silicon Valley.

TECHNOLOGIE VISIONNAIRE Steve Jobs et Steve Wozniak ont défini un véritable art de vivre en lançant leur légendaire système Apple en 1975 : simplicité évolutive, convivialité, accès du commun des mortels aux ressources de l'informatique.

LE MICRO-ORDINATEUR
Apple II, le premier micro-ordinateur, est lancé sur le marché en 1977. IBM répondra en 1981 avec son PC.

77

Le «San Francisco sound»

BEAU-BRUMMELS
Le premier groupe local à faire parler de lui, en 1965, s'inspire beaucoup du rock britannique. Leur manager, Tom Donahue, est l'inventeur de la radio FM.

Le nom de San Francisco reste attaché au rock «psychédélique» de la fin des années 1960. Les groupes-phares de l'époque, Grateful Dead, Jefferson Airplane, Santana, Steve Miller Band ou Quicksilver Messenger Service, évoquent un âge d'or, paradoxalement couronné sur l'autre côte en août 1969, lors du festival de Woodstock. Grâce à ces formations, l'Amérique trouve alors la parade à l'invasion des groupes britanniques, tels que les Beatles et les Rolling Stones. À San Francisco, la presse underground, la radio FM et le nouveau graphisme utilisé pour les affiches de concerts focalisent l'attention sur cette musique, vecteur privilégié d'une rébellion culturelle menée par le mouvement hippie.

GRATEFUL DEAD
En 1966, ce groupe entame son parcours de légende, dans les bus de Ken Kesey ▲ 276. Voguant des *Hell's Angels* à Neal Cassady ▲ 166, le Grateful Dead symbolise très vite les idéaux des habitants de Haight-Ashbury ▲ 274, où ils s'installent. Le «bon vieux Dead», vivant symbole de résistance à l'usure du temps, est toujours en piste : son traditionnel concert du nouvel an, à l'*Oakland Coliseum*, fait encore salle comble.

BILL GRAHAM
Il joue un rôle majeur dans les années 1960, dans la promotion des groupes de rock san

franciscains, dont il devient manager. En 1965, il prend la tête d'une vaste salle de concert sur Geary Bd, le *Fillmore Auditorium*, puis du *Winterland*, et du *Fillmore West*.

«BAY AREA MUSIC»
Le *BAM* est aujourd'hui le plus connu des journaux de rock. Ce mensuel gratuit propose sur une centaine de pages toute l'actualité du disque et des concerts locaux, ainsi que des articles de fond, des interviews et beaucoup de petites annonces.

«ROLLING STONE»
Ce mensuel spécialisé est fondé en 1967 à San Francisco par Ralph J. Gleason et Jann Wenner. *Rolling Stone* sera le premier magazine à traiter du rock comme d'un fait culturel aussi important que le cinéma et la littérature.

JEFFERSON AIRPLANE Bob Dylan et les Byrds génèrent le folk-rock dont le Jefferson Airplane est, en 1965, le premier porte-parole sur la côte Ouest, au club *The Matrix*.

LA NOSTALGIE Vingt-cinq ans après, que reste-t-il de ce prodigieux élan d'enthousiasme et de créativité ? On réédite les vieux enregistrements psychédéliques et l'on espère une nouvelle réunion du Jefferson Airplane !

L'APRÈS-SIXTIES D'autres vagues ont déferlé dans la cité du rock : *revivalistes* de l'esprit des sixties (Flamin' Groovies), flammes soul (Sly Stone), punks politisés (Dead Kennedys), rêveurs «pataphysiciens» (Residents)…

LES CHARLATANS hésitent entre le «comedy show» et le rock'n'roll. Ils arborent un «look» très fin de siècle, clin d'œil aux saloons de la ruée vers l'or.

JANIS JOPLIN (1943-1970) Elle a grandi au Texas, s'est frottée au blues dans les clubs d'Austin et s'est choisi un modèle, la chanteuse noire Bessie Smith, disparue en 1937. En 1965, elle s'installe à San Francisco, sur Lyon Street, et devient la chanteuse du groupe *Big Brother and the Holding Company* ▲ *282*.

FÊTES ET FESTIVALS

San Francisco s'anime régulièrement pour la célébration des fêtes asiatiques, sud-américaines ou européennes, qui sont autant d'occasions pour les nombreuses communautés qui y vivent de renouer avec leurs origines. Mais c'est aussi l'histoire d'une ville, américaine depuis moins de deux cents ans, que célèbrent régulièrement ses habitants. Tolérante, elle est fière d'accepter les «différences» et se réjouit de voir défiler dans ses rues la plus délirante des parades, celle des homosexuels.

«EXOTIC-EROTIC-HALLOWEEN BALL»
À la suite de la fête traditionnelle de Halloween, le 31 octobre, où les enfants se déguisent et collectent des friandises de maison en maison, San Francisco organise (pour les adultes !) une immense parade sur Market et Castro Streets. Le soir, une foule homosexuelle et hétérosexuelle se rassemble, vêtue des costumes les plus fous, pour danser au *Concourse Exhibition Center*.

«LESBIAN-GAY FREEDOM DAY PARADE»
Cette manifestation, la plus importante du genre aux États-Unis, a lieu depuis vingt-trois ans à la fin du mois de juin. Elle commémore l'émeute du *Stonewall Inn* de New York en 1969 ▲ *302*, qui marqua le début du mouvement en faveur des droits civiques des homosexuels aux États-Unis.

«CHINESE NEW YEAR»
Le nouvel an chinois débute le jour de la nouvelle lune entre les 20 janvier et 20 février. Les festivités, dont l'élection de Miss Chinatown USA, durent deux semaines et s'achèvent par le défilé des dragons géants, animé de feux d'artifice – immense parade qui réunit près de 500 000 spectateurs chaque année, dans Chinatown ▲ *152*.

«CINCO DE MAYO»
Le 5 mai est une grande occasion de liesse pour la communauté mexicaine, qui célèbre par un défilé au Civic Center la victoire du Mexique sur les troupes françaises à Puebla, en 1862. Elle organise dans Mission des danses folkloriques et indiennes, des chants de *mariachis*, des expositions et des dégustations de produits régionaux.

«MARTIN LUTHER KING CELEBRATION»
L'anniversaire de la mort de Martin Luther King, célébré au Civic Auditorium ▲ *228*, donne lieu à une très grande fête le troisième lundi de janvier et San Francisco se vante d'être la seconde ville après Atlanta à honorer ainsi sa mémoire.

«CABLE CAR BELL-RINGING CONTEST»
Les conducteurs des fameux *cable cars* concourent chaque année à Union Square, depuis vingt-neuf ans, pour obtenir le prix du plus beau son de cloches ● *68*.

«CHERRY BLOSSOM FESTIVAL»
Les cerisiers du Japanese Tea Garden ▲ *263* sont en fleur dès la fin mars et le Festival des cerisiers en fleur réunit en avril plus de 000 participants dans Japantown. Cette fête costumée qui s'étend sur deux week-ends est depuis vingt-cinq ans l'événement annuel le plus important de la communauté nippone.

LA BÉNÉDICTION DE LA FLOTTE
Le premier dimanche d'octobre, une messe est dite en l'église Saints Peter and Paul ▲ *169* en l'honneur des pêcheurs. Un défilé descend ensuite Columbus Avenue jusqu'à Fisherman's Wharf ▲ *180*, où le prêtre procède à la bénédiction de la flottille de pêche.

«SHAKESPEARE FESTIVAL»
Chaque année, d'août à octobre, des spectacles gratuits sont proposés au public san franciscain dans le Golden Gate Park ▲ *254*. Il s'agit d'une véritable saison théâtrale.

DÉFILÉ DE LA SAINT-PATRICK
Depuis 1850, les Irlandais célèbrent Saint-Patrick, le 17 mars. Selon la coutume, habillés de vert, ils «noient le trèfle», emblème de l'Irlande. Après le défilé, une messe est dite à Saint Mary's Cathedral.

San Francisco offre maintes possibilités aux amateurs de sports nautiques. Alors que la baie, où les courants sont puissants et les vents fréquents, fait le bonheur des plaisanciers et des véliplanchistes, l'océan Pacifique fournit aux nombreux surfers et bodysurfers de formidables sensations grâce aux spectaculaires rouleaux qui s'écrasent sur les plages. Mais l'agglomération ne néglige pas pour autant les sports de balle et de ballon : certaines équipes se distinguent en football américain et en base-ball. Enfin, la ville a su aménager ses parcs et donner à ses résidents la possibilité de jouir de la nature, cadre idéal pour la pratique de la course à pied, et pour faire évoluer des cerfs-volants géants.

BAY-TO-BREAKERS
Depuis 1912, cette course à pied, qui traverse la ville de la baie à l'océan sur une quinzaine de kilomètres, est l'occasion d'une grande fête pour les San Franciscains chaque troisième dimanche de mai. Elle réunit plus de 100 000 participants.

BASE-BALL
Le championnat nord-américain comprend vingt-six équipes réparties en deux Leagues, la *National* (NL) et l'*American* (AL). La saison annuelle se déroule d'avril à novembre et la finale, World Serie, se dispute entre les vainqueurs des deux ligues. Parmi les équipes locales, les Oakland A's (AL) – meilleure équipe des deux dernières décennies, avec trois titres consécutifs en 72-73-74 et deux en 1989-90 – éclipsent les San Francisco Giants (NL).

Joe Montana, footballeur des San Francisco 49ers.

Né à San Francisco, Joe Di Maggio, joueur-vedette de base-ball des années 1950, débuta dans cette ville et termina sa carrière à New York. Il fut le deuxième mari de Marilyn Monroe.

SPORTS ET JEUX

RÉGATES Dans la baie, la saison de yachting, qui commence le dernier dimanche d'avril, est ponctuée – entre autres – par le *Memoria Day Regatta,* en mai, la *Pacific Interclub Yachting Association Regatta,* le troisième week-end de juillet et se termine par la *St Francis International Masters Regatta* à la fin octobre.

CERFS-VOLANTS
Les San Franciscains sont des grands adeptes du cerf-volant, qu'ils font volontiers virevolter sur Ocean Beach ou le Marina Green. Ils pratiquent le plus souvent le cerf-volant acrobatique à deux ficelles. Un vaste magasin, *Go Fly a Kite,* est installé sur le Fisherman's Wharf. Il a été lancé dans les années 1970 par Dinesh Bahadur, originaire d'Ahmedabad (Inde), où se tient chaque année la plus grande manifestation mondiale de cerf-volant de combat (à une ficelle). Chaque année, au mois de septembre, un festival de cerfs-volants se déroule sur Ocean Beach.

Les eaux de la baie et de l'océan permettent de pratiquer le surf et la planche à voile. Des compétitions sont régulièrement organisées.

Le *Bud Surf Tour,* qui se déroule depuis six ans sur Ocean Beach, la deuxième semaine d'octobre, est le plus grand événement de l'année pour le surf et le bodyboard.

FOOTBALL AMÉRICAIN
Deux fédérations se partagent les vingt-huit équipes professionnelles aux États-Unis : la *National Football Conference* (fondée en 1920), dont les San Francisco 49ers, (ci-contre, Craig, un de leurs joueurs) et l'*American Football Conference* (créée en 1960). La saison de football se déroule de septembre à janvier et comporte quinze rencontres. La dernière de la saison est le *Super Bowl* (troisième semaine de janvier), créé en 1967.

Gastronomie
«Sourdough bread»

Le pain «Sourdough» arriva en Californie au moment de la ruée vers l'or. D'aucuns affirment qu'il est originaire du pays Basque français, tandis que d'autres prétendent qu'il fut importé par un pâtissier français. Il devint très populaire chez les chercheurs d'or, qui emmenaient avec eux le précieux levain dans la Sierra, ayant toujours de quoi faire le pain salvateur, qui trônait déjà sur les tables de San Francisco.

Le levain
250 ml de lait demi-écrémé, 3 cuill. à soupe de yaourt sans matières grasses, 125 g de farine.

1. Faire tiédir le lait puis le retirer du feu et ajouter le yaourt. Verser le mélange dans un récipient qui conserve la chaleur et couvrir.

2. Laisser reposer dans un endroit chaud (entre 27° et 38°C) six à huit heures. Le mélange est prêt quand il mousse et forme un lait caillé épais. Si un liquide clair se dépose à la surface, remuer à nouveau. S'il devient rose, c'est signe que le mélange a tourné.

3. Une fois le lait caillé réussi, ajouter la farine et mélanger jusqu'à obtention d'une pâte lisse. Laisser reposer dans un endroit chaud de deux à cinq jours jusqu'à ce que le mélange ait formé des bulles et qu'une odeur aigre se dégage nettement.

La pâte à pain. 375 ml d'eau tiède, 250 ml de levain, 625 g de farine (sans levure), 1 cuillère à soupe de sel, 2 cuillères à soupe de farine de maïs.

1. Dans un large récipient, mélanger l'eau, le levain et 315 g de farine, jusqu'à obtention d'une pâte lisse. La couvrir d'un film plastique et laisser reposer durant une nuit. La pâte épaissit et prend un aspect spongieux.

2. Ajouter le sel et la farine restante et remuer jusqu'à ce que la pâte soit ferme mais maniable. Fariner légèrement une planche de travail et pétrir la pâte une ou deux minutes. La laisser ensuite reposer dix minutes.

5. Déposer la farine de maïs sur un papier paraffiné et y placer le pain. Couvrir avec un tissu sans serrer le pain. Laisser gonfler le pain jusqu'à ce que son volume ait doublé. Préchauffer le four (190°C).

6. Avec une lame de rasoir ou un couteau tranchant, faire une incision sur le dessus du pain de 1 cm de profondeur, puis vaporiser le pain d'eau froide. Enfourner et laisser cuire 10 minutes, puis vaporiser de nouveau d'eau froide. Répéter l'opération une seconde fois. Faire cuire enfin 40 minutes de plus (la durée totale de cuisson est 1 heure). Placer le pain sur une tôle et laisser refroidir.

ACME BREAD
COMPANY · EST · 1983
2730 9TH ST. AT PARDEE   BERKELEY CA 94710

«BOUDIN BAKERY»

C'est Isidore Boudin, pâtissier français immigré à San Francisco au moment de la ruée vers l'or, qui, dit-on, commercialisa le premier le célèbre pain au goût amer, indissociable de San Francisco. La firme existe toujours et continue de produire le *Sourdough Bread*. L'autre grande firme spécialisée dans la production de pain est *Acme Bread*.

3. Pétrir à nouveau la pâte pendant dix minutes, jusqu'à ce qu'elle soit élastique. Ajouter au besoin de la farine pour éviter qu'elle colle. La déposer dans un récipient huilé, couvrir et laisser lever la pâte jusqu'à ce qu'elle ait doublé de volume.

4. Aplatir la pâte en la frappant avec la paume de la main et la travailler. Former une boule.

Ce pain a une croûte épaisse et craquante, une mie moelleuse au goût un peu acide.

● SPÉCIALITÉS

LE CRABE DE DUNGENESS est pêché en abondance dans la baie ■ 23, avec l'oursin, le homard, la crevette. Les ormeaux se font rares depuis une trentaine d'années et leur pêche est aujourd'hui strictement réglementée. Ces crustacés rapportent quelque 60 millions de dollars par an à la Californie.

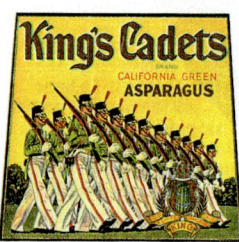

PRODUITS MARAÎCHERS
La Californie est le plus gros producteur de fruits et de légumes des États-Unis. La baie de San Francisco représente par ailleurs le premier marché américain d'aliments biologiques. Les exploitants californiens regroupés sous le label CCOF (*California Certified Organic Farmers*), qui garantit l'absence de pesticides et d'engrais chimiques dans les cultures, assurent 2% de la production américaine de fruits et de légumes biologiques.

Salami *Molinari* et fromage *Vella* «à l'ancienne», produits du savoir-faire italien.

LE VIN CALIFORNIEN ■ *38* ♦ *349*
La Californie produit environ 90 % du vin américain. La moitié de ses 800 caves *(wineries)* sont installées dans les vallées de Napa et de Sonoma.

LA BIÈRE
Anchor Brewing Company, née à San Francisco, est la plus importante et l'une des plus anciennes micro brasseries américaines.

LE CHOCOLAT GHIRARDELLI ▲ *176*
Fils d'un célèbre chocolatier italien, Domenico Ghirardelli s'établit à San Francisco en 1852 et ouvrit une chocolaterie sur le front de mer. Toujours produit, son chocolat est un classique.

«FORTUNE COOKIES» ▲ *263*
Si les Chinois se sont appropriés ces galettes de riz fourrées d'un message porte-bonheur, la recette fut mise au point en 1894 par un Japonais à San Francisco.

ARCHITECTURE

L'HÉRITAGE HISPANIQUE, *88*
LA «VILLE INSTANTANÉE», *90*
LA MAISON VICTORIENNE, *92*
LA MAISON VICTORIENNE :
LES DIFFÉRENTS STYLES, *94*
«CITY BEAUTIFUL MOVEMENT», *96*
«BAY AREA TRADITION», *98*
TECHNIQUES ANTISISMIQUES, *100*
LES CAMPUS, *102*
LES PREMIERS GRATTE-CIEL, *104*
LES GRATTE-CIEL MODERNES, *106*
VERS UN NOUVEL URBANISME, *108*

L'HÉRITAGE HISPANIQUE

Les Espagnols, qui occupent la baie de San Francisco de 1775 à 1821, y fondent des missions, communautés franciscaines organisées autour d'un cloître, des *presidios*, ou forts militaires, et des *pueblos*, villages construits par les colons. Dans les trois cas, il s'agit le plus souvent de constructions en adobe d'un ou deux étages. C'est le caractère «provincial» des missions, souvent laissées à l'abandon à la suite de leur sécularisation vers 1830, qui retiendra l'attention des architectes californiens à la fin du XIXe siècle. Le style *Mission Revival* emprunte aux établissements franciscains leurs volumes purs, animés par des pignons incurvés à effet de feston, leurs parois chaulées percées d'arches généreuses et leurs toits de tuiles rouges à faible pente. Ce style connaît son apogée entre 1905 et 1915, et essaime alors à travers les États-Unis.

PLAN DES MISSIONS
Les missions étaient des centres actifs : les Indiens y étaient convertis puis baptisés et employés à des tâches agricoles. La mission Dolores, comme toutes les autres, réunissait un ensemble de bâtiments dont l'église et un cloître attenant, où les franciscains vivaient, un cimetière, mais aussi des jardins, des champs, des locaux agricoles (écuries, étables granges), de nombreux ateliers et les baraques des Indiens.

LE STYLE «MISSION REVIVAL» : LA GARE DE BURLINGAME
Édifiée en 1894, la gare de Burlingame, une commune résidentielle de la baie, est l'un des premiers édifices *Mission Revival*. Ce style, qui s'inscrit dans un mouvement plus général de recherche d'une identité régionale, naît au moment où l'État de Californie s'efforce de promouvoir tourisme et développement urbain. Au début du XXe siècle, il est adopté pour des édifices publics, écoles et bibliothèques surtout, mais aussi pour des hôtels et des maisons individuelles.

L'ADOBE
Les Espagnols apportent en Californie une technique de maçonnerie originaire du Mexique, utilisant l'adobe – des briques d'argile mêlée de paille séchées au soleil. Les murs ainsi montés sont ensuite revêtus d'un enduit de chaux.

COUPE D'UN BÂTIMENT EN ADOBE
Les ranches (voués à l'élevage bovin) de l'époque mexicaine pouvaient atteindre 20 000 ha. Cette vue en coupe permet d'appréhender la structure et l'organisation des rares bâtiments couverts qui se dressaient au centre de ces domaines.

MISSION SAN FRANCISCO DE ASIS – MISSION DOLORES – (1782-1791)
La mission Dolores ▲ *294* est l'édifice le plus ancien de la baie et le seul établissement espagnol qui subsiste à San Francisco. Le monastère et la grange ont, hélas, été démolis. L'église, dont les murs d'adobe ont plus de 1 m d'épaisseur, a été restaurée en 1920 par l'architecte Willis Polk. Coiffée d'un toit débordant et surmontée par une modeste croix, la façade est scandée de deux registres de colonnes. Les cloches sont directement logées dans les ouvertures ménagées dans le pignon.

CAMPANILE DE STYLE «MISSION REVIVAL»
Inspiré des campaniles des premières missions, le campanile de Mills College fut construit en 1904, sur des plans de Julia Morgan, la première femme diplômée de l'école des beaux-arts de Paris. Il fut un exemple précoce des possibilités offertes par le béton armé, matériau nouveau à l'époque.

La «ville instantanée»

San Francisco doit le surnom d'*Instant City* («ville instantanée») à sa croissance éclair : en l'espace de trois mois, l'annonce de la découverte de gisements aurifères en Californie transforme ce village de quelques centaines d'âmes en une ville de plusieurs milliers d'habitants. La nouvelle agglomération se développe sur une vaste zone vierge, selon le plan en damier alors en vigueur aux États-Unis qui, s'il facilite le découpage, la vente et l'enregistrement des lots, ne tient aucun compte de la topographie du site. En plaquant sur les collines cette «grille» de *blocks* subdivisés en parcelles, on délimite systématiquement des parcelles de terrain à bâtir et des percées de rues au profil vertigineux, qui font de nos jours le charme de San Francisco.

DES HAUTEURS VERDOYANTES
Le sommet des collines, parfois très escarpées, sera loti en dernier, par des familles pauvres. C'est d'ailleurs en raison du prix modique du terrain que plusieurs parcs (Lafayette Park, Alamo Square et Telegraph Hill) sont aménagés sur ces hauteurs. Une fois desservies par le *cable car*, c'est au tour des familles les plus fortunées de s'installer dans ces quartiers verdoyants et aérés.

LES BATEAUX ABANDONNÉS
En 1849, nombre de bateaux sont abandonnés dans l'anse marécageuse de Yerba Buena par leurs équipages pris de la «fièvre de l'or». Pour pallier la pénurie de matériaux de construction et face à la nécessité de loger une population toujours plus nombreuse, on aménage des pontons jusqu'à ces navires qui, au terme de quelques agencements, sont reconvertis en magasin, en restaurant ou en hôtel.

« ICI [À PRIENNE] LE SITE [...] SEMBLE [...] AVOIR ÉTÉ TRAITÉ SANS ÉGARD POUR SON CARACTÈRE ET S'EST VU IMPOSER LE DAMIER AUQUEL RÉPUGNAIT SON ESCARPEMENT. »

M. POËTE, 1926.

UN QUADRILLAGE EN LOTS

Chaque *block* au nord de Market Street se divise en lots de 8 m x 30 m approximativement. Ce quadrillage totalement abstrait ne tient aucun compte des contraintes topographiques que représente la succession de collines. Aussi devra-t-on aménager des escaliers plutôt que des rues pavées sur les pentes les plus escarpées.

LE PLAN EN DAMIER DES VILLES AMÉRICAINES

Limité à quelques *blocks* autour de la *plaza* (l'actuel Portsmouth Square) du *pueblo* de Yerba Buena, le tout premier plan de San Francisco est tracé en 1839, à la demande des autorités mexicaines, par le géomètre suisse Jean-Jacques Vioget. En 1847, comme on prévoit une forte expansion urbaine, ce plan est considérablement étendu. Établi selon les unités de mesures espagnoles, il compte cinquante *blocks* résidentiels au nord de Market Street, et cent *blocks* au sud voués, logiquement, au développement industriel. Ce tracé rigide de rues se croisant à angle droit constitue le plan classique des villes américaines.

CONSTRUITE SUR LES REMBLAIS

La crique de Yerba Buena est peu à peu comblée par les déblais provenant des collines où les maisons poussent comme des champignons. Puis des maisons s'érigent sur ces remblais et les bateaux, échoués dans la vase, se trouvent bientôt entourés de bâtiments. Une grande partie de l'actuelle *downtown* est ainsi gagnée sur la baie.

LA MAISON VICTORIENNE

San Francisco est célèbre pour ses maisons de bois des années 1860-1900, aux façades colorées et généreusement décorées. Inspirées des *row houses* londoniennes (maisons individuelles mitoyennes), elles sont souvent préfabriquées et construites en série par des entreprises spécialisées, comme *The Real Estate Associates* qui en livre trois cent cinquante dans la seule année 1875. Ces maisons offrent alors tout le confort moderne : éclairage électrique, chauffage central, eau courante et sanitaires. C'est pour leur construction qu'ont pratiquement été rasées les riches forêts de séquoias qui existaient autrefois dans la baie.

MAISON DE POUPÉE
La maison victorienne s'élève sur le côté rue d'un lopin de 8 m de large sur 30 m de long.
Un couloir latéral dessert indépendamment, selon un sacro-saint principe d'intimité, chacune des pièces affectée à une activité particulière : salon de réception, salon de musique, salle à manger et cuisine au rez-de-chaussée ; chambres à l'étage, distribuées selon le même plan.
La construction en bois permet une grande variété de formes et de détails sur un plan relativement standard.

«BALLOON FRAME»
Le développement de la «charpente-ballon» (appellation sarcastique donnée à cette structure légère par les charpentiers traditionnels) coïncide avec le perfectionnement de la scie mécanique et la production en série de clous. Cette ossature souple inventée par G. Washington Snow dans les années 1830 est bien adaptée aux séismes. Seules les parties rigides (piliers de briques) la rendent vulnérable.

REVÊTEMENT
Le planchéiage à recouvrement de la «charpente ballon» assure une meilleure protection contre la pluie.

VERRIÈRES
Vitraux, verres plaqués, vitres biseautées ou gravées sont tous de fabrication industrielle.

SIGNES DE RICHESSE
Mobilier du salon de réception et décor de la façade reflètent le niveau social du propriétaire.

FIGURES DE STYLE
Les cheminées et rangements encastrés de certaines pièces reprennent souvent les thèmes décoratifs de la façade.

Si le plan, la structure et les matériaux des maisons victoriennes de San Francisco n'évoluèrent guère au cours du XIXe siècle, la décoration, elle, se renouvela à plusieurs reprises, donnant naissance à des variations stylistiques. Les maisons de San Francisco étaient plus ornementées qu'ailleurs – exubérance due au dynamisme de la société et à l'aisance des classes moyennes, à une forte concurrence au sein de l'industrie du bâtiment et au savoir-faire des charpentiers. Au début du XXe siècle, les genres se firent plus sobres, marquant une stabilisation de la société. Malgré les ravages dus aux incendies consécutifs au tremblement de terre de 1906, un grand nombre de ces maisons existent encore aujourd'hui. On peut ainsi constater que la diversité des styles se limite aux façades et que, le plus souvent, les maisons présentent des décorations de style composite sur des plans standards.

«QUEEN ANNE»
Les maisons *Queen Anne* de San Francisco, en vogue dans les années 1890, n'ont aucun lien avec les maisons construites à l'époque de la reine Anne d'Angleterre, ni avec celles de style *Queen Anne* existant en d'autres lieux. Celles de San Francisco témoignent d'autant d'exubérance et d'imagination que les *Eastlake*, mais c'est plus dans la forme générale, asymétrique, que dans l'ornementation que s'exprime cette fantaisie.

Ces maisons sont dotées de toits pointus et, souvent, de tours et de tourelles. L'opulente décoration des façades comprend des éléments *Eastlake* aussi bien que des détails classiques plus sobres, des bardeaux ou des rondins.

LA MAISON VICTORIENNE
LES DIFFÉRENTS STYLES

LE BOIS DÉCORATIF
Les nouvelles machines à bois fonctionnant à la vapeur permettent une plus grande variété des éléments décoratifs. Ainsi, la scie sauteuse à chantourner découpe des figures à deux dimensions.

Le tour, lui, opère une coupe tridimensionnelle, par exemple pour un balustre d'escalier cylindrique. Ces éléments, une fois finis à la main, sont fixés à l'extérieur des maisons. Fabriqués en série, ils seront diversement disposés sur une rangée de façades de manière à varier les effets. Les entrepreneurs importants possèdent leurs propres usines, où ces pièces ornementales sont fabriquées à moindre coût.

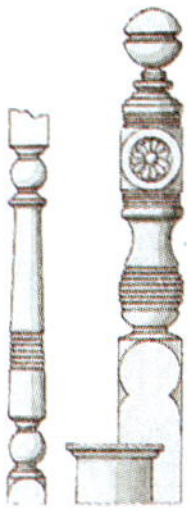

«ITALIANATE»
Les rangées de maisons de style «villa italienne» fleurissent d'abord dans les banlieues élégantes de l'Est américain. Elles se distinguent par des détails Renaissance italienne appliqués aux corniches et aux embrasures

des fenêtres et des portes. Un certain nombre de ces maisons ont des fenêtres d'angle en rotonde. Beaucoup seront construites à San Francisco entre la fin des années 1860 et le début des années 1880.

«EASTLAKE»
Répandu dans les années 1880, ce style propre à San Francisco se distingue par l'inventivité dans le dessin et la composition des façades. Il doit son nom au créateur de meubles britannique Charles Eastlake. Contrairement aux autres, ce style ne se réclame d'aucun courant historique. Ces constructions permettent en revanche d'admirer les réalisations de divers stylistes et de quelques habiles menuisiers. L'exemple représenté ici, avec ses fenêtres en saillie carrées, est une maison double.

«GOTHIC REVIVAL»
Ce terme peut certes s'appliquer à des édifices d'architecture aux caractères gothiques assez évidents, mais le plus souvent il définit aussi de petites maisons toutes simples avec seulement quelques éléments rappelant ce style.

● «CITY BEAUTIFUL MOVEMENT»
UNE VISION MONUMENTALE

En 1893, l'Exposition internationale de Chicago consacre un retour au vocabulaire monumental de l'Antiquité et de la Renaissance, selon les principes de composition de l'École des beaux-arts de Paris. San Francisco est séduite par ce *City Beautiful Movement* dont la vision satisfait ses ambitions de richesse et de puissance. Dans le centre-ville, cette tendance classique s'exprime d'abord dans des édifices commerciaux et publics, pour s'affirmer, après le séisme de 1906, avec le Civic Center.

JAMES FLOOD BUILDING ▲ *209*
Cet immeuble à ossature métallique et à murs-rideaux en brique revêtus de grès vernissé fut construit par A. Pissis en 1906. Ses colonnades d'inspiration baroque reprennent les motifs décoratifs de l'Emporium Building, installé de l'autre côté de Market Street.

HIBERNIA BANK Ce «temple» néo classique (une structure d'acier revêtue de granit) est construit par A. Pissis en 1892 et agrandi en 1905. Les colonnes et pilastres corinthiens, balustrades et frontons sont mis en valeur et traités en fort relief.

SYMBOLISME
Les tenants du *City Beautiful Movement* sont convaincus de l'intérêt esthétique et symbolique d'ensembles monumentaux savamment distribués aux points stratégiques de la ville, aux côtés desquels, espèrent-ils, d'autres élèveront des bâtiments similaires. Même s'ils n'ont jamais été achevés, des ensembles comme Market Street ou Grant Avenue illustrent bien l'ambition de ce mouvement.

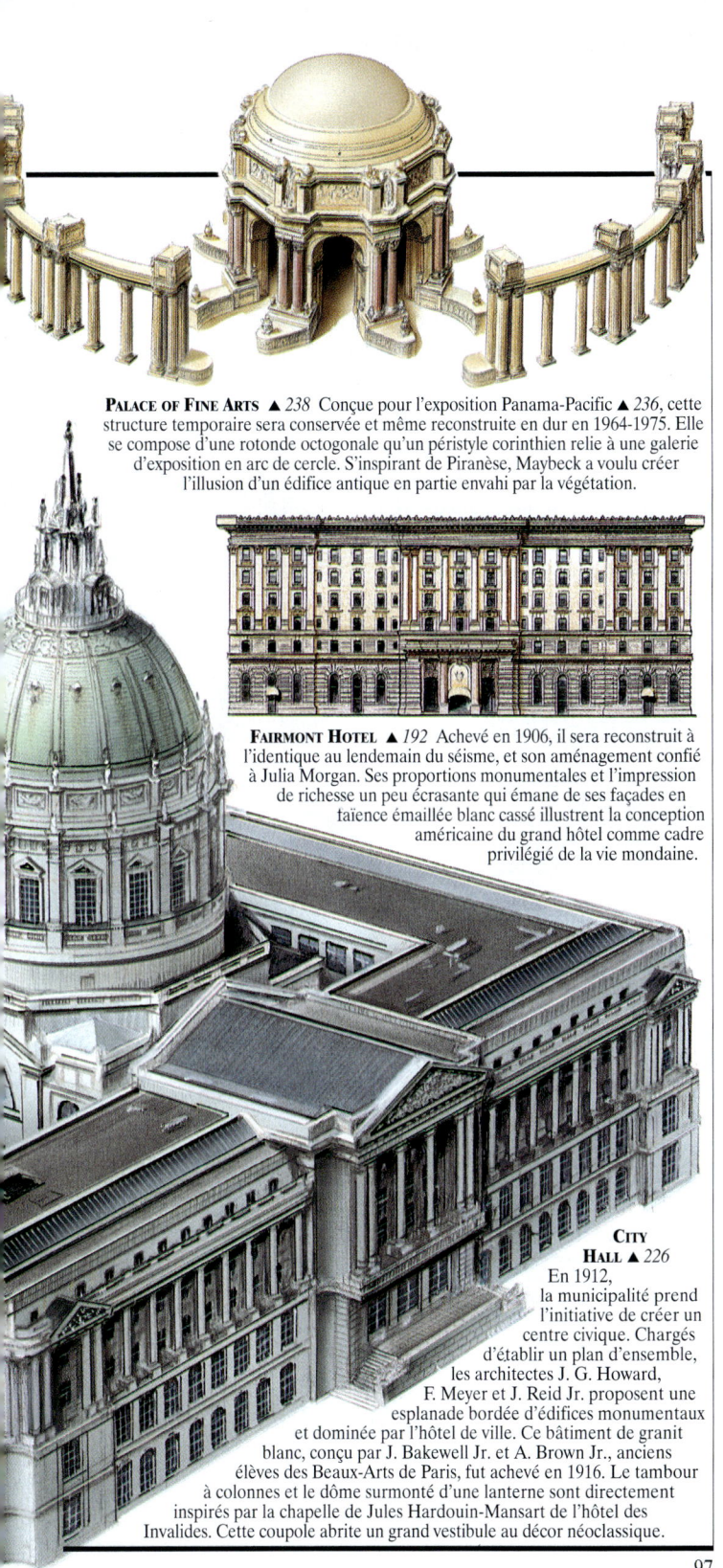

PALACE OF FINE ARTS ▲ *238* Conçue pour l'exposition Panama-Pacific ▲ *236*, cette structure temporaire sera conservée et même reconstruite en dur en 1964-1975. Elle se compose d'une rotonde octogonale qu'un péristyle corinthien relie à une galerie d'exposition en arc de cercle. S'inspirant de Piranèse, Maybeck a voulu créer l'illusion d'un édifice antique en partie envahi par la végétation.

FAIRMONT HOTEL ▲ *192* Achevé en 1906, il sera reconstruit à l'identique au lendemain du séisme, et son aménagement confié à Julia Morgan. Ses proportions monumentales et l'impression de richesse un peu écrasante qui émane de ses façades en faïence émaillée blanc cassé illustrent la conception américaine du grand hôtel comme cadre privilégié de la vie mondaine.

CITY HALL ▲ *226* En 1912, la municipalité prend l'initiative de créer un centre civique. Chargés d'établir un plan d'ensemble, les architectes J. G. Howard, F. Meyer et J. Reid Jr. proposent une esplanade bordée d'édifices monumentaux et dominée par l'hôtel de ville. Ce bâtiment de granit blanc, conçu par J. Bakewell Jr. et A. Brown Jr., anciens élèves des Beaux-Arts de Paris, fut achevé en 1916. Le tambour à colonnes et le dôme surmonté d'une lanterne sont directement inspirés par la chapelle de Jules Hardouin-Mansart de l'hôtel des Invalides. Cette coupole abrite un grand vestibule au décor néoclassique.

«BAY AREA TRADITION»

Vers 1900, de jeunes architectes reprennent à leur compte les idéaux du *Shingle Style* de la côte Est et du mouvement *Arts and Crafts* anglais : ils en interprètent librement les formes pour édifier des maisons de taille modeste, donnant naissance à la *Bay Area Tradition* («tradition de la région de la Baie»). Cette dernière se distingue par la simplicité du plan des maisons, l'adoption du séquoia comme matériau principal, l'emploi de motifs décoratifs locaux auxquels sont juxtaposés des éléments classiques ou gothiques, et le mélange délibéré d'échelles diverses dans l'ornementation, les volumes extérieurs et les espaces intérieurs.

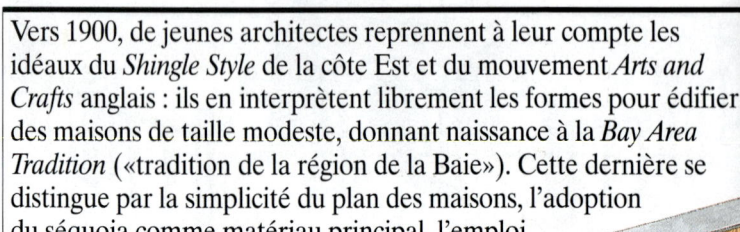

GOSLINSKY HOUSE
(3233 Pacific Avenue, 1902)
B. Maybeck a su tirer parti de l'étroitesse du terrain, pour donner à cette maison une volumétrie originale. La haute fenêtre étroite de l'avant-corps présente un décor néo-gothique.

WAYBUR HOUSE
(3232 Pacific Avenue, 1902)
Coxhead a joué ici sur le contraste entre un revêtement «rustique» en bardeaux et des motifs d'inspiration classique : fenêtre palladienne, fronton circulaire et consoles couronnant la porte d'entrée.

Peuvent se réclamer de la *Bay Area Tradition* : B. Maybeck, W. Polk, E. Coxhead et J. Morgan en 1890-1910 ; W. Wurster, J. Esherick et G. Dailey dans les années 1930-1950 ; Ch. Moore, W. Turnbull et C. W. Callister au cours de la période 1960-1980 ; enfin D. Solomon, le groupe Ace et J. Kotas de nos jours.

SEA RANCH
Ce lotissement résidentiel de 2500 ha fut conçu en 1964 par Ch. Moore d'après une étude urbanistique de Lawrence Halprin.

Il s'élève sur un terrain côtier, au nord de San Francisco, déboisé au XIXe siècle.

Des contraintes architecturales très strictes – utilisation du bois de séquoia comme matériau principal, entre autres – ont été imposées afin de préserver le caractère sauvage du site. Pour éviter la monotonie des lotissements classiques, on a créé de petits îlots résidentiels. Le Condomium I se compose ainsi de dix logements, dont les volumes et le revêtement de planches verticales rappellent ceux des granges des environs.

TECHNIQUE DU «SHINGLE»
La *balloon frame* est recouverte de papier goudronné, puis de rangées de lattes sur lesquelles sont cloués les *shingles* (bardeaux de séquoia plus ou moins longs) ou des planches à recouvrement.

UN ESPACE OUVERT
Les toits les plus pentus abritent les vastes volumes des salles de séjour. Charles Moore et son équipe ont conçu un espace ouvert, éclairé par de grandes baies vitrées, qui traduit bien l'esprit de la *Bay Area Tradition*. Celle-ci s'adresse avant tout à une bourgeoisie aisée cherchant un mode de vie sain et décontracté.

GREGORY-INGRAHAM HOUSE
(140 Laidley St)
Le plan, les proportions et l'élévation de cette maison conçue par Shaffer et Kotas en 1989 témoignent d'une libre interprétation des conventions architecturales des *row houses*.

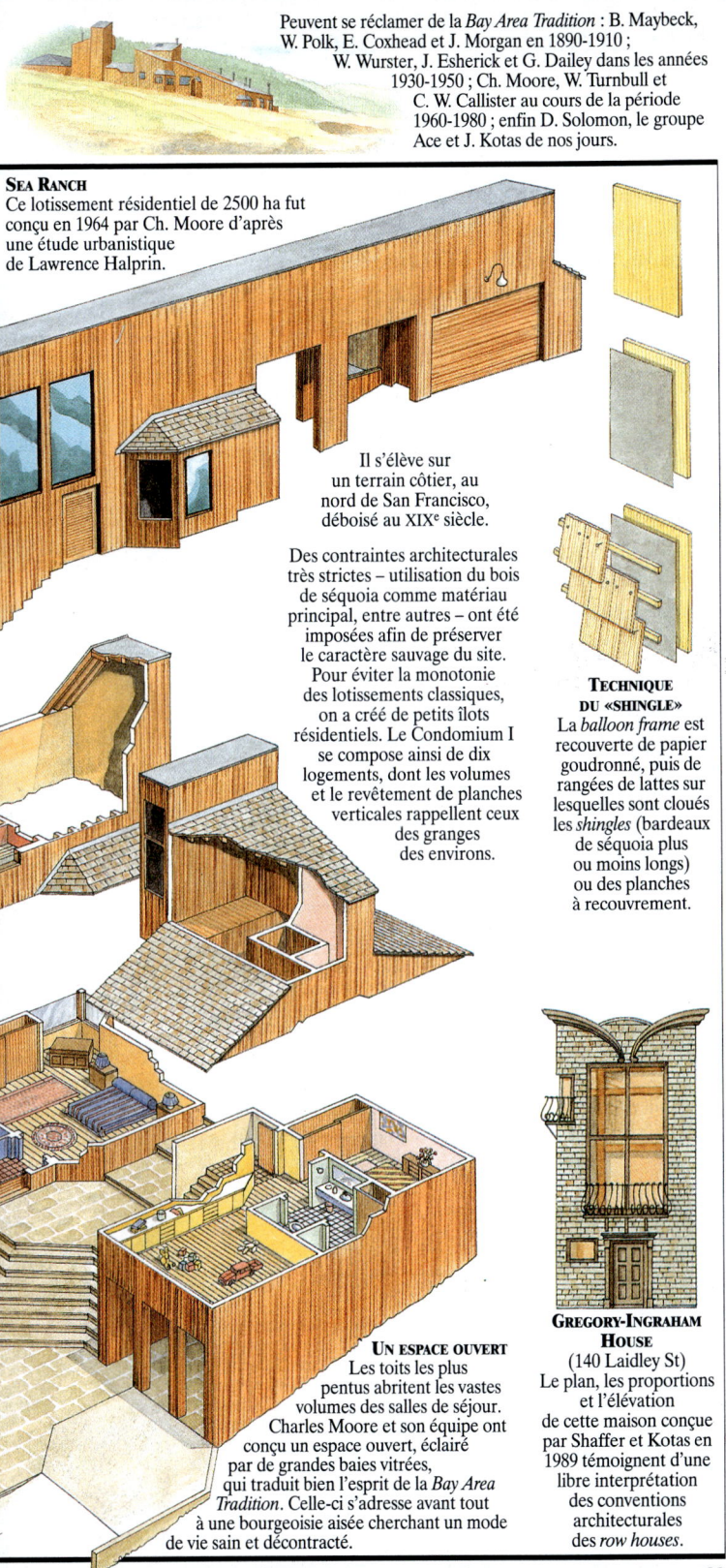

● LES TECHNIQUES ANTISISMIQUES

Les incendies dévastateurs et les violentes secousses sismiques qui affectent San Francisco dans les années 1850-1860 amènent très tôt législateurs et architectes à se préoccuper des conditions de sécurité. Mais personne ne prévoit alors l'ampleur de la catastrophe de 1906. La période de reconstruction qui s'ensuit sera marquée par l'adoption de nouveaux matériaux (béton armé et acier). Malgré l'instauration de règles strictes et le perfectionnement constant des techniques du bâtiment tout au long du XXe siècle, le tremblement de terre de 1989, qui endommagera ou détruira un grand nombre de structures modernes répondant aux normes antisismiques, et l'incendie qui se déclarera en 1991 dans les collines d'Oakland et de Berkeley démontrent qu'il reste beaucoup à faire – et à apprendre – en ce domaine.

BRIQUES ET VOLETS DE FER
À la suite des incendies qui dévastent San Francisco à l'époque de la ruée vers l'or, une loi impose l'utilisation de la brique dans le quartier des affaires. L'apposition de volets et de rideaux de fer sur fenêtres et devantures permettra d'améliorer encore la résistance au feu des édifices.

BRIQUE ET FER DE LIAISON
Les sept étages du Palace Hotel, édifié en 1873 ▲ *216*, sont montés en brique renforcée de fer de liaison, ou *bond iron*. L'hôtel survivra au séisme alors que le City Hall, élevé selon le même principe, sera réduit en cendres – l'ossature d'acier de sa haute tour, mal renforcée, s'abattra sur le corps de bâtiment principal, et le feu se propagera dans les décombres.

BÉTON ARMÉ
En 1906, la résistance spectaculaire de quelques structures en béton armé permet d'abroger les lois américaines qui limitaient jusqu'alors l'usage de ce nouveau matériau. Pour la première fois, le béton sera utilisé à grande échelle, mais on aura soin d'habiller les façades de stuc ou de *terra cotta* pour ne pas déparer les édifices voisins. Ernest Ransome, un immigrant anglais, exploita le premier les possibilités offertes par ce matériau, notamment avec les fers Ransome de section carrée, torsadés à froid.

LES EXPÉRIMENTATIONS DE BERNARD MAYBECK
Cet architecte attache une grande importance aux conditions de sécurité dans l'habitat. Très inventif, il testera une multitude de matériaux et de techniques de construction. Réalisée en 1907, la Lawson House (1515 Laloma St à Berkeley) est en béton brut, la First Church of Christ Scientist (1910, à Berkeley) est habillée de panneaux d'amiante-ciment et, en 1924, la «maison-sac» (2711 Buena Vista Way à Berkeley) est en béton-bulle revêtu de toile à sac trempée dans du ciment.

Le City Hall au lendemain du grand incendie de 1906.

Ossatures métalliques

Ce sont les immeubles de bureaux les plus récents, construits à l'aide de matériaux incombustibles (béton armé, brique et faïence émaillée) sur une ossature métallique, qui résisteront le mieux aux incendies de 1906. Si les flammes ont généralement dévasté l'intérieur, la carcasse a résisté. On révisera alors les plans de quelques immeubles en construction, comme la Humboldt Bank, en renforçant les structures.

U.S. Geological Survey Building
Les poutrelles d'acier qui habillent la façade de ce bâtiment en béton armé ont vocation décorative tout en assurant une protection antisismique.

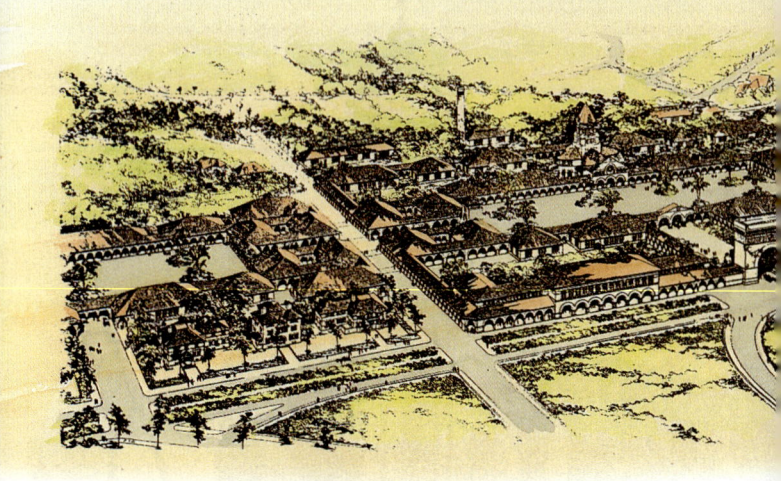

Institution spécifiquement américaine, le campus est une université où étudiants et professeurs sont logés au contact de la nature. Le campus peut être installé en pleine campagne, loin de la ville, formant une sorte de village académique ; il peut s'étendre à proximité de la ville et s'entourer d'une banlieue résidentielle qui accompagnera sa croissance ; il peut être établi en ville et constituer un élément monumental du développement urbain. L'université de Stanford relève de deux catégories : c'est un ensemble monumental implanté en pleine campagne. Berkeley, pour sa part, est un campus de banlieue, doté lui-même d'une banlieue universitaire.

BERKELEY, LA NOUVELLE ATHÈNES DE L'OUEST ▲ 320
En 1895, on décide de réaménager le campus pour faire de Berkeley le plus grand centre universitaire de l'Ouest. Le nouvel ensemble – des édifices monumentaux disposés le long d'axes tirés au cordeau – forme une composition néo-classique dans l'esprit du *City Beautiful movement*. Il est dominé par la SATHER TOWER (1914, ▲ *322*) pastiche du campanile de Saint-Marc à Venise, qui abrite un observatoire et un carillon.

SOUTH HALL ▲ *322*
Du premier campus, fondé en 1868 et aménagé selon les plans de F. Law Olmsted, ne subsiste que cet édifice en brique rouge de style Second Empire, coiffé d'un toit à la Mansart.

LES CAMPUS

LE PLAN DE 1888
Construite en pleine campagne, on accédait à l'université de Stanford par une longue allée centrale traversant une forêt d'eucalyptus. Dessiné par Frédérick Lax Olmsted, le parc paysager l'entourant conservait le caractère naturel très sec de la terre californienne, encore accentué par des plantations de palmiers.

L'UNIVERSITÉ DE STANFORD, L'ESPRIT CALIFORNIEN ◆ 352
À la mort de son fils unique, Leland Stanford ▲ 188 décide de consacrer son immense fortune à l'érection d'une université. Ce projet, mené à bien en 1891 par Shepley, Ruan et Coolidge, témoigne d'une volonté marquée de promouvoir un style proprement californien : à l'instar des missions californiennes, les bâtiments en grès local, couverts de tuiles rouges, s'organisent autour de cours à arcades. Un arc de triomphe et une église coiffée d'un imposant clocher s'élèvent sur l'axe principal du complexe.

UNE ENTRÉE TRIOMPHALE
L'arc de triomphe qui marque l'entrée du campus de Stanford ◆ 352 est orné d'une frise sculptée, intitulée *La Civilisation en marche*, représentant des Aztèques et des Incas, Pizzare et Cortés et, en son centre, Leland et Jane Stanford à cheval dans la Sierra Nevada, suivis par une locomotive.

STANFORD MEMORIAL CHAPEL
Cette chapelle sera en grande partie reconstruite après le séisme de 1906 (et restaurée après celui de 1989). Avec son décor de mosaïques, elle demeure néanmoins un étonnant témoin de l'architecture des années 1890.

LES PREMIERS GRATTE-CIEL

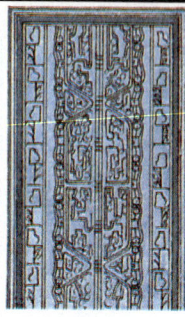

Décor d'inspiration maya des portes d'ascenseur, en aluminium moulé, du Medical-Dental Office Building (450 Sutter St).

C'est la nécessité croissante de construire des immeubles de bureaux dans un périmètre restreint qui donne naissance aux gratte-ciel, à la fin des années 1870 à New York et à Chicago et, dix ans plus tard, à San Francisco. Seule la mise au point de l'ascenseur et d'une ossature métallique porteuse, plus légère que la maçonnerie traditionnelle, permet la construction de ces «maisons géantes» qui interloquent les voyageurs européens mais répondent aux aspirations et aux besoins nouveaux des entreprises américaines. À la cherté du terrain, qui impose une expansion verticale du quartier des affaires, s'ajoute en effet un vif esprit de concurrence qui veut que chaque gratte-ciel porte haut dans le ciel le nom d'un homme d'affaires ou d'une société.

L'INFLUENCE DE L'ÉCOLE DE CHICAGO

Commandé en 1890 à Daniel Burnham, célèbre architecte de Chicago, le Mills Building ▲ *214* est l'actuel doyen des gratte-ciel de San Francisco. Cet immeuble de bureaux de neuf étages emprunte sa volumétrie aux réalisations de l'école de Chicago. La composition tripartite de ses façades habillées de brique est calquée sur celle de la colonne classique (base, fût, chapiteau). Le décor néo-roman du corps central et de l'entrée suit la mode lancée sur la côte Est par l'architecte Henry Hobson Richardson.

HUMBOLDT BANK BUILDING

(783-85 Market St)
En cours de construction en 1906, ce bâtiment fut démoli puis reconstruit en tirant la leçon de la catastrophe du City Hall. Le rez-de-chaussée est en grès et le reste de la façade habillé de faïence émaillée.

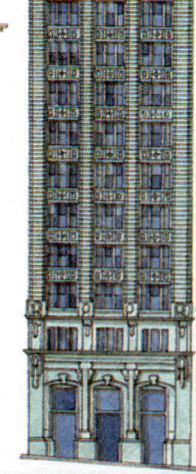

PACIFIC TELEPHONE AND TELEGRAPH CO. ▲ *286*
Haute de vingt-six étages (les édifices s'élèvent
notablement dès les années 1920),
la tour en forme de «L» présente une façade
en faïence émaillée gris pâle imitant le granit.
La décoration concentrée sur le rez-de-chaussée
et les derniers étages accentue l'impression
de verticalité. Sur les parapets, les colonnettes
encastrées s'évasent et donnent naissance à
des feuilles de lotus stylisées. Les aigles sculptés
sont des copies des ornements originaux,
enlevés vers 1950 de peur qu'ils ne s'écrasent
au sol lors d'un tremblement de terre.
L'immeuble a été récemment
restauré. Son hall (ouvert
au public) est particulièrement
admirable avec son décor
de marbre sombre et son
plafond à motifs
d'inspiration chinoise.

NÉO-GOTHIQUE
Imposante structure
à ossature métallique
(1927),
le Russ Building
adopte la forme
d'un «E» afin que
tous les bureaux
puissent bénéficier
de la lumière
naturelle et d'une
aération convenable.
Les ornements,
de style gothique,
sont en terre cuite
moulée et vernissée.

**UN GRATTE-CIEL
À GRADINS**
À San Francisco
comme dans d'autres
villes américaines,
les compagnies
de téléphone
adoptent pour leurs
sièges sociaux
la nouvelle mode
des gratte-ciel
à gradins. Cette
tendance est née
à New York après
l'adoption, en 1916,
d'une ordonnance
prescrivant
l'utilisation de retraits
successifs afin de ne
pas obscurcir les rues
de Manhattan.

Les gratte-ciel modernes

Après une interruption de presque trois décennies due à la dépression économique et à la Seconde Guerre mondiale, la construction de tours de bureaux reprend dans les années 1960. À la même époque, des opérations de rénovation ambitieuses sont entreprises, et les tours de plus en plus nombreuses se découpent dans le ciel de la ville. Les gratte-ciel sont habituellement «plantés» au milieu de vastes esplanades qui rompent la continuité du tissu urbain mais sont souvent très ventées et peu agréables. Pour freiner ce foisonnement anarchique, San Francisco adopte, en 1985, le *Downtown Plan*, qui limite la hauteur et le gabarit des immeubles commerciaux du centre-ville et impose un examen approfondi de chaque nouveau projet.

Alcoa Building Conçu en 1964 par Skidmore, Owings & Merill, ce gratte-ciel est le premier à présenter un contreventement apparent. Superposées au mur-rideau, les poutrelles d'acier recouvertes d'aluminium anodisé se croisent sur toute la façade et en constituent l'unique élément décoratif.

Transamerica Pyramid ▲ *150* Dessinée par W. Pereira en 1972, cette pyramide de 260 m est constituée de cinquante-trois niveaux habitables surmontés d'une flèche de 67 m abritant le dispositif de ventilation et de chauffage. Les tétraèdres isocèles de la base ont fonction de décor et de protection anti-sismique.

Le *skyline* de San Francisco.

EMBARCADERO CENTER ▲ *207*
Ce complexe que complète le Hyatt Regency a été conçu par John Portman Jr. & Ass. (1967-1981). Il se signale par les volumes en décrochements de ses quatre tours et le mariage réussi entre espaces de bureaux et locaux commerciaux (une galerie marchande occupe les trois premiers niveaux de chacune).

345 CALIFORNIA STREET
Cette tour postmoderne ▲ *210* bâtie en 1986 sur des plans de Skidmore, Owings & Merrill est une des plus hautes de la ville. On l'a érigée au centre d'un *block* afin de ne pas déparer les bâtiments historiques voisins. Passages et boutiques occupent le rez-de-chaussée et les premiers étages. La partie médiane du bâtiment abrite des bureaux et le sommet, un hôtel.

CROWN ZELLERBACH BUILDING ▲ *217*
Au lieu d'être installées au centre de cet édifice de dix-huit étages (1959), les batteries d'ascenseurs ont été placées dans une aile transversale dont le revêtement de mosaïque sombre se détache nettement sur la paroi de verre des espaces de bureaux.

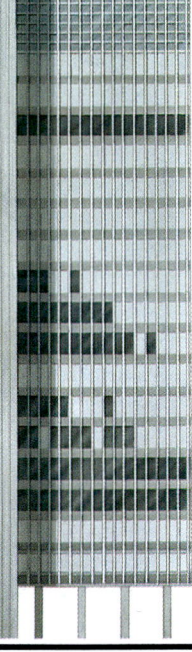

● VERS UN NOUVEL URBANISME

Détail du sommet de l'Americain President Lines Building (Oakland City Center)

Les zones d'urbanisme prioritaires d'Oakland, San José et San Francisco comptent parmi les plus intéressantes réalisations récentes de la baie. À San Francisco notamment, sous l'influence du Bureau d'urbanisme municipal, on privilégie les qualités urbaines des programmes de construction. Cette préoccupation transparaît dans les projets résidentiels prototypes de Dan Solomon, les immeubles de bureaux édifiés depuis 1986, les plans de rénovation de divers quartiers et le plan de la nouvelle San Francisco Public Library.

AMERICAN PRESIDENT LINES BUILDING, OAKLAND ▲ *306*
Réalisé en 1991 par Gensler & Ass. avec le concours de Richard Deutsch, il s'insère entre deux espaces paysagers ornés de sculptures.

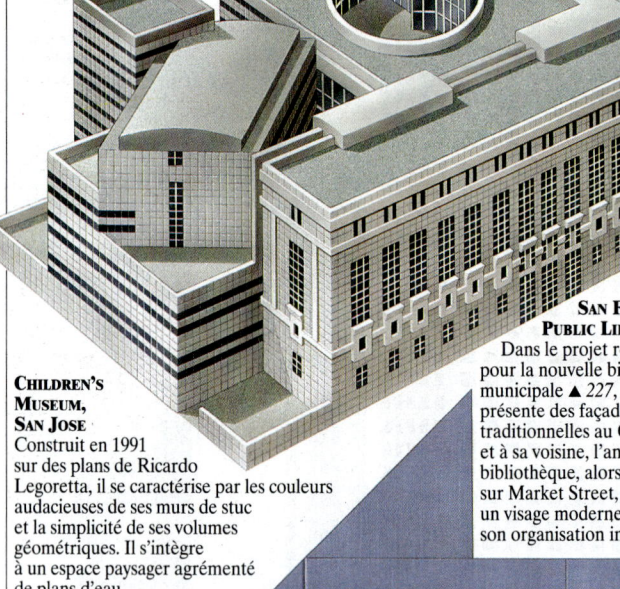

CHILDREN'S MUSEUM, SAN JOSE
Construit en 1991 sur des plans de Ricardo Legoretta, il se caractérise par les couleurs audacieuses de ses murs de stuc et la simplicité de ses volumes géométriques. Il s'intègre à un espace paysager agrémenté de plans d'eau.

SAN FRANCISCO PUBLIC LIBRARY
Dans le projet retenu pour la nouvelle bibliothèque municipale ▲ *227*, le bâtiment présente des façades traditionnelles au City Hall et à sa voisine, l'ancienne bibliothèque, alors que, sur Market Street, il affiche un visage moderne reflétant son organisation intérieure.

San Francisco
vue par les peintres

● LA BAIE

Les peintres californiens du XIXe siècle apprécient plus que tout le spectacle de la nature et, pour la plupart, se consacrent à sa description ▲ *314*. Dans les années 1860, plusieurs peintres venus de l'Est illustrent le paysage californien : Albert Bierstadt, Virgil Williams, William Keith et Thomas Hill (1829-1908) (3).

Caractéristique de San Francisco, la baie n'est pas oubliée par les peintres. Elle inspirera à Hill plusieurs toiles, dont *The Golden Gate from Point Lobos* (2), qu'il peint en 1872. Influencé par le romantisme allemand et l'école de Barbizon, l'artiste exalte la beauté de la nature et utilise une palette délicate. Apprécié de ses contemporains, il tombera dans l'oubli à la fin de sa vie, ses paysages grandioses étant passés de mode. Natif de San Francisco, Percy Gray (1869-1952) peint en 1887 *The Golden Gate and Fort Point* (1), dans un style assez naïf et avare de détails. Gray évoluera par la suite vers la réalisation d'aquarelles de paysages verdoyants et fleuris du nord de la Californie ▲ *196*.

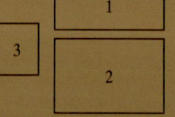

1
3	2

« Au loin, vers l'ouest, s'ouvrait le Golden Gate, brèche ventée entre les dunes par lequel on apercevait le Pacifique. »

Frank Norris

● Fisherman's Wharf

Le *Fisherman's Wharf à Front et Vallejo*, peint en 1885 par Charles Rollo Peters (1862-1928), décrit le port de pêche de San Francisco comme une scène presque méditerranéenne par son atmosphère. Né à San Francisco, Peters fut l'élève de Jules Tavernier et de Virgil Williams à la *School of Design* ▲ *199*. À partir de 1886, il fait des séjours réguliers en France qu'il quitte définitivement en 1895 pour entamer une carrière californienne, partageant son temps entre San Francisco et Monterey.

113

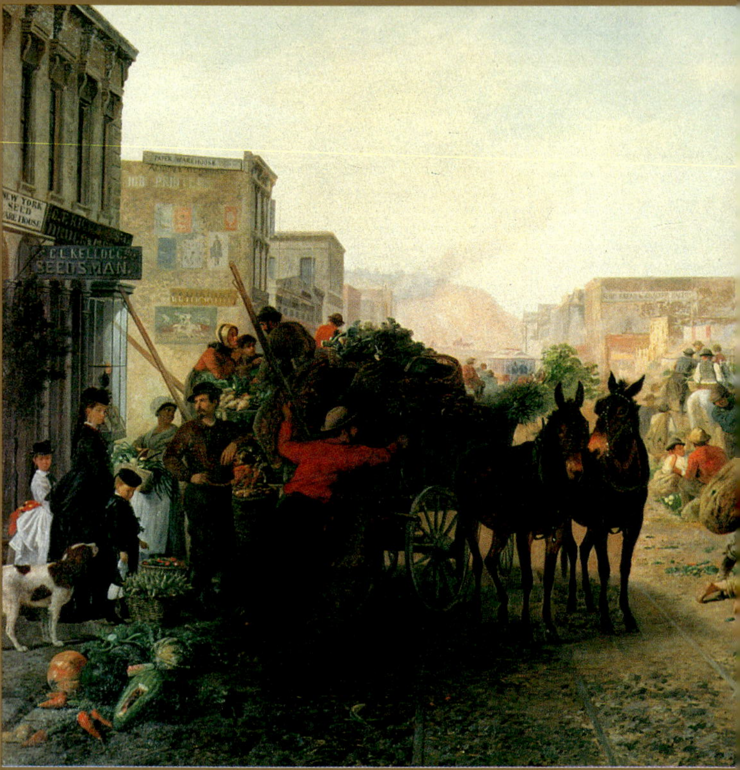
NEW YORK
SEED
C.L.KELLOGG
SEEDSMAN

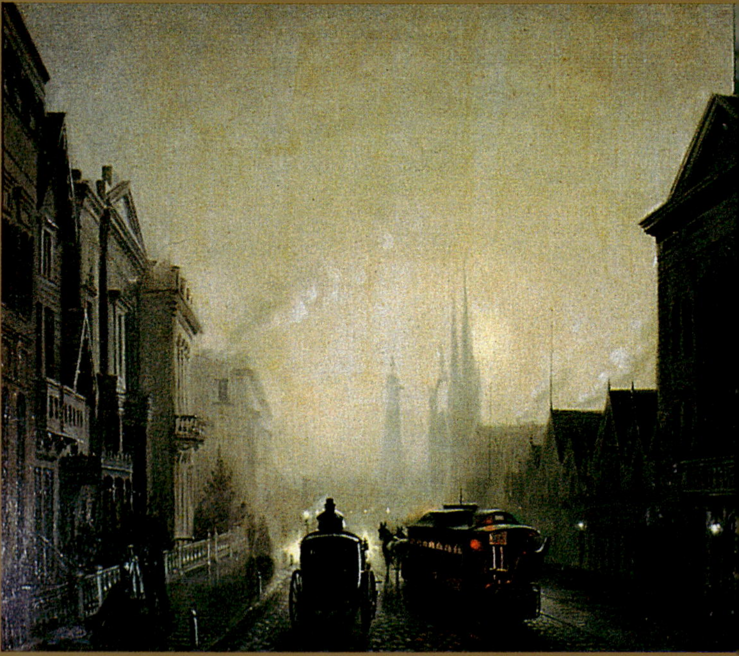

> «LA VILLE DÉPLOYAIT LE DÉSORDRE DE SES TOITS MOUILLÉS DANS LE BROUILLARD. DES VOILES DE VAPEUR FURTIFS ENVAHISSAIENT LA SURFACE DE LA BAIE, TRESSANT AUTOUR DE LA VILLE UN FILET NÉBULEUX DE BRUME OUATÉE.» C.G. NORRIS

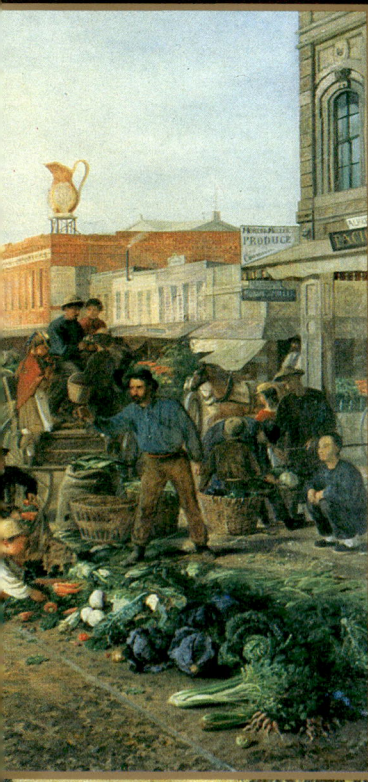

Sansome Street, l'une des plus anciennes rues de San Francisco, déborde de vie quand William Hahn (1829-1887) peint sa *Scène de marché à Sansome Street* (1) en 1872. Né et éduqué en Allemagne, où il fréquenta les Académies d'art de Düsseldorf et de Dresde, William Hahn émigre aux États-Unis en 1871. Cette peinture de genre fut très appréciée de ses contemporains et applaudie par les critiques de l'époque. Riche en détails sur la vie à San Francisco en 1872, c'est une composition influencée par les scènes de genre allemandes. Ami du peintre Keith, Hahn compta parmi les premiers membres du *Bohemian Club* ▲ *222* et fut même pendant un temps président de la *San Francisco Art Association*, qui deviendra la *Mark Hopkins Association* en 1893, puis le *San Francisco Art Institute* en 1963 ▲ *199*. Cette œuvre, acquise par le juge Crocker pour la somme de 2 500 dollars, est actuellement exposée à la Crocker Gallery de Sacramento.

Cette *Vue de Howard Street dans la brume* (2), réalisée vers 1860 par le peintre mexicain Fortunato Arriola (1827-1872), spécialiste de la peinture tropicale, contraste avec le reste de son œuvre. Reparti vivre au Mexique après un premier séjour à San Francisco, il reviendra s'installer définitivement dans la baie en 1862. Fasciné toute sa vie par le rendu de la lumière, le peintre compose ici un savant contre-jour dans la transparence de la brume.

Clarkson Dye (1869-1955) peint cette *Vue de ma fenêtre* (3) en 1905. Né à San Francisco, Clarkson Dye passera toute sa vie en Californie entre San Francisco et Santa Barbara, même si quelques commandes de décorations murales l'appelleront de temps à autre au Mexique et au Texas. Cette vue de la baie n'est pas sans rappeler d'ailleurs les panneaux représentant des vues touristiques dont les grands hôtels aimaient orner leurs salons au début du siècle.

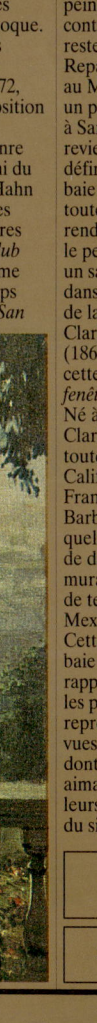

1	
2	3

Chinatown

天下為公

L'exotisme du quartier chinois ▲ *152*, avec ses «façades multicolores, toits retroussés, dorures, entrailles verdâtres de bêtes, corbeilles de fruits poussiéreux et épiceries mystérieuses» (Jules Huret, 1910), ne manqua pas d'inspirer les peintres san franciscains. Ces trois tableaux, bien que réalisés par des artistes différents à des époques distinctes, sont curieusement d'une facture très similaire, tant par les couleurs fauves que par la touche impressionniste. *Sacks, Bottle and Raggs* (2), de Jules Pagès (1867-1946), réalisé dans les années 1920, évoque une scène courante du début du siècle. Le titre de cette œuvre rappelle le cri des chiffonniers qui sillonnaient les rues avec leurs charrettes pour récupérer les déchets. Originaire de San Francisco et élève de la *School of Design*, Jules Pagès va à Paris en 1888 pour suivre les cours de l'Académie Julian, où il remporte un certain succès. Il y retournera en 1912 pour enseigner, et assumera même les fonctions de directeur pendant quelque temps. Influencé par le naturalisme français, il s'intéresse tout particulièrement aux scènes de la vie quotidienne. Henry Nappenbach (1862-1931) peint cette ruelle de *Chinatown* (3) en 1906, quelques mois avant le séisme qui détruisit le quartier. Au même moment, Gordon Coutts (1868-1937) réalise cette scène de rue du quartier chinois, très semblable (1).

1	2
	3

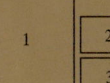

«PANAMERICAN MURAL»

> « J'AI ÉTÉ POURSUIVI PAR UNE PRÉSENCE DANS L'AIR,
> UN POUDROIEMENT D'OR AUTOMNAL, UNE LUMINOSITÉ
> TREMBLANTE QUI PERÇAIT JUSQU'AU CŒUR ET LA TRISTESSE
> D'EN ARRIVER À LA FIN DE L'AMÉRIQUE »
> W. PERCY

Influencé un temps par le cubisme, le peintre mexicain Diego Rivera (1886-1957) trouve son mode d'expression dans la peinture murale, surtout après avoir admiré les fresques de Giotto et de Cimabue en Italie. Dès son retour à Mexico, sous son impulsion et celles de José Clemente Orozco et David Alfaro Siqueros naît le muralisme mexicain, art monumental héroïque à vocation décorative et didactique. En 1931, Rivera part, avec sa femme, le peintre Frida Kahlo, pour San Francisco où il réalise plusieurs murs peints. Puis il se rend à Detroit en 1932, ainsi qu'à New York en 1933, et ne reviendra à San Francisco qu'en 1940 pour exécuter, à l'occasion de l'Exposition internationale du Golden Gate ▲ 308, la gigantesque fresque du City College (6,7 m sur 22,5 m), composée de dix panneaux, connue sous le nom de *Panamerican Mural*. Le thème de cette vision panoramique est de montrer par le biais d'une évolution historique l'unité artistique entre le nord et le sud du continent. Le détail montre, au milieu de plusieurs symboles et figures célèbres, l'Oakland Bay Bridge. L'influence de l'artiste, tant par sa technique de la fresque que par le choix de ses thèmes historiques et sociaux, fut importante auprès des peintres américains, surtout lors de la grande dépression des années 1930 ▲ 171.

TELEGRAPH HILL

Né à Sacramento, Otis Oldfield (1890-1969) reçoit sa formation artistique à San Francisco, puis part pour la France en 1911. Le peintre obtient une certaine notoriété à Paris, où il réside jusqu'en 1924. De retour en Californie, il se joint à la colonie d'artistes qui gravitent autour du *San Francisco Art Center* ▲ *199*. Cette toile, *Telegraph Hill*, exposée à la Galerie des beaux-arts de San Francisco en 1927, dépeint avec poésie et tendresse l'âme de ce quartier italien connu autrefois sous le nom «colline aux chèvres» ▲ *169*. Dans un style assez naïf, Oldfield observe l'activité de ses habitants. On peut lire dans le *San Francisco Examiner* du 6 novembre 1927, sous la plume de Jehanne Bietry Salinger : «C'est le résultat d'années d'observation, d'une perception simple et compréhensive de ce célèbre site de San Francisco, d'une vraie passion à son égard, et de cinq mois de travail, pas moins. C'est la plus remarquable toile qu'a peinte Oldfield jusqu'à présent. [...] Longtemps après l'éventuelle disparition de Telegraph Hill de la vie de San Francisco, cette peinture restera un document poétique et historique.» Otis Oldfield (autoportrait, ci-dessus) s'associera parfois avec les muralistes, dont Rivera ● *119* est l'un des porte-parole. Avec une trentaine d'entre eux, il participe en 1934 à la décoration de la Coit Tower ▲ *170*. La fresque qu'il réalise a pour thème l'activité portuaire.

San Francisco
vue par les écrivains

● UNE ÉMERGENCE MAGIQUE

LA BAIE PARFAITE

Richard Henry Dana (1815-1882), issu de l'élite protestante puritaine de la Nouvelle-Angleterre, interrompt ses études de Droit à Harvard en 1834 pour des raisons de santé et s'engage comme simple matelot sur un navire de commerce en partance pour la Californie. Ce voyage initiatique devait durer deux années et le mener notamment à San Francisco, en 1835. Il y relate la découverte d'une baie merveilleuse. Son récit enthousiaste participa à l'engouement de la côte Est pour la Californie.

❝Nous traversâmes cette baie magnifique, poussés par une légère brise et par le courant du jusant qui atteint ici quatre ou cinq nœuds. Il faisait très beau ; c'était la première journée ensoleillée que nous eussions eue depuis notre arrivée, un mois auparavant. Nous passâmes directement en dessous de la haute falaise sur laquelle se dresse le Presidio, et nous gagnâmes le milieu de la baie, d'où l'on peut voir de plus petites baies qui s'enfoncent vers l'intérieur, de grandes îles couvertes d'épaisses forêts et l'embouchure de plusieurs petites rivières. Si la Californie devient jamais un pays prospère, cette baie sera le centre de sa prospérité ; on y trouve du bois et de l'eau en abondance, les rives sont extrêmement fertiles, le climat est excellent – l'un des plus parfaits qui soit au monde ; la baie est d'accès facile pour les navires et offre le meilleur ancrage de toute la côte occidentale de l'Amérique ; bref, toutes les conditions sont rassemblées pour en faire un endroit de première importance.❞

RICHARD HENRY DANA, *TWO YEARS BEFORE THE MAST*, 1840, TRAD. SIMON LEYS, *DEUX ANNÉES SUR LE GAILLARD D'AVANT*, ROBERT LAFFONT, COLL. «PAVILLONS», PARIS, 1990

LE MIRAGE DE L'OR

Blaise Cendrars (1887-1961), de son vrai nom Frédéric Sauser, est né à La Chaux-de-Fonds, en Suisse. Il fait l'expérience d'innombrables métiers et pratique l'art du voyage «révéridique». En 1909, il part pour les États-Unis. C'est à San Francisco qu'il lit l'incroyable histoire du général Sutter, immigré suisse qui s'était taillé un véritable empire en Californie – la Nouvelle-Helvétie –, concession qui lui fut confisquée en 1848, quand on y découvrit des filons aurifères. Alors que cette manne attirait des milliers d'hommes du monde entier, Sutter mourut ruiné. Cette destinée paradoxale est le sujet du livre de Blaise Cendrars, L'Or, *qu'il publie en 1925.*

❝Il y a des récits d'Indiens qui parlent d'un pays enchanté, de villes d'or, de femmes qui n'ont qu'un sein. Même les trappeurs qui descendent du nord avec leur chargement de fourrures ont entendu parler sous leur haute latitude, de ces pays merveilleux de l'ouest, où, disent-ils, les fruits sont d'or et d'argent. [...] Il vient de remonter le chenal à la pagaie et de traverser le lac dans une petite pirogue à voile triangulaire. Il met pied à terre devant le poste misérable de la Mission. Un franciscain miné de fièvre se porte à sa rencontre. Il est à San Francisco. Des huttes de pêcheurs en terre battue. Des cochons bleus qui se vautrent au soleil, des truies maigres avec des douzaines de petits. [...] Et tout cela est déclenché par un simple coup de pioche. Ces foules qui se ruent. D'abord celles de New York et de tous les ports américains de l'Atlantique, et, immédiatement après, celles de l'Hinterland et du Middle West. Un drainage s'effectue. On se parque dans les cales des steamers qui vont à Chagres. Puis c'est la traversée de l'Isthme, à pied, à travers les marécages. Quatre-vingt-dix pour cent des effectifs meurent de la fièvre jaune. Les rescapés qui atteignent la côte du Pacifique affrètent des voiliers.

San Francisco ! San Francisco !
The Golden Gate.
L'Île aux Chèvres.
Les wharfs en bois. Les rues boueuses de la ville naissante que l'on pave avec des sacs pleins de farine. Le sucre vaut 5 dollars ; le café, 10 ; un œuf, 20 ; un oignon, 200 ; un verre d'eau 1 000. Les coups de feu retentissent et les revolvers, des 45, font office de shérif. Et derrière cette première marée humaine, d'autres foules, d'autres foules se ruent, venues de bien plus loin, des rives d'Europe, d'Asie, d'Afrique, du Nord et du Sud. En 1856, plus de 600 navires franchissent la baie ; ils déversent des foules sans cesse renouvelées qui se ruent aussitôt à l'assaut de l'or.
San Francisco ! San Francisco !**"**

BLAISE CENDRARS, *L'OR*, DENOËL, 1960

UNE VILLE DE TOILE

Bayard Taylor (1825-1878), né en Pennsylvanie, est l'un des journalistes les plus talentueux de son époque. Envoyé à San Francisco par le New York Herald Tribune *pour vérifier les récits extraordinaires colportés sur la Californie, il découvre, à son arrivée en 1849, un spectacle qui dépasse toute fiction. Il décrit la métamorphose soudaine de San Francisco, née de la ruée vers l'or.*

"Quand j'ai débarqué, j'ai trouvé une ville de tentes et de maisons de toile, où apparaissaient quelques constructions à charpente dans une rue ou deux. Maintenant je vois une vraie ville, déployant rue après rue des bâtiments bien construits, remplie d'une foule active et entreprenante et montrant tous les signes de la prospérité commerciale. Naguère, la ville finissait à la courbe de la baie, devant le mouillage et au pied des collines. Maintenant, elle s'étend sur les sommets les plus hauts, suit la côte de pointe en pointe, et, lançant un long bras dans un creux entre les collines, se saisit de la Porte d'or et construit ses entrepôts à l'extérieur du goulet et presque en face de l'horizon bleu du Pacifique. Naguère, l'homme venu pour chercher l'or résidait entre des murs d'étoffe mince et dans des greniers de toile, avec une absence de mobilier toute philosophique, et il mangeait son menu simple, bien que substantiel, sur des planches de pin. Maintenant, de hauts hôtels avec de splendides vérandas et balcons, sont pourvus du luxe du foyer familial, et des restaurants aristocratiques présentent chaque jour leurs longs menus. Naguère, les vaisseaux arrivaient de jour en jour pour rester déserts et inutiles au mouillage. Maintenant, il ne se passe guère de jour sans qu'un groupe de voiles, gagnant le large par la Porte d'or, ne fassent route vers tous les coins du Pacifique.**"**

BAYARD TAYLOR, *EL DORADO OR THE ADVENTURES IN THE PATH OF EMPIRE*, 1850,
IN LÉON LEMMONIER, *LA RUÉE VERS L'OR*,
GALLIMARD, PARIS, 1944

● Une émergence magique

La Babel du Nouveau Monde

Robert Louis Stevenson (1850-1894). Cet écrivain écossais est surtout connu pour L'Île au trésor, *qu'il a imaginée au sud de Monterey, à Point Lobos. Son aventure californienne marque un tournant décisif de son existence, lui permettant de sortir du carcan de ses récits antérieurs et de trouver un nouveau souffle littéraire. Passant les Portes d'or, il découvre en 1879 la «baie parfaite». La fragilité du site et l'étonnante diversité ethnique de San Francisco le fascinent.*

«Ainsi donc, il aura suffi d'une seule génération pour construire la ville et son faubourg. Des hommes vivent encore qui chassèrent ici, au temps où les fondations de la cité se réduisaient à un lugubre désert. [...] Comme pour tout ce qui, jeune, a grandi trop vite, une telle rapidité dans la croissance fait craindre une égale rapidité dans la disparition. La péninsule sablonneuse de San Francisco qui, d'un côté, se mire dans les eaux de la baie et, de l'autre, ne cesse d'être battue par le ressac du Pacifique et secouée jusqu'en ses tréfonds par de fréquents tremblements de terre, ne semble pas en elle-même constituer une fondation des plus durables. Selon certaines légendes indiennes qui, peut-être, sont plus vieilles que le nom même de Californie, elle surgit un jour de la mer, en un instant, et, tôt ou tard, s'y enfoncera à nouveau en un instant. «La terre a des bulles tout autant que l'onde et en voici une» (Shakespeare, *Macbeth*). [...]

Chimères mises à part, San Francisco est bel et bien une cité assaillie de périls. Le long de la baie, ses bas quartiers sont construits sur pilotis. De vieilles épaves y pourrissent sous les maisons populeuses. Que tout cela s'affaisse d'un rien et les quartiers d'affaires disparaîtraient en moins d'une heure. Les tremblements de terre sont en effet non seulement fréquents mais d'une violence parfois redoutable. La crainte qu'ils inspirent grandit d'année en année dans l'esprit de l'habitant : on commence par y être indifférent et puis, à la fin, on cède à la panique, et personne ne se sent plus en sécurité – à moins de loger dans une maison en bois. Ce qui explique, alors qu'il n'y pleut guère, que la ville presque tout entière soit construite dans ce matériau, labyrinthe [...] où le feu se déclare en un instant et gagne rapidement du terrain, poussé par l'alizé qui ne cesse de souffler. [...] Après la rapidité de la croissance de cette cité, dans l'ordre de l'étrange, peut-être faut-il ranger le mélange de races qui la peuplent. Car la ville n'est surtout pas anglo-saxonne, et moins encore américaine : tout comme l'Anglais, le Yankee s'y trouve en terre étrangère. [...] Les magasins le long des rues sont comme les consulats d'innombrables nations. Les passants changent de visages comme les images d'une lanterne magique. Oui, nous sommes bien dans cette cité de l'or vers laquelle

« LA TERRE A DES BULLES TOUT AUTANT QUE L'ONDE ET EN VOICI UNE »

WILLIAM SHAKESPEARE

« convergèrent tant d'aventuriers partis des quatre coins de la terre ; nous sommes en des lieux hier encore peuplés et gouvernés par des compatriotes de Cortez ; et l'océan qui lèche les jetées de San Francisco est celui même qui baigne les terres de l'Orient extrême et les îles de l'éternel été. Ici vaquent le Mexicain reconnaissable entre mille, le Chinois habillé de bleu et chaussé de pantoufles blanches, le Canaque brun à la voix douce [...] C'est qu'à tout homme, qu'à toute race, qu'à toute nation, cette ville est une ville étrangère. Tout y bourdonne de coutumes et de parlers inconnus et pourtant chacun s'y sent chez lui. »

R. L. STEVENSON, *THE SILVERADO TRAIL,* 1883, TRAD. ROBERT PÉPIN, *LA ROUTE DE SILVERADO,* PHÉBUS, COLL. «D'AILLEURS», PARIS, 1987

UN HAVRE CITADIN

Mark Twain (1835-1910). Samuel Langhorne Clemens, né dans le Missouri, est l'auteur de Huckleberry Finn, *chef-d'œuvre de la littérature américaine. Son goût de la nouveauté et de l'imprévu l'amène à exercer mille professions (mineur, chercheur d'or, éditeur, journaliste). Voyageur infatigable, il sillonne l'Ouest américain et se rend à San Francisco. Avec la découverte des gisements d'argent du Comestock Lode, en 1859, la ville connaît un nouvel essor et une période faste que Twain évoque dans* À la dure.

« Je tombai amoureux de la plus cordiale, de la plus sociable des villes de l'Union. Après les déserts d'armoise et d'alcali, San Francisco avait pour moi des airs de Paradis. Je vivais au meilleur hôtel, exhibais mes habits dans les lieux à la mode, infestais l'Opéra et appris à paraître transporté par une musique qui affligeait mon oreille plus souvent qu'elle ne l'enchantait, si j'avais eu la sincérité vulgaire de l'avouer. En cela, je n'étais pas pire, je pense, que la plupart de mes compatriotes. J'avais langui d'être un papillon léger, et j'en étais enfin un. J'assistai à des réceptions privées en habits somptueux, j'affinai et édulcorai mes manières au point de me faire passer pour un élégant-né, je dansai la polka et la scottish d'un pas qui m'était particulier – à moi et au kangourou. Bref, je menai la vie d'un homme qui valait cent mille dollars (potentiellement) et qui avait de sérieuses chances de parvenir à la richesse absolue dès que cette vente de mine argentifère aurait été réalisée, dans l'Est. Je dépensai mon argent avec largesse, tout en gardant un œil intéressé sur les ventes d'actions et tout ce qui pouvait se passer au Nevada. »

MARK TWAIN, *ROUGHING IT,* 1872, TRAD. ÉLIANE BARRAULT, *À LA DURE II, EN CALIFORNIE,* PAYOT, PARIS, 1991

Une métropole florissante et précaire

San Francisco vue de la mer

Bret Harte (1836-1902) est né à Albany (État de New York). Connu surtout pour sa nouvelle La Chance de Roaring Camp, *Harte innove avec le conte moral «version côte Ouest», mettant en scène le joueur repenti et la prostituée au grand cœur… En 1864, il participe à la revue littéraire de Charles Webb,* The Californian, *qui rivalise avec la célèbre* Golden Era ● 70, *et aide au lancement d'écrivains locaux tels que Ina Coolbrith, Ambrose Bierce et Mark Twain. Dans ce poème, l'auteur décrit les débuts de la ville avant de stigmatiser sa dépravation morale.*

Sereine indifférente au destin,
Tu campes aux portes d'occident ;
Sur tes hauteurs gagnées de fraîche date
Flottent encore les bannières du soleil ;
Tu vois s'abattre sur leurs tentes les flots écumeux
Ô gardienne de deux continents.
Méprisant la paix qui fuit
Tes vents furieux et tes ciels mornes,
Vers toi tu draines toutes choses grandes ou petites
Au seuil des portes d'occident.
Ô lionceau prestement caché
Dans la jungle féconde des clochers et des mâts,
Je sais ta ruse et ton avidité,
Tes désirs brûlants et tenaces,
Et toute ta gloire aime à chanter
Tes fallacieuses richesses.
Descends, toison de brume et cache
Son sourire sceptique, son orgueil !
Enveloppe-la, brouillard, de ta robe
Et de ta cuculle franciscaine,
Voile-moi ses fautes et ses péchés
Dans les plis de ta cape grise enfouis sa honte !
Ainsi masquée va-t-elle prier
Jusqu'à l'aube qui lave les péchés
Alors élève-toi, Ô brume vaporeuse, exalte
La gloire de ses jours à venir ;
Telles les nuées jaspant les mers
Au-dessus des steamers enfumés.
Lorsque aux formes familières succéderont
Un langage étranger et de nouveaux visages ;
Lorsque tous tes soucis, tes craintes, tes tourments
Se seront apaisés sous l'amas des années ;
Quand l'art s'épanouira, que la culture
Évincera les joies des sens et la lésine,
Et que nos yeux seront rassasiés,
Nous, qui dans l'attente guettons et jamais ne verrons
Ceux qui, à l'aube de sa race
Ont œuvré, justes ou indignes, à notre place
Mais subissant le sort commun,
Reposent dans l'oubli, radiés de la mémoire.

BRET HARTE, SAN FRANCISCO FROM THE SEA, 1868,
TRAD. INÉDITE POUR LA PRÉSENTE ÉDITION DE HENRI ROBILLOT,
SAN FRANCISCO VUE DE LA MER

> «MALGRÉ LA NUIT AVEUGLE ET FROIDE
> DOUX EST LE FRÔLEMENT DE SA BRUME MARINE
> [...] Ô FRAÎCHE ET GRISE CITÉ QUE J'AIME»
>
> G. STERLING

ODE À LA VILLE

George Sterling (1869-1926). Arrivé à San Francisco en 1890, George Sterling mène la vie d'un employé modèle jusqu'à ce qu'il rencontre trois membres du Bohemian Club qui changent le cours de sa vie : le poète Joaquim Miller, le «Grand Moghol» de la scène littéraire locale, Ambrose Bierce, et Jack London, qui l'initie aux idées socialistes et aux vertus de l'alcool. Sterling s'adonne à la poésie, laissant transparaître la passion qui l'anime à travers une prose parfois emphatique ▲ 199. Cet extrait tiré du poème Cool Grey City of Love *témoigne de l'attachement de l'homme à sa ville d'adoption.*

Aux murs de fer de ses portes
Attend le vent de l'avenir,
Dans un tonnerre se brise l'océan de l'ouest,
Les étoiles de l'ouest avec lenteur descendent
Et son regard reste rivé vers l'ouest
Dans le rêve de sa jeunesse inquiète.
Sa mer est une voix qui crie,
Son étoile une voix aérienne,
Son vent une voix qui court sur les murs
Ma fraîche et grise cité que j'aime.

Bien qu'à ses pieds la danse soit proscrite
En elle veille l'aventure lointaine,
Et sous la pluie d'hiver qui tombe
La vigne vierge et les roses attendront de renaître.
Malgré la nuit aveugle et froide
Doux est le frôlement de sa brume marine
Et sa plus capiteuse caresse
Est à la fois joie et douleur
Et grande est sa tendresse
Ô fraîche et grise cité que j'aime.

GEORGE STERLING, *COOL GREY CITY OF LOVE*, 1920,
TRAD. INÉDITE POUR LA PRÉSENTE ÉDITION DE HENRI ROBILLOT,
LA FRAÎCHE ET GRISE CITÉ QUE J'AIME

● Une métropole florissante et précaire

Le «cable car» à l'assaut des collines

Rudyard Kipling (1865-1936), auteur anglais né en Inde, fut d'abord reporter, puis se consacra à ses livres dont les plus célèbres restent Le Livre de la jungle *et* Puck. *Il est couronné par le prix Nobel en 1907. En 1889, Kipling quitte l'Inde pour l'Angleterre et fait escale à San Francisco. Il est frappé par l'atmosphère barbare qui y règne, mais aussi par un moyen de transport inédit qui vit le jour à San Francisco en 1873 : les premiers tramways à crémaillère, ou* cable car.

❝Le bar était florissant quand O'Grady vint à 'Frisco où il passa du bon temps : à son retour il avait un grand mal à la tête et guère de vêtements. On l'avait fourré au bloc et il y avait passé la plus grande partie de son séjour, mais pendant les jours où il n'avait pas été sous clé, il avait examiné le fonctionnement de ces tramways-là. Il revint avec l'alcool destiné au bar : toute une demi-journée les copains hurlèrent autour de lui des chants glorieux.

«Mes gars, dit O'Grady quand la moitié de Bow-Flume, pleine de boisson fut étendue sur le parquet, le nez sur les crachoirs et chantant : "En descendant la rivière de Swanee...", mes gars, je songe à créer une société. Vous savez que la route de ce bar à Bow-Flume est mauvaise et presque verticale...»

Il en était bien ainsi ; la ville de Bow-Flume était à cent mètres au-dessus de notre bar. Les gars roulaient jusqu'à nous et s'enivraient : ceux qui gardaient quelque équilibre les roulaient en sens inverse jusqu'en haut de la pente, le moment venu. Quelques-uns dégringolaient dans le ravin – les mauvais payeurs surtout. Vous comprenez, toute la colline sur laquelle Bow-Flume est bâti appartenait à un homme qui demandait quarante mille dollars pour un lot de trente mètres sur quinze. Alors nous laissâmes le whisky en bas. Les gens descendaient le chercher : l'exercice leur donnait soif.

«Mes enfants, déclara O'Grady, comme vous le savez, j'ai fait une visite à la grande capitale, 'Frisco! (Et il y eut une tournée générale en l'honneur de 'Frisco.) Comme je regardais les curiosités on m'a fourré à la boîte

> « J'AI ÉTÉ PÊCHEUR DE SAUMON, PILLARD DES ÉLEVAGES
> D'HUÎTRES, MATELOT DE SCHOONER, POLICIER DE LA PÊCHE,
> DÉBARDEUR, ET EN SOMME UN AVENTURIER DE LA BAIE »
>
> JACK LONDON

pour quelque temps. (Une tournée en l'honneur de la prison dans laquelle on avait enfermé O'Grady.) Mais, continua-t-il, j'ai une proposition à vous faire. (On but encore pour fêter la proposition.) J'ai songé à ce tramway à crémaillère de 'Frisco. Une partie de l'idée m'est venue de 'Frisco ; le reste est de mon invention. » (Et il y eut encore une tournée générale en l'honneur de l'invention.)
J'arrive au fait. O'Grady constitua une société – je n'en ai jamais vu de plus soûle – pour établir un tramway à crémaillère du modèle de 'Frisco, entre le bar de l'Empoigne et Bow-Flume. Les gars apportèrent dans les quatre mille dollars : à l'époque Bow-Flume regorgeait d'or. Ça a changé. O'Grady mit quatre mille dollars de sa poche et je fus tapé d'autant. O'Grady tenait à ce que l'affaire représentât les ressources de Bow-Flume. Pour deux mille dollars on nous construisit à Bow-Flume un tramway avec un bar élégant à l'un des bouts – des montures en nickel et du verre rouge. L'idée était de servir à boire durant le trajet ; un citoyen de Bow-Flume ingurgitait deux consommations en une minute et demie si nulle affaire urgente ne l'obligeait à boire plus vite. **"**

RUDYARD KIPLING, *THE BOW FLUME CABLE CAR*, 1889, TRAD. HENRY BORJANE,
LE TRAMWAY À CÂBLE DE BOW-FLUME, IN *HISTOIRES DES MERS VIOLETTES*,
ROBERT LAFFONT, COLL. « BOUQUINS », PARIS, 1989

UNE VILLE EN PÉRIL

Jack London (1876-1916). Ce natif de San Francisco, au-delà de sa vie aventureuse, a laissé derrière lui une importante œuvre littéraire ▲ *310. Choqué par l'ampleur de la catastrophe de 1906, il se refuse tout d'abord à écrire une seule ligne sur le séisme, puis accepte la proposition du* Collier's *et rédige* San Francisco n'est plus. *Plus tard, les souvenirs de ce drame lui inspireront la scène d'effondrement de sa métropolis dans le* Talon de fer.

" Énumérer les bâtiments détruits reviendrait à lire un annuaire de San Francisco. L'énumération des bâtiments intacts tiendrait en une ligne et quelques adresses. Une énumération des actes d'héroïsme remplirait une bibliothèque et ruinerait en médailles la fondation Carnegie. La liste des morts ne sera jamais dressée. Tout ce qui aurait pu rester d'eux a disparu dans les flammes. Le nombre

des victimes du tremblement de terre ne sera jamais connu. Le quartier situé au sud de Market Street où les pertes en vies humaines ont été particulièrement élevées, fut celui où l'incendie prit en premier lieu.

Aussi étonnant que cela puisse paraître, cette nuit du mercredi, quand toute la ville s'effondrait et tombait en ruine, fut une nuit calme. Pas d'attroupements. Pas de cris ni de gémissements. Ni hystérie ni désordre. J'ai passé la nuit du mercredi à suivre l'avancée des flammes, et pendant toutes ces heures terribles, je n'ai pas vu une femme pleurer, ni un homme s'énerver, je n'ai vu personne pris de la moindre panique. D'un bout à l'autre de la nuit, des dizaines de milliers de sans-logis fuyaient devant les flammes. Certains étaient drapés dans des couvertures. D'autres transportaient des ballots de literie et des trésors domestiques qui leur étaient chers. Quelquefois une famille entière s'était attelée à une charrette ou à un camion de livraison chargés de ce qu'elle possédait. Des poussettes, des camions jouets, des trotteuses étaient utilisés comme moyens de transport, tous ceux qui n'en avaient aucun traînaient une malle. Cependant tout le monde était aimable. La plus parfaite courtoisie régnait. Jamais dans toute l'histoire de San Francisco, sa population n'avait été aussi aimable et courtoise qu'au cours de cette nuit de terreur. **"**

JACK LONDON, *SAN FRANCISCO IS NO MORE*, TRAD. FRANCIS LACASSIN, *SAN FRANCISCO N'EST PLUS*, IN *L'HUMANITÉ EN MARCHE,* 10/18, PARIS, 1986

«UP AND DOWN»

Jean Cocteau (1889-1963) s'essaya au journalisme et, en 1936, organisa avec Jean Provost, rédacteur en chef de Paris Soir, *un reportage à travers le monde en quatre-vingts jours. Avec Marcel Khill pour compagnon de voyage, ils rédigèrent à chaque étape leurs impressions d'un jour.*

"San Francisco est un manège de montagnes russes. Des rues larges, puissantes, à pic. Et de l'autre côté, elle s'incline avec la violence des toboggans qui arrivent dans l'eau. Le cœur s'arrête, palpite, s'exalte. Déjà l'ascenseur de l'hôtel nous l'avait coupé en deux, mollement, comme le fil de métal coupe la motte de beurre. Et tout ce vertige de rues qui se cabrent et de rues qui plongent, tout ce défilé de zones chinoises et italiennes, tous ces dancings, tous ces entrepôts où s'empilent des rames blondes de bois de séquoias, tous ces terrains vagues et tous ces immeubles dont les assises en pointe soutiennent des forteresses et des cathédrales, toutes ces façades sillonnées par l'éclair des escaliers de secours, tout ce château de cartes fabuleux se termine par Telegraph Hill, une esplanade, entourée de balustres et qui porte le nom de Coit. **"**

JEAN COCTEAU, *MON PREMIER VOYAGE*, GALLIMARD, PARIS, 1936

CHRONIQUE DE SAN FRANCISCO

Frank Norris (1870-1902) est né à Chicago mais vient habiter San Francisco à l'âge de quatorze ans. Les Rapaces *(*McTeague*), qui débutent comme une méticuleuse chronique sociale d'une rue de San Francisco, sont en fait une étude sur le déchaînement des passions humaines. Ce roman est à la fois une œuvre réaliste et visionnaire.*

"Puis un jour, à San Francisco, il avait appris la mort de sa mère ; elle lui laissait quelque argent, juste de quoi lui permettre de s'installer. Il avait quitté le charlatan pour ouvrir un cabinet dentaire dans Polk Street, rue commerçante du quartier résidentiel. Il s'était peu à peu constitué une clientèle de garçons bouchers, de ven-

SAN FRANCISCO, TOILE LITTÉRAIRE

deuses, de petits employés et de receveurs, mais s'était fait peu de relations. [...]
Il aimait sa rue, une de ces rues transversales particulières aux villes de l'Ouest, en plein quartier résidentiel, mais peuplée de petits commerçants qui logeaient au-dessus de leur boutique. [...]
Au bout de la rue, McTeague voyait le dépôt des tramways. En face, un grand marché ; au loin, derrière les cheminées, scintillait la verrière de l'établissement de bains. Du bureau de poste montait une âcre odeur d'encre. De temps à autre un tramway passait dans un fracas assourdissant de vitres entrechoquées. En semaine la rue était très animée. Vers sept heures, les vendeurs de journaux faisaient leur apparition, et les ouvriers, traînant la jambe, passaient par petits groupes [...]. À cette petite armée de besogneux qui suivaient tous la même direction, se mêlaient d'autres travailleurs : receveurs et machinistes allant prendre leur service dans les tramways, veilleurs de nuit qui rentraient se coucher les yeux battus, patrouilles de police se hâtant vers le commissariat pour faire leur rapport, maraîchers chinois vacillant sous leurs lourds paniers. Les tramways commençaient à se remplir. Tout le long de la rue, les commerçants ouvraient boutique.
Entre sept et huit, la rue déjeunait. De temps en temps on voyait surgir d'une des gargotes un garçon portant d'une main un plateau recouvert d'une serviette. Il flottait dans l'air une odeur de café et de bifteck. Un peu plus tard, dans le sillage des ouvriers, venaient les employés de bureau et les vendeuses, vêtus avec une certaine recherche bon marché ; toujours pressés, ils jetaient en passant un coup d'œil à l'horloge du dépôt. Une heure plus tard, c'étaient les patrons, vieux messieurs à favoris, bedonnants, qui lisaient gravement le journal dans le tramway, et les caissiers de banque et les courtiers d'assurance, une fleur à la boutonnière. En même temps, les écoliers envahissaient la rue. [...]
Vers onze heures, les dames de la grande avenue parallèle à Polk Street faisaient leur apparition. Lentement, posément, elles déambulaient de boutique en boutique. Elles étaient belles, élégantes. Elles connaissaient leur boucher, leur épicier, leur fruitier par leur nom. [...] Elles semblaient toutes se connaître, ces grandes dames de l'avenue. On se retrouvait ici et là ; on commençait à bavarder [...] Dans l'après-midi, la population était plus mêlée, la rue plus animée ; bruits de pas, fracas de roues, roulements de tramways se fondaient en une rumeur confuse. [...] À six heures, tout le monde rentrait ; les tramways étaient bondés, les ouvriers se pressaient sur les trottoirs, les vendeurs de journaux criaient les titres de la presse du soir. Puis, brusquement, la rue retombait dans le silence : plus un bruit, plus un passant. C'était l'heure du dîner. Une multitude de lumières s'allumaient une à une, depuis les lueurs infernales de la vitrine des pharmacies jusqu'à l'éclat blanc bleuté des globes électriques. Puis, une fois de plus, la foule envahissait la rue. On ne songeait maintenant qu'à s'amuser. "

FRANK NORRIS, *McTEAGUE*, 1899,
TRAD. FRANÇOISE FONTAINE,
LES RAPACES, PHÉBUS, PARIS, 1990.

● SAN FRANCISCO, TOILE LITTÉRAIRE

HUMOUR NOIR

Ambrose Bierce (1842-1914), né dans l'Ohio, est une figure marquante de la scène littéraire et journalistique san franciscaine. Venu à San Francisco au lendemain de la guerre de Sécession, Bierce oscille entre reportage, écriture et aventures. Dans Histoire de fou, *il relègue le réalisme au second plan et décrit la détresse de l'homme.*

❝ À l'intersection de deux rues, dans cette partie de San Francisco qui porte le nom assez inexact de North Beach, se trouve un terrain vague beaucoup plus proche de l'horizontale que ne le sont d'habitude les terrains, vagues ou non, de cette région. Mais, à son extrémité sud, le sol se met à monter brusquement en une pente raide où s'étagent trois terrasses taillées dans la roche tendre. C'est le lieu d'élection des chèvres et des pauvres gens : plusieurs familles de ces deux espèces animales l'occupent conjointement et en parfaite harmonie depuis la fondation de la cité. L'un des humbles logis de la terrasse inférieure retient l'attention par sa ressemblance grossière avec le visage humain, ou plutôt avec le simulacre qu'en pourrait découper un gamin dans un potiron évidé. [...] En tant que visage, la maison est trop grande; en tant que demeure, elle est trop petite. Le regard vide de ses yeux sans paupières et sans sourcils paraît sinistre.
Parfois, un homme sort du nez, fait un demi-tour, passe devant l'endroit où devrait être l'oreille droite, puis, se frayant un chemin à travers la foule d'enfants et de chèvres qui encombre l'étroite plate-forme entre les portes de ses voisins et le bord de la terrasse, gagne la rue en descendant quelques marches branlantes. ❞

AMBROSE BIERCE, CAN SUCH THINGS BE ?, 1893,
TRAD. JACQUES PAPY, *HISTOIRE DE FOU*,
IN *CONTES NOIRS*, RIVAGES, PARIS, 1991

SÉRIE NOIRE

Dashiell Hammett (1884-1961) est né dans le Connecticut. De 1921 à 1929, il vit à San Francisco, où il écrit la plupart de ses romans policiers, dont le héros est un détective privé nommé Sam Spade, plusieurs fois incarné à l'écran par Humphrey Bogart. Le Faucon de Malte *compte parmi ses romans noirs les plus célèbres.*

❝ Puis les ressorts craquèrent de nouveau. Une voix d'homme dit :
– Allô ?... Oui, lui-même... Mort ?... Oui... Un quart d'heure... Merci !
Il y eut un déclic d'interrupteur électrique. Un plafonnier suspendu par trois

Une ville subversive et créative

chaînes dorées s'illumina. Spade, les pieds nus, en pyjama à carreaux verts et blancs, s'assit sur le bord de son lit, jeta un coup d'œil mauvais au téléphone posé sur la table de nuit et prit un cahier de papier à cigarettes maïs et un paquet de «Bull Durham». L'air froid et humide de la nuit entrait par les deux fenêtres ouvertes, apportant six fois par minute le hurlement lugubre de la corne de brume d'Alcatraz. Un minuscule réveil, en équilibre instable sur un livre ouvert et retourné –*Les Causes criminelles célèbres*, de Duke – marquait deux heures cinq. ❞

DASHIELL HAMMETT, *THE MALTESE FALCON*, 1929,
TRAD. HENRI ROBILLOT, *LE FAUCON DE MALTE*, GALLIMARD, PARIS, 1987

La ville, révélateur du soi

William Saroyan (1908-1981), né à Fresno en Californie, vit à San Francisco dès 1920. «Arménien, Californien et Américain», comme il se dépeint lui-même, il est télégraphiste jusqu'au succès de son premier livre : Jeune homme audacieux sur trapèze volant. *En 1940, on lui décerne le prix Pulitzer pour son œuvre théâtrale ; il refuse, jugeant la distinction trop commerciale.*

❝ Si vous avez jamais été pauvre à Frisco, et sans travail, vous savez ce que c'est que de se lever le matin et de voir devant soi une grande ville dans le brouillard, et vous connaissez cette impression d'être tout seul en face du monde : pauvre type sous-alimenté, mal vêtu et misérablement logé, en face des rues goudronnées, des trottoirs de ciment, des lampadaires, des immeubles, des bureaux, des magasins, des usines, des machines, des horaires, des règlements et de tout le reste, c'est-à-dire et j'entends : si vous avez jamais été pauvre et seul dans cette ville-ci, sans travail et presque sans argent, vous savez ce qu'on ressent ou bien vous êtes plus malin que les plus malins, ou alors la pauvreté ne vous a servi à rien, comme on dit patriotiquement ; votre pauvreté a été inutile, ça a été une perte de temps, un véritable gaspillage de tout ce qui a de la valeur.
Pourquoi ? Je m'en vais vous le dire. [...] Dans cette ville-ci, le vieux Frisco, le brouillard rend tout cela meilleur et pire qu'ailleurs. Le soir, loin des rues, en sûreté dans votre chambre meublée à l'étrange odeur de mort et de pourriture, le son des sirènes résonne comme le gémissement de votre propre cœur. Vous vous endormez et vous rêvez le monde, et le matin en vous éveillant du sommeil et du rêve du monde, vous entendez les sirènes et vous savez qu'il fait jour, et que le monde est derrière la porte et le hall et les escaliers et le trottoir, qui vous attend, et vous comprenez beaucoup de choses. ❞

WILLIAM SAROYAN, THE WAY TO BE ALIVE, 1945,
TRAD. MICHEL CHRESTIEN, *LE MONDE*, IN *LES ACROBATES*, 10/18, PARIS, 1987

Le «quartier général» de la «Beat Generation»

Allen Ginsberg est né en 1926 dans le New Jersey. Ce poète au souffle barde, hébraïque et melvillien, ainsi qu'il se décrit lui-même, entre dans l'arène littéraire dès la lecture en public du poème Howl, *à la célèbre librairie san-franciscaine* City Lights Bookstore, *le 13 décembre 1955.*

❝ J'ai marché sur les berges du dock aux bananes & boîtes en fer-blanc et je me suis assis dans l'ombre immense d'une locomotive du Southern Pacific pour regarder le crépuscule sur les collines à baraques et pleurer.
Jack Kerouac s'est assis près de moi sur un poteau pété de fer rouillé, compagnons, nous avions les mêmes pensées de l'âme, mornes et sombres et l'œil triste, entourés des racines d'acier noueuses des arbres de machinerie.
L'eau huileuse sur la rivière reflétait le ciel rouge, le soleil sombra au faîte des derniers pics de Frisco, pas de poisson dans ce cours d'eau, pas d'ermite dans ces monts, rien que nous, œil chassieux et gueule de bois comme de vieux clochards, sur la rive, fatigués et rusés. ❞

ALLEN GINSBERG, TOURNESOL SOUTRA, *HOWL*, 1956, TRAD.
ROBERT CORDIER ET JEAN-JACQUES LEBEL, *HOWL AND OTHER POEMS*, 10/18, PARIS, 1980

● Une ville subversive et créative

Jack Kerouac (1922-1969), né à Lowell (Massachusetts), est l'auteur du mythique Sur la route, *de poèmes spontanés* (San Francisco Blues), *et d'un cycle de romans semi-autobiographiques* (Les Clochards célestes).

❝ Il y avait à San Francisco une petite impasse derrière la station de Third et Townsend de la Southern Pacific, toute de brique rouge dans l'indolence et la paresse des après-midi ; alors que tout le monde travaillait dans les bureaux, on sentait partout dans l'air la menace de la ruée frénétique des banlieusards qui allaient se précipiter en masse des immeubles de Market et de Sansome, à pied et en bus, tous bien vêtus, à travers les quartiers ouvriers du Frisco de Walkup !...
Mais c'était cette belle tranche de nuages que je voyais toujours au-dessus de la petite impasse du S. P., des boules cotonneuses qui flottaient, venant d'Oakland, de la Gate of Marin, au nord, ou de San Jose au sud ; clarté californienne qui vous brise le cœur. Somnolence fantastique ; tambourinement monotone et sourd de l'après-midi ; rien à faire, le vieux Frisco avec sa tristesse de finistère – les gens – l'impasse pleine de camions et de voitures commerciales du quartier ;et personne ne sait qui je suis, tout le monde s'en moque, bien que je sois à 5 000 km du lieu de ma naissance. ❞

JACK KEROUAC, *LONESOME TRAVELLER*, 1960, TRAD. JEAN AUTRET,
LE VAGABOND SOLITAIRE, GALLIMARD, COLL. «FOLIO», PARIS, 1969

Carolyn Cassady (née en 1923). Dans ses mémoires, la femme de Neal Cassady raconte toutes ces années communes d'errance, de succès et d'oubli. Neal Cassady était le compagnon de Kerouac, qui servit de modèle pour le «Dean Moriarity» de Sur la route. *Tous deux travaillaient ensemble, s'enregistrant au magnétophone par exemple, pour trouver des formulations toujours plus spontanées.*

❝ J'avais appris à aimer la région de la Baie durant une période d'entraînement militaire au Mills College d'Oakland, mais il émanait de San Francisco un charme particulier. Je faisais mes délices de la ville, de l'air comme imprégné d'une fraîche odeur de savon, de l'insouciance amicale des habitants, d'une atmosphère infiniment plus évoluée, affinée que celle de Denver et qui offrait un saisissant contraste avec New York. Assaillie de craintes, j'aspirais à ressembler à ces êtres hardis et courageux qui osaient construire des maisons sur des hauteurs si escarpées que les voitures devaient s'y garer de biais et que la chaussée était bordée non de trottoirs mais d'escaliers. Le bleu lumineux du ciel et de la mer m'inspirait une allègre nostalgie de mes eaux lacustres bien-aimées du Michigan, ravivant les souvenirs d'une enfance sereine.
Je dénichai un job de vendeuse au rayon bijouterie d'un grand magasin et durant une quinzaine de jours habitai une maison étrange de Telegraph Hill où une originale me louait un étroit divan et une commode dans un coin de sa véranda au sommet de la falaise dominant la mer. Septuagénaire, ma propriétaire était la veuve d'un artiste célèbre. Elle coiffait ses cheveux teints en blond platine en lourdes

> « ALLONS CRIER NOS POÈMES DANS LES RUES DE SAN FRANCISCO,
> ALLONS PRÉDIRE LES TREMBLEMENTS DE TERRE ! »
>
> JACK KEROUAC

boucles avec une frange en rouleau de page. Exhibant de longs ongles griffus et bombés laqués de rouge vif, elle était invariablement vêtue de pyjamas orientaux et buvait du gin toute la journée. Chaque soir quand je rentrais après le dîner, elle vacillait dangereusement et bien souvent manquait de piquer une tête dans la baie depuis les fenêtres de la véranda. Elle s'asseyait dans son fauteuil à bascule en face de mon lit, raclant un ukulélé en accompagnement du charivari sonore émis par une radio mal réglée entre deux stations. Après avoir appris à m'endormir dans cette cacophonie, j'étais souvent réveillée un peu plus tard par des conversations qu'elle tenait au téléphone, hurlant à pleins poumons en chinois. Parfois elle me prenait pour sa fille qu'elle avait perdue depuis longtemps, et m'arrosait dans mon lit de ses larmes en me serrant sur son cœur. D'autres nuits, elle insistait pour que je reste debout jusqu'au petit matin et me faisait boire chope sur chope d'acide tannique, « le thé comme on le fait en Inde », disait-elle. Rien de tout cela ne me gênait vraiment ; pour moi, elle représentait un « phénomène » de San Francisco dont je racontais les extravagances pour distraire mes compagnes de travail. **"**

CAROLYN CASSADY, *OFF THE ROAD, 20 YEARS WITH CASSADY AND KEROUAC AND GINSBERG*, BLACK SPRING PRESS, NEW YORK, 1990,
TRAD. INÉDITE POUR LA PRÉSENTE ÉDITION DE HENRI ROBILLOT

LA FIN D'UNE ÈRE

Tom Wolfe (1931) est né en Virginie. Après des études à Yale, Tom Wolfe est journaliste au New York Herald Tribune *et à l'*Esquire. *Pape du nouveau journalisme, qui mêle le reportage à la fiction, il a signé entre autres* L'Étoffe des héros *et* Le Bûcher des vanités. *Une fois la vague de contestation beatnik passée, le quartier de North Beach fait plutôt figure de vestige à touristes. Son roman-reportage,* Electric Kool Acid Test, *écrit en 1968, témoigne du temps révolu des années hippies de Haight-Ashbury* ▲ 276.

" Je louai donc une auto et commençai à me balader dans San Francisco. Mes plus fortes impressions de la ville me ramènent à une formidable conduite intérieure de louage vrombissant sur les côtes, montées et descentes, et patinant sur les rainures et les bords des rails de tramway. Elle glissait et dérivait sur la route de North Beach, la fabuleuse plage de North Beach, Mecque de la bohème de la côte Ouest, toujours pleine de fils-à-papa-Untel et de m'as-tu-vu et de petites Wasps et de petites Juives aux longs cheveux qui s'en donnaient à cœur joie avec les négrillots – et voilà que North Beach était fini. North Beach n'était plus que revues à tétons. Au célèbre Q.G. de la Beat Generation, la librairie City Lights, Shig Murao, l'oracle nippon du lieu, trônait, la barbe pendante comme une de ces enluminures de lierre et de fougère que les architectes mettent sur leurs dessins ; il sombrait dans les œuvres de Khalil Gibran, près de la caisse enregistreuse, tandis que des dentistes rassemblés pour un congrès de la profession fouinaient ici, entre deux spectacles de tétons, à la recherche de beatniks. North Beach n'était que Seins Nus et strip-teaseuses qui s'élargissaient la poitrine avec des injections de silicone.

Le festival – plus précisément les cliques à la coule qui donnaient le ton – avait entièrement envahi Haight-Ashbury. Les marguilliers de la bohème arrivée seraient bientôt tous là, eux aussi, et les voitures s'écraseraient, pare-chocs contre pare-chocs ; ils se frotteraient les pneus, les autocars en goguette rouleraient – « Et voici… le Sanctuaire

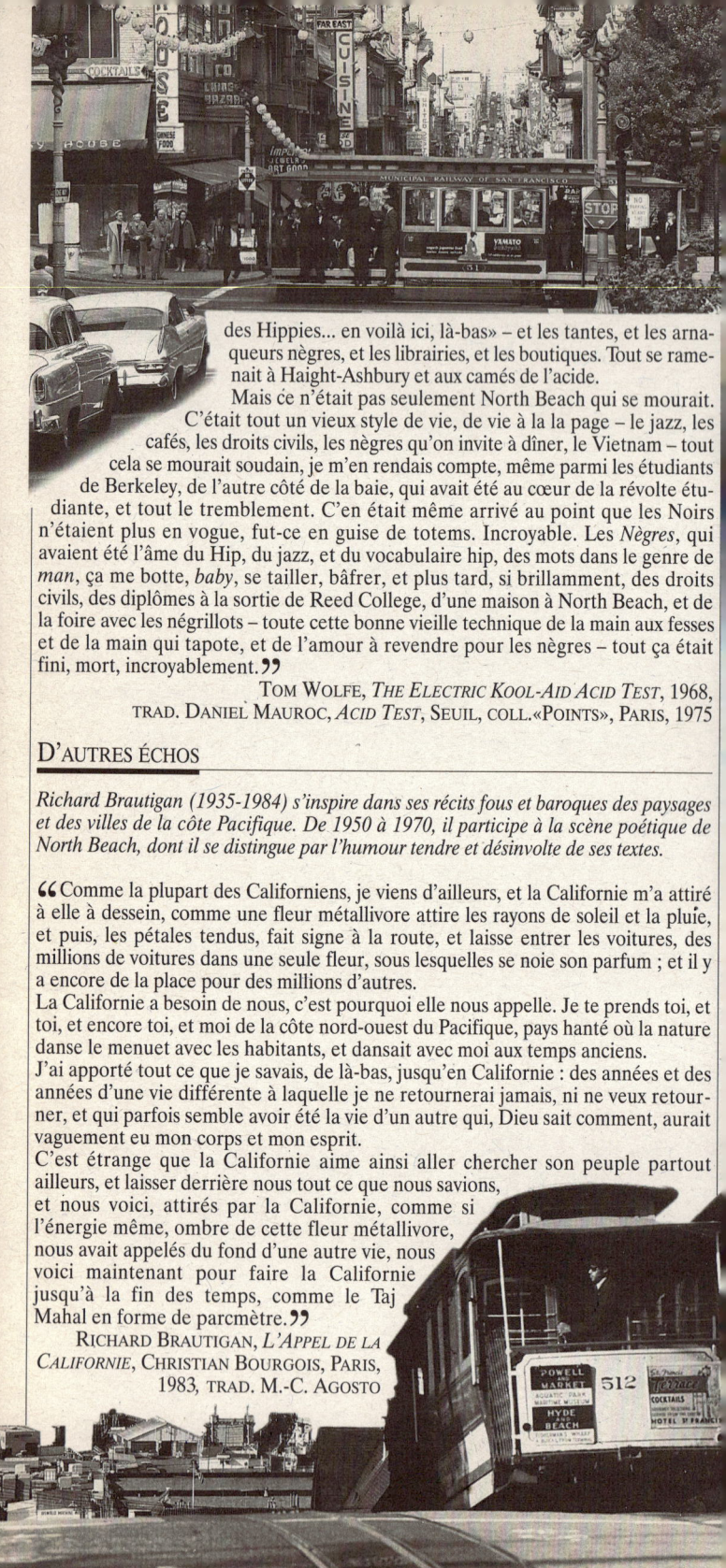

des Hippies... en voilà ici, là-bas» – et les tantes, et les arnaqueurs nègres, et les librairies, et les boutiques. Tout se ramenait à Haight-Ashbury et aux camés de l'acide.

Mais ce n'était pas seulement North Beach qui se mourait. C'était tout un vieux style de vie, de vie à la la page – le jazz, les cafés, les droits civils, les nègres qu'on invite à dîner, le Vietnam – tout cela se mourait soudain, je m'en rendais compte, même parmi les étudiants de Berkeley, de l'autre côté de la baie, qui avait été au cœur de la révolte étudiante, et tout le tremblement. C'en était même arrivé au point que les Noirs n'étaient plus en vogue, fut-ce en guise de totems. Incroyable. Les *Nègres*, qui avaient été l'âme du Hip, du jazz, et du vocabulaire hip, des mots dans le genre de *man*, ça me botte, *baby*, se tailler, bâfrer, et plus tard, si brillamment, des droits civils, des diplômes à la sortie de Reed College, d'une maison à North Beach, et de la foire avec les négrillons – toute cette bonne vieille technique de la main aux fesses et de la main qui tapote, et de l'amour à revendre pour les nègres – tout ça était fini, mort, incroyablement. **"**

TOM WOLFE, *THE ELECTRIC KOOL-AID ACID TEST*, 1968,
TRAD. DANIEL MAUROC, *ACID TEST*, SEUIL, COLL. «POINTS», PARIS, 1975

D'AUTRES ÉCHOS

Richard Brautigan (1935-1984) s'inspire dans ses récits fous et baroques des paysages et des villes de la côte Pacifique. De 1950 à 1970, il participe à la scène poétique de North Beach, dont il se distingue par l'humour tendre et désinvolte de ses textes.

" Comme la plupart des Californiens, je viens d'ailleurs, et la Californie m'a attiré à elle à dessein, comme une fleur métallivore attire les rayons de soleil et la pluie, et puis, les pétales tendus, fait signe à la route, et laisse entrer les voitures, des millions de voitures dans une seule fleur, sous lesquelles se noie son parfum ; et il y a encore de la place pour des millions d'autres.

La Californie a besoin de nous, c'est pourquoi elle nous appelle. Je te prends toi, et toi, et encore toi, et moi de la côte nord-ouest du Pacifique, pays hanté où la nature danse le menuet avec les habitants, et dansait avec moi aux temps anciens.

J'ai apporté tout ce que je savais, de là-bas, jusqu'en Californie : des années et des années d'une vie différente à laquelle je ne retournerai jamais, ni ne veux retourner, et qui parfois semble avoir été la vie d'un autre qui, Dieu sait comment, aurait vaguement eu mon corps et mon esprit.

C'est étrange que la Californie aime ainsi aller chercher son peuple partout ailleurs, et laisser derrière nous tout ce que nous savions, et nous voici, attirés par la Californie, comme si l'énergie même, ombre de cette fleur métallivore, nous avait appelés du fond d'une autre vie, nous voici maintenant pour faire la Californie jusqu'à la fin des temps, comme le Taj Mahal en forme de parcmètre. **"**

RICHARD BRAUTIGAN, *L'APPEL DE LA CALIFORNIE*, CHRISTIAN BOURGOIS, PARIS, 1983, TRAD. M.-C. AGOSTO

Itinéraires dans San Francisco

Jackson Square, *146*
Chinatown, *152*
North Beach, *162*
Northern Waterfront, *172*
Nob Hill, *188*
Russian Hill, *194*
Pacific Heights, *200*
Financial District, *206*
Union Square, *218*
De Civic Center à Japantown, *224*
Golden Gate Promenade vers Cliff House, *234*
Golden Gate Park, *254*
Haight-Ashbury, *274*
South of Market, *284*
Mission et Castro, *292*
Autour de la Baie, *305*

▲ Vue de San Francisco depuis Marin County.

▼ Le Financial District «by night».

Le Skyline du Financial District et l'Oakland-Bay Bridge. ▼

Certaines «Painted Ladies» sont repeintes de couleurs psychédéliques (page suivante).

Le célèbre Golden Gate Bridge enjambe la «Porte d'Or».

▲ Sous le soleil ou sous la brume, le pont révèle les étonnants détails de son architecture. ▼

▲ Les vignobles de Napa Valley, au nord de San Francisco.

▲ L'île d'Alcatraz sous le brouillard.   Voiliers dans le port de Tiburon (Marin County).▼

Le San Francisco
historique

Jackson Square, *146*
«Barbary Coast», *148*
Transamerica Pyramid, *150*
Chinatown, *152*
North Beach, *162*
La «Beat Generation», *166*
Coit Tower, *170*
Northern Waterfront, *172*
National Maritime Museum, *172*
L'activité maritime, *174*
Ghirardelli Square, *176*
Fisherman's Wharf, *178*
Alcatraz, *182*

▲ JACKSON SQUARE

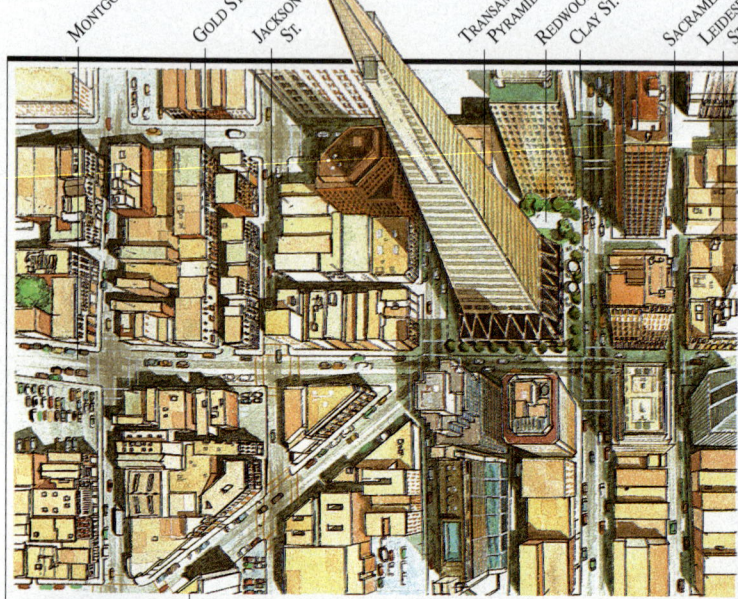

MONTGOMERY ST. · GOLD ST. · JACKSON ST. · TRANSAMERICA PYRAMID · REDWOOD PARK · CLAY ST. · SACRAMENTO ST · LEIDESDO ST.

⏱ 2 heures

Ce court itinéraire peut se combiner avec celui du Financial District ▲ *206*.

BATEAU-PRISON
En 1849, l'unique prison de la ville était installée dans l'école de la *Plaza* ▲ *159*. Mais à la suite du raid des Molosses ● *43*, le 15 juillet 1849, les San Franciscais décidèrent de rendre justice eux-mêmes. Dix Molosses furent condamnés à des peines de prison, ce qui posa problème, la geôle de la *Plaza* étant trop petite pour les accueillir. On les enferma tout d'abord dans la cale d'une frégate de guerre, puis, quand celle-ci dut reprendre la mer, on fit échouer dans la baie l'*Euphemia* (ci-contre), un navire abandonné, qui devint une prison assez sûre.

Le quartier qui s'étend entre Pacific, Commercial, Kearny et Sansome Streets forme le cœur historique de la ville. Ses bâtiments de brique, dont certains datent de l'époque de la ruée vers l'or, contrastent de façon saisissante avec les gratte-ciel du quartier financier voisin. Jadis connu sous le nom de *Barbary Coast*, la «côte barbaresque», en raison de ses bouges et de sa population interlope, ce quartier fut presque entièrement détruit lors du séisme de 1906 ● *58* et rebaptisé Jackson Square, du nom d'une de ses rues.

UN QUARTIER GAGNÉ SUR L'OCÉAN

En 1847, le front de mer se situait au niveau de l'actuelle Montgomery Street, toute la partie laissée à l'est formant une baie frangée de dunes. En 1849, quelques mois après l'annonce de la découverte de l'or, les habitants de Yerba Buena virent des centaines de bateaux jeter l'ancre dans la baie et leurs équipages délaisser bâtiment et cargaison pour partir prospecter ● *48*. En 1851, quelque sept cent soixante-quinze navires avaient été ainsi désertés, tandis que des milliers de prospecteurs s'étaient installés dans des abris de fortune à proximité du village. Les bateaux étaient obligés de mouiller à quelque 800 m du rivage car la baie, qui décrivait alors un arc de cercle, ne formait qu'un vaste marécage à marée basse. Une fois le bateau ancré au large, ses passagers ralliaient la terre en canot tandis que les marchandises étaient déchargées à l'aide d'allèges et de chalands. Les nouveaux venus

débarquaient sur une grève plate de sable noir pour découvrir une ville informe. D'avril à novembre 1849, l'activité portuaire s'intensifia rapidement. Il arriva ainsi cinq cent quarante-neuf navires à voile (dont deux cent trente-trois battant pavillon américain), transportant trente-cinq mille passagers et trois mille matelots bien décidés à déserter. Pour remédier au problème du mouillage, on construisit une jetée en bois, *Long Wharf*, qui s'avançait dans la baie sur environ 800 m, et on débarrassa la rade des quelque deux cents navires qui y gisaient abandonnés. Dans un premier temps, ils furent utilisés comme entrepôts, magasins, hôtels – et même pour l'un d'eux comme prison. Puis ces bateaux furent dépecés et leur carcasse servit au remblayage des rues ou à la construction des maisons.

UNE VILLE NÉE D'UN CLOAQUE. La ville ne séduisait guère les nouveaux arrivants. Outre le problème du logement, il fallait y trouver de quoi se nourrir à un prix raisonnable. L'état des rues était des plus déplorables. À la saison des pluies, elles se transformaient en de véritables lacs de boue. À certains endroits même, des fondrières se formaient et il n'était pas rare de voir hommes et bêtes s'y noyer. Des planches étaient jetées en travers des rues pour permettre aux piétons de circuler et on essaya également de remblayer les voies de communication à l'aide de matériaux hétéroclites – branchages mais aussi marchandises inutiles, sacs de café vert, pianos, poêles de cuisine… Les deux premières voies planchéiées furent Montgomery Street, en 1850, et la route qui reliait San Francisco à la mission Dolores.

Les San Franciscains firent toutefois preuve d'un étonnant sens de l'organisation, et en quelques mois, une véritable ville se forma là où il n'y avait auparavant que des tentes. Mais la place manquait et l'on décida bientôt de gagner des terrains constructibles sur la mer. Si les bateaux ne pouvaient venir jusqu'au rivage, le rivage irait à eux ! Des maisons de bois sur pilotis, reliées entre elles par des pontons, ne tardèrent pas à s'édifier sur les marécages. Puis on entreprit d'aménager le port. « Devant l'emplacement actuel de la ville, résume le Français Du Hailly, s'étendait un vaste banc recouvert de trop peu d'eau pour permettre aux bâtiments d'accoster aussi près que l'exigeait le service des marchandises […]. Le Yankee a tranché la question en construisant sa ville sur le banc même et en la prolongeant jusqu'à une enceinte de quais d'un accès facile aux vaisseaux les plus considérables. » Les maisons construites sur l'eau finirent par encercler des navires reconvertis en hôtels ou en magasins. Ainsi les deux niveaux du *Niantic Hotel* furent élevés sur le pont même d'un navire

UNE VILLE DE TENTES
Durant les six premiers mois de 1849, la ville se dota de milliers de tentes, car il fallut loger dix mille nouveaux venus dans un village qui ne pouvait abriter que huit cents personnes environ. Outre les grandes tentes, on construisit des hôtels : cabanes de bois rudimentaires recouvertes de branchages. Dans ces baraquements de fortune, on tendait des hamacs en guise de lits. Les plus pauvres dormaient au *Niantic Hotel* (ci-dessus), installé dans la coque d'un navire, et les plus fortunés au *Parker Hotel*. On édifia aussi des bars et des salles de jeux, dont l'un des plus célèbres était l'*Eldorado*.

PACIFIC STREET
Sur cette artère s'alignaient fumeries d'opium, cabarets, bars sordides et «dancings». Entre leurs numéros (chansons paillardes, démonstrations de french cancan ou exhibitions obscènes), les «artistes» étaient censées servir à boire aux clients, danser

qui dominait la rue de sa proue, si bien que l'on devait grimper à une échelle pour y accéder. Du Hailly a fort bien décrit le quartier du port à cette époque : «Il en est résulté, pour cette portion de San Francisco, une physionomie singulière. L'étranger qui s'y promène sans savoir qu'il parcourt une ville bâtie sur pilotis, comme Venise ou Amsterdam, est tout étonné d'apercevoir de l'eau sous ses pieds, à quelques mètres des planches qui forment le sol de la rue. [...] Plus loin, il rencontrera un navire échoué dans la vase, retardataire englobé dans un pâté de maisons, devenu maison lui-même après avoir servi de demeure flottante dans le dénuement des premières années.»

L'ANCIENNE «CÔTE BARBARESQUE»

Ce sont les marins qui donnèrent au quartier le surnom de *Barbary Coast* peu après l'annonce de la découverte de l'or, car, en quelques mois, le front de mer se transforma en une «jungle peuplée de fauves et de proies», où abondaient tripots, saloons et maisons de

avec eux et leur vendre leurs charmes. Du crépuscule à l'aube, ces bouges étaient remplis d'ivrognes, mais aussi d'assassins et de voleurs dont les chercheurs d'or, marins et paysans en goguette étaient les principales proies.

prostitution, ce qui valut longtemps à San Francisco la réputation d'être la ville la plus dangereuse du monde. Dans les années 1850, c'est dans Pacific Street – surnommée *Terrific Pacific* – et dans Broadway que marins et chercheurs d'or venaient s'encanailler. Mais au fil des ans, *Barbary Coast* s'étendit pour englober Chinatown, à l'ouest, et une partie de l'actuel Financial District, au sud.

«**SHANGAIER**». À l'époque, de nombreux navires en partance pour l'Extrême-Orient faisaient escale à San Francisco pour s'approvisionner en hommes d'équipage. Il n'était pas rare que des marins naïfs qui fréquentaient les saloons de *Barbary*

Les ruelles voisines reçurent ainsi des surnoms évocateurs : le «coin de l'assassin», «l'arpent du diable», «l'allée du mort»…

BARBARY COAST BY NIGHT, SAN FRANCISCO, CAL.

Coast soient drogués, kidnappés et embarqués de force sur un de ces *Hell Ships*. À l'époque, la traversée pour Shanghai était longue et hasardeuse, aussi disait-on, quand un vaisseau prenait la mer pour un difficile périple, qu'il «partait pour Shanghai». C'est ainsi que naquit le verbe «shangaier» pour désigner ces enlèvements. On estime que, en 1852, vingt-trois gangs de ravisseurs opéraient à San Francisco et que cette activité était l'une des plus lucratives de la ville.

LA FIN DE «BARBARY COAST». Tout au long du XIXe siècle, *Barbary Coast* demeura la «Sodome des temps modernes». Des prêcheurs ne manquaient pas d'en appeler au châtiment divin, mais comme la plupart des tenanciers jouissaient de la protection de hauts fonctionnaires corrompus, toute velléité réformiste était vouée à l'échec. Le séisme et l'incendie de 1906 n'épargnèrent pas le quartier, mais il fallut attendre 1917 et la fermeture, sur décret fédéral, des maisons de plaisir pour que la «côte barbaresque» entre définitivement dans l'histoire.

Vue de Telegraph Hill, avril 1850. «La rue Montgomery, la grande artère de San Francisco, était, l'année dernière, une rivière de boue [...]. Voyez-la aujourd'hui ! continuellement sillonnée en tous sens par une foule commerçante, c'est elle qui alimente l'activité du *Central Wharf*.»
R. L. Stevenson

LE LONG DE MONTGOMERY

Cette rue, qui marquait autrefois la ligne côtière, fut longtemps la principale artère de la ville et la plus animée. Elle devint rapidement un haut lieu des affaires et de la finance. Elle reste associée au souvenir de célébrités comme Mark Twain, Brete Harte ou l'empereur Norton, qui y vécut un temps ▲ *158*.

C'est dans cette rue que Sam Brannan révéla la nouvelle de la découverte de l'or ● *48*.

LEIDESDORFF
William Leidesdorff, officier de marine originaire des îles Vierges, arriva à San Francisco en 1841. Séduit par les lieux, il décida de s'y installer. Ce métis devint une des personnalités en vue de la communauté. Il fit fortune dans le commerce maritime, construisit le premier hôtel de la ville avant de devenir trésorier municipal, directeur du premier collège de Californie et vice-consul des États-Unis à Yerba Buena.

LEIDESDORFF STREET. Dans cette petite rue parallèle à Montgomery, reliant Clay et California Streets, s'élève un des plus anciens ensembles d'immeubles de bureaux du quartier, de taille modeste. Quelques constructions de brique aux façades colorées jettent une note de gaieté sur l'ensemble. Un immeuble de brique habillé de stuc abrita la première imprimerie lithographique de San Francisco, fondée en 1852 par Britton and Rey ● *72*.

«IN MEMORIAM». Une plaque de cuivre apposée à l'angle de Montgomery et de Merchant Streets marque l'emplacement du terminus du *Pony Express*, légendaire compagnie de transport postal fondée en avril 1860 et qui, détrônée par le télégraphe, cessa toute activité en octobre 1861. Ses coursiers se relayaient pour parcourir à cheval en dix jours seulement les 3 170 km qui séparaient Saint Joseph (Missouri) de San Francisco.

JACKSON SQUARE

JACKSON SQUARE
Les bureaux, banques, manufactures et consulats qui s'étaient installés derrière les docks dans les années 1850 déménagèrent plus au sud vers 1890 pour laisser place à des imprimeurs et à des négociants en tabac et alcool. Mais nombre d'entre eux firent faillite après 1929. Le quartier accueillit alors artistes et écrivains, attirés par les loyers modestes, puis, au début des années 1950, des designers, décorateurs et architectes qui entreprirent de restaurer ses immeubles victoriens. Ils rebaptisèrent alors le quartier «Jackson Square» d'après les nombreux édifices historiques du *block* 400 de Jackson Street.

TRANSAMERICA PYRAMID ♥. Ce gratte-ciel pyramidal qui se dresse depuis 1972 au n° 600 de Montgomery Street est l'œuvre de William Pereira & Ass. Avec ses 260 m, c'est le plus haut immeuble de bureaux de la ville. Il s'élève sur le site de l'ancien MONTGOMERY BLOCK (ci-dessus) – plus connu des vieux San Franciscains sous le nom de *Monkey Block* –, un bâtiment de quatre étages érigé par Henry Halleck en 1853 et qui passait pour l'édifice le plus grand et le plus robuste à l'ouest du Mississippi.
Il occupait en effet tout le *block* et abritait des bureaux, les locaux de plusieurs journaux, des bars et des restaurants. C'est là que James Casey abattit d'un coup de revolver James King of William, directeur de l'*Evening Bulletin* ● *70*, assassinat qui entraîna la formation du second comité de Vigilants ● *45*. C'est également le tenancier d'un bain turc installé au sous-sol du bâtiment qui aurait inspiré à Mark Twain le personnage de Tom Sawyer. Le *Monkey Block* résista au séisme et à l'incendie de 1906, mais fut victime de la spéculation immobilière : des promoteurs le firent raser en 1959 pour installer un parking ! En butte aux critiques des San Franciscains qui l'avaient surnommée le «Trans-Am's Teepee», la Transamerica Pyramid a fini par se faire accepter et elle constitue un excellent point de repère pour les nouveaux venus. Le *lobby* accueille de petites expositions temporaires. Mais il faut surtout prendre l'ascenseur jusqu'au 27e étage, où une salle panoramique offre une vue magistrale de la cité (il est conseillé d'arriver avant 16 h).
Le croisement de Colombus Avenue, Montgomery et Washington Streets marque la frontière entre North Beach ▲ *162*, le Financial District ▲ *206* et Jackson Square.

LE BLOCK 700. Cette partie de Montgomery, entre Washington et Jackson Streets, réunit de beaux édifices des années 1850. Au n° 722 se dresse le BELLI BUILDING, construit en 1851 par l'ingénieur Henry W. Halleck. Cet édifice fut successivement un entrepôt de tabac, un théâtre, un bain turc (vers 1880), un établissement médical, etc. En 1958, l'avocat Marvin Belli racheta le bâtiment, qui porte désormais son nom,

> «J'AI VU DES ALCOOLS PLUS PURS, DES CIGARES PLUS SAVOUREUX, […], DES FUSILS ET PISTOLETS PLUS RÉELS, DES DAGUES ET DES COUTELAS PLUS GRANDS, ET DES COURTISANES PLUS CHARMANTES, ICI À SAN FRANCISCO, QUE PARTOUT AILLEURS.» H. R. HELPER

et le fit restaurer. On découvrit la brique d'origine et y adjoignit quelques décorations. Au n° 728-30, juste à côté, se trouve le GENELLA BUILDING. En 1851, Joseph Genella achète ce terrain et fait raser l'édifice qui avait abrité le 17 octobre 1849 la réunion fondatrice de la première loge maçonnique de Californie. Deux ans plus tard, il fait construire à la place un bâtiment de trois étages destiné à accueillir sa fabrique de porcelaine et sa verrerie. Les locaux connaissent ensuite divers locataires avant que Joe et Isobel Strong, à la fin du XIXe siècle, y installent leur atelier de peintres. Ils sont bientôt imités par d'autres artistes : Jules Tavernier, Arthur Mathews, Emil Carlsen, Maynard Dixon et Dorothea Lange.

Jackson Street et Hotaling Place ont été restaurées par des antiquaires qui y ont installé leurs boutiques au début des années 1970.

JACKSON STREET ♥

Le *block* de Jackson compris entre Montgomery et Sansome Streets, cœur du *Jackson Square Historic District*, s'élève sur l'emplacement de l'ancienne *Laguna Salada*, petite anse traversée par le premier pont jamais construit à San Francisco. Miraculeusement épargnés par la catastrophe de 1906 et par les progrès, ses bâtiments qui datent des années 1850-1860 ont été restaurés dans les années 1950 puis classés monuments historiques en 1971. Ils sont occupés par des antiquaires pour la plupart. Le SOLARI BUILDING WEST, au n° 472, est le plus ancien de tous. Construit en 1850-1852, il abrita le consulat de France de 1864 à 1876.

HOTALING BUILDINGS. L'édifice italianisant qui s'élève au n° 451 est le monument le plus connu et le mieux préservé de la rue. Il fut érigé en 1866 par A. P. Hotaling, négociant en whisky, qui y installa sa distillerie et ses bureaux. Le bâtiment fut miraculeusement épargné par l'incendie qui ravagea le quartier en 1906, ce qui inspira à Charles Field un couplet demeuré célèbre en ville : «Si, comme d'aucuns l'affirment, Dieu a châtié la ville pour sa frivolité, pourquoi a-t-il laissé les églises brûler, épargnant Hotaling et son whisky». Par la suite, l'édifice servit d'entrepôt à une firme d'import-export qui commerçait avec l'Alaska et les mers du Sud. En 1860, Hotaling fit construire une annexe au n° 463-73, toujours de style italianisant, et racheta en 1883 les écuries de l'hôtel Tremont (au n° 445) construites en 1860. La petite rue qui part sur la droite, ex-Jones Alley, se nomme Hotaling Place. Vers 1870, Hotaling, dont le commerce était prospère, y fit bâtir deux maisons (les nos 32-42) juste derrière sa distillerie, l'une pour servir d'écuries, l'autre d'entrepôt. BALANCE STREET (en face), la rue la plus courte de la ville, fut ainsi nommée en raison d'un bateau découvert lors d'excavation. Elle mène à Gold Street, petite artère où les orpailleurs venaient faire peser pépites et poudre d'or.

LA PREMIÈRE USINE GHIRARDELLI (415-31 Jackson St.) Ce bâtiment construit en 1853 abrita de 1855 à 1894 la chocolaterie Ghirardelli ▲ *178*. Au n° 407 se dresse l'ancienne annexe de l'entreprise, la Fortuny Fabrics.

«La rue Jackson se composait presque uniquement de bars qui, le soir, se transformaient en bals publics fréquentés par les mineurs. On y rencontrait en toilettes tapageuses, des Mexicaines, des Américaines du Sud et des Négresses. Comme il n'y avait guère que des femmes de mauvaise vie [en ville], personne n'hésitait à les fréquenter ou à s'afficher avec elle.» Léon Lemonier

▲ CHINATOWN

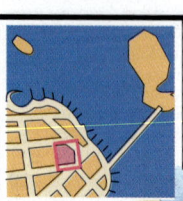

✈ 3 heures

Cet itinéraire peut se combiner avec celui du Financial District ▲ *206*, ou celui de North Beach ▲ *162*.

UNE AVENTURE PÉRILLEUSE
La traversée du Pacifique, longue de 62 jours, s'effectuait dans des conditions épouvantables. Entre les émigrants affamés, entassés comme du bétail, les bagarres étaient fréquentes.
En 1854, lorsque *La Libertad*,

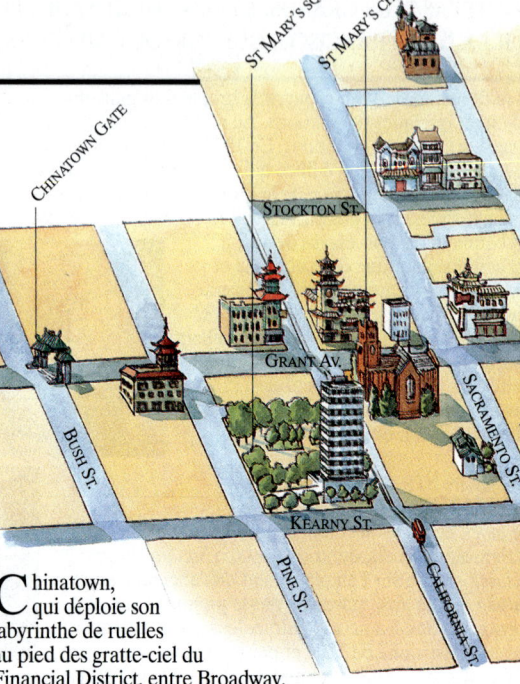

en provenance de Hong-Kong, accosta dans le port de San Francisco, 100 de ses 500 passagers étaient morts.

Chinatown, qui déploie son labyrinthe de ruelles au pied des gratte-ciel du Financial District, entre Broadway, Stockton, Bush et Kearny, est l'un des plus anciens quartiers de San Francisco et la plus grande «ville» chinoise hors d'Asie.

L'IMMIGRATION CHINOISE

Il semble qu'il y avait déjà quelques Chinois installés à San Francisco avant la découverte de l'or et que ce soit un certain Chung Ming, marchand cantonais arrivé à Yerba Buena en 1847, qui propagea la nouvelle auprès de ses compatriotes. En 1848, la Chine traversait une période critique : inondations, famine et banditisme. De plus, le régime mandchou, qui avait perdu la première guerre de l'Opium (1840-1842) accablait le peuple d'impôts afin de pouvoir payer la lourde indemnité de guerre exigée par les Britanniques. Aussi, à l'annonce de cette manne, de nombreux Chinois partirent-ils pour la Californie, qu'ils surnommèrent *Gum San*, la «Montagne Dorée», dans l'espoir de faire fortune. L'immigration chinoise commença donc en 1848 et, au cours de la seconde moitié du XIXe siècle, 2,5 millions de Chinois s'exilèrent, dont 320 000 en Californie. En 1851, on y recensait 4 000 Chinois, 25 000 l'année suivante. Mais très vite, l'immigration s'organisa sous la coupe des marchands aisés qui fondèrent la *Canton Company* ou *Sam Yup Association* en 1851. La *Sze Yup Association*, aussi appelée *Four District Association*, fut fondée par des paysans cantonais démunis décidés à échapper à cette exploitation.

DE LA CHINE À LA MINE. À peine arrivés à San Francisco, les Chinois repartaient pour les mines où ils travaillaient en équipe. Ayant vite compris qu'il était plus sage de ne pas faire concurrence aux Blancs, ils occupaient des sites apparemment moins prometteurs. Néanmoins, l'hostilité à leur égard grandit à mesure que leur nombre augmentait.

WAVERLY PLACE
PACIFIC HERITAGE MUSEUM
PORTSMOUTH SQUARE
CHINESE TELEPHONE EXCHANGE
SPOFFORD ALLEY
HOLIDAY INN
ROSS ALLEY

MONTÉE DE LA XÉNOPHOBIE.
Elle s'était développée rapidement dans les mines de la Sierra Nevada.

Cabine téléphonique du quartier chinois.

BILLET POUR L'EXIL
Trois moyens de financer leur voyage s'offraient aux immigrants chinois. Selon la pratique la plus courante, le *credit-ticket*, une société chinoise, avançait l'argent du billet contre remboursement par prélèvements sur salaire. Dans le *contract-labor system*, une entreprise américaine payait le voyage, et l'immigrant travaillait pour elle en remboursant petit à petit. Enfin, le *coolie trade* était un système d'esclavage déguisé, par lequel les travailleurs potentiels étaient soit enlevés soit dupés par un faux contrat. Les exilés débarquaient dans le port de San Francisco ou à Oakland (ci-dessous), de l'autre côté de la baie.

En 1850 fut édictée la *Foreign Miner's License Tax*. Cette loi qui imposait de vingt dollars mensuels les mineurs étrangers visait surtout, à l'origine, les Latino-Américains, qui représentaient un tiers de la population californienne. Jusqu'en 1852, aucun sentiment anti-chinois ne s'était vraiment fait sentir. Mais cette année-là, le gouverneur John Bigler prononça un discours agressif à l'encontre de ces immigrés asiatiques, coupables, selon lui, de menacer le bien-être de l'État. La même année, la fameuse loi fut renouvelée et l'impôt relevé de trois dollars. Puis une augmentation automatique de deux dollars par an fut décrétée. Les Chinois se sentirent visés par cette loi, dont le texte de 1855 fut d'ailleurs publié dans leur langue. Plus grave, ils étaient victimes d'actes de violence, et des centaines d'entre eux furent assassinés en toute impunité par des chercheurs d'or ou des percepteurs. Ces exactions étaient si courantes qu'elles avaient donné naissance à l'expression «avoir une chance de Chinois», qui signifiait ne pas en avoir du tout… Les Chinois finirent par déserter les mines. Si jusqu'en 1860, San Francisco n'abrita que 8 % de la population chinoise de Californie, en 1880, ce chiffre atteignit 30 %. Ils s'installèrent autour de la *Plaza* (Portsmouth Square), dans Stockton Street, l'une des premières rues où ils avaient l'autorisation de louer des chambres. En 1853, devant la concentration de Chinois, la presse locale baptisa le quartier *Little Canton*.

«LES CHINOIS DEHORS !» Le chômage et la sécheresse favorisèrent la montée d'un sentiment antichinois. Des Chinois étaient souvent molestés dans la rue,

▲ Chinatown

DENNIS KEARNEY
Ce moussaillon d'origine irlandaise, promu officier à 21 ans, débarque à San Francisco en 1868 et se fait naturaliser Américain. Inculte, mais sûr de lui et autoritaire, il supporte très mal la faillite de son entreprise, dont il tient les Chinois pour responsables. Il les accuse d'accepter des salaires d'esclaves et de favoriser ainsi le chômage des Blancs. Le 23 juillet 1877, il prononce un discours violent, ponctué par un slogan brutal : «Les Chinois dehors !» Il crée un syndicat, le *Workingman's Trade and Labor Union*, – qui deviendra le *Workingman's Party of California* – qui entend «nettoyer le pays de la main-d'œuvre chinoise bon marché par tous les moyens (...)». Kearney, qui incitait ouvertement à l'émeute, disait souhaiter se faire assassiner pour que perdure le succès de son mouvement. Ses opposants priaient pour que son vœu fût exaucé.

les prostituées délogées de leur maison et agressées, les blanchisseries saccagées. Les autorités de l'État édictèrent des lois discriminatoires à l'encontre des Chinois, de l'impôt sur la natte à l'interdiction d'utiliser une palanche pour porter des paniers. Puis la *Cubic Air Ordinance* limita le nombre d'occupants par logement.
En 1880, le gouvernement amenda le traité

de Burlingame afin de réguler l'immigration chinoise. Deux ans plus tard, le Congrès adopta le *Chinese Exclusion Act*, qui interdisait pendant dix ans toute immigration chinoise. En 1884, la loi fut assortie d'un article interdisant aux femmes chinoises d'entrer sur le territoire américain. Ainsi les Chinois étaient-ils condamnés au célibat.

SUR LE CHEMIN DE L'INTÉGRATION. En 1906, le sentiment anti-chinois n'était pas totalement vaincu puisque les Californiens voulurent reconstruire Chinatown, rasée après le séisme, loin du centre ville, à Hunters Point. Mais ce projet fut abandonné pour des raisons financières : plus que jamais, San Francisco avait besoin des impôts acquittés par cette population laborieuse. Les Chinois tirèrent profit du séisme : les fichiers de l'immigration ayant été détruits, beaucoup purent prétendre à la citoyenneté américaine ou faire venir leurs enfants. Après la Première Guerre mondiale, ils bénéficièrent du développement, aux États-Unis, d'un sentiment anti-japonais. En 1941, nombre d'entre eux s'enrôlèrent spontanément dans l'armée américaine. En 1943, le président Roosevelt demanda au Congrès d'abroger le *Chinese Exclusion Act* et le droit à la naturalisation fut

restauré. Le *War Brides Act* de 1946, en vigueur pendant trois ans, permit aux Chinoises de rejoindre librement leur mari. Ce n'est que dans les années 1950 que l'assimilation prit vraiment forme, quand les Chinois furent autorisés à se porter acquéreurs de logements hors de Chinatown. Dans les années 1960, la législation relative à l'immigration fut encore assouplie. En 1962, John Kennedy autorisa les opposants au régime de Mao qui s'étaient réfugiés à Hong-Kong à émigrer aux États-Unis. Chinatown dut ainsi absorber une nouvelle vague d'immigration, et sa densité devint dix fois supérieure à celle du reste de la ville. Aujourd'hui, elle compte 80 000 habitants.

LES MÉTIERS CHINOIS. Cette colonie laborieuse sut vite trouver des emplois. Dans une ville à 92 % masculine, le travail des lavandières indiennes et espagnoles de *Washerwoman's Lagoon*, lavoir naturel au pied de Russian Hill, ne suffisait pas et on envoyait parfois le linge par bateau à Canton ou Honolulu ! Ayant pris conscience de cette pénurie, les Chinois ouvrirent des blanchisseries un peu partout dans la ville. D'autres immigrants se lancèrent, dès 1849, dans la restauration et se firent rapidement une clientèle occidentale, séduite par une cuisine légère et savamment épicée. D'autres encore se firent barbiers ou pêcheurs à la crevette, activité qui se pratiquait au moyen de grands filets importés de Chine. Certains réussirent à vivre de l'agriculture. Nombreux furent ceux qui entrèrent au service de riches familles blanches comme majordome, cuisinier ou serviteur. Leur efficacité, leur honnêteté et leur dévouement devinrent légendaires. D'autres furent embauchés dans des fabriques de chaussures, de cigares, ou de savon. Enfin, à partir de 1866, de nouveaux Chinois arrivèrent à San Francisco pour participer à la construction de la ligne de chemin de fer transcontinental ● 54. Un grand nombre y laissa la vie.

LE «PÉRIL JAUNE»
Caricature extraite d'un numéro de *The Wasp* de novembre 1885. Encouragés par le traité Burlingame de 1868, qui leur garantissait des droits fondamentaux, les Chinois avaient rejoint les États-Unis en très grand nombre. Mais les Californiens, alarmés de voir arriver une moyenne de 15 000 Chinois par an entre 1870 et 1880, commencèrent à parler de «péril jaune». Les actes de violence se multiplièrent, en particulier sur les docks de la *Pacific Mail Steamship Co.*, le débarcadère des vapeurs venant de Chine. Les immigrants firent l'objet d'un arsenal de lois discriminatoires. En 1868, 40 000 mineurs chinois furent expulsés du pays.

LA BLANCHISSERIE
Faute de pouvoir exercer leurs professions traditionnelles d'agriculteurs et de commerçants, les Chinois firent de ce métier, nécessitant un faible investissement de départ, leur principale source d'emplois pendant plus d'un demi-siècle. Vers 1880, 7 500 Chinois à San Francisco étaient blanchisseurs. En 1920, 30 % des Chinois du pays exerçaient cette profession. Par souci de rentabilité, les blanchisseries restaient ouvertes jour et nuit.

▲ CHINATOWN

LE LONG DE GRANT AVENUE

CHINATOWN GATE. Il est conseillé, pour commencer la visite de Chinatown, de rejoindre Chinatown Gate, la «porte du Dragon». Elle se dresse sur Grant Avenue, au niveau de Bush Street, et marque l'entrée sud du quartier chinois. Offerte à la municipalité par la République populaire de Chine en 1969, elle est gardée par des chiens de pierre, créatures mythiques qui protègent des mauvais esprits. Quant aux dauphins que l'on voit sur le faîte, ils symbolisent la prospérité. Comme beaucoup de bâtiments de Chinatown, cette porte est conçue selon les principes de la géomancie ou *Feng Shui* («vent et eau»), théorie divinatoire utilisée pour déterminer le site et l'orientation idéale d'un édifice.

ANCIENNE RUE DE LA FONDATION. Grant Avenue n'est autre que l'ancienne *calle de la Fundacion*, première véritable artère du village mexicain de Yerba Buena, tracée en 1835 entre Washington et Clay Street par le capitaine William Richardson, que les beaux yeux de la fille d'un colonel espagnol avaient amené à abandonner son navire. Plus tard, la rue prit le nom de l'un des capitaines du *USS Portsmouth*, Samuel Dupont, et devint l'artère centrale du quartier chinois. À la fin du XIXe siècle, *Du Pon Gai* (*Gai* signifie rue en cantonais) était devenu le royaume des tripots et des maisons closes. Après le séisme de 1906, les commerçants de Chinatown la rebaptisèrent Grant Street, d'après le nom de l'ancien président des États-Unis (1868-1876), dans l'espoir de lui redonner quelque respectabilité. Ses toits en pagode, ses façades colorées et ses réverbères au sommet desquels rampent des dragons rouge et vert donnent à Grant Avenue un cachet exotique. Bazars chinois, boutiques pour touristes et magasins d'alimentation se succèdent tout le long de cette artère très animée, appréciée autant des visiteurs que des gens du quartier, qui viennent y faire leurs emplettes.

CHINATOWN, UN MORCEAU DE CHINE EN AMÉRIQUE
De haut en bas : réverbère de Grant Avenue, Chinatown Gate, et enseigne en caractères chinois.

ST MARY'S SQUARE. Au carrefour de Grant Avenue et de California Street, l'un des endroits les plus photographiés de San Francisco, on remarquera sur la droite un petit jardin public, St Mary's Square. À la fin du siècle dernier, les Chinois aisés avaient réussi à «circonscrire le vice» en faisant regrouper autour de cette place les maisons closes et les bars bon marché fréquentés par les marins en bordée. Ces établissements mal famés disparurent dans le grand incendie de 1906 et, lors de la reconstruction du quartier, la place fut aménagée en jardin public. St Mary's Square, désormais fréquenté le matin par des amateurs d'arts martiaux et par des employés de bureau à l'heure du déjeuner, est une véritable oasis de tranquillité.

ST MARY'S CHURCH. En 1852, les frères paulistes édifièrent cette église à l'angle de California Street et de Grant Avenue. Le granite des fondations fut importé de Chine tandis que

les briques et le fer, utilisés pour la charpente, furent transportés par bateau depuis la Nouvelle Angleterre. Sur la tour d'horloge on peut lire ces mots : «Mon fils, prends garde au temps et fuis le diable», précepte certainement destiné jadis aux passants tentés de faire une halte dans les établissements voisins ! L'église fut l'un des rares bâtiments à échapper à l'incendie de 1906.

SACRAMENTO STREET. Cette rue fut longtemps appelée la «rue des Chinois» car ce fut la première de la ville où les fils de l'empire du Milieu eurent le droit de louer des chambres. Plus tard Dupont et Jackson Streets accueillirent à leur tour des Chinois, formant le noyau du futur ghetto.

LA CROISADE DE DONALDINA CAMERON. Au n° 220 de Sacramento Street se dresse la mission dite de Donaldina Cameron (la mission d'origine ayant été détruite en 1906), jeune religieuse de la *Presbyterian Mission Home* qui, horrifiée par la «traite des Jaunes» et les exactions dont étaient victimes ces jeunes esclaves, décida de partir en croisade contre l'association qui contrôlait la prostitution chinoise à San Francisco, le *Hip Yee Tong*, le «temple de la Justice Unie». Grâce à son opiniâtreté, *Lo Mo*, «petite mère», sauva ainsi des centaines de fillettes, parfois âgées de dix ans à peine, et joua un rôle important dans le vote du *Red Light District Act* en 1914, loi régissant la prostitution. Cette mission est le siège d'une communauté toujours active.

COMMERCIAL STREET. Cette petite rue qui part sur la droite, au nord de Sacramento Street, reliant Chinatown au quartier financier, doit son nom au quai qui avait été construit en 1849 afin de pouvoir décharger les navires ancrés dans l'anse de Yerba Buena. La rue suit l'ancien tracé du quai ▲ *150* remblayé durant la ruée vers l'or, puis prolongé dans la baie, et successivement connu sous le nom de Central Wharf puis Long Wharf.

Le quartier regorge de restaurants et de commerces alimentaires.

COMMERCES INTERLOPES
Les premiers Chinois étaient venus aux États-Unis dans l'espoir de s'enrichir et de retourner un jour chez eux. Les hommes mariés n'avaient pas de quoi offrir le voyage à leur épouse, et la population chinoise de San Francisco était presque exclusivement masculine. Entre 1848 et 1854, la communauté chinoise comptait 45 000 membres dont une vingtaine de femmes seulement. Mais la population féminine s'accrut ensuite grâce à la prostitution. Une «traite des Jaunes» s'organisa : kidnappées ou achetées en Chine pour quelques dollars, ces femmes étaient revendues très cher aux États-Unis. Les jeux de hasard et les fumeries d'opium (ci-dessus) finirent par donner à Chinatown sa réputation de quartier mal famé. Loin d'être toutes cachées dans des sous-sols lugubres, les fumeries formaient souvent l'arrière-salle confortablement meublée des grands restaurants chinois.

▲ CHINATOWN

LE QUARTIER CHINOIS
En 1880, Chinatown occupait six *blocks*, entre California, Broadway, Kearny et Stockton. En 1920, le quartier s'étalait sur huit *blocks*, de Bush à Broadway et de Kearny à Powell.

L'EMPEREUR NORTON
Une nuit de 1880, l'empereur Norton, l'un des plus célèbres excentriques de la ville, s'éteignit dans une rue de Chinatown. Ce marchand anglais, venu à San Francisco en 1849, s'était rapidement enrichi grâce à un commerce actif et de fructueuses opérations foncières. Après un revers de fortune qui l'aurait rendu fou, Norton disparut pour revenir quelques mois plus tard, vêtu d'un uniforme militaire et coiffé d'un couvre-chef à plume blanche (ci-contre), décrétant qu'il était Norton Iᵉʳ, empereur des États-Unis et protecteur du Mexique. Le *San Francisco Bulletin* publia la nouvelle et les San Franciscains, qui l'avaient pris en affection, se prêtèrent à la plaisanterie durant plus de 25 ans ! Certains commerçants acceptaient même la monnaie qu'il avait émise. 30 000 personnes assistèrent à ses funérailles.

En 1850, la rue fut envahie par les maisons de jeu et plus tard par les maisons closes. Aujourd'hui, deux musées y sont installés : le PACIFIC HERITAGE MUSEUM, au n° 608, qui occupe le site du premier Mint (hôtel de la monnaie) de San Francisco et la CHINESE HISTORICAL SOCIETY, au n° 650, qui retrace l'histoire des premiers immigrants chinois et montre leur contribution au développement de la Californie. Parmi les objets les plus intéressants, citons des armes de la guerre des *Tongs*, un vieil annuaire du quartier en chinois et de beaux dragons en papier mâché.

PORTSMOUTH SQUARE

Longtemps connu sous le nom de Plaza, Portsmouth Square forme le cœur historique de la ville. La place fut dessinée en 1839 par le Suisse Jean-Jacques Vioget ● *91*, que le maire avait chargé de tracer un plan d'urbanisme sommaire afin d'organiser le développement du village qui grandissait spontanément autour de l'anse de Yerba Buena (il s'étendait alors jusqu'à Montgomery Street ▲ *146*). Lorsque l'anse fut remblayée, les activités commerciales se déplacèrent, et la Plaza perdit de son importance. Depuis les années 1970,

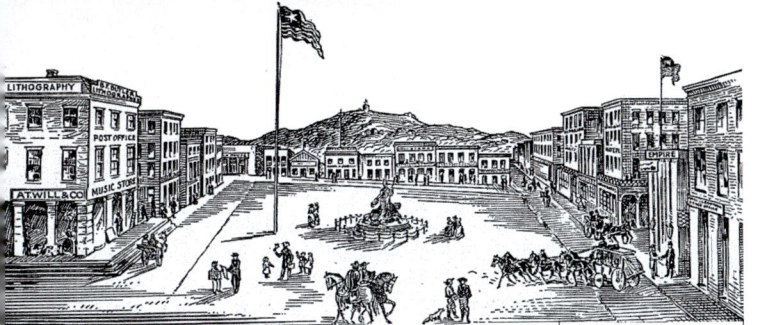

elle a retrouvé une certaine vitalité avec l'installation de tables où les retraités chinois peuvent se réunir pour jouer aux cartes ou au mah-jong, un de leurs loisirs préférés. Quand, l'après-midi, le soleil chauffe doucement le parc, les grands-mères prennent place sur les bancs et les enfants envahissent l'aire de jeux. À l'angle nord-ouest se dresse un monument érigé en l'honneur de Robert Louis Stevenson ● *124*, poète et romancier, qui vécut avec sa femme, entre 1879 et 1880, dans un petit appartement de Bush Street. Cet humaniste, qui appréciait les Chinois, passait de longues heures en leur compagnie sur Portsmouth Square.

BUDDHA'S UNIVERSAL CHURCH. Au n° 720 de Washington Street, à l'angle de Kearny, se dresse l'église universelle de Bouddha, sanctuaire également connu sous le nom d'«église aux mille mains». En 1950, la congrégation avait racheté une ancienne boîte de nuit pour y installer son temple. Mais aussitôt l'acte de vente signé, la municipalité ordonna la démolition du bâtiment sous prétexte qu'il était trop délabré. N'ayant pas les moyens de payer sa reconstruction, tous les membres de la congrégation s'attelèrent bénévolement à la tâche et le temple fut achevé en 1961. C'est l'un des plus grands temples bouddhistes des États-Unis.

CHINESE CULTURAL CENTER. Le centre culturel chinois se trouve au troisième étage de l'HÔTEL HOLIDAY INN, au n° 750 de Kearny Street, que l'on atteint depuis Portsmouth Plaza en empruntant le pont en béton. Ouvert depuis 1973, il organise des expositions temporaires d'artistes chinois et sino-américains contemporains. Il est doté, en outre, d'une bibliothèque et d'une salle de spectacles qui peut accueillir six cents personnes. L'hôtel Holiday Inn se dresse à l'emplacement de l'ancien JENNY LIND THEATER, l'un des bars les plus populaires de la ville à l'époque de la ruée vers l'or, baptisé du nom d'une célèbre chanteuse suédoise mais qui, ironie du sort, ne vint jamais à San Francisco ! Plus tard, la municipalité racheta le bar pour construire à la place le tribunal, ce qui donna lieu à une manifestation. L'incendie de 1906 devait détruire tout le *block*.

CHINESE TELEPHONE EXCHANGE. Au n° 743 de Washington Street se dresse l'ancien central téléphonique de la *Pacific Telephone and Telegraph Company*. Cette belle pagode, achevée en 1909, est le premier bâtiment de style chinois construit à San Francisco. Elle fut dessinée d'après les plans d'un temple de Chine et s'élève à l'endroit même où Sam Brannan avait, en 1848, imprimé le *California Star*, premier journal de Californie ● *70*. En 1960, la Banque de Canton racheta la pagode, fermée depuis 1949, et y installa une succursale.

LA PLAZA
Jean-Jacques Vioget ● *91* dessina une place en face de Yerba Buena Cove où accostaient les bateaux de passage. La place, d'où partait un réseau de rues en damier, devint le lieu de rassemblements publics. Le 9 juillet 1846, le capitaine Montgomery ● *44*, débarqué du *Portsmouth*, planta le drapeau américain au centre de la Plaza, qui fut rebaptisée Portsmouth Square.

DE MÈRE EN FILLE
Les opératrices du *Chinese Telephone Exchange* (ci-dessous) devaient connaître cinq dialectes chinois et mémoriser le nom et le numéro des 2 500 abonnés car il était grossier de parler d'une personne en la désignant par son numéro. Ce métier difficile, exercé de mère en fille, était très convoité. L'automatisation du téléphone entraîna la fermeture du central en 1949.

JENG SEN TEMPLE
Le sanctuaire est installé dans Waverly Place, au-dessus du *Potsticker Restaurant*. En échange d'un don, le visiteur s'y voit offrir un calendrier rouge (couleur porte-bonheur).

Si les Sino-Américains de San Francisco résident dans divers quartiers de la ville, Chinatown demeure le foyer culturel et commerçant de la communauté, l'endroit où tout le monde va faire ses courses. Aujourd'hui, un nouveau quartier chinois s'est constitué dans le Richmond District ▲ *246*. Haut lieu de la gastronomie chinoise, le vieux Chinatown attire aussi les gourmands. Les magasins et les allées de ces quelques pâtés de maisons serrés les uns contre les autres forment un univers totalement dépaysant.

WAVERLY PLACE

En traversant Grant Street, on rejoint Waverly Place sur la gauche. C'est une rue étroite et bruyante, célèbre pour ses balcons peints en vert, jaune, rouge et or. Ancienne Pike Street, elle avait hérité à la fin du siècle dernier du surnom de «*15 Cents Street*», prix demandé par les barbiers chinois (illustration ci-contre) de la rue pour une coupe de cheveux.

TIEN HOW TEMPLE. Au troisième étage du n° 123-129 de cette rue se trouve le plus vieux temple chinois des États-Unis. Situé en étage, «plus loin de la rue et plus près du ciel», il se signale par l'odeur d'encens brûlé. Il suffit de suivre le tapis rouge et de sonner pour y entrer. L'autel rouge et or est dédié à Tien How, déesse de la Mer et du Vent, sainte patronne des voyageurs mais aussi des acteurs et des prostituées. Son sanctuaire fut érigé par des marins chinois reconnaissants d'être arrivés sains et saufs à San Francisco en 1852.

FIRST CHINESE BAPTIST CHURCH. Cette église située à l'angle de Waverly et de Sacramento fut fondée en 1880 et reconstruite par la suite avec des briques brûlées durant l'incendie de 1906. Un grand nombre d'églises de Chinatown furent érigées par des missionnaires, alors très actifs. Ils ouvraient en général des écoles, seuls lieux où les Chinois pouvaient apprendre l'anglais et espérer s'intégrer. Cela explique que de nombreux Chinois se soient convertis au catholicisme.

STOCKTON STREET

CHINESE SIX COMPANIES. Le siège de cette société secrète chinoise fondée en 1862 s'élève au n° 843 de cette rue commerçante. La ségrégation dont ils étaient victimes avait incité les Chinois à se replier sur eux-mêmes dans Chinatown, alors étendue sur six *blocks*, et à y reconstituer une société proche de la leur. Ils créèrent des associations familiales, composées de personnes liées par un nom de famille ou un ancêtre commun et habilitées à régler les querelles, à soigner les malades et enterrer les morts. Des *District Associations* furent aussi mises sur pied, regroupant les personnes originaires d'un même village ou d'une même région. La *Chinese Six Companies*, organe représentatif de tous les Chinois de Californie, faisait office de gouvernement officieux de Chinatown, chapeautait les *District Associations* et mettait en œuvre des programmes d'intérêt général. Elle contrôlait en outre l'importation des biens et de la main-d'œuvre chinoise. C'est elle qui fit venir des milliers de *coolies* (du chinois *ku li*, «dur labeur») pour la construction du chemin de fer ● *54*. Elle réglait les conflits au sein de la communauté.

CHINATOWN ▲

WAVERLY
天后廟街

Aujourd'hui, elle ne joue plus qu'un rôle social. Vers 1880, lorsque des bagarres éclatèrent au sein des divers clans pour l'acquisition du contrôle de Chinatown, les *Tongs* s'entretuèrent à coups de hachette. Eux aussi très organisés, les *Tongs* étaient des immigrants chinois, sans liens familiaux ou régionaux, qui se regroupèrent et se lancèrent dans le trafic de drogue et la prostitution. Certains s'étaient spécialisés dans le racket. Ces «tueurs à la hachette», comme on les surnomma, firent régner la terreur de 1880 à 1920 environ, puis à nouveau vers 1970. On pouvait aisément les reconnaître à leur coiffure car ils roulaient leur natte en chignon pour mieux échapper à la police. En 1921, au moment où le terrorisme des *Tongs* était au plus fort, l'inspecteur de police Jack Manion fut affecté pour trois mois à Chinatown. Il y restera jusqu'à sa retraite, en 1946. Grâce à son action, le quartier fut nettoyé de la plupart de ses activités interlopes, et l'inspecteur en devint le maire officieux.

LES «ALLEYS»

C'est en s'éloignant des grands axes pour explorer les petites ruelles de Chinatown, que l'on a une chance de saisir l'âme de ce quartier au siècle dernier. ROSS ALLEY, la «rue des joueurs», s'appelait jadis Li-Po-Tai's Alley, du nom d'un célèbre herboriste chinois. Au n° 52, la *Golden Gate Fortune Cookie Factory* produit deux cent mille de ces fameux biscuits ● 86 par jour. SPOFFORD ALLEY est une allée sans grand caractère, qui présente pourtant un intérêt historique. C'est au n° 36 que vécut Sun Yat Sen durant son exil san franciscain, utilisant le journal de la société Chee Kung Tong, le *Chinese Free Press*, pour diffuser ses idées réformistes. Au n° 33 siège la *Laundry Association*, l'une des plus importantes corporations de Chinatown.

CHINESE OPERA HOUSE
Le premier théâtre chinois de San Francisco ouvrit ses portes en 1852, sur Dupont Street. Les spectacles de «théâtre chanté» (opéra) était l'un des rares divertissements de la communauté.

ARNOLD GENTHE
Vers 1895, le jeune Arnold Genthe part pour San Francisco plutôt que de s'enrôler dans l'armée prussienne du Kaiser. Faisant fi des avertissements, il s'aventure seul dans la ville chinoise, muni de son appareil photo. Il en est resté de superbes images, précieuses par leur qualité et par leur valeur historique car elles constituent un témoignage visuel unique sur la Chinatown d'avant 1906.

▲ NORTH BEACH

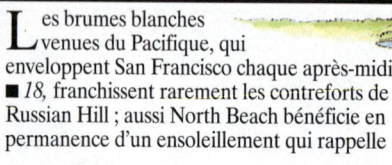

½ journée

Cet itinéraire peut se combiner avec celui de Chinatown ▲ *152*, ou celui du Northern Waterfront ▲ *172*.

Les brumes blanches venues du Pacifique, qui enveloppent San Francisco chaque après-midi ■ *18*, franchissent rarement les contreforts de Russian Hill ; aussi North Beach bénéficie en permanence d'un ensoleillement qui rappelle la *Riviera* et fait de ce quartier, connu comme la «petite Italie», l'un des plus agréables de la ville.

HISTOIRE

Jusqu'au XIXe siècle, la plus grande partie de North Beach est constituée d'une plage de sable qui s'étend au niveau de l'actuelle Francisco Street. À mesure que San Francisco se construit, la crique de North Point Cove est comblée et, vers 1880, la plage de North Beach disparaît sous les remblais qui permettent de gagner quatre *blocks* sur la mer (de Francisco à Jefferson Streets). Les premiers à élire domicile sur ce nouveau territoire sont des prostituées chiliennes, bientôt chassées par des immigrants irlandais et mexicains. Des industries ne tardent pas à s'y installer : scieries, entrepôts, une filature – qui deviendra par la suite la chocolaterie Ghirardelli ▲ *176* –, et l'usine de plomb Selby's Smelter and Lead Works, qui se dressera sur le site de la Cannery ▲ *178* jusqu'en 1885. Parallèlement, des jetées, des quais et des dépôts ferroviaires se construisent.

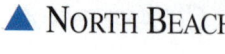

LE «COBWEB PALACE»
Ce bar populaire dans les années 1850 était surtout connu pour son étonnant élevage d'araignées, auquel il devait son nom, et dont les toiles tapissaient les murs intérieurs (ci-dessus).

Pendant la ruée vers l'or, Telegraph Hill ▲ *169*, colline qui domine North Beach, se couvrit de tentes (ci-dessous).

MEIGGS' WHARF. En 1852, un entrepreneur peu scrupuleux et fort extravagant, du nom de Harry Meiggs, achète North Beach et fait construire un quai de 600 m de long au pied de Powell Street pour que ses bateaux puissent débarquer le bois en provenance de Mendocino. Meiggs' Wharf devient un lieu animé du vieux San Francisco. Hôtels bon marché, bars et tripots y fleurissent et les San

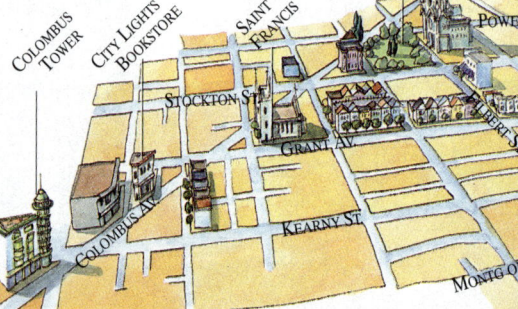

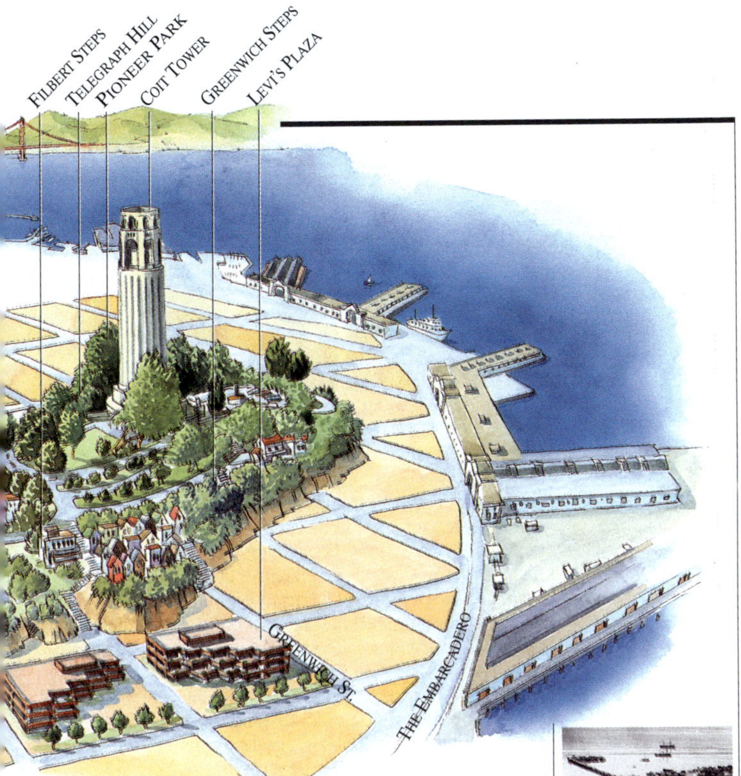

FILBERT STEPS TELEGRAPH HILL PIONEER PARK COIT TOWER GREENWICH STEPS LEVI'S PLAZA

GREENWICH ST.

THE EMBARCADERO

Franciscains viennent y flâner le dimanche pour regarder les bateaux, manger de la soupe aux praires et visiter la ménagerie du COBWEB PALACE de Abe Warner.

L'ARRIVÉE DES ITALIENS. À partir de 1860, le quartier change du tout au tout. L'atmosphère devient plus familiale avec l'arrivée régulière d'Italiens. Sans doute séduits par la douceur du climat, les terres bon marché et la proximité du port, ceux-ci s'installent avec leurs familles à North Beach et surpassent très vite en nombre les Irlandais et les Mexicains déjà présents. De 1860 à 1880, les Italiens qui viennent à San Francisco sont surtout des Génois, qui fondent des commerces ou des petites entreprises. Vers 1890, un grand nombre d'Italiens du Sud, notamment des Siciliens, arrivent à leur tour et élisent domicile à North Beach. Ce sont en majorité des pêcheurs. Dix ans plus tard, le port de pêche déménage pour s'installer non loin de Meiggs' Wharf ▲ *180*. Il faut attendre les années 1960 et le départ des deuxième et troisième générations d'Italiens qui achètent plus volontiers dans le Marina District ▲ *237* ou sur le versant occidental de Russian Hill pour voir le quartier changer. Depuis, en effet, la «petite Italie» se voit peu à peu coloniser par ses voisins chinois. Est-ce parce que les côtes escarpées obligent à ralentir le pas et que l'on peut s'arrêter à loisir pour déguster pâtisseries et café ? Toujours est-il que North Beach est un quartier où il fait bon flâner.

Vue de Meiggs' Wharf vers 1860.

Les Filbert Steps à la fin du siècle dernier.

▲ NORTH BEACH

La fresque bleue qui couvre la façade du *Vesuvio Café* (ci-dessus), invite le chaland à boire un verre pour «oublier le monde hostile qui nous environne».

COLUMBUS AVENUE

Percée tardivement (1873), en diagonale, à travers le réseau de rues déjà existant, Columbus Avenue est l'artère principale du quartier et peut-être la seule rue de la cité qui ait été tracée en tenant compte du relief ! C'est là que défilent parades et processions, là que sont localisés la plupart des restaurants, des cafés, des épiceries et des pâtisseries italiennes de ce quartier à l'atmosphère méditerranéenne, toujours très animé. Il faut la remonter sur quelques *blocks* depuis la Transamerica Pyramid avant d'atteindre le cœur de la «petite Italie».

COLUMBUS TOWER. L'immeuble vert, blanc et cuivre, coiffé d'une coupole qui se dresse sur fond de gratte-ciel, au croisement de Columbus et de Kearny Street, est l'un des rares *flatiron buildings* ● 96 encore debout à San Francisco. Au lendemain de sa construction, en 1907, le dernier étage abritait les bureaux du tristement célèbre Abe Ruef (à droite). En 1970, Francis Ford Coppola acheta et restaura la tour, qui abrite désormais sa maison de production.

BOB KAUFMAN
Parmi les écrivains de la *Beat Generation* familiers des bars de North Beach, on comptait Bob Kaufman. Celui que les Français surnommèrent le «Rimbaud noir» était un poète visionnaire, qui usait systématiquement d'hallucinogènes pour voir au-delà de la réalité ; il hurlait ses poèmes en public et fut très souvent arrêté. Il fit vœu de silence après l'assassinat de Kennedy, en 1964, et s'y tint jusqu'à la destitution de Nixon douze ans plus tard. A part *Golden Sardine* et *Ancient Rain*, édités par sa femme et ses amis, il n'écrivit presque rien. Ses biographes s'efforcent aujourd'hui encore de reconstituer son œuvre à partir de bouts de papier griffonnés. Beatnik, surréaliste, dadaïste, son mot d'ordre était : «De toutes façons, je suis contre».

« LES COLLINES ET LES VALLÉES GARDENT CEPENDANT UNE CERTAINE MÉMOIRE INTACTE : UNE NERVOSITÉ, UNE VIVACITÉ, UNE ALACRITÉ, L'ODEUR DU CAFÉ, DU VIN, DU PAIN AU LEVAIN DANS CE PORT AUX MILLE VISAGES DU PACIFIQUE. »   H. GOLD

BERCEAU DE LA « BEAT GENERATION ». Le premier *beatnik* serait apparu là, sur Columbus Avenue, entre Pacific Avenue et Broadway... Légende, sans doute. Il n'empêche que la *Beat Generation*, qui hantait le quartier dans les années 1950, y a laissé une profonde empreinte. Comme au TOSCA CAFE (n° 242), par exemple, où des poètes barbus, vêtus de noir, et arborant un béret, passaient des heures attablés à refaire le monde. Musiciens, écrivains, célébrités s'y retrouvent encore volontiers. On peut y admirer une machine à *cappucino* rutilante et écouter des airs d'opéra sur un vieux juke-box en dégustant un *brandy cappuccino* – sans café – spécialité de la maison. Mieux vaut y aller l'après-midi pour ne pas être dérangé par la disco qui hurle le soir au Palladium voisin.
« VESUVIO CAFÉ ». Ce bar – qui se trouve au n° 255 – était un des hauts lieux de la *Beat Generation* « avide de jazz, de sexe et de marijuana ». Il ne faut pas manquer de pousser la porte pour y prendre un verre ou un café tout en observant le portrait d'Henri Lenoir, *beat* français et ancien propriétaire des lieux, l'affiche de la famille *beatnik* « type » ou encore l'alcôve « réservée aux psychanalystes féminins ».
« CITY LIGHTS BOOKSTORE ». Au n° 261, en face du *Vesuvio*, un portrait de Baudelaire observe les passants depuis la façade de la célèbre librairie City Lights Bookstore, quartier général de la *Beat Generation* dans les années 1950, dont le nom rend hommage au film de Charlie Chaplin *Les Lumières de la ville*. Son fondateur, le poète, écrivain et éditeur Lawrence Ferlinghetti ▲ *167* continue de régner sur les destinées de *City Lights*. Ferlinghetti a passé la plus grande partie de sa jeunesse en France, où il a soutenu un doctorat de lettres à la Sorbonne en 1951. Engagé politiquement, il est l'auteur d'une œuvre contestataire qui s'inscrit dans la tradition américaine de la responsabilité morale de l'écrivain. Membre fondateur du mouvement *beat*, il ouvre sa librairie en 1953 pour soutenir financièrement la revue littéraire du même nom *City Lights*. Il devint le premier éditeur des poètes *beat*, dont il s'efforçait de populariser les textes et les idées qui, bousculant les conventions artistiques et sociales, furent à la source d'un renouveau littéraire aux États-Unis et de l'explosion hippie des années 1965-1972 ▲ *276*. Mais *City Lights* est aussi connue pour avoir été la première librairie américaine à ne vendre que des livres de poche. La revue a disparu, mais la librairie n'a cessé de s'agrandir. Ferlinghetti et son associé de la première heure, Shigeyosh Murao, offrent toujours une très belle sélection de poésies, mais aussi de philosophie, de littérature classique ou d'avant-garde, de textes politiques et pendant longtemps d'ouvrages dédaignés par les trusts éditoriaux de la côte Est ou mis à l'index par l'establishment.

ABE RUEF
Ce natif de San Francisco fait de brillantes études de droit et devient membre du barreau de Californie à 22 ans. Il se lance dans la politique, où il oublie vite les principes de sa thèse « De la pureté en politique », reléguant son idéalisme pour mieux s'adonner aux pratiques douteuses des politiciens locaux.

Il voit dans le nouveau leader du Labor Party, le bel Eugène Schmitz, une marionnette idéale à manipuler. Car, dit-il, « les électeurs sont comme les enfants ou les primitifs, entre deux candidats, ils choisiront toujours le plus beau et le plus costaud ». Il lui faut trois ans pour devenir le maître de l'ombre, et, quand Schmitz est réélu maire en 1903, il devient le « second chef » de la ville. Pots-de-vin, passe-droits, tout passe par lui. En 1908, il sera condamné à quatorze ans de prison pour extorsion de fonds et corruption.

▲ NORTH BEACH

LA «BEAT GENERATION»

LE NOYAU ORIGINEL. Le mouvement *beat*, qui a pris son essor à San Francisco dans les années 1950, est né à New York vers 1944 de la rencontre de Jack Kerouac et Allen Ginsberg, deux étudiants dont les frasques faisaient scandale à Columbia University, avec l'écrivain William Burroughs, de dix ans leur aîné. Burroughs, à cette date, n'a pas encore publié *Junky* et *Naked Lunch* mais en lui bouillonne déjà cette profonde remise en cause de toutes les conventions, y compris celles de l'écriture. Il devient le mentor des deux jeunes étudiants, futurs représentants de la contre-culture aux États-Unis. Le trio mène une vie marginale de noctambules (drogue, petits boulots) entre Times Square et les boîtes de jazz de Harlem, où ils écoutent Monk, Parker et Gillespie au *Milton Playhouse*. Ils sont bientôt rejoints par Gregory Corso, alors âgé de dix-sept ans, qui a découvert la littérature en autodidacte lors d'un séjour en prison. Cette période *jazzy* est évoquée par John Clellon Holmes dans *Go* (1952), le premier véritable roman *beat*.

LA «ROUTE». En 1946, Neal Cassady arrive à New York. Il sort de prison. Avide d'action, il multiplie les expériences de toutes sortes et entraîne Kerouac et Ginsberg «sur la route» de l'ouest, sur les traces des pionniers. Essence et nourriture sont bon marché à cette époque. Kerouac, qui sent enfin «couler dans ses veines le sang de Jack London», et Cassady sillonnent ainsi les États-Unis à la recherche de la «véritable Amérique», celle qui est en train de disparaître tandis que, dans les banlieues tentaculaires, l'*American way of life* uniformise le pays.

UNE «RÉBELLION POÉTIQUE». Le mot *beat,* qui désignait les vagabonds voyageant clandestinement à bord des trains de marchandises au XIXe siècle, est également un terme d'argot des *jazzmen* noirs qui signifie fauché, «au bout du rouleau». D'après Kerouac, *beat* renvoie d'une part à la théorie musicale où il signifie la pulsation, d'autre part aux «Béatitudes» de Jésus, qui dénoncent une existence animée par l'ambition. Profondément, ce mouvement se fait le chantre d'une certaine marginalité, d'un mal-être aux franges de la société ; il propose de laisser exploser une autre vie, un autre langage, de casser les amarres (on est en plein maccarthysme), d'échapper aux conventions sociales et artistiques, de partir au hasard des routes et des rencontres, et de laisser jaillir, chanter, danser, hurler, «pulser» (*beat*) les mots au hasard des sensations et des sentiments, après s'être libéré des contraintes formelles et grammaticales et après avoir, parfois, modifié ses perceptions par l'usage de divers hallucinogènes. John Clellon Holmes

Sur la route et, plus tard, à San Francisco, Kerouac et Cassady (ci-dessous) parlent et parlent... Kerouac note ses pensées ; de ses carnets il tire *On the Road*. Écrit entre 1949 et 1952, il ne sera publié qu'en 1957, faute d'éditeur, et deviendra la bible de la *Beat Generation*.

> «SAN FRANCISCO OÙ FINIT LA TERRE OÙ COMMENCE L'OCÉAN
> TERRE MER EN LISIÈRE AUSSI LE FLEUVE EN NOUS
> LA MER AUTOUR DE NOUS LÀ OÙ L'HISTOIRE FINIT
> LÀ OÙ L'HISTOIRE COMMENCE»
>
> L. FERLINGHETTI

parle de «révolution culturelle en marche». Cette recherche d'un langage authentique, à contre-courant de l'Amérique autosatisfaite du président Eisenhower, s'exprime aussi dans la musique jazz (naissance du *be bop*), dans les arts plastiques (*action painting*), au théâtre et en littérature.

L'INFLUENCE DE LA PHILOSOPHIE ZEN. Fondée par des aventuriers, San Francisco n'a jamais été marquée par la tradition puritaine de la Nouvelle Angleterre et constitue un terreau fertile pour toutes les remises en cause. Kerouac, Ginsberg et Corso y rejoignent donc, en 1950, les poètes de la *San Francisco Renaissance*, un mouvement moderniste lancé dans les années 1930 par Kenneth Rexroth. Anarchiste, pacifiste, influencé par la philosophie zen, Rexroth fut l'un des premiers à lire ses poèmes sur un accompagnement de jazz. Il joue un rôle de catalyseur et on l'appellera, bien qu'il s'en défende, le «père de la *Beat Generation*».

LES «BEATNIKS» DE NORTH BEACH. Les jeunes poètes sans le sou vivent à North Beach, où les loyers sont abordables, et se sustentent de spaghetti et de vin californien. Ils écoutent du jazz et des lectures de poèmes au *Minnie's Can-Do*, au *Black Cat* et à l'*Iron Pot*. Leur quartier général est la librairie de Ferlinghetti. C'est en 1955 qu'a lieu l'acte fondateur du mouvement beat : la lecture du poème *Howl*, une longue litanie, déclamée, rythmée, «hurlée» par Allen Ginsberg (son auteur) et scandée d'un *who* lancinant. Un an plus tard, *City Lights Books* publie le texte, et c'est le procès intenté pour obscénité qui fera découvrir au grand public le mouvement beat, qui a eu un véritable effet libérateur sur la littérature américaine, et plus particulièrement sur la poésie. Deux ans plus tard, la publication de *On the Road*, de Kerouac, et de *Go* (1957), dans lequel John Clellon Holmes exhorte les gens à partir à la découverte du monde et des autres, amène des milliers de jeunes Américains à quitter leur famille et à prendre la route. Les principaux lieux de rencontre sont New York, Chicago et, bien sûr, San Francisco. En 1958, Herb Caen, journaliste au *San Francisco Chronicle*, forge le mot «beatnik» qui rime avec «communistic» et plane aussi haut que les «spoutniks» russes qui viennent d'être lancés dans l'espace. Mais l'Amérique n'y voit alors qu'un groupe de marginaux chevelus aux mœurs débridées.

«CITY LIGHTS BOOKS»
Très vite, Ferlinghetti (ci-dessous) lance sa propre collection de livres de poche, les *City Lights Books,* afin de proposer une alternative au «dictat culturel» des maisons d'édition et des universités de la côte Est. Le premier recueil qu'il publie est *Howl* de Ginsberg. Imprimés en Grande-Bretagne, les livres seront interceptés par la douane américaine et Ferlinghetti sera poursuivi pour publication obscène. Ce procès mobilisa les artistes et les intellectuels de toute l'Amérique et Ginsberg obtint finalement gain de cause. Le catalogue de *City Lights Books* (ci-dessus), qui s'enrichit d'année en année, comporte aujourd'hui une centaine de titres d'auteurs américains et étrangers.

▲ NORTH BEACH

«TOPLESS»
La mode des clubs topless fut lancée en 1964 par Carol Doda au *Condor Club*, et survécut jusque dans les années 1970. Aujourd'hui, il reste quelques cabarets et clubs de strip-tease, dont l'incontournable *Finocchio Club*, célèbre pour son spectacle de travestis.

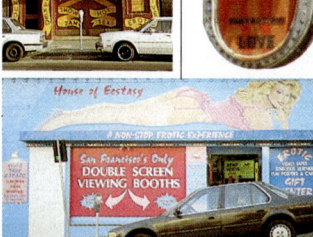

On y trouve toujours de clubs de jazz (*Jazz Workshop*) et des clubs de rock.

NORTH BEACH MUSEUM
Ce petit musée occupe la mezzanine de l'*Eureka Bank*, au n° 1435 de Stockton Street. Photos anciennes et objets divers retracent l'histoire de la communauté italienne de San Francisco et de Chinatown, offrant une vision intimiste inhabituelle.

BROADWAY

À l'origine, principale voie d'accès à l'Embarcadero (le port), Broadway a toujours été une rue plus ou moins «chaude», où bouges, tripots, bars louches, hôtels pouilleux et maisons closes se multipliaient.

Si le quartier fut nettoyé au moment de la Première Guerre mondiale, les *bootleggers* (trafiquants d'alcool) en firent le centre de leur commerce illicite à l'époque de la prohibition. Dans les années 1950, la *Beat Generation* fréquente ses bars et ses clubs de jazz enfumés, *Morty's* ou le *Purple Onion* tandis que Woody Allen, Lenny Bruce et Barbra Streisand se produisent au *hungry i* (i pour intellectuel), Johnny Mathis au *Ann's 448* et des musiciens de musique folk au *On Broadway*. En 1962, la construction de la voie express Embarcadero Freeway – détruite à la suite du séisme de 1989 –, rendit Broadway plus facilement accessible depuis la périphérie, et une multitude de bars, de restaurants, de cabarets et de clubs de strip-tease y élirent domicile. L'avenue se couvrit de néons qui lui valurent le surnom de «great white way». Ils scintillent toujours, mais des restaurants ont remplacé nombre de clubs et redonnent à Broadway un peu de respectabilité. Au croisement de Broadway et de Columbus Avenue, une fresque étonnante orne depuis 1988 la façade du restaurant *New Sun Hong Kong*, sorte de résumé de l'histoire de San Francisco.

ST FRANCIS CHURCH. En flânant sur Columbus en direction de Vallejo Street, on passe devant St Francis Church, la plus ancienne église catholique de San Francisco après Mission Dolores ▲ *292*. Construite en 1860, elle fut presque entièrement détruite par l'incendie de 1906 et dut subir une importante restauration en 1913.

WASHINGTON SQUARE

Le *block* compris entre Powell, Stockton, Union et Filbert Streets fut aménagé en parc vers 1862. Baptisé en l'honneur du premier président des États-Unis, il a été surnommé «il giardino» par les habitants du quartier. Cet aménagement avait déjà été prévu par Jasper O'Farrell, en 1847 ● *90*. En fait de parc, il s'agit plutôt d'une vaste pelouse qu'ombragent de grands arbres sur sa périphérie. Lors du séisme de 1906, les familles du quartier y trouvèrent refuge et y campèrent en attendant de pouvoir remettre leurs maisons en état. En 1972, les vieux Chinois de Chinatown s'y pressèrent à nouveau pendant plusieurs heures, terrorisés, attendant que se réalise une prophétie qui annonçait un séisme imminent. La STATUE DE BENJAMIN FRANKLIN qui se dresse au centre du parc fut

offerte à la ville en 1879 par Henry Cogswell, un dentiste qui avait fait fortune en posant des dents en or aux pionniers à l'époque de la ruée vers l'or. Membre très actif d'une ligue de tempérance, Cogswell projetait d'installer à San Francisco, où le whisky coulait à flots, autant de fontaines qu'il y avait de débits de boisson. La statue de bronze représentant trois pompiers en pleine action qui se dresse près de l'aire de jeux, du côté de Columbus Avenue, fut offerte en 1933 par Lillie Hitchcock Coit, la donatrice de la Coit Tower ▲ *170*.

SAINTS PETER AND PAUL. Les deux tours blanches et dentelées de l'église Saints Peter and Paul, que Ferlinghetti appelait l'«église en pâte d'amandes», dominent Washington Square. Consacrée en 1924, c'est la plus importante paroisse catholique de la ville. Construite en béton armé dans un style néo-gothique chargé, cette «cathédrale» témoigne de la prospérité de la colonie italienne, qui fit fortune grâce à la pêche et au maraîchage. Aujourd'hui, la messe y est dite en trois langues : italien, anglais et cantonais. Saints Peter and Paul est aussi l'«église des pêcheurs» car elle abrite une peinture de Santa Maria del Lume, leur sainte patronne. Chaque année, au mois d'octobre, elle est le point de départ de la procession ● *80* qui descend Columbus Avenue jusqu'au Fisherman's Wharf pour bénir la flotte de pêche italienne. Sur STOCKTON STREET, en direction de Lombard, il faut pousser la porte de la LIGURIA BAKERY pour goûter la fougasse et faire un détour jusqu'au MAYBECK BUILDING, au n° 1736, immeuble construit par le célèbre architecte au début du siècle ▲ *238*.

TELEGRAPH HILL

Tout d'abord baptisée *Loma Alta* par les premiers colons mexicains, Telegraph Hill domine de ses 852 m le nord-est de la ville. Les chèvres y paissaient en toute liberté – d'où son ancien nom de Goat Hill. En 1853, la municipalité fit construire au sommet de la colline un sémaphore dans lequel on installa le premier émetteur-récepteur morse de la côte Ouest. Il captait les signaux émis par les bateaux qui franchissaient le Golden Gate, si bien que la ville tout entière savait si un brick, une goélette ou un bateau à vapeur entrait dans le port : Goat Hill devint ainsi Signal Hill, et plus tard Telegraph Hill. Jusqu'en 1914, le versant oriental de la colline fut souvent dynamité car il fallait trouver des pierres pour remblayer la baie et aménager les trottoirs et les rues de la cité. En 1890, le sémaphore fut remplacé par un immense édifice en bois tarabiscoté, surnommé le «château», qui brûla dans une incendie au début du siècle. Au fil des ans, des Irlandais,

LE CHÂTEAU DE TELEGRAH HILL
Il abritait tout à la fois un restaurant, un bar, un dancing et une tour d'observation. Un petit téléphérique fut construit pour acheminer les visiteurs en haut de la colline. Mais le téléphérique et le château brûlèrent lors d'un violent incendie au début du siècle.

En 1927, l'église de Saints Peter and Paul (ci-dessous) fut la cible d'un attentat à la bombe orchestré par un groupe d'anarchistes. La police, embusquée dans le parc, abattit les hommes, qui reçurent les derniers sacrements sur les marches de l'église. Trente ans plus tard, du haut de ces mêmes marches, Marilyn Monroe et le joueur de base-ball Joe Di Maggio, que venait de marier le curé, souriaient à la foule de leurs admirateurs.

▲ North Beach

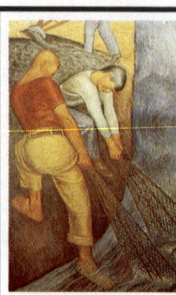

«Firebelle Lillie»
Tel est le surnom que lui donnèrent les pompiers de la compagnie dont elle était la mascotte. Elle aimait arborer l'uniforme de ces «soldats du feu», dont elle avait fait confectionner une version féminine : une chemise de flanelle rouge fermée par une cravate noire et portée sur une jupe scandaleusement courte pour l'époque, tenue par une large ceinture de cuir, sans oublier le casque, estampé du cinq qu'elle apposera à sa signature.

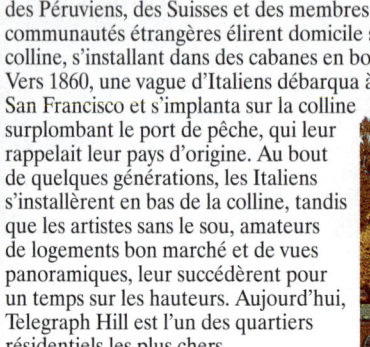

des Péruviens, des Suisses et des membres d'autres communautés étrangères élirent domicile sur cette colline, s'installant dans des cabanes en bois. Vers 1860, une vague d'Italiens débarqua à San Francisco et s'implanta sur la colline surplombant le port de pêche, qui leur rappelait leur pays d'origine. Au bout de quelques générations, les Italiens s'installèrent en bas de la colline, tandis que les artistes sans le sou, amateurs de logements bon marché et de vues panoramiques, leur succédèrent pour un temps sur les hauteurs. Aujourd'hui, Telegraph Hill est l'un des quartiers résidentiels les plus chers.

Coit Tower

Le sommet de Telegraph Hill est aujourd'hui occupé par une tour de béton gris, qui se dresse dans le ciel de San Francisco telle une gigantesque colonne romaine (ci-dessus). Elle fut baptisée Coit Tower, du nom de la généreuse donatrice qui permit sa construction : Lillie Hitchcock Coit. Morte sans enfant, en 1929, elle avait légué les deux tiers de sa fortune aux universités de Californie et du Maryland et le dernier tiers au comté de San Francisco pour que soit érigé au sommet de Telegraph Hill un monument dédié aux pompiers. La commission chargée de gérer la construction choisit le projet de l'architecte Henry Howard : une tour aux allures de lance d'incendie. Cette décision ne fit pas l'unanimité. Une pétition signée par cinq cents personnes tenta de stopper le projet. Mais en 1933, la tour dominait déjà la baie du haut de ses 63 m. Le don de Lillie se révéla insuffisant et la ville dut renflouer les caisses pour mener à bien la construction, qui s'inscrivait dans le cadre des grands travaux du New Deal.

Les architectes s'appliquèrent à ériger ce monument combinant les styles classique et Arts déco, dans le peu d'espace imparti.

Lillie Hitchcock Coit. Elle compte parmi les personnages les plus hauts en couleur de la ville. Fille de médecin militaire, elle débarque à San Francisco en 1851, à l'âge de huit ans. Très jeune, elle échappe de peu à un incendie. Il lui en restera une grande admiration pour le courage des pompiers. Par la suite, elle se lie à la *Knickerbocker Engine Company n° 5*, qui lui confère un poste de membre honoraire. Elle scandalise la bonne société par ses excentricités.

Elle vit comme un homme, porte des pantalons à la garçonne, se risque à des jeux de hasard, fume le cigare et se laisse enlever par Howard Coit, un homme fortuné, de quelques années son aîné. Il épouse Lillie au grand dam de sa mère, persuadée que sa fille fait une mésalliance. Il mourra en 1885. Pendant la guerre de Sécession (1861-1865), Lillie, qui est de tendance sudiste, quitte

San Francisco et part vivre à Paris, où elle devient l'une des favorites de la cour de Napoléon III. Elle reviendra dans sa ville préférée pour y mourir en 1929.

DES FRESQUES SUBVERSIVES. Des fresques ornent les murs du rez-de-chaussée de la Coit Tower. Elles furent exécutées en 1933 par une trentaine d'artistes locaux qui reçurent chacun quelques mètres carrés pour exercer leurs talents, sauf les plus connus, qui se virent attribuer un espace plus vaste. La réalisation de ces fresques s'inscrivait dans le Projet d'Art Fédéral mis en place par l'administration Roosevelt dans le cadre des grands travaux du *New Deal* : artistes et artisans recevaient environ 90 dollars par semaine pour participer à des travaux d'embellissement des villes américaines. Probablement sous l'influence du peintre mexicain Diego Rivera ▲ *118,* initiateur de la peinture de type «réalisme social», les fresques figurent chacune à leur façon un aspect de la grande dépression en Californie du Nord. Elles déplurent à l'administration de l'époque qui les jugea subversives et décida de fermer le bâtiment au public. Cette décision intervint au moment de la grève des dockers, en 1934 ● *64*.

LES FILBERT STEPS

Après avoir visité la Coit Tower, on peut prendre la route sur quelques mètres pour rejoindre les Filbert Steps. En descendant ces escaliers en bois on découvre des petites allées dont les cottages de bois se dissimulent sous une végétation exubérante : DARRELL PLACE et NAPIER LANE. Il faut s'arrêter à mi-parcours au SHADOWS RESTAURANT, installé dans une épicerie des années 1920 et au JULIUS CASTLE, restaurant connu des lecteurs de Dashiell Hammett ▲ *132*. Une partie des maisons en bois qui couvrent la colline échappèrent au grand incendie de 1906 car leurs occupants, ignorant les conseils des pompiers qui leur enjoignaient de quitter les lieux, les aspergèrent de vin.

LEVI'S PLAZA. Au pied de la colline, on débouche sur une place agréable, décorée par des fontaines de Laurence Halprin. Comme son nom l'indique, c'est le quartier général de la firme Levi Straus, célèbre fabricant de jeans ● *66*, dont les bureaux sont installés dans les bâtiments de verre et de brique qui bordent la place. De là, on peut rejoindre le front de mer ▲ *172*.

RÉALISME SOCIAL
Au début des années 1930, la conjoncture économique et sociale du pays et les grands travaux de décoration entrepris dans le cadre du New Deal donnèrent naissance à toute une génération de peintres, nullement de gauche comme l'étaient certains peintres mexicains (Rivera, Orozco, Siqueros), mais simplement désireux de dépeindre l'*American Scene* avec un réalisme «national américain». La fresque du peintre Zakhein, intitulée «Library», où l'on voyait le personnage central en train de lire *Le Capital* de Karl Marx, fut considérée comme la plus subversive.

Les Filbert Steps comptent parmi les rares escaliers en bois conservés par la municipalité. La ville en avait autrefois un grand nombre.

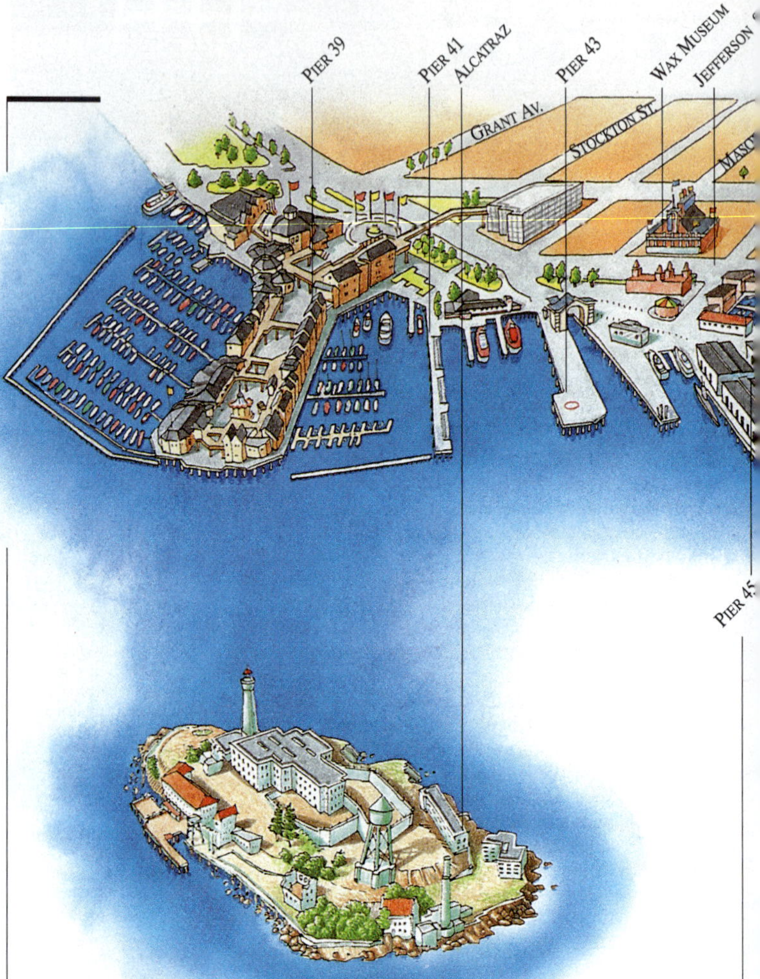

▲ NORTHERN WATERFRONT

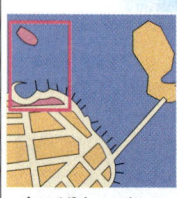

1/2 journée

Entrée du National Maritime Museum, sur Beach Street.

L'AQUATIC PARK constitue un havre de verdure et de tranquillité pour les San Franciscains. On peut pique-niquer sur ses pelouses, lézarder sur la plage, voire même s'y baigner si l'on ne craint pas l'eau froide, pêcher à Municipal Pier ou encore visiter le SAN FRANCISCO NATIONAL HISTORICAL PARK, qui inclut le Musée maritime et les bateaux anciens amarrés le long de Hyde Street Pier. Le parc aquatique, qui appartenait à la *Golden Gate National Recreation Area* (GGNRA) ▲ *234*, est autonome depuis 1988.

NATIONAL MARITIME MUSEUM ♥

La plage située à l'est de Van Ness Avenue fut aménagée sur le site d'un ancien pont ferroviaire, après un assainissement du rivage, pour ménager au bâtiment qui abrite désormais le Musée maritime un site digne de sa très belle architecture Arts déco. Ce bâtiment, dont la belle silhouette blanche domine le parc aquatique, fut conçu en 1939 par l'architecte W. M. Mooser Jr., sur le modèle d'un paquebot avec bastingages en acier et hublots ; il se déploie sur deux niveaux disposés comme les ponts d'un navire. Longtemps

resté inoccupé, après la fermeture du casino qu'il abritait à l'origine, il accueillit le Musée maritime en 1951. Le hall est orné de fresques signées Hilaire Hiler qui représentent des fonds sous-marins.

COLLECTIONS DU MUSÉE. Elles comprennent un grand nombre de photographies, des tableaux, des cartes postales, des instruments de navigation ainsi que plusieurs maquettes de bateaux qui fréquentaient le port de San Francisco depuis l'époque de la ruée vers l'or, dont celle du *Preussen*, le plus grand voilier jamais construit. Autant d'objets qui retracent l'histoire du port et l'évolution des navires.

HYDE STREET PIER

C'est là qu'accostaient les ferries de Sausalito avant la construction du Golden Gate Bridge ▲ 242. Aujourd'hui, plusieurs navires anciens, entretenus par le Musée maritime, sont amarrés le long de ce quai. Leur visite permet d'imaginer ce qu'était jadis la vie à bord. Le C. A. THAYER, trois-mâts à coque de bois construit en 1895, fut le dernier bâtiment de commerce à voiles en usage sur la côte ouest. Il servit jusqu'en 1950, essentiellement au transport du bois de construction depuis le Pacifique nord. L'EUREKA est un bateau à aubes propulsé par une machine à vapeur (1890) qui fut, en son temps, le plus grand ferry du monde affecté au transport des passagers. Il assurait la liaison avec Tiburon. Le BALCLUTHA ♥ est le fleuron du Musée maritime. Ce trois-mâts à coque d'acier fut construit en Écosse en 1886. Il assura le transport de vin et de charbon entre l'Europe et San Francisco jusqu'en 1900, puis convoya du bois en Australie d'où il rapportait du charbon puis, de 1902 à 1930, servit au transport saisonnier des pêcheurs de saumon et du matériel de conserverie en Alaska. À partir de 1933, on y organisa des spectacles et en 1954 le musée le racheta et le restaura. Parmi les autres navires amarrés au quai figurent l'ALMA, une barge qui servait au transport du bois de construction et du foin dans la Baie, et l'HERCULES, un remorqueur à vapeur qui halait les voiliers jusqu'en haute mer.

MUNICIPAL PIER
La longue jetée qui ceinture le parc aquatique fut construite dans les années 1930 et offre une belle vue du port.

OBJETS DE MARINE
Parmi les nombreux objets de marine exposés au Musée maritime figure cette dent de cachalot gravée, ou *Scrimshaw*, représentant un baleinier à quai dans le port de San Francisco à la fin du siècle dernier. *The Fall of the Clyde* est une œuvre de William A. Coulter (1849-1936), célèbre peintre de marines d'origine irlandaise qui s'établit à San Francisco en 1869, après avoir passé plusieurs années à naviguer. Il compte à son actif quelque 5 000 marines.

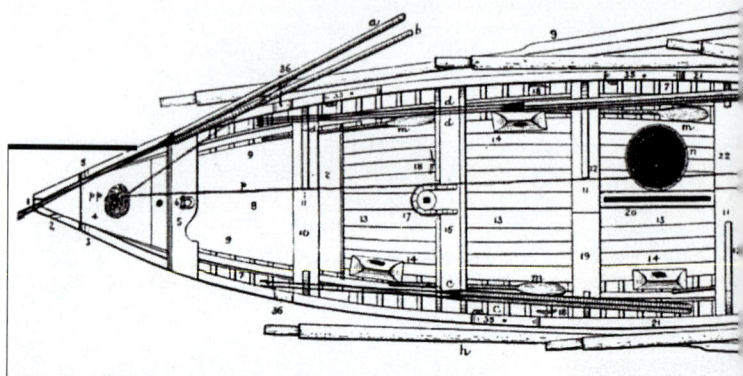

Avant 1840, les ports de la côte californienne sont peu développés. Seuls de rares navires de commerce britanniques et quelques baleiniers y font étape. Mais la découverte de l'or, en 1848, fait de San Francisco un port important. Toutefois, c'est le commerce du grain et du bois qui lui donnera sa véritable ampleur, à la fin du siècle. La réelle richesse de la région réside en effet dans son potentiel agricole et forestier. L'achèvement du chemin de fer transcontinental, en 1869, porte un premier coup au transport maritime avec la côte Est, favorisant le développement d'une activité maritime plus tournée vers le Pacifique. Le port de San Francisco décline réellement dans les années 1960 au profit du port d'Oakland, mieux adapté à la conténeurisation.

«BALCLUTHA»
Après 1865, les *square-rigged* (trois-mâts-barques) succédèrent aux clippers de la ruée, peu adaptés au transport des marchandises.

BATEAUX À VAPEUR
Dès les années 1850, les steamers servaient au trafic fluvial et aux liaisons transpacifiques.

«YACHTING»
Isidor Gutte, l'un des premiers directeurs du San Francisco Yacht Club. La navigation de plaisance se développa très tôt dans la Baie.

ACTIVITÉ MARITIME

PLAN D'UN BALEINIER
De 1882 à 1908, San Francisco fut le plus important port baleinier du monde, en raison de la proximité de l'Arctique.

«SCHOW SCHOONER»
De 1880 à 1900, le commerce du grain et du bois fut l'une des activités les plus lucratives. Steamers ou *schow schooners* chargeaient le grain dans la vallée de San Joaquin, devenue le grenier à blé, et descendaient la rivière Sacramento jusqu'à San Francisco, où ils chargeaient la marchandise sur des navires qui ralliaient l'Europe. Les *schow schooner*, ces goélettes à deux mâts et à fond plat, capables de naviguer en haute mer comme en rivière, construites localement à partir de 1850, étaient alors très actives dans la baie (ci-contre).
De ces goélettes, seule l'*Alma* a survécu.

CHANTIERS NAVALS
À la fin du XIXe siècle, on en dénombrait une douzaine à San Francisco et dans la baie. Les bateaux les plus fréquemment construits étaient des trois-mâts barques et des *schow scooner*.

ALASKA PACKERS ASSOCIATION
En 1893, H. Fortmann regroupa plusieurs pêcheries et conserveries de saumon et fonda l'Alaska Packers Ass. Il s'installa au sud de San Francisco, à Alameda, en 1920 (ci-contre).

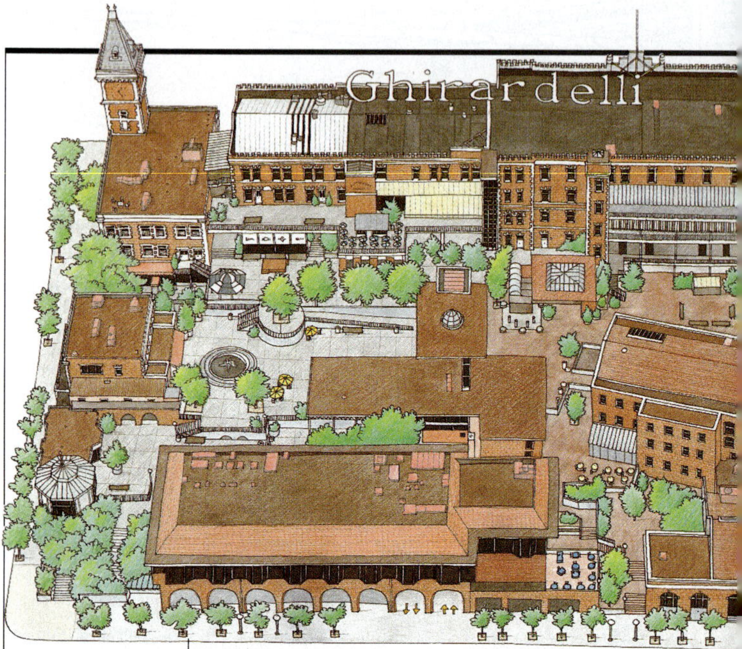

▲ NORTHERN WATERFRONT

GHIRARDELLI SQUARE

BEACH STREET
C'est l'une des rues les plus animées du Northern Waterfront. Tous les week-ends, des artisans viennent y vendre leur production, tandis que des artistes de rue – magiciens, mimes, jongleurs, musiciens et danseurs – y exercent leurs multiples talents pour le plus grand plaisir des badauds. Une halte s'impose au *Buena Vista Cafe* (à l'angle de Hyde Street), belle construction 1900 avec fenêtres en saillie qui s'élève face au Victorian Park. C'est dans cet établissement que fut inventé, dit-on, l'*Irish Coffee*.

Lorsque l'on quitte le Musée maritime, il suffit de traverser Beach Street pour gagner Ghirardelli Square (900 North Point Street), vaste complexe commercial installé dans les bâtiments d'une ancienne chocolaterie, dont la très belle enseigne lumineuse (1926) se voit depuis l'entrée de la Baie. C'est la première usine de la ville à avoir été ainsi réhabilitée, et l'une des réalisations post-industrielles les plus réussies aux États-Unis. Les travaux de rénovation durèrent de 1962 à 1967. En aménageant cet agréable dédale de passages et de patios organisés en une succession de terrasses verdoyantes donnant sur la Baie, les architectes se sont efforcés de préserver au mieux le souvenir de la chocolaterie Ghirardelli.

LA CHOCOLATERIE. Arrivé à San Francisco en 1850, en pleine ruée vers l'or, l'Italien Domenico Ghirardelli (ci-contre) installa une fabrique de chocolat dans une boutique de Jackson Street ▲ *151*. Souhaitant développer l'affaire, ses fils acquirent, en 1893, les locaux d'une filature de laine, la *Pioneer Woolen Mill*, qu'ils décidèrent d'agrandir. Dessinés par William Mooser Sr. (père de l'architecte qui devait concevoir en 1939 les plans de l'actuel Musée maritime), les nouveaux bâtiments de briques crénelés de la chocolaterie vinrent s'ajouter par étapes, entre 1893 et 1916, à ceux de la filature. L'usine modèle s'ordonnait autour d'une pelouse où, les jours de beau temps, les ouvriers pouvaient venir déjeuner. La tour de l'Horloge qui surmonte l'ancien bâtiment administratif de la fabrique (le dernier construit),

Le chocolat Ghirardelli, dont la réputation se maintient depuis 1850, compte d'innombrables logos publicitaires.

à l'angle de North Point et de Larkin Streets, fut conçue sur le modèle du clocher du château de Blois, en France.

«GHIRAR-DÉLICES». William M. Roth, qui racheta et transforma en centre commercial l'usine des Ghirardelli, veilla à ce que les vestiges de son ancienne activité soient sauvegardés. Ainsi, dans le hall de la tour de l'Horloge, à l'arrière du GHIRARDELLI ICE CREAM PARLOR, sont exposées les machines de fabrication allemande de la chocolaterie : moulins à lanière, torréfacteurs, mélangeurs, pressoirs, etc. Les fèves de cacao étaient d'abord torréfiées, décortiquées, puis broyées pour obtenir pâte et beurre de cacao. C'est avec ce beurre additionné de sucre et de lait que l'on obtenait le chocolat blanc. La pâte de cacao mélangée à plus ou moins de sucre et, éventuellement, du lait, donnait après raffinage (broyage très fin) et conchage (long malaxage) le chocolat en tablette.

CABLE CAR TURNTABLE C'est dans Victorian Park, sur Beach Street, que se trouve le terminus de la ligne de Powell-Hyde Street et la plate-forme tournante sur laquelle on fait pivoter le véhicule pour repartir en sens inverse ● 68.

SAUVETAGE. En 1960, les Ghirardelli firent construire une nouvelle usine, plus moderne, à San Leandro, de l'autre côté de la Baie, laissant les bâtiments de la chocolaterie vacants. William M. Roth, héritier des transports maritimes Matson, acheta *in extremis* tout le *block* qui était voué à la démolition pour laisser place à des tours d'habitations. Il confia à Wurster, Bernardi et Emmons la conception d'un complexe commercial qui s'intégrerait à l'ensemble existant. De nouveaux bâtiments en brique rouge furent ajoutés à ceux de la chocolaterie et un garage construit en sous-sol. Puis Lawrence Halprin & Associates dessina une série de terrasses arborées, et John Matthias les pavillons de brique rouge centraux. Cette réalisation harmonieuse, mariage réussi du neuf et de l'ancien, fut primée par l'*American Institute of Architects*. La fontaine ornée de sirènes qui s'élève sur la place centrale fut exécutée en 1968 par le sculpteur Ruth Asawa.

LÈCHE-VITRINE. On découvrira aux détours des passages, d'un bâtiment à l'autre, une multitude de boutiques diverses (artisanat, alimentation, vêtements, bijoux, livres, jouets, etc.) et de qualité, ainsi que de nombreux restaurants – on trouvera un plan détaillé du centre commercial au relais d'information, sur la place centrale. Ainsi, au dernier étage de l'ancienne filature, le *Mandarin*, dont on a préservé les murs de briques et les poutres apparentes, concocte une excellente cuisine chinoise. On peut déguster de succulentes glaces à la *Ghirardelli Chocolate Manufactory*, un glacier-confiseur à l'ancienne.

▲ NORTHERN WATERFRONT

CRABE DE DUNGANESS
Jadis obligés de vendre au plus vite une marchandise périssable, les pêcheurs et le personnel de la criée ne prenaient pas le temps de s'attabler et avalaient des crabes de Dungeness ébouillantés, servis sur des stands. De petites échoppes perpétuent cette tradition en vendant des crabes à emporter.

THE CANNERY

En revenant sur Beach Street et en longeant le front de mer en direction du Pier 39, on découvrira sur Leavenworth Street une autre galerie marchande, *The Cannery*, «la Conserverie». En 1968, on a souhaité rééditer l'exploit architectural de Ghirardelli Square en restaurant les locaux de cette conserverie de fruits construite en 1907 par William M. Mooser Sr. (l'architecte de la chocolaterie) pour la *California Fruit Canners Association*, sur le site de l'ancienne usine de la Selby's Smelter & Lead Works. Trop polluante, celle-ci avait dû déménager vers 1885. En 1909, la conserverie est reprise par le producteur de pêches Del Monte, qui ne cessera son activité qu'en 1937. Laissée à l'abandon pendant trois décennies, la conserverie fut sauvée de la démolition par Leonard Martin, qui racheta les bâtiments en 1963 et les fit restaurer. Mais si le complexe a toutes les apparences d'un espace industriel réhabilité, il s'agit en réalité d'une structure en béton sur trois niveaux insérée dans les quatre murs en brique rouge de la conserverie.

BOUTIQUES ET MUSÉES. *The Cannery* abrite une multitude de boutiques – dont le *Cannery Wine Cellars* (rez-de-chaussée), qui propose un excellent choix d'alcools – des bars et restaurants, des galeries d'art, un cinéma, une école de cuisine, un MUSÉE DU JOUET (jeux mécaniques et vidéo) et le tout récent musée de la Ville de San Francisco ainsi qu'un théâtre, le *Cobb's Comedy Club* (entrée sur le jardin) qui présente tous les soirs des spectacles comiques. L'étage supérieur du centre, aménagé en terrasse, offre une belle vue panoramique sur la Baie, tandis qu'en contrebas, une allée fleurie qu'ombragent des oliviers en pot accueille mimes, musiciens et autres artistes de rue.

ANTIQUITÉS. Certains éléments de décoration que l'on peut voir dans plusieurs établissements de la *Cannery* sont d'authentiques antiquités ayant appartenu au magnat de la presse William Randolph Hearst ● *70*. Ainsi le plafond de la boutique *Great American Short Story* est une marqueterie byzantine peinte du XIIIe siècle, tandis que les boiseries, le plafond de stuc et l'escalier qui ornent le salon du *Chart House Bar & Restaurant,* au rez-de-chaussée, proviennent d'Albyns Hall, un manoir anglais, et datent du début du XVIIe siècle.

Pêcheur réparant son filet sur le Fisherman's Wharf au début du siècle.

MUSEUM OF THE CITY OF SAN FRANCISCO. Ce musée ouvert en 1991 – encore en cours d'aménagement – entend rassembler des collections évoquant le passé de la ville. On peut notamment y admirer des reliques de la Midwinter Fair ▲ *258.*

LE LONG DE JEFFERSON STREET

En été, Jefferson Street, qui longe le front de mer entre le parc aquatique et le Pier 41 est l'une des artères les plus fréquentées de la cité (on estime qu'elle attire à certaines heures jusqu'à 3000 promeneurs) ; un grand nombre d'artistes de rue y exercent là encore leurs talents. Sur le front de mer s'alignent boutiques de vêtements et de souvenirs, restaurants de fruits de mer (très touristiques) et étals de poissonniers sur lesquels trônent les marmites où l'on fait bouillir les crabes pêchés au-delà du Golden Gate. C'est en flânant le long des quais visités par les mouettes, les cormorans et les otaries, entre Hyde et Taylor, que l'on goûte au mieux l'ambiance de l'ancien port de pêche.

FISH ALLEY. Cette section de Jefferson Street, entre Jones et Hyde, connaît une grande animation aux premières heures du jour, lorsque le poisson rapporté par les chalutiers est conditionné et chargé sur les camions stationnés sur le quai. À dix heures, tout est fini, pêcheurs et courtiers rentrent chez eux, abandonnant le quai aux promeneurs.

ATTRACTIONS. Entre Powell et Mason Streets s'étend la JEFFERSON STREET AMUSEMENT ZONE où les jeunes trouveront mille occasions de se distraire (jeux vidéo, manèges, etc.). Avant d'arriver au Pier 39, on pourra pousser la porte de quelques musées. Le GUINNESS MUSEUM OF WORLD RECORDS (n° 235) renferme des objets recensés dans le Livre des Records du même nom. Le RIPLEY'S BELIEVE IT OR NOT MUSEUM (n° 175) abrite pour sa part la collection d'objets insolites réunis par le reporter et dessinateur R. L. Ripleys. Quant au WAX MUSEUM (n° 145), il expose sur quatre niveaux des personnages de cire grandeur nature.

"Le Fisherman's Wharf de San Francisco est un pays de cocagne rempli de restaurants, de magasins de pacotille touristique et de beaux coquillages, de boutiques italiennes où l'on peut acheter un crabe ou une langouste cuits, douze huîtres ou du pain français. Sur les trottoirs, des Noirs et des hippies improvisent des concerts avec en toile de fond une forêt de mâts de bateaux à voiles ; une des plus belles baies du monde et l'île d'Alcatraz. Au Fisherman's Wharf vous pouvez trouver d'affilée quatre musées de figures de cire. Il y en a un à Paris, un à Londres, un à Amsterdam, un à Milan, et ce sont des éléments négligeables du paysage urbain. Ici, ils sont sur la promenade touristique. [...]. Tous les États-Unis sont parsemés de musées de figures de cire dont chaque hôtel fait la publicité comme d'une attraction touristique d'une certaine importance."
Umberto Eco,
La Guerre du faux.

▲ NORTHERN WATERFRONT

L'ESSOR DE LA PÊCHE
C'est au moment de la ruée vers l'or que l'industrie de la pêche prit son essor à San Francisco. Parmi les nombreux candidats à la fortune se trouvaient, en effet, des pêcheurs italiens, dalmates, grecs et chinois, qui délaissèrent les mines d'or pour se consacrer à leur activité traditionnelle et nourrir l'abondante population de la ville. Dans la baie, on pêchait surtout le saumon, le hareng, le crabe et la crevette, chaque communauté employant ses embarcations et ses techniques de pêche ancestrales (*felluccas* italiennes, jonques chinoises, etc.). La Baie comprenait aussi de nombreux parcs à huîtres, dont Jack London évoque le pillage dans son roman *Les Pirates de San Francisco* ▲ *310*.

FISHERMAN'S WHARF

En 1853, l'entrepreneur Harry Meiggs, qui a acheté et aménagé North Beach ▲ *162*, fait construire à proximité de l'actuelle Powell Street un quai de 600 m, bientôt baptisé Meiggs' Wharf, où vont s'établir bars et restaurants bon

marché, attirant de nombreux promeneurs. En 1900, le port de pêche établi par les immigrés italiens à proximité de Union Street est transféré au niveau de Taylor Street, près de Meiggs' Wharf, pour constituer l'actuel Fisherman's Wharf.
PÊCHEURS ITALIENS. Ce sont des marins génois, des déçus de la ruée vers l'or, qui forment dans les années 1850 la première communauté de pêcheurs italiens de San Francisco. A partir de 1860 arrivent de nouveaux immigrants italiens, originaires du Sud et de la Sicile. Habiles pêcheurs, ces méridionaux ne tardent pas à supplanter les Génois et les Chinois. Leurs rapides *fellucas* à voiles latines sillonnent bientôt la baie. La pêche est bonne et le Fisherman's Wharf fournit les restaurants et les poissonniers de la ville. Les San Franciscains viennent y flâner pour regarder les pêcheurs réparer leurs filets ou admirer le spectacle coloré de la flottille qui rentre au port. Depuis les années 1960, avec le déclin de la

LE CLIPPER MONTEREY
Le Fisherman's Wharf compte encore de nombreux clippers dit de type Monterey (ci-dessus), qui furent construits jusque dans les années 1930. Ils dérivent de la felouque (ci-contre, en bas) utilisée par les pêcheurs italiens de la Baie au XIXe siècle ■ *22*.

pêche et l'essor du tourisme, le Fisherman's Wharf a connu bien des transformations. Mais, si les pêcheurs sont aujourd'hui vietnamiens et coréens pour la plupart, le quartier n'en conserve pas moins des allures méditerranéennes.
LA FLOTTILLE. Forte de trois cents bateaux en 1970, elle n'en compte plus que cent quarante, dont un tiers à peine sort toute l'année. Le port, enclavé entre centres commerciaux et musées, reste toutefois actif, derrière Restaurant Row. La petite chapelle en bois érigée au bout du Pier 49 veille toujours sur le retour des pêcheurs. En octobre, ce sont les paroissiens d'origine sicilienne de l'église Saints Peter and Paul ▲ *169* qui mènent en procession, de Washington Square au Fisherman's Wharf, la peinture de Maria Santissima del Lume pour la bénédiction annuelle de cette flottille qui fit la fortune de leurs pères ● *81*.

«À PRÉSENT, TOUTE LA FLOTTILLE ÉTAIT EN MOUVEMENT. OUTRE LEURS VOILES, LES CHINOIS AVAIENT TIRÉ DE LONGS AVIRONS ET LA BAIE ÉTAIT SILLONNÉE EN TOUS SENS DE JONQUES EN FUITE.» JACK LONDON

MODERNISATION DE LA PÊCHE
La pêche, qui fut longtemps une activité lucrative, connut cependant une récession au début du XXe siècle, en raison d'une raréfaction du poisson due à une pêche trop intense et à la pollution des eaux de la baie. Elle devait connaître une nouvelle impulsion grâce à l'apparition des bateaux à moteur et à l'adoption de nouvelles techniques de pêche : la pêche au lamparo, à la senne, à la drague et à la cuiller remplaça la pêche au filet, au lancé et à la ligne ■ 22. Les Chinois se spécialisèrent alors dans la pêche à la crevette, qui n'intéressait pas les Européens.

Naguère, les jours de brouillard, la baie résonnait du chant des pêcheurs italiens qui entonnaient des arias pour se repérer dans la brume et éviter les collisions…

▲ ALCATRAZ

En raison de sa position stratégique face au détroit du Golden Gate, la *Isla de los Alcatraces* (l'«île aux Pélicans»), jusqu'alors inhabitée, accueille une garnison et cent canons en 1853. Supplantée par Fort Point en 1861, la base est transformée en prison militaire. Ce sont donc des soldats condamnés aux travaux forcés qui, à partir de 1907, construiront de nouveaux quartiers cellulaires au sommet de l'île et aménageront des jardins sur ce «Rocher» jusqu'alors stérile. Puis, en 1934, au lendemain de la prohibition, Alcatraz devient un pénitencier fédéral destiné à mater les criminels les plus endurcis. Abandonnée en 1963, revendiquée par les Indiens qui l'occupent de 1969 à 1971, cette île de 5 ha a été transformée en réserve naturelle en 1972.

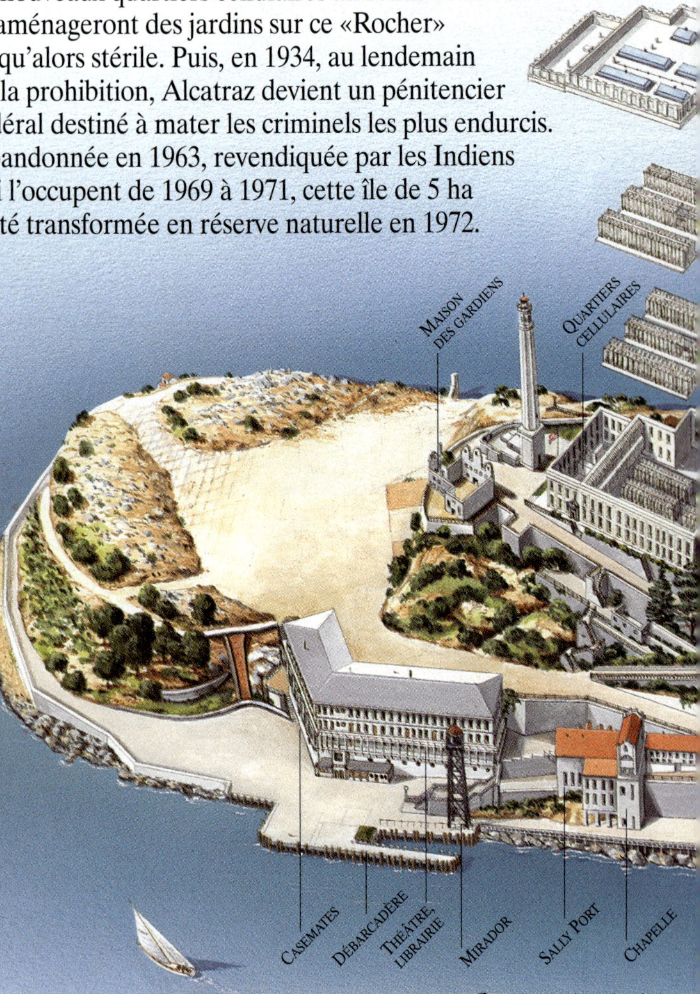

MAISON DES GARDIENS
QUARTIERS CELLULAIRES
CASEMATES
DÉBARCADÈRE
THÉÂTRE, LIBRAIRIE
MIRADOR
SALLY PORT
CHAPELLE

DÉBARCADÈRE.
Ce quai, aménagé en 1854, est le seul point de l'île où l'on peut accoster sans risque. Les prisonniers transférés à Alcatraz arrivaient dans un wagon spécial qu'une barge amenait jusqu'au débarcadère.

Le quai est dominé par des casemates qui abritaient les canons à l'époque où Alcatraz était une place forte militaire. Les batteries devinrent obsolètes en 1891. Les casemates accueillent désormais u théâtre, une librairie…

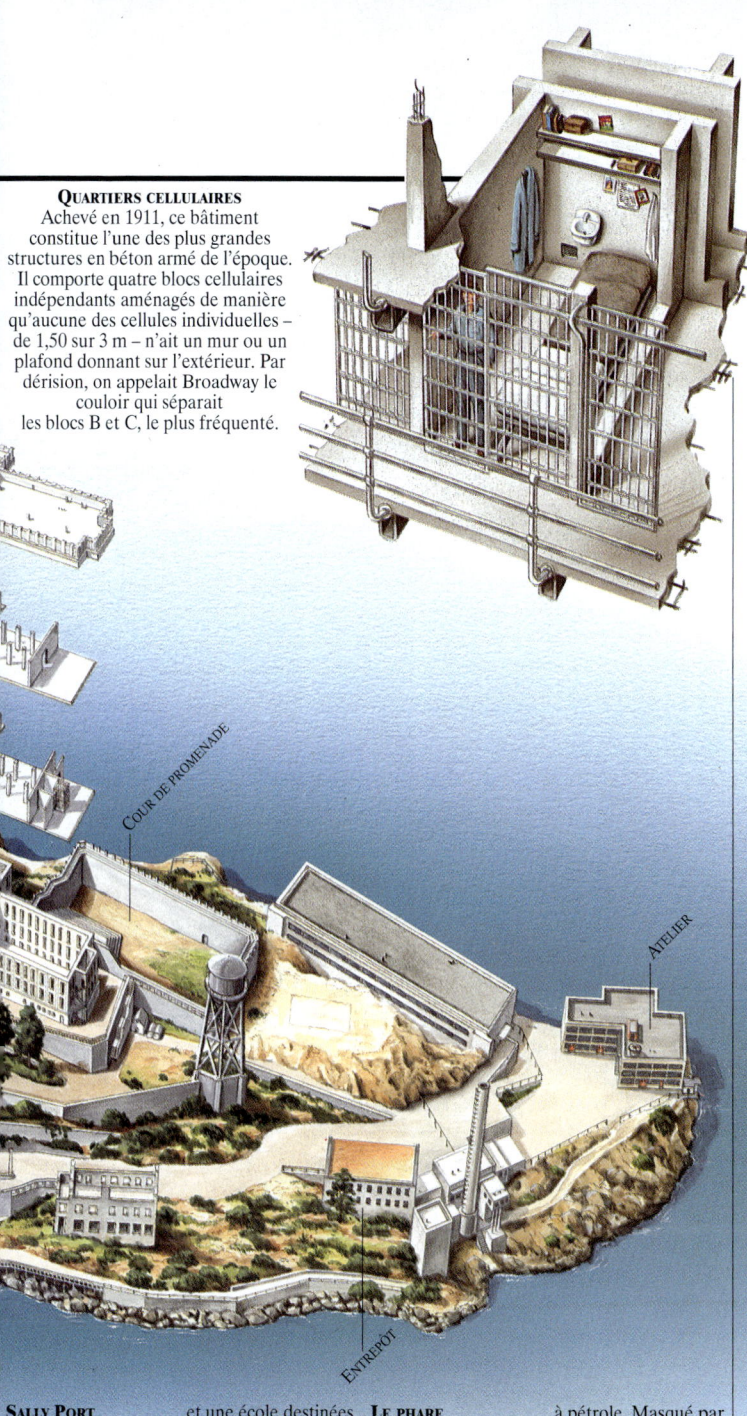

QUARTIERS CELLULAIRES
Achevé en 1911, ce bâtiment constitue l'une des plus grandes structures en béton armé de l'époque. Il comporte quatre blocs cellulaires indépendants aménagés de manière qu'aucune des cellules individuelles – de 1,50 sur 3 m – n'ait un mur ou un plafond donnant sur l'extérieur. Par dérision, on appelait Broadway le couloir qui séparait les blocs B et C, le plus fréquenté.

SALLY PORT
Ce bâtiment, le plus ancien de l'île (1857), logeait jadis le corps de garde du fort. Sur le chemin escarpé menant aux quartiers cellulaires se dressent le bâtiment qui abritait une chapelle et une école destinées aux familles des gardiens, puis les ruines de l'économat, des logements du personnel et des directeurs successifs de la prison (ravagés par un incendie en 1970).

LE PHARE
Ce fut le premier de la côte Pacifique (1854). Les gardiens vivaient dans une maison au pied de l'édifice et grimpaient chaque jour à son sommet pour nettoyer et remplir les lampes à pétrole. Masqué par les bâtiments de la prison, ce phare sera remplacé en 1909 par la haute construction dotée d'une installation électrique qui se dresse de nos jours à l'entrée des quartiers cellulaires.

AL CAPONE
Al Capone séjourna à Alcatraz de 1934 à 1939 et demeure so pensionnaire le plus célèbre. Le caïd de la mafia de Chicago devait mourir en Floride en 1947 à l'âge de quarante-huit ans.

DES JARDINS SUR LE «ROCHER»
Les jardins aménagés et entretenus par les soldats et leurs familles, puis par les détenus, étaient – et sont toujours – les seuls îlots de verdure.

LE RÈGLEMENT
Si chaque détenu était nourri, vêtu et avait droit à des soins médicaux, tout le reste – travail, promenade, accès à la bibliothèque – n'était que faveurs gagnées par une conduite irréprochable. Tout manquement à la discipline était sanctionné par la suppression d'un ou de plusieurs de ces privilèges. Pour les fautes les plus graves on encourait le «trou», situé dans le bloc D, où s'alignaient les cellules d'isolement total.

ROBERT STROUD
C'est lors de sa détention pour meurtre à la prison de Leavenworth que Stroud, «Birdman of Alcatraz», devint un spécialiste des maladies des oiseaux. Son surnom est trompeur car Stroud ne fut jamais autorisé à élever des oiseaux à Alcatraz, où on le transféra en 1942. Devenu fou, il y passa dix-sept années entre le bloc D et l'infirmerie et y mourut à l'âge de soixante-douze ans.

ALVIN KARPIS
L'«ennemi public n°1» fut capturé en 1936 après avoir orchestré deux enlèvements retentissants. Condamné à vingt-sept ans et neuf mois d'emprisonnement, il fut de tous les détenus d'Alcatraz celui qui y resta le plus longtemps. Finalement libéré sur parole, il mourut au Canada, en 1979.

ÉVASION IMPOSSIBLE
Aucune mesure préventive n'était négligée : treize appels par jour, un gardien pour trois à cinq détenus, détecteur de métal parfois suivi d'une fouille à la sortie des ateliers, lectures sélectionnées, etc. Quatorze tentatives d'évasion eurent cependant lieu entre 1936 et 1962, mais toutes échouèrent.

▲ NORTHERN WATERFRONT

RESTAURANT ROW
En 1960, le port voit son activité décliner tandis que le tourisme se développe. Les centres commerciaux de Ghirardelli Square et *The Cannery* ouvrent leurs portes en 1968, Pier 39 en 1978. De nombreux pêcheurs italiens décident alors de se reconvertir dans la restauration. On retrouve leurs noms aux enseignes des établissements du Restaurant Row, qui s'étire sur Taylor Street entre Beach Street et le Pier 45. Ces restaurants servent des fruits de mer, des plats de poisson ainsi qu'une spécialité locale

DU FISHERMAN'S WHARF À PIER 39

PIER 45. Comme Fish Alley, Pier 45 est envahi par les pêcheurs et les courtiers aux premières heures de la journée. On pourra visiter le U. S. S. PAMPANITO (ci-dessus), amarré à l'est de la jetée, qui fait partie du Musée maritime. Pendant la Seconde Guerre mondiale, ce sous-marin qui manœuvrait à 200 m de fond coula six navires japonais et faillit sombrer lui-même à plusieurs reprises. D'autres bâtiments de l'U.S. Navy ancrés le long de cette jetée sont également ouverts au public.

PIER 43. Tout comme les prisonniers qui embarquaient de ce même quai pour le célèbre pénitencier d'Alcatraz ▲ *182*, vous pourrez prendre le ferry pour visiter l'île. Il est recommandé de prendre les billets à l'avance, surtout le week-end, car c'est une destination populaire. On peut également s'inscrire pour une excursion-croisière ou un survol de la baie en hélicoptère et louer des bicyclettes pour explorer le port et les quartiers voisins.

PIER 39. Cette jetée, qui servait autrefois au déchargement des marchandises, constitue le point le plus septentrional de la péninsule de San Francisco. En 1978 s'y est installé un vaste ensemble de restaurants et de boutiques (vêtements, souvenirs, gadgets, artisanat, pâtisseries, etc.), aux allures de village de pêcheurs. Les constructions en bois recyclé, dessinées par les architectes Walker et Moody, s'élèvent de part et d'autre d'une allée. Ce centre, l'un des lieux les plus visités de la ville, attire surtout une clientèle familiale.

(de novembre à juin), le *cioppino*, un plat à base de crabe de Dungeness.

LA MARINA. De nombreux yachts et voiliers sont amarrés aux pontons du Pier 39, d'où l'on pourra voir – et entendre aboyer – la colonie d'otaries ■ *26* émigrées de Seal Rocks, au large de Lands End ▲ *250*. Du bout de la jetée, le regard embrasse toute la baie : Alcatraz, le Golden Gate Bridge, Marin County. On peut profiter de cette vue magnifique tout en déjeunant dans l'un des restaurants du Pier 39. Les enfants apprécieront sans nul doute l'aire de jeux et le grand manège installé dans l'allée centrale du Pier 39.

LE SAN FRANCISCO DES COLLINES

NOB HILL, *188*
RUSSIAN HILL, *194*
PACIFIC HEIGHTS, *200*

▲ NOB HILL

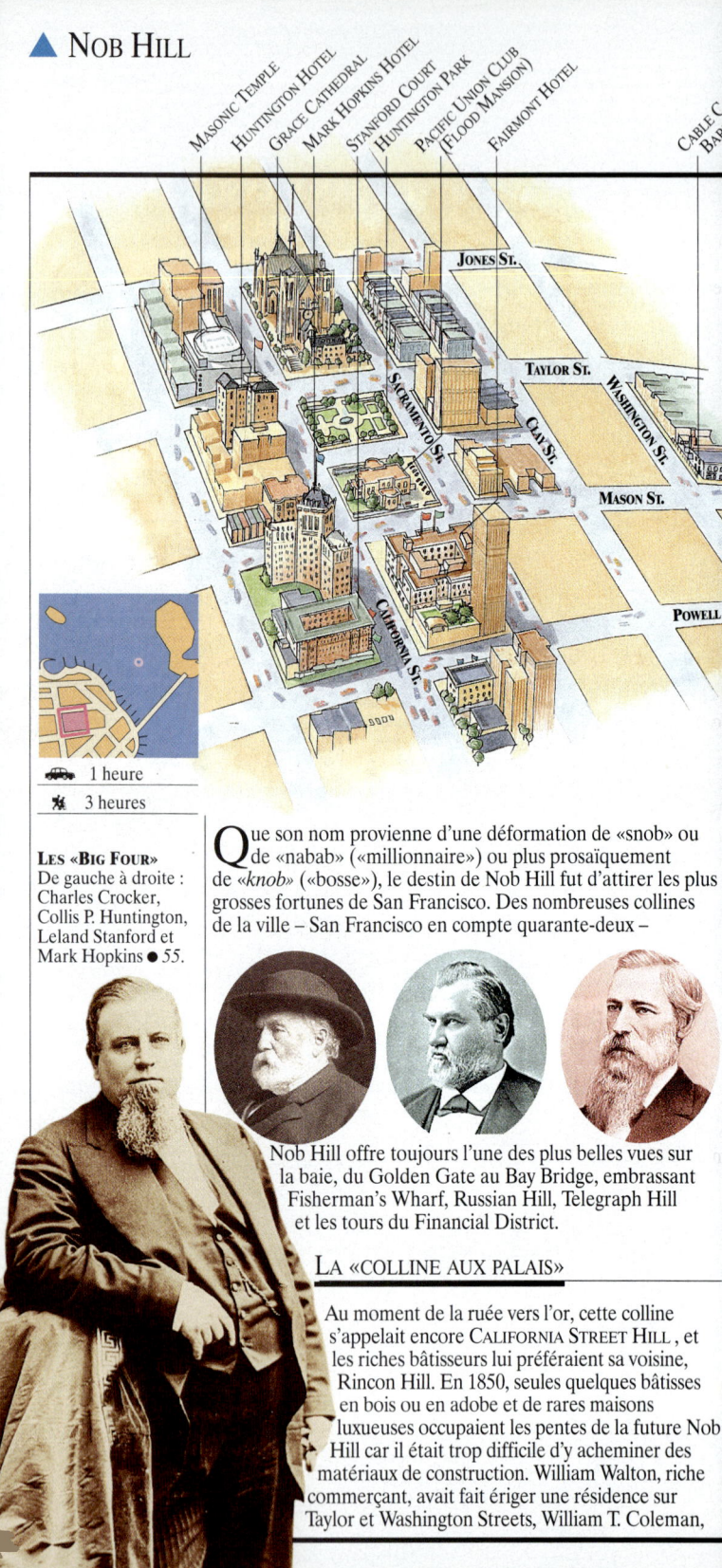

Labels on map: MASONIC TEMPLE · HUNTINGTON HOTEL · GRACE CATHEDRAL · MARK HOPKINS HOTEL · STANFORD COURT · HUNTINGTON PARK · PACIFIC UNION CLUB (FLOOD MANSION) · FAIRMONT HOTEL · CABLE CAR BARN

Streets: JONES ST. · TAYLOR ST. · WASHINGTON ST. · SACRAMENTO ST. · CLAY ST. · MASON ST. · CALIFORNIA ST. · POWELL ST.

🚗 1 heure
🚶 3 heures

LES «BIG FOUR»
De gauche à droite :
Charles Crocker,
Collis P. Huntington,
Leland Stanford et
Mark Hopkins ● 55.

Que son nom provienne d'une déformation de «snob» ou de «nabab» («millionnaire») ou plus prosaïquement de «*knob*» («bosse»), le destin de Nob Hill fut d'attirer les plus grosses fortunes de San Francisco. Des nombreuses collines de la ville – San Francisco en compte quarante-deux – Nob Hill offre toujours l'une des plus belles vues sur la baie, du Golden Gate au Bay Bridge, embrassant Fisherman's Wharf, Russian Hill, Telegraph Hill et les tours du Financial District.

LA «COLLINE AUX PALAIS»

Au moment de la ruée vers l'or, cette colline s'appelait encore CALIFORNIA STREET HILL, et les riches bâtisseurs lui préféraient sa voisine, Rincon Hill. En 1850, seules quelques bâtisses en bois ou en adobe et de rares maisons luxueuses occupaient les pentes de la future Nob Hill car il était trop difficile d'y acheminer des matériaux de construction. William Walton, riche commerçant, avait fait ériger une résidence sur Taylor et Washington Streets, William T. Coleman,

« LE VASTE RÉSEAU D'AVENUES RECTILIGNES QUI SE COUPENT ET RECOUPENT À ANGLE DROIT DANS LES HAUTEURS DE NOB HILL, LA COLLINE AUX PALAIS, COMPTE CERTAINEMENT PARMI LES PLUS BEAUX QUARTIERS DE SAN FRANCISCO. » R. L. STEVENSON

une villa à la romaine, tandis que George Hearst s'était installé sur Jackson Street dans une villa de stuc blanc d'inspiration espagnole, après avoir fait fortune dans les mines.

UN QUARTIER QUI MONTE. Avec l'invention du *cable car* ● 68, en 1873, Nob Hill ne tarda pas à devenir le lieu de résidence privilégié des millionnaires san franciscains qui, loin de l'austère et puritaine société de la Nouvelle Angleterre, se permettaient toutes les folies et tous les excès. Il est vrai qu'on assistait alors à la naissance d'immenses fortunes, avec, notamment, la découverte des mines d'argent du Comstock Lode ● 45. Le véritable boom de Nob Hill débuta avec la construction, sur Taylor Street, de la villa de James Ben Ali Higgins, qui comptait soixante pièces et ses propres écuries. Puis vinrent les palais des magnats de la *Southern Pacific Railway* ● 54, plus connus sous le nom de *Big Four*, les « quatre grands ». Leland Stanford et Mark Hopkins se partagèrent le *block* formé par California, Powell, Pine et Mason Streets, terrain qu'ils renforcèrent par un mur de granit. Charles Crocker édifia un palais pour la coquette somme de deux millions de dollars sur l'actuel emplacement de Grace Cathedral. Quant à Colton (partenaire « minoritaire » des *Big Four*), il s'installa en face, dans un palais à l'italienne qui, à sa mort, devait être racheté par Huntington. Puis les magnats du chemin de fer furent rejoints par Flood et Fair, les *Silver Kings* ● 45. James Clair Flood et son associé, William S. O'Brien, avaient débuté en ouvrant un *saloon* sur Commercial Street ▲ 157, aux portes du quartier financier. Petit à petit, ils réussirent à infiltrer le milieu boursier, qui constituait le gros de leur clientèle, et réalisèrent quelques belles opérations boursières. À la fin des années 1860, ils s'associèrent avec Fair et Mackay pour acheter les mines d'argent du Comstock Lode et exploiter les vieux filons que l'on croyait épuisés. Avec la découverte d'un fabuleux filon en 1873, les quatre associés s'enrichirent au-delà de toute espérance et s'installèrent à San Francisco, où ils fondèrent la *Nevada Bank of California*, qui entra bientôt en concurrence avec la *Bank of California* de William Ralston ▲ 210. Flood construisit sa villa entre celles de Colton et de Hopkins, sur California Street. Fair, pour sa part, n'eut que le temps de faire élever un formidable mur de granit et n'habita jamais Nob Hill.

LA PIEUVRE
Les *Big Four*, qui avaient investi dans le *cable car* et s'étaient assurés le monopole des lignes de chemin de fer, cherchèrent à renforcer leur hégémonie par l'achat des installations portuaires. La grogne monte alors contre les *Big Four*. L'homme de presse William R. Hearst ● 70 et le maire populiste de San Francisco, Adolph Sutro, dénoncent violemment leur monopole, qui s'étend comme les tentacules d'une pieuvre, surnom que reprendront les caricaturistes de *The Wasp* et l'écrivain Frank Norris ▲ 130, qui leur consacrera un roman entier, *La Pieuvre* (ci-dessus). Le gouvernement fédéral commence à réclamer des comptes sur l'utilisation de certains fonds et la Southern Pacific décline. En 1901, les quatre barons sont morts et n'assistent donc pas à la vente de leur empire.

189

▲ NOB HILL

Hall d'entrée (*lobby*) du Mark Hopkins.

MARK HOPKINS HOTEL
Cette tour de vingt étages, de style gothique, constituée d'une structure métallique dotée d'ornements en *terra cotta*, est célèbre pour son bar, installé au dernier étage, le *Top of the Mark*. Réalisé en 1936 dans un style Arts déco par Pflueger, il a été récemment doté de baies vitrées qui offrent une saisissante vue panoramique.

LA «SPITE FENCE»
En 1870, Charles Crocker confia la construction de sa villa (ci-contre, vers 1876) à Arthur Brown, qui imagina un vaste palais de style second Empire. Mais Crocker ne put jamais jouir pleinement de sa somptueuse demeure, car son voisin, Nicholas Young, refusait de lui vendre la parcelle de terrain où il avait fait construire sa modeste demeure. En représailles, Crocker fit cerner son terrain sur trois côtés d'une palissade de plus de 3 m de haut, surnommée la «palissade du dépit», *Spite Fence*. Seul le séisme de 1906 eut raison de l'obstination de Nicholas Young.

Au lendemain du séisme de 1906, plus rien ne subsistait des palais de Nob Hill, mis à part la villa de Flood, construite en pierre et non en bois, et les murs des propriétés de Stanford, Hopkins et Fair. La catastrophe avait recouvert de boue et de cendres les splendeurs de la colline.

VISITE DE NOB HILL

L'intersection de California et de Powell Streets, desservie par deux lignes de *cable car*, est le meilleur point de départ pour une visite de Nob Hill.

UNIVERSITY CLUB. 800 POWELL ST. Construite en 1912 par Bliss et Faville, cette bâtisse de style Renaissance italienne, aux allures de palais florentin, est typique de l'esthétique architecturale recherchée par les clubs masculins au début du siècle. Elle s'élève sur l'emplacement des écuries de Leland Stanford, détruites lors du séisme de 1906.

STANFORD COURT HOTEL. 905 CALIFORNIA ST. L'édifice d'origine fut conçu par Creighton Withers en 1911. La rénovation de 1972, menée par Curtis et Davis, en fit l'un des plus beaux hôtels de San Francisco. De l'époque de Stanford ne subsiste que le mur de granit sur lequel s'élevait autrefois une sévère villa victorienne égayée par des notes italiennes. L'aménagement intérieur était pour le moins original. Il y avait des salles de réception chinoise, indienne, pompéienne, une bibliothèque gothique, et, dans la grande galerie, on pouvait activer des boutons pour faire surgir des plantes peuplées d'oiseaux exotiques. L'autre moitié du terrain était occupée par la villa de Mark Hopkins, partenaire de

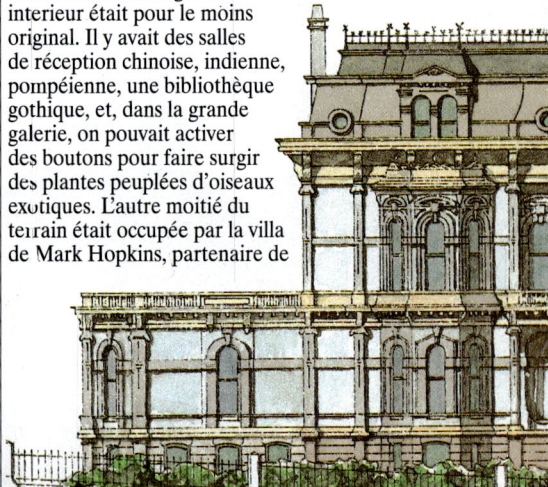

> « C'EST LÀ QUE LES MILLIONNAIRES
> SE SONT RASSEMBLÉS POUR FAIRE ASSAUT D'ÉTALAGE. »
>
> R. L. STEVENSON

Stanford dans l'aventure du chemin de fer transcontinental.

MARK HOPKINS HOTEL. Cet hôtel dessiné en 1925 par les architectes Weeks & Day s'élève sur le site de l'ancienne villa des Hopkins (999 CALIFORNIA ST).

La demeure qu'avait fait bâtir l'épouse de Mark Hopkins était la plus extravagante et certainement la plus surchargée des demeures de Nob Hill. Ce château normand aux tendances victoriennes, surmonté de tourelles gothiques, constituait un étonnant mélange de styles. L'étage principal abritait une galerie de peinture de 30 m de long et de 15 m de haut, un salon de musique de style médiéval et trente chambres d'hôtes décorées dans les styles Louis XV ou gothique. Mark Hopkins, connu pour son train de vie modeste, refusa d'habiter ce palais et mourut avant son achèvement en 1878, laissant une veuve richissime. En 1893, la Hopkins Mansion devint le siège de la *San Francisco Art Association* ▲ *199*. Le palais et ses milliers de tarabiscots en bois se consumèrent dans le grand incendie de 1906.

MASON STREET TOWNHOUSE ROW. Aux n°s 831, 837, 843 et 849 de Mason Street se dressent une série de petites maisons construites par l'architecte Willis Polk en 1917. Elles sont représentatives des résidences individuelles d'avant-guerre.

PACIFIC UNION CLUB. 1000 CALIFORNIA ST. L'ancienne villa de Flood, seule rescapée du séisme de 1906, abrite aujourd'hui le *Pacific Union Club* (ci-dessus), l'un des clubs les plus chics de San Francisco. Cette villa de quarante pièces fut édifiée par James Flood en 1886, en *brown-stone*, qu'il fit venir spécialement du Connecticut. Dessiné par l'architecte anglais Augustus Laver, ce palais de style Renaissance italienne, assez sobre, fut entouré d'une élégante et coûteuse grille en bronze dont l'entretien occupait une personne à plein temps. Willis Polk, en 1911, et George Kelham, en 1934, furent chargés de réaménagements intérieurs. Redécoré avec une recherche et un luxe extrêmes, le club cherchait à imiter ce qu'il y avait de plus prestigieux à Londres et sur la côte Est. Comme son nom l'indique, le *Pacific Union Club* est né de la fusion du *Pacific Club*, fondé en 1852, et du *Union Club*, créé en 1854.

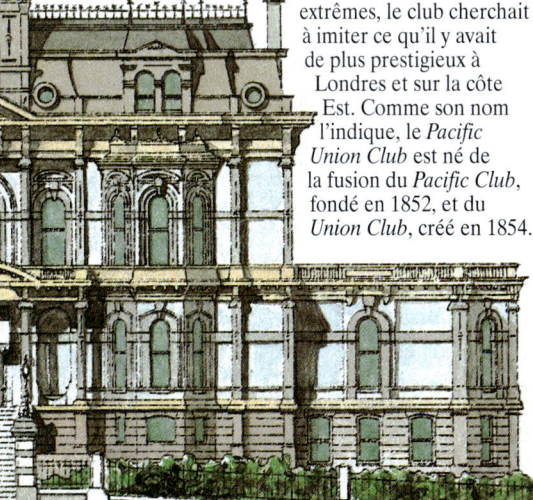

STANFORD HOUSE VERS 1870
Le hall d'entrée, d'une hauteur de trois étages, était surmonté d'un dôme transparent où se reflétaient les signes du zodiaque, incrustés en pierres noires dans le sol blanc.

JAMES FAIR ET LES « SILVER KINGS »
Né en 1831 en Irlande, James Fair émigre aux États-Unis avec ses parents en 1843. La ruée vers l'or bat son plein quand il débarque à San Francisco, en 1849. Délaissant les filons aurifères, il s'intéresse aux mines d'argent du Comstock Lode, filons que l'on pense épuisés. En 1860, il s'associe avec Flood, O'Brien et Mackay, ancien mineur comme lui. En 1872, les quatre hommes achètent la *Consolidated Virginia Mine*. Grâce à la persévérance de Fair, surnommé *Bonanza Jim*, ils y découvrent un nouveau filon d'argent, le plus riche jamais trouvé aux États-Unis.
Les quatre associés en tirent plus de 100 millions de dollars de profit, ce qui leur vaut le surnom de *Bonanza Kings*, les « rois de la chance ! ».

▲ NOB HILL

L'entrée
du Fairmont Hotel.

**FAIRMONT HOTEL
OU LA MALCHANCE
DE LA FAMILLE FAIR**
James G. Fair n'avait eu que le temps de faire fortifier d'un fabuleux mur en béton le terrain qu'il avait acheté sur California, entre Powell et Mason. En 1902, sa fille Tessie y fit construire un hôtel, dont elle confia les plans aux architectes James et Merritt Reid. Ruinée par cette entreprise coûteuse, elle dut se résoudre à vendre l'hôtel encore inachevé à la veille du séisme. Quand l'incendie se déclara, les meubles destinés au six cents chambres venaient juste d'être livrés. L'hôtel brûla pendant plus de trois jours.

Dans ce club très exclusif, la cotisation avoisine les deux mille dollars, et il faut compter quatre bonnes années avant de voir sa candidature retenue.
FAIRMONT HOTEL AND TOWER. 950 MASON ST. C'est à l'hôtel Fairmont que séjournèrent les signataires de la charte des Nations Unies en 1945. Vers la fin des années 1940, Dorothy Draper redécora le hall d'entrée qui symbolise désormais le luxe des années d'après-guerre. On peut y voir une impressionnante collection de photographies historiques, une succession de pièces richement décorées et un ascenseur transparent qui offre une belle vue sur le quartier du Financial District.

HUNTINGTON PARK. ANGLE DE TAYLOR/CALIFORNIA STS. Aménagé sur l'emplacement de l'ancienne Colton Mansion, ce parc est l'un des rares lieux publics de Nob Hill. Sur ce terrain, David Colton (le partenaire «minoritaire» des *Big Four*) s'était fait construire un palais à l'italienne aux aménagements intérieurs grandioses, dont les murs en bois peint imitaient le marbre blanc. En 1892, Huntington racheta cette demeure après avoir été violemment attaqué par la veuve de Colton qui cherchait à prouver les détournements de fonds opérés par les *Big Four* durant la construction du chemin de fer ● *54*. Son mari, proche collaborateur de Huntington, avait en effet laissé une correspondance accablante qui fit les choux gras de la presse de l'époque. En 1906, la Colton Mansion fut elle aussi réduite en cendres.
HUNTINGTON HOTEL. 1075 CALIFORNIA ST. Construit en 1924 par Weeks & Day, les deux architectes qui avaient dessiné un plan pour la reconstruction du sommet de Nob Hill, c'est un hôtel sobre et élégant. Avec ses nombreuses photographies anciennes, son restaurant, le *Big Four,* fait office de musée du Nob Hill du siècle dernier.
MASONIC TEMPLE AND MUSEUM. 1111 CALIFORNIA ST. Dessiné par Albert F. Roller en 1958, ce temple est un bon exemple de l'architecture d'après-guerre. À l'image du temple de Salomon, deux imposantes colonnes de marbre gardent l'entrée de l'édifice, éclairée par un vitrail représentant un franc-maçon avec son tablier de cérémonie, surmonté de l'œil maçonnique. Le musée se trouve au deuxième étage.

Reconstruit par Julia Morgan, il devait ouvrir ses portes un an plus tard.

Masonic Temple

GRACE CATHEDRAL

(*Block* formé par California, Taylor, Sacramento et Jones Streets.) Cette copie de Notre-Dame de Paris fut élevée sur le site de l'ancienne propriété de Charles Crocker, que ses héritiers léguèrent à l'église épiscopale pour la construction d'une cathédrale. En 1907, le diocèse commanda un plan à l'architecte anglais George Bodley, qui ne fut pas réalisé pour des raisons financières. Les travaux débutèrent finalement en 1925, sous la direction de Lewis P. Hobart, et ne furent achevés qu'en 1964 par les architectes Weihe, Frick et Krause après plusieurs années d'interruption. Plutôt que la pierre, on utilisa le béton et l'acier, plus résistants aux secousses sismiques. L'autel, en granit de Californie, et les fonts baptismaux datent de 1964. Les vitraux ont été réalisés par Charles Jay Connick en 1931. Certains représentent des «saints des temps modernes», comme Albert Einstein ou l'astronaute John Glenn. La rosace de la façade fut conçue à Chartres, en France, par Gabriel Loire, en 1964. L'une des tours, nommée la «tour qui chante», *The Singing Tower*, possède un carillon de quarante-quatre cloches fondues à Croydon, en Angleterre, en 1938. Quant aux «portes du paradis», elles sortent du même moule que celles du Duomo de Florence. GRACE CHAPEL, construite par la famille Crocker, est entourée d'une belle grille en fer forgé et abrite un autel français du XVe siècle. Dans la propriété s'élevait jadis une villa de style *Queen Anne* ● 94 construite par le fils de Crocker, William. Ce talentueux banquier y avait réuni une belle collection de tableaux, dont une partie fut sauvée de justesse de l'incendie de 1906 par son majordome chinois. Le fidèle serviteur négligea, hélas, une vingtaine de toiles de Degas représentant des danseuses, peu recommandables à ses yeux !

Grace Cathedral, et, ci-dessous, copie d'une fontaine romaine du XVIe siècle ornant Huntington Park.

GRATTE-CIEL. Nob Hill, l'un des quartiers les plus éprouvés par le séisme de 1906, ne se releva que lentement – dans les années 1920, la colline n'était pas encore totalement reconstruite – pour voir surgir des gratte-ciel. La CLAY-JONES TOWER, de style Arts déco, édifiée au sommet de la colline, à l'intersection des rues du même nom, est l'un des gratte-ciel les plus réussis.

CABLE CAR POWERHOUSE. ANGLE DE MASON/WASHINGTON STS. Construite en 1887, elle fut gravement endommagée en 1906 puis rénovée. On peut voir la salle des machines qui actionnent les câbles du *cable car* ● 68 et le petit musée attenant.

▲ RUSSIAN HILL

🥾 1/2 journée

"De North Beach
au Tenderloin,
en passant
par Russian Hill,
Les côtes donnent le
vertige et les courbes
sont mortelles !
Pour se rendre
à Market Street,
quelle pente
à remonter,
puis du sommet
dévaler,
comme à la corde
accroché ;
Ah oui,
voir San Francisco
quand on plonge
de si haut !
À quel plaisir
vous invite
la crémaillère
de Hyde Street ! "
Gelett Burgess,
The Heart Line

Russian Hill est un quartier plus caractérisé par sa topographie que par sa spécificité sociale ou ethnique. La colline fait partie d'une longue ligne de faîte orientée nord-sud, interrompue par une dépression (une «selle») au niveau de Broadway et de Pacific Avenue, qui la sépare de Nob Hill, au sud. Les rues très escarpées, les jardins verdoyants et la vue panoramique en font l'un des plus charmants endroits de la cité.

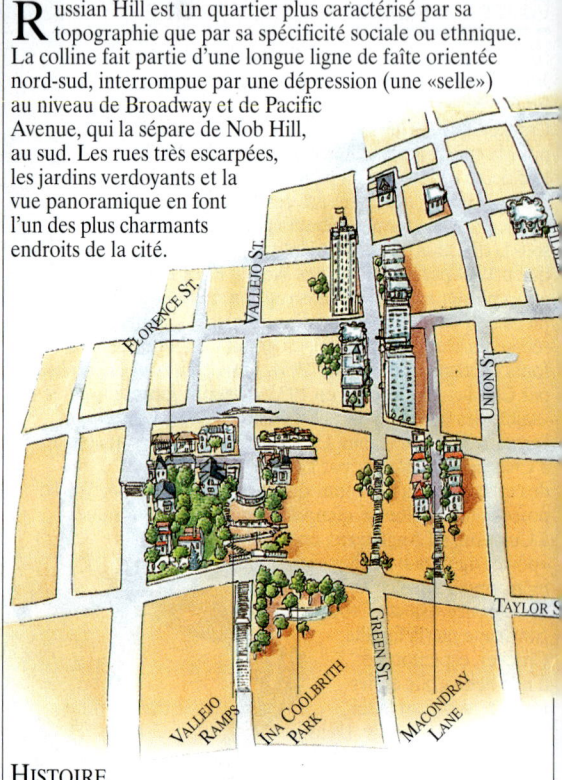

HISTOIRE

Réalisée par Percy Gray ● *110* en 1887, cette peinture naïve décrit la vue sur la baie depuis Russian Hill. Dans le fond, on aperçoit la fumée des cheminées de l'usine de la Selby Smelting and Lead Company, qui se dressait à l'endroit de l'actuelle *Cannery*. Polluante, elle dut être transférée hors de la ville.

LA COLLINE RUSSE. Russian Hill est ainsi baptisée à l'époque de la ruée vers l'or en raison de sept tombes portant des caractères cyrilliques que l'on découvre au sommet de la colline (entre Broadway, Florence, Vallejo et Jones Streets), sépultures présumées de trappeurs de la colonie russe de Fort Ross ● *44*, ou de matelots des navires russes qui mouillèrent dans la baie de San Francisco entre 1806 et 1847. En 1850, dix-huit «Quarante-Neuvards» ● *49* malchanceux rejoignent les Russes dans le cimetière de Russian Hill. Mais au cours des dix années suivantes, toute trace des vingt-cinq tombes disparaît quand la zone commence à être bâtie.

DÉVELOPPEMENT. Moins escarpé et tourné vers le centre de la ville, le flanc oriental se développe en premier. Pendant les années 1850, une multitude de *row-houses* ● *92* en bois sont érigées sur tout le territoire compris entre Taylor et Powell, de Broadway à Union Street, où vivent des immigrés. Le reste de Russian Hill se construit peu à peu de 1850 à 1880 avec le nivelage de Union Street, en 1860, qui permet de franchir plus aisément la colline, et la mise en service de lignes de *cable cars* sur Union Street (1880), Mason Street (1887) et Hyde Street (1891). Mais les classes aisées – négociants, notables et promoteurs immobiliers – n'attendent

pas ces améliorations de voirie et s'installent dès 1860 sur le flanc nord dans de superbes demeures, dont certaines, épargnées par les incendies de 1906, sont encore debout. Au sud s'élèvent des habitations plus modestes, dont témoigne le *block* 1000 de Green Street. Au début du XXᵉ siècle, les *rowhouses* prédominent et les bâtiments «1900» abritant deux ou trois appartements commencent à remplacer les maisons individuelles. La plus grande partie des bâtisses datant de la ruée vers l'or et des demeures victoriennes disparaissent dans les incendies de 1906, et seul le sommet et le *block* 1000 de Green Street sont sauvés. En raison du prix élevé des terrains, Russian Hill est reconstruite en immeubles «1900», dont les plus beaux ensembles se trouvent sur Union Street, entre Mason et Jones Streets. Quelques superbes demeures en bardeaux (*shingle* ● 96) et de style méditerranéen sont également bâties en divers lieux du quartier. Dans les années 1910 et 1920, on élève également de hauts immeubles

LA BATAILLE DU FEU
En 1906, c'est grâce à l'obstination de leurs occupants que cent quarante maisons seront sauvées des flammes. Par deux fois, les soldats forcent les résidents de la colline à quitter leur domicile, mais ceux-ci reviennent pour continuer le combat. Les habitants du *block* 1000 de Green St. persuadent les soldats de les aider à sauver leur pâté de maisons au lieu de le dynamiter pour faire coupe-feu.

Vue de Russian Hill à la fin du XIXᵉ siècle

INA COOLBRITH (1844-1926)
De 1902 à 1906, elle réside sur Taylor St. et met la dernière main à un ouvrage sur l'histoire de la littérature à San Francisco. Le sujet lui est familier car, outre son métier de bibliothécaire, elle compte parmi ses proches des écrivains du *Bohemian Club* et écrit des poèmes. Mais son manuscrit achevé part en fumée dans l'incendie de 1906. Ses admirateurs feront construire pour elle la maison des nos 1067-69 Broadway, conçue par l'architecte Edward E. Young et financée en partie par une collecte.

d'habitation, très appréciés aujourd'hui encore. Toutefois, les tours modernes des années 1950 et 1960 provoquent un tel tollé qu'en 1970 le service d'urbanisme de la ville institue une hauteur limite de 40 m.

DE BROADWAY À FLORENCE ST.

JOSEPH ATKINSON HOUSE. 1032 BROADWAY. À partir de 1853, quelques professionnels du bâtiment – architectes, entrepreneurs – aménagèrent au sommet de Russian Hill une petite zone résidentielle. Parmi les cinq maisons qui subsistent encore, la plus ancienne et la mieux préservée – de style italien – appartenait à Joseph Atkinson, propriétaire d'une briqueterie. Elle fut sans doute conçue par l'architecte William H. Ranlett avec qui Atkinson était alors engagé dans divers projets de construction à San Francisco. Dans les années 1890, la fille d'Atkinson organisait des fêtes dans cette maison ainsi que des réunions littéraires fréquentées par le groupe «Les Jeunes», par Willis Polk et des membres de l'Église unitarienne.

INA COOLBRITH PARK. De 1869 à 1875, époque de la ségrégation scolaire, le site fut occupé par une école réservée aux gens de couleur (*Colored School*). En 1908, on y installa une vieille cabane en bois abritant une station de radio expérimentale, puis la ville y aménagea un parc, baptisé du nom de la poétesse (ci-dessus) qui avait vécu non loin de là.

VALLEJO STREET STEPS AND RAMPS. En 1894, l'architecte Willis Polk écrivait : «Transformons en terrasses le sentier à chèvres qui grimpe à Vallejo Street, aménageons avec un peu de goût ces quelques lopins et cet endroit sera le plus charmant de tout San Francisco.» Dix ans plus tard, Horatio P. Livermore et quelques voisins décidèrent de mettre en œuvre le projet dessiné par Polk. Sa réalisation fut reportée à 1914 en raison des dégâts causés par le séisme. Les balustrades de Taylor et Jones et le rond-point qui occupe le centre du *block* donnent à cet ensemble une belle unité.

Le Golden Gate Bridge et Alcatraz sont visibles de Russian Hill.

POLK-WILLIAMS HOUSE. 1013-19 VALLEJO. Voici l'une des plus remarquables maisons en bardeaux de la région. Il s'agit en fait de deux habitations adjacentes, dont l'aile occidentale appartenait au peintre Dora Williams, veuve du directeur de la *School of Design* ▲ *199*. Conçue avec un admirable souci

d'unité par Willis Polk, cette construction couronnée de pignons légèrement courbes s'inspire des maisons médiévales en bois du nord de la France.

LES BÂTISSES DU RÉVÉREND WORCESTER. 1020/1034-1036 VALLEJO. C'est le révérend Joseph Worcester, membre de l'Église de la Nouvelle Jérusalem et adepte de la théorie illuministe de Swedenborg, qui dessina les premières maisons de bardeaux ● 96 de la ville. Féru d'architecture, il avait conçu les plans de trois maisons bâties sur Vallejo, aux n°s 1032-34-36, en 1888, pour un membre de sa congrégation désireux de réaliser un placement immobilier. Un an plus tard, Worcester construisait sa propre maison juste à côté, au n° 1030 (actuel Hermitage). Peintres et architectes tels que William Keith, Bruce Porter, Willis Polk ou encore Daniel Burnham y venaient discuter d'esthétique avec Worcester.

FLORENCE STREET ♥

C'est au croisement de Vallejo et de Florence Streets que se trouve le point culminant de Russian Hill. À l'angle sud-ouest de ce carrefour se dressait la résidence où l'écrivain GELLETT BURGESS vécut de 1894 à 1897.

L'ŒUVRE DES LIVERMORE. De 1912 à 1916, Horatio Livermore et son fils Norman firent ériger une dizaine de maisons sur les hauteurs de Russian Hill dont quatre dans Florence Street (n°s 35, 37, 39, 40). Inspirés par un voyage en Italie, ils demandèrent aux architectes de prendre modèle sur les villages des collines italiennes, bien que certaines de ces constructions s'inspirent aussi des maisons en adobe ● 88 des Indiens Pueblo du sud-ouest des États-Unis. Le n° 1 de Russian Hill Place, une superbe composition d'éléments méditerranéens réalisée par Willis Polk, est sans nul doute le plus intéressant de l'ensemble.

MACONDRAY LANE

Cette ruelle – l'ancienne Lincoln Street – fut ouverte en 1852 par le propriétaire du *block,* Seth S. Lincoln, et rebaptisée après 1906 du nom d'un important négociant. Nullement destinée au passage des véhicules, elle dut néanmoins être nivelée tant la pente était raide. Aux n°s 15-17 se trouve la demeure de Giuseppi Cadenasso, célèbre peintre paysagiste d'origine italienne du début du siècle, connu comme le «Corot de la côte Ouest». Élève de la *California School of Design* durant les années 1880, il exposa ensuite ses paysages et devint célèbre pour la tonalité argentée de ses représentations d'eucalyptus.

GELLETT BURGESS (1866 -1951)
Chassé de l'université de Californie pour inconduite, Burgess s'autoproclame le chantre de l'art nouveau et se lance dans une carrière d'écrivain dilettante, s'inspirant du plus grand d'entre tous, Oscar Wilde. En 1895, il fonde le groupe «Les Jeunes» avec Bruce Porter, Ernest Peixotto et d'autres artistes. C'est à son domicile de Florence St. qu'ils créèrent la revue *The Lark* où paraissaient des textes et des dessins humoristiques et fantaisistes, des poèmes burlesques, comme le célèbre *Purple Cow* (la «Vache violette») de Burgess et sa bande dessinée *Goop*. Par la suite, il partit vivre à New York. Il continua à écrire mais n'obtint jamais de reconnaissance. Sa maison de Russian Hill fut détruite dans l'incendie de 1906.

RUSSIAN HILL

A. MOORE JR. HOUSE
La maison de l'avocat A. Moore Jr. qui se dressait au carrefour de Chestnut et Hyde ressemblait fort à une

gravure de Piranèse avec ses ornements classiques et ses murs couverts de lierre. Conçue en 1902 par Bliss & Faville, elle fut détruite et remplacée par un immeuble moderne en 1954.

LA CONSTRUCTION DE LOMBARD STREET
Dans les années 1920, la rue fut pendant un temps à double sens. Les grands jardins de la demeure de Carl Henry occupaient la majeure partie du *block*. À sa mort, les jardins furent divisés en parcelles, Montclair Terrace fut aménagé (en 1937) et de nouvelles maisons furent construites.

GREEN STREET

Le *block* 1000 de Green Street est progressivement construit entre 1850 et 1880. La partie nord de la rue brûla en 1906, mais les propriétaires réussirent à sauver, dans la partie sud, cinq maisons qui sont encore debout.

FEUSIER OCTAGON HOUSE. 1067 GREEN ST. Au milieu du XIXe siècle, le livre d'Orson Fowler, *A Home for All,* suscita dans tout le pays un engouement pour les maisons octogonales. À San Francisco, il y en eut cinq. Celle de Green Street, construite en 1859 par George Kenny, venu de New York avec Hubert Howe Bancroft créer une librairie ▲ *320*, était la deuxième. Le nouveau propriétaire y ajouta vers 1890 le comble en mansarde de style victorien.

BELLAIRE APARTMENTS. 1101 GREEN ST. Au cours des années 1920, l'architecte H. C. Baumann fut le maître d'œuvre de centaines d'immeubles d'habitations à San Francisco. En 1928, il investit sa fortune personnelle dans ce projet, une tour majestueuse agrémentée de hauts porches curvilignes et d'une ornementation de plâtre. La chute du marché immobilier de luxe durant la grande crise ruina Baumann.

UNE RUE FLEURIE

Très vite, des habitants du quartier entreprirent de faire pousser des plantes dans les boucles des virages de Lombard Street. Quand il emménagea dans le voisinage, Peter Bercut planta des hortensias sur toute la longueur, donnant à cette portion de la rue une belle unité.

LOMBARD STREET, LA «CROOKEDEST STREET» ♥

Les *blocks* 2100 et 2200 de Lombard Street, surnommée la «rue la plus sinueuse du monde», existent depuis 1922, date à laquelle le département des Travaux Publics fit ôter les pavés de ces *blocks* et aménager des virages en épingle à cheveux pour réduire la déclivité et permettre la circulation automobile.

SAN FRANCISCO ART INSTITUTE

Le bâtiment de style néo-colonial espagnol du n° 800 de CHESTNUT STREET abrite le San Francisco Art Institute, achevé en 1926. Contrairement à l'usage de l'époque, Arthur Brown Jr décida de laisser apparent le béton des murs, comme le feront la plupart des architectes quarante ans plus tard. Pafford Keating Clay dessina la partie moderne qui lui fut ajoutée. Il est possible de visiter l'école : on peut y voir les œuvres de jeunes artistes ou des expositions temporaires (ci-contre).

GEORGE STERLING GLADE. C'est en 1926, après le suicide de l'un des poètes les plus réputés de San Francisco, que la *Spring Valley Water Co.* décida d'aménager en son honneur le flanc de coteau inoccupé, voisin du réservoir. George Sterling publia plusieurs recueils de poèmes ● *127* qui le rendirent célèbre à San Francisco, mais guère au-delà. Le poète ne sombra jamais complètement dans l'oubli mais, au moment de son suicide, son œuvre était dépassée, même à San Francisco.

Vieille demeure du quartier.

HISTOIRE D'UNE INSTITUTION
En 1874, la *San Francisco Art Association* fonde une école de Beaux-Arts appelée *California School of Design* qui attire très vite élèves et enseignants de talent. Son premier directeur (1875-1886) est le peintre paysagiste Virgil Williams ● *110*, qui a longtemps dirigé la galerie d'art de Woodward's Gardens ▲ *296*. Ses successeurs – Thomas Hill (1886-1887) ▲ *110*, Emil Carlsen (1887-1889), Raymond Yelland (1889-1890) et Arthur Mathews (1890-1906) – sont également des

peintres de renom. En 1893, l'école déménage dans la demeure de Mark Hopkins sur Nob Hill ▲ *191*, qui est détruite en 1906. La vente du site à un hôtel en 1920 lui permet d'acheter un terrain sur Russian Hill, où elle fait construire le bâtiment actuel. En 1963, elle sera rebaptisée *San Francisco Art Institute*.

▲ Pacific Heights

✈ 3 heures
🚗 1 heure

SOUVENIRS DU FEU
Pacific Heights, épargné par les flammes lors du grand incendie de 1906, vit arriver une foule de réfugiés. Un ancien résident du quartier évoquait les capes de velours des élégantes qui avaient dû fuir *downtown* juste après avoir écouté Caruso à l'Opéra. Un autre raconta avoir entendu des jours durant «le frottement des malles et des valises traînées le long des rues».

Accroché à flanc de colline, au nord de California Street, entre le Presidio à l'ouest et Van Ness Avenue à l'est, Pacific Heights est aujourd'hui le quartier le plus huppé de la ville. Élégantes maisons victoriennes, villas italianisantes, immeubles cossus, écoles chic et consulats se succèdent le long de rues bordées d'arbres offrant une vue plongeante sur la Baie. Tous les styles architecturaux sont ici représentés. Ils se juxtaposent parfois d'une manière étonnante sur la façade d'un même bâtiment.

HISTOIRE. Les premiers occupants de cette zone, des éleveurs de bovins, invitaient leurs amis de la «ville» à chasser sur leurs terres. En 1867, la municipalité acheta tous les terrains compris entre Lafayette Park, Alta Plaza Park et Alamo Square. Mais ce quartier, baptisé Western Addition ▲ *232* puisqu'il étendait la cité vers l'ouest, ne se développa guère avant l'installation du *cable car* en 1878. Des hôtels particuliers furent alors érigés autour de Lafayette Square, puis sur Van Ness Avenue, Franklin et Gough Streets. Au cours des dix années suivantes, d'opulentes demeures se construisirent peu à peu à l'angle des *blocks*. Mais c'est au lendemain du séisme de 1906 que le quartier se développa véritablement. La haute société abandonna Nob Hill, en grande partie détruite ▲ *190*, pour élire domicile à Pacific Heights, quartier épargné où de vastes terrains étaient encore disponibles. Au cours des années 1930, des immeubles de béton à moulures de style espagnol remplacèrent les opulentes demeures à l'angle des *blocks* : la bourgeoisie voyage, et l'entretien d'un appartement est moins onéreux que celui d'un hôtel particulier et sa nombreuse domesticité. Un tiers de ces immeubles de luxe, dont les halls sont souvent somptueux, furent réalisés par l'architecte C.A. Lewsdorfer. L'automobile détrône bientôt le *cable car* et la

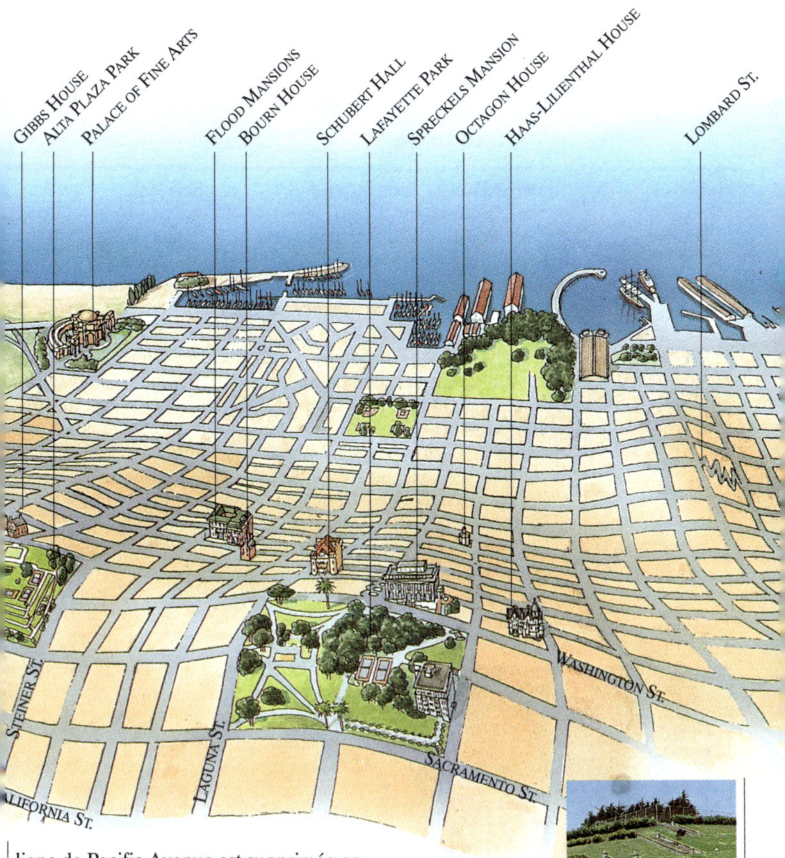

Gibbs House · *Alta Plaza Park* · *Palace of Fine Arts* · *Flood Mansions* · *Bourn House* · *Schubert Hall* · *Lafayette Park* · *Spreckels Mansion* · *Octagon House* · *Haas-Lilienthal House* · *Lombard St.*

Steiner St. · *Laguna St.* · *Sacramento St.* · *California St.* · *Washington St.*

ligne de Pacific Avenue est supprimée en 1929. Les résidents du quartier forment alors une société encore plus élitiste et fermée. Au début des années 1970, la très influente *Pacific Heights Association* impose une réglementation limitant à cinq étages la hauteur des nouvelles constructions. À la même époque, au pied de la colline, les commerçants de Union Street restaurent les maisons qu'ils transforment en magasins et bureaux.

DE ALTA PLAZA PARK À PACIFIC AVENUE ♥

Alta Plaza Park occupe le sommet de la colline entre Jackson, Clay et Fillmore Streets. Jackson Street, à l'angle nord-ouest du parc, est un bon point de départ pour une visite des riches demeures de Pacific Heights.

GIBBS HOUSE. 2622 JACKSON ST. Cette villa de style baroque italien, en grès de l'Oregon avec un toit de tuiles vernissées, fut réalisée en 1894 par l'architecte Willis Polk (dont c'était la première commande) pour l'industriel George Gibbs. Ce dernier souhaitait en faire une maison de campagne, mais l'urbanisation de la zone fut si rapide que les jardins en terrasses du projet initial ne furent jamais aménagés. Le bâtiment abrita quelque temps le consulat japonais, qui ferma pendant la Seconde Guerre mondiale. Il appartient depuis 1947 à l'École des beaux-arts et subit actuellement quelques restaurations en raison des dommages causés par l'érosion marine et le séisme de 1989.

VUE IMPRENABLE
Du haut des Southern Steps (Alta Plaza Park), le regard balaie Pacific Heights, le quartier de Fillmore, Alamo Square, Lone Mountain, Haight-Ashbury et les deux collines jumelles de Twin Peaks.

DIVISADERO
Pour aller de la Mission Dolores au Presidio, les soldats espagnols et les voyageurs empruntaient autrefois un sentier appelé Divisadero, le «chemin de guet». Malgré les nombreux changements, Divisadero Street existe toujours et continue d'offrir une vue panoramique sur l'océan Pacifique.

▲ Pacific Heights

HARMONIE
En contournant l'angle de Jackson St. sur la gauche après Smith House, on pourra admirer les immeubles élevés ici dans les années 1930 en parfaite harmonie avec le style des habitations voisines.

SMITH HOUSE. 2600 JACKSON ST. Un peu plus loin, s'élève la maison de brique rouge (ci-contre) offerte par Irving M. Scott à sa fille Alice pour son mariage avec Reginald Knight Smith. Elle fut construite en 1895-1897 par Ernest Coxhead dans un mélange de styles jacobéen et georgien (styles anglais des XVIIe et XVIIIe siècles), avec des murs extérieurs de 1 m d'épaisseur. Son coût fut d'autant plus élevé que les briques, introuvables dans la région, durent être importées. Cette maison servit de soupe populaire pour les réfugiés du séisme de 1906 et fut l'une des premières à être dotée de l'électricité.
JAMES IRVINE'S HOME. En descendant Pierce Street pour rejoindre Pacific Avenue, on remarque au n° 2415-2421, une demeure de style néo-Tudor bâtie en 1897 pour une famille qui possédait le tiers d'Orange County (Californie du sud). Cette maison en bois et plâtre fut réalisée par Edgar Matthews, dont la marque est visible dans le dessin délicat, très particulier, des fenêtres.

PACIFIC AVENUE

Le mélange des styles est caractéristique des demeures cossues du quartier.

En tournant à droite dans Pacific Avenue, on atteint SHREVE HOUSE au n° 2523. Cette maison d'une belle teinte pêche fut construite en 1905 par Willis Polk. Moulures et ressauts des étages supérieurs sont un véritable plaisir pour les yeux.
MONTEAGLE HOUSE. 2516 PACIFIC AVE. Membre de la haute société inscrite au *Blue Book* («Bottin mondain»), Louis F. Monteagle commanda cet hôtel particulier de style néo-gothique (terminé en 1923) à Lewis Hobart, architecte de la Grace Cathedral ▲ *193*. La partie de brique rouge, à droite, fut rajoutée ultérieurement. Le bâtiment abrite maintenant le consulat britannique.
LEALE HOUSE. 2475 PACIFIC ST. Bâtie en 1853, cette maison était à l'origine une ferme de quatre pièces et appartenait à un éleveur de bovins. John Leale, un capitaine de ferry célèbre pour son autobiographie, *Recollections of a Tule Sailor* (*Souvenirs d'un marin d'eau douce*), l'acheta en 1883 et y ajouta le porche et la façade. Le garage de style italianisant a été construit en 1980.
BOURN HOUSE. 2550 WEBSTER ST. (PACIFIC/BROADWAY). Cette imposante demeure de style georgien en briques de teinte sombre fut bâtie par Willis Polk en 1896 pour William Bowers Bourn, l'homme le plus riche de la ville dans les années 1930.

DE BROADWAY À LAFAYETTE PARK

WILLIAM BOWERS BOURN
Héritier d'une mine d'or du Mother Lode, il possédait en outre la *Spring Valley Water Company*, la *San Francisco Gas Co.* et l'*Empire Mining Company*. En 1915, il participa au financement de l'exposition internationale Panama-Pacific. On le considère comme le dernier bâtisseur d'empire de l'Ouest.

Au croisement de Webster Street et de Broadway, le regard embrasse la Baie avec l'île d'Alcatraz, la verdoyante Angel Island et, au-delà, les collines bleues de Marin County. Cette partie de Broadway est bordée de somptueuses demeures.
GRANT MANSION. 2200 BROADWAY. Cette maison de brique rouge fut construite en 1910 pour Joseph Grant, président de la *Columbia Steel Company*, selon des plans des architectes new-yorkais Hiss & Weeks.

> « LA VUE D'UNE COLLINE ME DONNE TOUJOURS UNE IRRÉSISTIBLE ENVIE DE GRIMPER JUSQU'AU SOMMET. [...] DE QUELQUE CÔTÉ QUE VOUS VOUS TOURNIEZ, VOUS AVEZ DEVANT VOUS UNE CÔTE OU UNE DESCENTE. » JOHN DOS PASSOS

LES DEUX FLOOD MANSIONS. Sur Broadway, entre Fillmore et Webster Streets se trouvent deux maisons bâties par le riche « baron de l'argent » Flood ▲ *189*. Celle du n° 2222 fut érigée au lendemain du séisme de 1906 : pour plus de sécurité, Flood avait promis à sa femme de faire construire une maison sur du granit. Les architectes Bliss & Faville dessinèrent une demeure Renaissance tout en marbre rose du Tennessee, qui fut élevée sur un énorme bloc de granit qu'on importa, le sol de ce quartier n'étant pas granitique ! Les travaux s'achevèrent en 1916. Due à l'architecte Julius Krafft, la maison de style Renaissance italienne qui se dresse au n° 2120 fut bâtie par Flood pour son fils James Leary, en 1901. Tout en bois, elle fut peinte en trompe l'œil pour avoir les apparences d'un palais en pierre. Remonter Buchanan pour reprendre Pacific.
SCHUBERT HALL. 2099 PACIFIC AVE (BUCHANAN/LAGUNA STS.). Construit en 1905 pour John D. Spreckels, cet édifice de bois et de stuc a abrité la bibliothèque de la *California Historical Society* pendant trente ans.
WHITTIER MANSION. En tournant à droite dans Laguna Street, on remarque au n° 2090 de Jackson, une massive demeure de grès rose. C'est l'architecte Edward R. Swain qui réalisa en 1896, pour le financier William Whittier, cette harmonieuse juxtaposition de styles composites. Les murs intérieurs sont lambrissés d'acajou et de chêne clair gravé et incrusté. Ce fut la première maison de la ville à être équipée du chauffage central. En continuant dans Laguna, on débouche au terme d'une montée quelque peu abrupte sur Washington Street et Lafayette Park.

SPRECKELS MANSION ♥

Au n° 2080 de Washington Street (à l'angle d'Octavia) on peut admirer l'une des plus élégantes demeures privées de la côte Ouest. Ce vaste édifice blanc orné de colonnes ioniques fut commandé en 1913 par Alma et Adolph Spreckels, richissimes propriétaires de plantations de canne à sucre, à leur ami architecte George Applegarth, maître d'œuvre du Palace of the Legion of Honor ▲ *248*.

ADOLPH B. SPRECKELS
Claus Spreckels, le père d'Adolph, se lia d'amitié avec le roi Kalakua lors d'un voyage à Hawaii et gagna au poker une grande partie de l'île de Maui. Il devint le « roi du sucre » en créant des raffineries dans l'île ainsi qu'à San Francisco. Héritier de la fortune (et du titre), Adolph épousa Alma de Bretteville en 1908. Il influa beaucoup sur l'aménagement du Golden Gate Park et finança la construction du musée du palais de la Légion d'honneur.

▲ Pacific Heights

Le «Parthénon de la côte Ouest».
Ainsi surnomma-t-on Spreckels Mansion, imposante bâtisse occupant la moitié du *block* situé entre Jackson, Gough, Octavia et Washington Streets. Elle comprend vingt-six salles de bains et une piscine, dont on aperçoit le bâtiment au fond du parc. La francophile Alma Spreckels ▲ *248* s'y baignait encore quotidiennement à l'âge de quatre-vingts ans. La maison servit de décor dans plusieurs films, dont *Pal Joey (La blonde ou la rousse ?)* de George Sydney. Elle appartient actuellement à la romancière Danielle Steel, qui y vit avec ses treize enfants.

L'élégante Spreckels Mansion, au n° 2080 de Washington Street.

Lafayette Park
Ce parc, qui occupe le sommet de la colline, fait face à la Spreckels Mansion. Le bosquet d'arbres entouré de vastes pelouses marque l'emplacement de la maison de Samuel Holladay, le premier occupant de ce site. Holladay y fit bâtir en 1879 le premier observatoire astronomique de Californie, utilisé jusqu'en 1907.

Musée
Préservée grâce à l'action des *Colonial Dames of America,* l'Octagon House a été transportée ici depuis son site d'origine, de l'autre côté de la rue, et transformée en musée (accès gratuit).

Haas-Lilienthal House ♥

La grande maison victorienne de style *Stick Lake* ● *94* qui se dresse au n° 2007 de Franklin Street, réalisée en 1886 par Peter Schmidt, fut la résidence de la famille du commerçant bavarois William Haas pendant plus de quatre-vingts ans. Aujourd'hui siège de la *San Francisco Architectural Heritage Foundation* et entièrement meublée dans le style victorien, elle est ouverte au public les mercredi et dimanche (ci-contre). Plus loin, en descendant Franklin Street, et à gauche dans Vallejo Street, on aperçoit quelques beaux cottages de style *Art & Craft* ● *98,* datant de 1909. Un peu plus loin sur la droite, au n° 1772, s'élève une demeure à l'architecture éclectique mêlant le style italianisant et quelques influences françaises, dont une toiture de style Mansart. Cette maison, réalisée en 1875 par l'architecte Edmund Wharff, était le cadeau de mariage du maire Ephraim Burr à son fils.

Octagon House

Au n° 2645 de Gough Street, entre Union et Green Streets, se dresse cette maison bleu pâle de forme octogonale, bâtie en 1861 par un néphrologue persuadé que cette forme était idéale pour la santé des occupants puisque chaque pièce reçoit le maximum de lumière. L'intérieur est entièrement décoré de meubles de style colonial. Un peu plus bas, on croise Union Street, rue très animée dans sa partie commerçante, entre Gough et Chestnut. On y trouve une multitude de boutiques chic, d'antiquaires, d'épiceries fines et de restaurants de luxe installés dans des maisons victoriennes restaurées. Le n° 2040, reconnaissable à son palmier, est une ancienne ferme de Cow Hollow, littéralement le «creux aux vaches», nom de ce quartier, occupé autrefois par de gras pâturages.

Le San Francisco
des Affaires

Financial District, *206*
Union Square, *218*
Civic Center, *224*

▲ Financial District

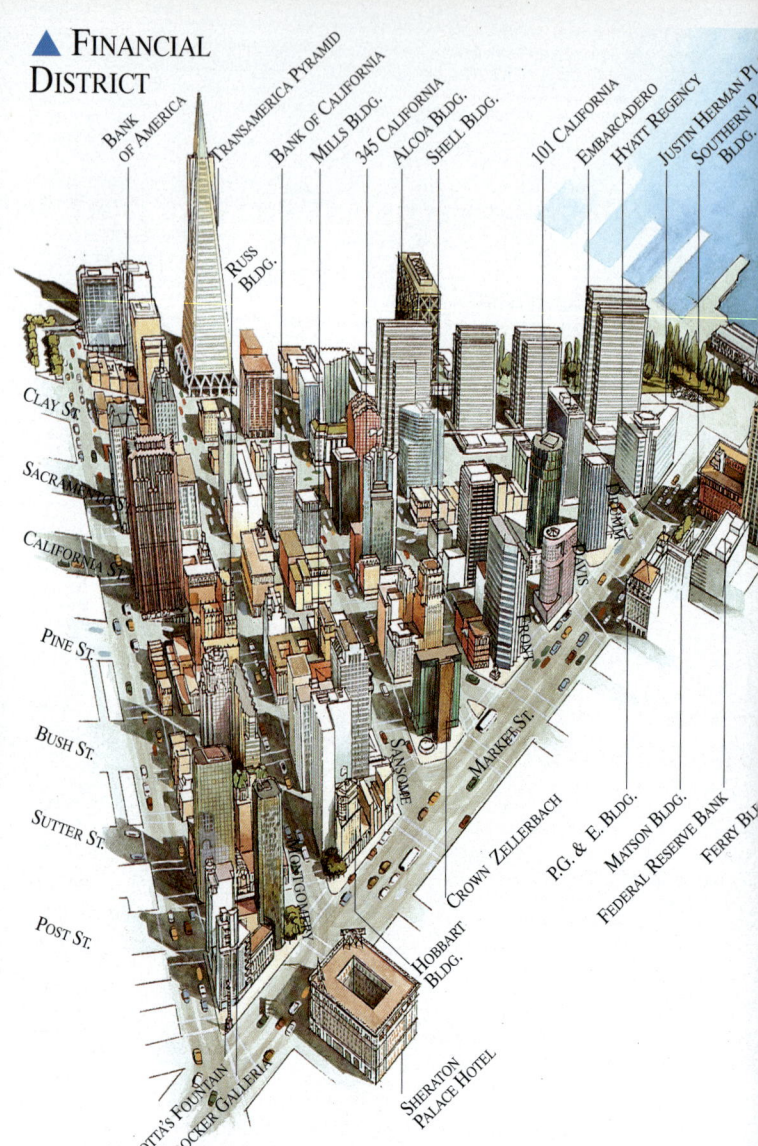

3 heures

Lithographie du XIXᵉ siècle, extraite de *The Wasp*, représentant le New Pioneer Building (page de droite en bas).

Cœur commercial de San Francisco depuis près de cent quarante ans, le Financial District réunit la plupart des temples de la finance et des gratte-ciel de la ville.
Naissance du Financial District. Elle date de 1852, année de l'établissement sur California et sur Montgomery Streets de trois banques. Le quartier voisin de Jackson Square ▲ *146* conserve sa suprématie jusque dans les années 1860, mais dès 1867 on peut voir sur California Street les bâtiments de la Bank of California, le Merchants' Exchange, la Fireman's Fund et bien d'autres. Dans les années 1860-1870, la découverte de filons d'argent dans le Comstock Lode ● *44* revitalise l'économie locale. Toutes les compagnies minières du Nevada établissent en effet leur siège à San Francisco, apportant un sang neuf à ses banques, qui se multiplient pour répondre à la demande. Si certaines sont les succursales de prestigieuses banques britanniques et françaises, la plupart sont fondées par des financiers californiens. Bientôt, le long des rues du Financial District, s'élèvent de solides édifices en pierre, de trois ou quatre étages et de style italianisant.

Compagnies d'assurances, bourse (spécialisée dans les actions minières), bibliothèques privées et immeubles de bureaux avec boutiques au rez-de-chaussée côtoient bientôt les banques. Aux trois hôtels – *Russ*, *Lick* et *Cosmopolitan* – installés dans Lower Montgomery Street depuis le début des années 1860 s'ajoutent alors le *Grand Hotel* et le *Palace Hotel* de Market Street.

PREMIERS GRATTE-CIEL. ● *104* C'est en 1889 que jaillit dans cet environnement italianisant le premier gratte-ciel à charpente d'acier. Burnham et Root, architectes de Chicago, déploient pour les Chronicle (1889) and Mills Buildings (1891) une imagerie romane, qui doit beaucoup à Henry Hobson Richardson et qu'agrémentent de hautes fenêtres à la manière de l'école de Chicago. Les gratte-ciel édifiés par la suite, tels le Kohl Building (1900) ou le Merchants' Exchange (1903), présentent un décor classique qui deviendra la norme après 1906. Dans les années qui suivent le séisme et l'incendie de 1906, les buildings s'élèvent de plus en plus haut pour culminer avec les vingt étages du Standard Oil Building (1922). Toutefois, à la fin des années 1920, un style nouveau reste à trouver pour les édifices les plus hauts. Chicago sera une fois encore la source d'inspiration : les Russ, Shell et P.T. &T. Buildings, construits entre 1925 et 1929, affichent les mêmes silhouettes élancées et sommets à décrochements que l'admirable projet présenté par Eliel Saarinen en 1922 pour le concours du *Chicago Tribune*. Après la Seconde Guerre mondiale, on recommence à construire des immeubles de bureaux, mais ce sont les styles modernes qui prédominent ● *106*. Seuls les immeubles très récents du *Downtown Plan* tentent timidement de renouer avec les matériaux et les lignes gracieuses d'antan.

Le *skyline* en 1915.
EMBARCADERO CENTER
Œuvre de John C. Portman & Ass. (1971-1981), ce complexe en forme de L installé entre Sacramento et Clay Streets réunit six tours de bureaux, deux hôtels et un centre commercial.

Si les entrées ne sont guère attrayantes, passerelles et escaliers intérieurs invitent à l'exploration. Embarcadero Four renferme une sculpture de trois étages dont le sommet s'épanouit en plusieurs arcs délicats. Comme le centre lui-même, le matériau – du béton armé – déçoit, mais les formes sont saisissantes. Embarcadero Five abrite le HYATT REGENCY HOTEL (1973), célèbre pour son atrium de dix-sept étages dont la sculpture, *Eclipse*, est due à Charles O. Perry.

▲ FINANCIAL DISTRICT

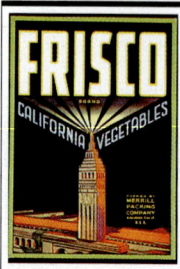

FERRY BUILDING

Construit entre 1896 et 1898 par l'architecte A. Page Brown, le Ferry Building reste un témoin de l'époque où il n'y avait encore ni ponts ni autoroutes à San Francisco. Sa position stratégique au pied de Market Street s'apprécie mieux depuis que l'Embarcadero Freeway a été rasé après le séisme de 1989.

HISTOIRE. Après l'achèvement, en 1869, du chemin de fer transcontinental ● *54* dont le terminus se trouvait à Oakland, la circulation maritime entre les deux villes s'intensifia. En 1873, la *Central Pacific Railroad* construisit donc une gare maritime – un long et sombre bâtiment surmonté d'une tour d'horloge (ci-contre) – qui se révéla rapidement trop petite. Le bâtiment actuel, édifié par l'État de Californie, est composé d'un pavillon central coiffé d'un imposant clocher, inspiré de la tour de la Giralda de Séville, que flanquent deux ailes percées de dix-huit arcades chacune.

Comme de nombreux édifices de l'époque, le Ferry Building est en grès gris de Colusa recouvrant une charpente d'acier. Du jour de son ouverture, en 1898, à l'inauguration du Bay Bridge en 1936 ▲ *306*, ce fut le lieu le plus animé de la ville. Usagers des lignes de ferries de la Baie et voyageurs transcontinentaux s'y croisaient, sortant de son hall pour prendre d'assaut les tramways qui convergeaient en une large boucle devant le parvis. La circulation des ferries cessa définitivement en 1958. Seule la ligne desservant Marin County et Vallejo a été rétablie dans les années 1970.

À l'angle de California et de Front Streets, on peut voir l'un des derniers ensembles de petits immeubles victoriens du Financial District. Les deux premiers abritent le vénérable restaurant *Schroeder's* (fondé en 1893) et le *Tadich Grill*, le plus vieux restaurant de Californie. Le troisième est un bâtiment de béton à l'étrange façade vert foncé agrémentée de *terra cotta* et percée de fenêtres à petits carreaux et encadrements de bronze.

LE LONG DE MARKET STREET

UNE ARTÈRE VITALE. Cette rue qui relie le front de mer à Twin Peaks a longtemps été considérée comme la principale artère de la ville : c'est là que s'installèrent échoppes de hot dogs, tavernes et baraques de forains puis que s'édifièrent gratte-ciel, cinémas, banques et grands magasins. C'est ainsi qu'en 1948, l'historien Robert O'Brien put qualifier Market Street de «plus petit dénominateur commun de San Francisco». Après 1880, la ligne de *cable car* de Market Street marqua la limite entre les quartiers aisés, au nord, et ouvriers, au sud («*South of the Slot*») ▲ *146*. Cette ligne, doublée ultérieurement par la municipalité,

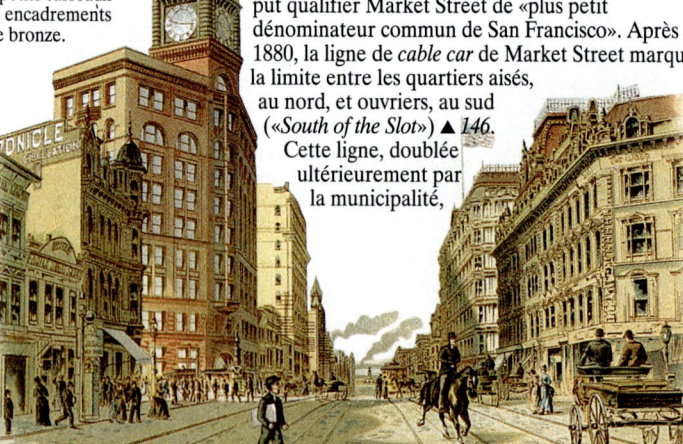

fit longtemps de Market Street une artère fort difficile à traverser pour les automobilistes. L'ingénieur irlandais Jasper O'Farrell, qui perça cette voie en 1847, suivant le tracé de l'ancienne route conduisant à Mission Dolores, savait apparemment ce qu'il faisait car Market Street a toujours été l'itinéraire le plus logique – et donc l'axe le plus fréquenté – pour rejoindre les quartiers périphériques et, de nos jours, on n'imagine pas San Francisco sans elle.

Le *sky line* en 1958.

«PATH-OF-GOLD» Ces réverbères baptisés «Chemin de l'or», qui éclairent Market St furent réalisés en 1916, alors que prévalait le *City Beautiful* ● 96. Willis Polk dessina le socle et le fût, le sommet avec les trois globes sont dus au sculpteur Leo Lentelli et les bas-reliefs à A. Putnam.

SOUTHERN PACIFIC RAILROAD BUILDING. 1 MARKET STREET. Le Southern Pacific et les quelques autres édifices anciens (Ferry Building, Matson Building et Pacific Gas & Electric Building) apportent une tonalité chaleureuse à ce secteur tout de verre et d'acier. Avec ses briques rouges, ses arcades d'un bel ocre brun et son décor inspiré des styles Renaissance et Baroque, le bâtiment conçu en 1916 par Bliss & Faville abrite la société qui domina la politique régionale en matière de transports et d'agriculture de 1869 au début du XXe siècle. Le pouvoir financier de ce géant du rail, surnommé la «pieuvre» ● 54 ▲ *189*, était tel qu'il tint longtemps la Californie dans ses tentacules.

FEDERAL RESERVE BUILDING. 101 MARKET STREET. À l'étroit dans ses locaux du n° 400 Sansome Street, la Federal Reserve Bank fit raser tout un *block* de bâtiments anciens pour élever en 1980 cet édifice de verre et de béton rose. Le hall d'entrée, marqué par un portique blanc, accueille un musée où l'on peut découvrir les rouages de la banque fédérale.

MATSON BUILDING. 215 MARKET STREET. Ce bâtiment réalisé en 1921 par Bliss & Faville était autrefois visible depuis la baie. Des moulures polychromes de *terra cotta* vernissée à thèmes maritimes (vagues, poissons, baleines, coquillages et cordages) ornent sa façade et l'auvent du porche est estampillé d'un grand «M». Avec la *Dollar Lines* et la *Spreckels' Oceanic Steamship*, la *Matson Navigation Co.* fut l'une des plus grandes compagnies de navigation de l'histoire de San Francisco. Son fondateur, le Suédois William Matson, débuta en transportant des marchandises puis des passagers entre Hawaii et la Californie. La compagnie connut un essor fulgurant grâce à son gendre, William P. Roth, dont les paquebots de luxe sillonnaient les mers du Sud.

PACIFIC GAS & ELECTRIC BUILDING. 245 MARKET/ BEALE STS. Ici la *terra cotta* imite le granit. L'édifice, construit en 1925 par Bakewell & Brown, est richement décoré de sculptures au rez-de-chaussée et surmonté de colonnes à l'entablement orné d'urnes.

LE FLOOD BUILDING Cet édifice *flatiron* qui se dresse à l'angle de Market et Powell Streets, fut achevé en 1904 d'après les plans d'Albert Pissis ● 96, et commandé par James Flood, fils de l'un des *Bonanza Kings* ● 45. Avec ses murs de brique habillée de grès et son décor Renaissance, il fait pendant à l'Emporium Building.

▲ FINANCIAL DISTRICT

Le *skyline* en 1972.

WILLIAM RALSTON
Le fondateur de la *Bank of California* finança l'essor de maintes entreprises qui permirent à la Californie d'asseoir son indépendance économique. Sa banque s'était lourdement endettée pour racheter la majorité des parts des mines du Comestock. Ralston fit construire le Palace Hotel ▲ *216* pour valoriser ses investissements

immobiliers dans ce quartier. Mais il ne fit qu'aggraver sa situation financière. Son associé lui donna le coup de grâce en cédant ses parts du Comestock. Inquiets, les clients de la banque retirèrent leurs fonds et celle-ci dut fermer ses portes. Le soir même, Ralston se noyait au cours d'une baignade…

CALIFORNIA STREET

Tourner à droite dans Front pour rejoindre California Street. À la fin des années 1970, la construction des gratte-ciel connut un certain essor à San Francisco. Un promoteur de Houston, Geral Hines, fit raser le *block* du 101 California Street (y compris le superbe Oceanic Steamship Building conçu par George Applegarth) et confia au New-Yorkais Philip Johnson la réalisation du cylindre de verre posé sur de fins pilotis habillés de granit qui se dresse désormais à cet endroit.
Au n° 255 de la même rue, l'INDUSTRIAL INDEMNITY BUILDING (ex-John Hancock Building), érigé en 1959, dresse ses douze étages de verre fumé. Il eut son heure de gloire, car il compte parmi les premiers gratte-ciel modernes de la ville.
Le NEWHALL BUILDING, au 260 California, réalisé en 1910 par Leewis Hobart, est un édifice de brique rouge agrémenté de belles moulures en *terra cotta*.
DOLLAR BLOCK. CALIFORNIA, PINE, SANSOME ET BATTERY STS. Structure d'acier et de béton à décor néogothique, l'immeuble du 311 California Street fut construit en 1919 pour abriter le siège de la *Robert Dollar Steamship Lines*, une compagnie de navigation qui commença par transporter du bois avant de se lancer dans le commerce avec l'Asie. Au 351 s'élève la façade de brique rouge du J. HAROLD DOLLAR BUILDING (1920). Entre ces deux bâtiments se dresse l'une des plus hautes tours de San Francisco (quarante-deux étages), construite en 1987.

Le *Mandarin Hotel* occupe les onze derniers étages dédoublés en deux tours reliées par des passerelles de verre *(skybridges)* et surmontées de deux flèches illuminées la nuit. Le hall d'entrée et les boutiques du complexe sont lambrissés de bois précieux mais d'une grande sobriété. La façade du n° 350 de CALIFORNIA STREET, qui date de 1977, est ornée d'une série de têtes de morse en granit sauvées lors de la démolition de l'Alaska Commercial Building (1908), qui occupait autrefois cet angle.
MERCHANTS' EXCHANGE. 465 CALIFORNIA. À l'époque de la ruée vers l'or, les commerçants de la ville offraient des sommes considérables pour être informés les premiers de l'arrivée des navires chargés de marchandises. Rassemblés dans la grande salle des changes, commerçants, importateurs, exportateurs, armateurs, investisseurs et spéculateurs entamaient leurs négociations dès qu'un arrivage leur était annoncé depuis le belvédère situé sur le toit du bâtiment. Cette salle, l'actuel *Grain Exchange Hall* (Bourse des céréales), était alors le centre nerveux du commerce de toute la côte Ouest. Les visiteurs admireront les grandes fresques marines par lesquelles le peintre et ancien marin d'origine irlandaise William Coulter ▲ *173* évoque magistralement l'importance de l'activité maritime de San Francisco à ses débuts. Willis Polk a conçu cet édifice à l'époque où il dirigeait l'agence san franciscaine de Daniel Burnham, célèbre architecte de Chicago ▲ *224*. Les corniches de cet immeuble et de

l'Insurance Exchange Building (433 California Street) – aussi réalisé par Willis Polk, en 1913 – se répondent admirablement de part et d'autre de Leidesdorff Alley. Notons qu'en 1903, le Merchants' Exchange et le Kohl Building dominaient de leurs «hautes silhouettes» les édifices victoriens du Financial District.

BANK OF CALIFORNIA. 400 CALIFORNIA ST. Fondée en 1864, la banque de William Ralston et D.O. Mills domina rapidement l'activité financière de la ville. Un très bel édifice, inspiré de la bibliothèque de la place Saint-Marc de Venise, fut élevé sur ce site en 1867 pour être démoli en 1906, car la banque en pleine expansion s'y trouvait à l'étroit. Le monument classique construit à la place en 1908 par Bliss & Faville est fort bien proportionné avec ses hautes colonnes corinthiennes surmontées d'un entablement. Réalisée en 1967 par Anshen & Allen, la tour de bureaux adjacente est habillée de panneaux longilignes qui font contrepoint au bâtiment à colonnade.

BANK OF AMERICA WORLD HEADQUARTER. 555 CALIFORNIA ST. Construit entre 1968 et 1971, le siège mondial de la Bank of America dresse sa silhouette écrasante au-dessus de GIANNINI PLAZA, une place balayée par les vents et ornée d'une sculpture que les mauvaises langues ont baptisée le «cœur du banquier». Mais quand vient le soir, les rayons du couchant filtrés par les nuages ou la brume viennent jouer sur les facettes de granit rouge du bâtiment, qui s'enflamme alors d'une lumière d'or visible à des kilomètres à la ronde. Lorsqu'il fonde la *Bank of Italy* en 1904, Amadeo P. Giannini n'imagine pas que le siège occupera un jour un des plus hauts édifices de San Francisco. Au début, il vise seulement la clientèle des immigrants italiens éconduits par les autres banques, mais en qui, lui, voit le moteur de la communauté italienne de San Francisco. Quelques années suffiront à lui donner raison. En 1920, la *Bank of Italy* devient l'une des grandes puissances financières de Californie. En 1930, la banque, rebaptisée *Bank of America*, est de loin la plus importante institution financière du pays.

300 MONTGOMERY. (ANGLE SUD-EST DE CALIFORNIA ST.) De l'édifice construit en 1922 par George Kelham pour l'*American National Bank*, il ne reste plus que le hall et la colonnade. Racheté en 1941 par la *Bank of America* pour y établir son siège, il fut entièrement remodelé à partir du premier étage et modernisé.

AMADEO P. GIANNINI
En 1902, à trente-deux ans, il succède à son beau-père à la tête de la *John Fugazi's Columbus Savings and Loan Society*. Ne pouvant convaincre les administrateurs de libéraliser la politique de la banque à l'égard des Italiens aux revenus modestes, il décide alors de voler de ses propres ailes et ouvre en 1904 la *Bank of Italy* dans un ancien saloon de Columbus Avenue. Il lance une campagne offensive visant les Italiens, y compris ceux qui ne peuvent pas verser sur un compte d'épargne plus d'un dollar à la fois. Il est en outre le premier à créer des succursales pour rapprocher la banque de sa clientèle. Dans les années 1920, il rachète tant de banques locales en Californie qu'il doit, pour les gérer au mieux, former plusieurs holdings. En 1930, toutes fusionnent sous le nom de *Bank of America*.

BLACK BART, ROBIN DES BOIS DE L'OUEST AMÉRICAIN

Dans les années 1870-1880, les malles-poste de la *Wells Fargo*, qui parcouraient les routes chargées d'or et de numéraires, suscitèrent la convoitise de nombreux bandits de grands chemins. Le plus célèbre de tous, Black Bart (ci-contre), était connu pour sa voix grave et autoritaire, au son de laquelle les cochers s'exécutaient sans broncher. En l'espace de huit ans (1875-1883), sa courtoisie et les petits poèmes de son cru, au ton souvent amer, qu'il laissait derrière lui, l'avaient rendu très populaire dans tout l'Ouest américain. N'affirmait-il pas prendre aux riches pour donner aux pauvres ? Mais en 1883, un mouchoir oublié sur les lieux de sa vingt-huitième attaque causa sa perte. Suivant la piste que lui indiquait le nom de la blanchisserie, le détective de la *Wells Fargo* aboutit à une pension de famille où vivait Charles E. Boles, un soi-disant ingénieur des mines âgé de cinquante ans. Écroué à la prison de San Quentin, l'élégant bandit-poète fut libéré pour bonne conduite en 1887 et l'on n'entendit plus parler de lui.

WELLS FARGO, LA STAR DES BANQUES

WELLS FARGO BANK HISTORY ROOM.
420 MONTGOMERY ST. Ce musée évoque le rôle que la *Wells Fargo* a tenu dans l'histoire financière de la Californie. On y trouve des souvenirs de Black Bart, bandit de grands chemins qui attaqua une trentaine de diligences en laissant parfois sur les lieux un poème expliquant qu'il volait aux riches pour donner aux pauvres. Le musée possède aussi quelques exemplaires de la monnaie frappée par l'empereur Norton ▲ *158*, des tableaux, des photos anciennes, des coffres-forts, des morceaux de minerais, des pépites d'or et une vraie malle-poste, qui symbolise aujourd'hui encore la banque née de ses activités de transport.

UNE ASCENSION FOUDROYANTE. En juillet 1852, cette banque new-yorkaise fondée par Henry Wells et William G. Fargo ouvre un service bancaire et une compagnie de transport dans un petit bâtiment de brique de Montgomery Street. Elle se rend célèbre en se chargeant de l'enlèvement de l'or dans les mines et du ravitaillement des mineurs et des pionniers. Trois ans plus tard, la *Wells Fargo* compte déjà cinquante-cinq succursales en Californie et peut se vanter d'être la plus importante compagnie de transport de la région. Le bureau de San Francisco déménage alors dans un solide édifice de granit à l'angle de California et de Montgomery, où la *Wells Fargo & Co* restera jusqu'en 1876. Mais si elle est la plus connue à cause de ses diligences, ce n'est pas la banque la plus importante de San Francisco au XIXe siècle.

LES PREMIÈRES BANQUES. À l'époque de la ruée vers l'or, San Francisco connaît une formidable explosion économique. À l'image du désordre indescriptible qui règne dans la ville, les services bancaires sont très rudimentaires. Certaines banques, dont la *Wells Fargo*, débutent comme compagnies de transport rapide. Elles fournissent en outre des capitaux aux commerçants de la ville qui importent des produits de la côte Est et servent d'intermédiaires pour le paiement des transporteurs. Elles acceptent aussi les dépôts et prêtent à de forts taux d'intérêt. Les Californiens ont certes besoin des banquiers, mais ils s'en méfient en raison des nombreuses faillites qui ont suivi la panique de 1847, lorsque les coupures distribuées par les banques avaient perdu toute valeur.

En 1849 est édictée la *California State Legislature* qui interdit aux banques de fusionner, d'émettre des chèques, des billets à ordre et de la monnaie papier. Ainsi, jusqu'en 1864, toutes les banques californiennes restent de simples caisses d'épargne et d'emprunt et demeurent la propriété d'une personne ou de quelques associés.

En 1864, la *Bank of California* de William Ralston ▲ *210*, la plus rapide à profiter de la levée de cette loi, les surpasse toutes. En 1870, la *First National Gold Bank* des Silver Kings ▲ *189* est la première banque de San Francisco à adhérer à la charte nationale et à pouvoir émettre de la monnaie-papier garantie par un stock d'or. En 1875, James Flood et W. S. O'Brien, qui ont amassé une immense fortune dans les mines du Comstock Lode ● *45*, ouvrent la *Nevada Bank* ; Charles Crocker, président de la *Central Pacific Railroad* ● *54*, fonde la *Crocker-Woolworth Bank* en 1883. L'*Anglo-Californian Bank* ouvre une agence en 1873, la *London, Paris and American Bank* en 1884, apportant expertise financière et capitaux internationaux. Ainsi, la concurrence est rude, mais la *Wells Fargo* continue de prospérer en développant ses services de messagerie. Des agences ouvrent dans les communes minières de la Sierra Nevada et de l'Oregon et ses malles-poste transportent bientôt marchandises, courrier et passagers. De 1860 à 1869, elle absorbe ainsi toutes les compagnies de transport de l'Ouest. L'ouverture de la ligne ferroviaire transcontinentale en 1869 ● *54* marque un tournant dans son histoire. Les deux géants concluent une alliance : la *Wells Fargo* cède un tiers de ses actions en échange d'un contrat d'exclusivité pour le transport des marchandises et du courrier par chemin de fer.

DE FUSION EN FUSION. La *Wells Fargo* se développera ensuite en fusionnant avec d'autres grandes banques : la *Nevada Bank* en 1905, l'*Union Trust Company* en 1923, l'*American Trust Co* en 1960. La fusion, en 1986, de la *Wells Fargo* et de la *Crocker Bank* (qui a elle-même absorbé la *First National Gold Bank* et l'*Anglo-Californian National Bank*) consacre l'union des onze grandes banques fondées par les financiers qui ont en quelque sorte «fait» San Francisco. Au long des décennies, c'est le nom de *Wells Fargo* qui a prévalu, car cette banque est la plus ancienne de Californie et le souvenir de ses diligences rouge et noir reste associé aux débuts mouvementés de cette ville née de l'or.

456 MONTGOMERY
Fruit relativement disgracieux d'une tentative d'intégration de bâtiments historiques à un ensemble architectural moderne, ce gratte-ciel de vingt-quatre étages lisse et miroitant surplombe deux petits édifices bancaires anciens (1908) à colonnes de granit. L'édifice qui s'élève à l'angle de Sacramento Street abritait autrefois l'*Italian-American Bank*, fondée en 1899 et absorbée (en même temps que deux autres banques italiennes) dans les années 1920 par la *Bank of Italy*. L'autre établissement, à colonnes corinthiennes, était l'*Antoine Borel Bank*, construite sur des plans d'Albert Pissis, un des grands architectes de San Francisco au début du siècle. Le financier suisse Antoine Borel fut en 1891 un des constructeurs de la ligne de *cable car* de Hyde Street.

FINANCIAL DISTRICT

RUSS BUILDING
(235 Montgomery St.)
C'est à cet endroit que Russ, un bijoutier germano-américain, construisit sa demeure en 1847. La maison céda la place à des boutiques, puis à l'élégante *Russ House*, un des plus

beaux hôtels des années 1860, disparu dans l'incendie de 1906. Construit en 1927 par George Kelham, le gratte-ciel actuel (ci-dessus) s'étage par décrochements successifs qui accentuent l'impression de verticalité. L'ornementation de style gothique est en *terra cotta* moulée et vernissée. Le Russ Building eut l'honneur pendant quelques décennies d'être le plus haut bâtiment de San Francisco. Aujourd'hui, c'est à peine si on l'aperçoit depuis le Bay Bridge.

MONTGOMERY STREET

KOHL BUILDING. 400 MONTGOMERY ST. Avec ses colonnes géantes, le maniérisme de ses étages (guirlandes sculptées et têtes d'animaux), cette construction achevée en 1901 devait servir de modèle aux gratte-ciel de San Francisco jusqu'en 1920. Un des premiers bâtiments à structure d'acier conçus pour résister au feu, le Kohl Building survécut à la catastrophe de 1906. Ce fut la dernière œuvre importante de George W. Percy, grand architecte de l'époque victorienne, et le premier gratte-ciel réalisé par Willis Polk. Il leur fut commandé par Alviza Hayward, un ancien prospecteur qui avait investi son immense fortune dans le secteur bancaire et l'immobilier, dans les chemins de fer, le charbon et diverses autres industries. Alviza Hayward mourut peu après l'achèvement de l'édifice, et ce dernier porte désormais le nom de son second propriétaire.

MILLS BUILDING & TOWER. 220 MONTGOMERY ST. Cet édifice est l'un des derniers témoins de l'époque où les façades et les *lobbies* des immeubles étaient ornés d'un riche décor de pierre. Des colonnes de pierre soutiennent le grand porche d'entrée en marbre blanc sculpté, qui reprend le motif en arc roman des étages supérieurs. Construit en 1892 par Burnham et Root, ce monument du Financial District est bien à l'image de son commanditaire, Darius Ogden Mills (1825-1910), le grand banquier de la ruée vers l'or, le cofondateur de la *Bank of California*.

> «SI LA CALIFORNIE DEVIENT UN JOUR UN PAYS PROSPÈRE,
> CETTE BAIE SERA LE CENTRE DE SA PROSPÉRITÉ.»
>
> RICHARD HENRY DANA

Le Mills Building fut restauré par Willis Polk après le séisme de 1906 et agrandi du côté de Bush Street en 1914-1918. La tour élevée au 220 Bush Street sur des plans de Louis Hobart respecte fidèlement le style de l'édifice originel.

HALLIDIE BUILDING. 130-150 SUTTER ST. S'il n'est pas le plus ancien immeuble de verre et d'acier de San Francisco (voir la Glass House, au 266-270 Sutter Street, construite en 1908 par George Applegarth), le Hallidie Building est sans doute le plus intéressant avec sa façade rehaussée de corniches gothiques et d'élégantes échelles de secours. Construit en 1917 par Willis Polk, il porte le nom de l'inventeur du *cable car* ● 68.

MECHANICS' INSTITUTE. 57 POST ST. Cette bibliothèque privée fut fondée en 1855, alors que les bibliothèques publiques faisaient cruellement défaut à San Francisco. Son club d'échecs fut longtemps l'un des plus importants du pays. Le bâtiment édifié en 1866 et détruit par l'incendie de 1906 fut relevé en 1909 par Albert Pissis.

NEWSPAPER CORNER. MARKET, THIRD ET KEARNY STS. C'est aux abords de ce carrefour que s'installèrent dans les années 1890 les trois principaux journaux de San Francisco. Construit en 1890 par l'agence Burnham et Root, le CHRONICLE BUILDING (690 Market) fut le premier gratte-ciel de la ville. Les salles de rédaction étaient installées dans les étages et les presses au sous-sol. L'ornementation romane d'origine du côté de Market et les ajouts néo-classiques de Willis Polk sur Kearny Street furent recouverts en 1962 de plaques métalliques. Les bureaux du *Chronicle* sont aujourd'hui installés sur 5th et Mission Streets. En 1897, William Randolph Hearst fit édifier l'EXAMINER BUILDING (691-699 Market). Les locaux, ravagés par l'incendie de 1906, laissèrent place en 1909 à un édifice plus intéressant, conçu par l'agence Kirby, Petit & Green de New York. On remarquera l'initiale «H» du fondateur du journal dans le hall d'entrée brillamment coloré. Le CALL BUILDING, construit en 1898 par l'agence Reid Brothers (703 Market, et désormais connu sous le nom de Central Tower), était de loin le plus ouvragé et le plus impressionnant des trois. Commandé par le baron du sucre Claus Spreckels pour son journal, le *Call*, il fut modernisé par Albert Roller en 1938, qui le priva, hélas, de sa belle entrée classique et de sa coupole richement décorée.

HUNTER-DULIN (11 Sutter Street) Ce gratte-ciel à décor roman, conçu en 1926 par Schultze & Weaver, évoque un château français avec son toit mansardé au faîte cuivré.

CROCKER GALLERIA Réalisé en 1982 par l'agence Skidmore, Owings & Merril, cet ensemble de boutiques distribué sur trois niveaux et coiffé d'un toit de verre cylindrique appartient au même projet que le gratte-ciel attenant, sur Post et Kearny Streets.

▲ Financial District

LOTTA'S FOUNTAIN
Cette fontaine qui se dresse au croisement de Kearny et de Market Sts fut offerte à la ville en 1875 par la danseuse et actrice Lotta Crabtree (1847-1924). Enfant, cette jeune protégée de Lola Montès gagnait très bien sa vie en se produisant dans les cités minières du Nevada. Installée sur la côte Est en 1864,

«Miss Lotta» fit forger la fontaine à Philadelphie puis transporter cette pièce de pur style victorien jusqu'à San Francisco pour prouver son attachement à la ville de ses débuts. Le fût de la fontaine a été surélevé en 1916 par souci d'harmonie avec les réverbères *Path-of-Gold* de Market St. Tous les ans, le 18 avril, à 5 h 13 précises, les survivants du séisme de 1906 se rassemblent ici pour commémorer l'événement.

SHERATON PALACE HOTEL

Si des centaines de fenêtres en saillie faisaient miroiter le premier Palace Hotel (633-665 Market St.), l'édifice reconstruit après 1906 est bien plus sobre et élégant. Il a fait en 1989-1991 l'objet d'une campagne de restauration qui a coûté quelque cent cinquante millions de dollars. Ouvert en 1875, le premier Palace fut conçu par le richissime banquier William C. Ralston pour être un hôtel de très grand luxe : sept étages, sept cents fenêtres, sept escaliers et cinq ascenseurs hydrauliques, cheminée et toilettes dans chaque chambre, bois précieux et marbres européens, linge d'Irlande, porcelaine bavaroise, vaisselle française, tapis turcs, etc. Son immense cour intérieure circulaire *(Grand Court)* pouvait accueillir les attelages venant de Montgomery Street. Grand Court fut par la suite coiffée d'un dôme vitré, ceinte d'un promenoir, agrémentée de jardins tropicaux et de fontaines, et servit de grande salle de réception. Ralston fit venir les meilleurs chefs cuisiniers de Paris. C'est au Palace Hotel que fut inventé l'assaisonnement pour salades *Green Goddess* («déesse verte») et que les artichauts furent inscrits au menu pour la première fois à San Francisco. Les travaux de construction ayant débuté au lendemain du grand séisme de 1868, Ralston ne recula pas devant la dépense pour préserver son chef-d'œuvre de toute catastrophe : quatre puits artésiens, des pompes à incendie, un vaste réservoir d'eau, des ampoules thermostatiques dans les chambres et les couloirs, et plus de deux mille gaines de ventilation. Cela n'empêcha pas le Palace de brûler en 1906. L'hôtel fut presque immédiatement reconstruit et sa *Garden Court* surmontée d'un dôme à vitrail très similaire à celui de l'ancienne *Grand Court*. Dans l'un des bars, on peut admirer l'immense fresque brossée par Maxfield Parrish en 1909 : *Pied Piper* (*Le Flûtiste de Hamelin*).

MARKET, DE MONTGOMERY À BUSH STREET

ONE MONTGOMERY STREET. Ce bâtiment fut réalisé par Willis Polk en 1908 pour abriter les bureaux de la *First National Bank*. Il devint le siège de la *Crocker Bank* lorsque les deux établissements fusionnèrent en 1926, puis une agence de la *Wells Fargo Bank* en 1986. Les dix derniers étages de la tour ont été rasés en 1980. L'architecture extérieure comme intérieure témoigne d'un raffinement extrême.

HOBART BUILDING. 582-592 MARKET STREET. Ce gratte-ciel richement ornementé (ci-dessus) ne manque pas d'originalité. On peut admirer – comme pour le Hallidie Building – le travail d'un Willis Polk dans la plénitude de son art (1914).

ONE SANSOME STREET. L'édifice d'origine fut construit en 1910 par Albert Pissis pour abriter la *London Paris National Bank*. Lorsque la banque fusionna avec l'*Anglo-Californian National Bank,* en 1921, George Kelham fut chargé de lui adjoindre une aile nord afin de doubler sa superficie. Intégré en 1956 au réseau de la *Crocker Bank*, le bâtiment fut réduit en 1984 pour laisser place à la cour d'entrée du CITYCORP CENTER conçu par William Pereira. Ce dernier abrite une sculpture de A. Stirling Calder, *Star Figure*, réalisée pour l'exposition internationale de 1915 ▲ *236*.

CROWN ZELLERBACH BUILDING. 1 BUSH STREET. Construit en 1959 par les agences Hertska & Knowles et Skidmore, Owings & Merrill, c'est l'un des premiers édifices «International Style» de la ville et le plus admiré. Ce fut la première tour de bureaux dotée de jardins paysagers destinés à l'isoler du tissu urbain. On regrettera l'absence de bancs dans ces jardins dessinés par Lawrence Halprin.

SHELL BUILDING (100 Bush St.) Ce gratte-ciel modern-style ● *104* fut construit en 1929 par George Kelham pour abriter le siège de la *Shell Oil Co*. Il est recouvert d'une belle *terra cotta* vernissée. Le hall, les ascenseurs et la façade sont richement ornés de coquillages, emblème de la firme.

«MECHANICS' MONUMENT» (Battery/Market St.) Cette sculpture réalisée par Douglas Tielden en 1894-1895 (ci-dessous) honore la mémoire de Peter et James Donahue, premiers grands industriels de San Francisco, qui fondèrent l'*Union Iron Works* et la première usine à gaz de la ville.

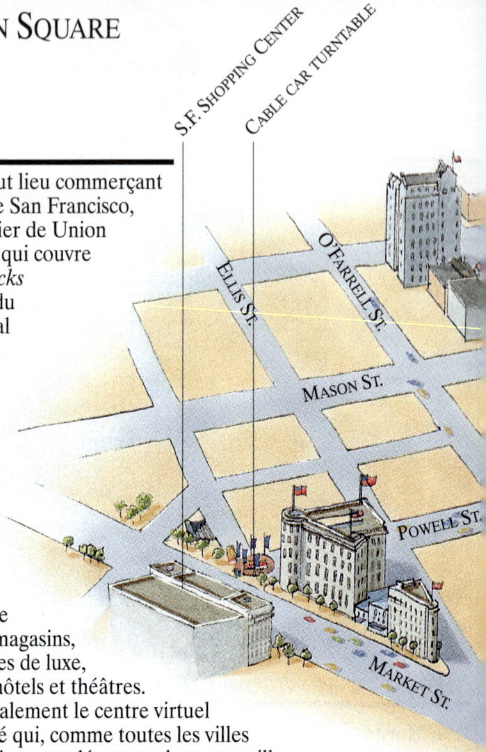

▲ UNION SQUARE

Haut lieu commerçant de San Francisco, le quartier de Union Square, qui couvre cinq *blocks* voisins du Financial District, regroupe grands magasins, boutiques de luxe, grands hôtels et théâtres. C'est également le centre virtuel de la cité qui, comme toutes les villes américaines, est dépourvu de centre-ville.

DE MARKET STREET À UNION SQUARE

Deux des plus grands complexes commerciaux de la ville se trouvent sur Market Street. Le SAN FRANCISCO SHOPPING CENTER abrite une centaine de boutiques sur dix niveaux, les quatre derniers étant occupés par le grand magasin *Nordstrom*. Un énorme monte-charge permet aux camions de décharger leurs marchandises directement dans les étages. L'EMPORIUM, reconnaissable à sa belle façade néo-classique dessinée par Joseph Moore en 1896, abrite désormais des boutiques sur deux étages en plus du grand magasin d'origine. Juste en face se trouve la plaque tournante de la ligne de *cable car* Powell-Hyde ● *68*, qui dessert Nob Hill, Chinatown et le Fisherman's Wharf. La première rue que l'on croise quand on remonte Powell en direction de Union Square, Ellis Street, abrite le JOHN'S GRILL (prendre à droite), restaurant dédié à Dashiell Hammett. Les murs sont tapissés de photos et d'affiches de films tirés des romans policiers de cet écrivain qui passa neuf années de sa vie à San Francisco, où il rédigea la majeure partie de son œuvre ● *132*.

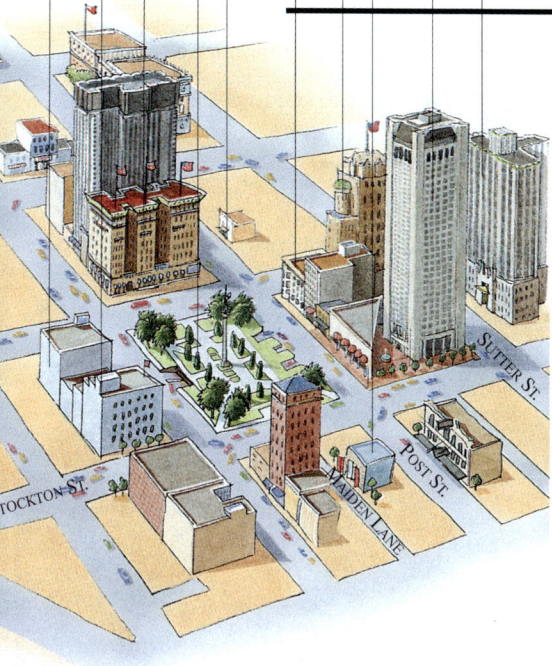

MACY'S | I.MAGNIN | ST FRANCIS HOTEL | UNION SQUARE | THEATRE ON THE SQUARE | SAKS FIFTH | S.F. DRAKE'S HOTEL | CIRCLE GALLERY | HYATT UNION SQUARE | 450 SUTTER

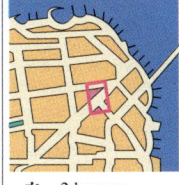

⏱ 2 heures

Cet itinéraire peut se combiner avec celui du Financial District ▲ *206*, ou celui du Civic Center ▲ *224*.

UNION SQUARE

HISTOIRE. Cette verdoyante place plantée de palmiers, qui occupe le *block* entre Post, Geary, Powell et Stockton Streets, est le cœur du quartier commerçant. Union Square était l'un des deux espaces verts qui figuraient sur le plan tracé par Jasper O'Farrell en 1847 ● *91*. Le terrain fut concédé à la municipalité par John W. Geary, premier maire américain, et baptisé à la veille de la guerre de Sécession (1861-1865), en raison des fréquentes manifestations de soutien aux troupes de l'Union qui s'y déroulaient, à l'époque où la Californie hésitait encore entre les deux camps. Les églises protestantes, la synagogue et les clubs – les premiers de la ville – élevés autour de la place furent peu à peu évincés par nombre de bureaux et de commerces. La vocation de Union Square fut définitivement établie après la construction de l'hôtel St-Francis en 1904.

NAVAL MONUMENT. Cette imposante colonne corinthienne en granit de 30 m de haut fut érigée au centre de Union Square en 1903 pour célébrer la victoire de l'amiral Dewey dans la baie de Manille au cours de la guerre hispano-américaine de 1898. Elle est surmontée d'une déesse de la Victoire en bronze, sculptée par Robert Aitken, qui demanda à la jeune Alma de Bretteville Spreckels, élève du San Francisco Art Institute ▲ *248* de lui servir de modèle.

«TURN TABLE» Cette plaque tournante permet à un homme seul de faire tourner les 6 t de la voiture pour repartir en sens inverse. Le parcours de la ligne Powell-Hyde est le plus impressionnant des trois lignes de *cable car* encore en activité.

La place en 1870

▲ UNION SQUARE

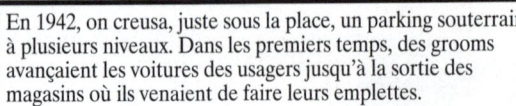

En 1942, on creusa, juste sous la place, un parking souterrain à plusieurs niveaux. Dans les premiers temps, des grooms avançaient les voitures des usagers jusqu'à la sortie des magasins où ils venaient de faire leurs emplettes.

LES GRANDS MAGASINS

I. MAGNIN & CO. 233 GEARY ST. Fondé en 1876, c'est le plus ancien grand magasin de la ville. L'actuel bâtiment a été construit par Timothy Pfleuger en 1946, sur la structure métallique d'un immeuble de bureaux réalisé en 1905.

NEIMAN-MARCUS. 50 STOCKTON ST. Il s'élève à la place du *City of Paris*, grand magasin le plus élégant de la ville au début du siècle, démoli en 1982. Les vives protestations des San Franciscains amenèrent les constructeurs à conserver la rotonde de style 1900 et la belle verrière de teinte ambrée qui la surmonte. Elle porte les armoiries de la ville de Paris –

LES «BEATNIKS» DÉBARQUENT
Perpétuel objet de curiosité (on vient à l'époque les observer par cars entiers), les *beatniks* ▲ 167 décident d'organiser à leur tour le *Squaresville Tour*, «excursion chez les bourges». Ainsi, un jour d'août 1958, une centaine d'entre eux, munis de banderoles annonçant: «Salut, les bourges, North Beach fait du tourisme !», défilent au son du bongo dans les principaux magasins et grands hôtels de Union Square, sous l'œil effaré des élégants et très convenables habitués du quartier.

«CITY OF PARIS»
Le magasin portait le nom du navire qui avait amené d'Europe son fondateur, le Français Félix Verdier. Ce dernier arriva à San Francisco en 1850 avec un lot de tissus et de dentelles si vite vendu qu'il dut repartir à Nîmes s'approvisionner. C'est à son retour qu'il fonda le *City of Paris*. L'incendie de 1906 n'épargna, hélas, que la carcasse en acier du bâtiment. *Blackwell & Brown*, chargés de reconstruire le magasin, conservèrent cette structure à laquelle ils ajoutèrent la rotonde.

la nef et la devise en latin *fluctuat nec mergitur*. Exécutée par la *United Glass Company*, cette verrière témoigne de l'art des verriers américains du début du siècle.

MACY'S. 101 STOCKTON ST. Cette célèbre chaîne de grands magasins ne pouvait pas ne pas être présente à Union Square.

SAKS FIFTH AVENUE. 384 POST ST. Juste à côté de l'hôtel Sir Francis Drake, à l'angle de Powell et de Post Streets, on appréciera l'architecture moderne (1981), mais bien intégrée dans son environnement, de ce grand magasin chic, réputé pour la grande qualité de son prêt-à-porter.

GUMP'S. 250 POST ST. Fondé en 1865 par deux frères immigrés d'Allemagne, ce magasin de décoration est célèbre pour ses antiquités orientales, notamment les jades et les perles. En 1948, son département de design intérieur, le *Design Studio*, connaîtra une certaine renommée sous l'impulsion d'Eleanor Forbes et des McGuire, qui dessinent des meubles en rotin et en bois, dont le design novateur se démarque des productions d'après-guerre.

MAIDEN LANE

Lieu mal famé, où les prostituées racolaient les passants depuis leurs fenêtres ouvertes et où l'on déplorait une moyenne de

deux crimes par semaine, Morton Street fut «nettoyée» à l'occasion du séisme de 1906 et rebaptisée Maiden Lane, sans doute dans l'espoir de lui racheter une respectabilité (*maiden* signifiant «demoiselle»). La rue, aujourd'hui piétonnière, est occupée par des boutiques chics et des restaurants.

CIRCLE GALLERY BUILDING. 140 MAIDEN LANE. Cette galerie d'art contemporain, conçue en 1949 par Frank Lloyd Wright, est une première version, à petite échelle, du musée Guggenheim que l'architecte construisit à New York en 1956 : même plan en spirale et utilisation magistrale de la lumière naturelle et de la lumière artificielle.

LES HÔTELS

WESTIN ST FRANCIS HOTEL. Cet hôtel de grand luxe, construit par le millionnaire Charles T. Crocker pour accueillir dignement les personnalités de passage à San Francisco, ouvrit ses portes le 21 mars 1904. Depuis, têtes couronnées et célébrités y ont leurs habitudes. Gravement endommagé lors du séisme de 1906, le St Francis fut reconstruit par les architectes Bliss & Faville, qui conservèrent la structure en acier, seule rescapée, et procédèrent à des agrandissements. L'hôtel occupe désormais toute la façade du *block* entre Geary et Post donnant sur la place. La tour et les ascenseurs ont été ajoutés en 1972. Outre ses mille deux cents chambres, l'hôtel possède une immense salle de bal, sept restaurants, plusieurs ascenseurs extérieurs vitrés d'où l'on a une vue imprenable sur la ville et un vaste *lobby* (hall d'entrée), où les San Franciscains se donnent volontiers rendez-vous, «sous l'horloge» en bois de rose qui trône depuis 1907. La très belle salle dite COMPASS ROSE, qui surplombe le lobby, est un bar-salon de thé. Selon une tradition remontant au début du siècle, les pièces de monnaie destinées à la clientèle sont nettoyées afin que les dames ne salissent pas leurs gants blancs… mais en portent-elles encore ?

GRAND HYATT HOTEL. 345 STOCKTON ST. Cet hôtel propose une multitude de services aux hommes d'affaires (traduction, matériel, messagerie) et abrite un restaurant, le *Plaza,* surmonté d'un dôme à vitrail, ainsi qu'un club de jazz, le *Club 36,* au dernier étage, d'où l'on pourra apprécier la très belle vue sur la ville. Au pied de l'hôtel s'élève une fontaine signée Ruth Asawa, composée d'une multitude de plaques de bronze ornées de figures sculptées décrivant divers aspects de la ville.

SIR FRANCIS DRAKE HOTEL. POWEL ST. À SUTTER ST. Moins démesuré que ses illustres voisins, le *Sir Francis Drake* offre un accueil personnalisé et un cadre luxueux, avec escalier de marbre, fresques, miroirs et lustres de cristal dans la grande tradition 1930. Le portier en tenue de hallebardier de la Garde royale est là pour honorer le souvenir de sir Francis Drake, le premier Anglais qui débarqua dans cette région.

Union Square est connu pour ses étals de fleurs. Autorisés à s'installer sur la place par M. H De Young à la fin du XIXᵉ siècle, les fleuristes obtinrent une licence officielle en 1904. Depuis, les San Franciscains, toujours vigilants quand il s'agit de préserver leurs traditions, ont fait échouer les tentatives visant à les déloger.

VICTOR HIRTZLER
Le restaurant installé au 32ᵉ étage de l'hôtel St Francis porte le nom de l'un de ses

plus grands chefs, qui régna sur les cuisines de 1906 à 1926. Avant de venir à San Francisco, Victor était au service du roi du Portugal, pour qui il inventait des plats, dont la célèbre Mousse Passion Lucculus. Le coût de ces festins participa à la banqueroute royale et Victor dut s'enfuir à la mort du roi.

▲ Union Square

Cette toile de Paul Ferenzy (à gauche), intitulée *Réunion au Bohemian Club*, peinte en 1874-1879, montre les premiers membres de ce club d'artistes fondé en 1872. À droite, *Les Critiques* (1915) de Frank Van Sloun.

Isadora Duncan (1878-1927) Paradoxalement, alors qu'elle lança tant d'artistes, San Francisco laissa à New York le soin de découvrir la danseuse Isadora Duncan, une enfant de Union Square. Formée à la danse classique, elle se lança très vite dans des chorégraphies improvisées s'inspirant de la danse grecque antique, qu'elle effectuait pieds nus et vêtue d'une simple tunique. Si sa «danse libre» ne connut pas un succès immédiat, on considère qu'elle est à l'origine de la danse moderne. Une plaque à son nom rappelle que c'est au n° 501 de Taylor Street que naquit cette célèbre artiste (sa maison natale a aujourd'hui disparu).

Four Seasons Clift Hotel. Geary St. / Taylor St. Situé en plein *theater district*, réputé pour la qualité de sa cuisine et de son service, le *Clift Hotel* accueille et choie, depuis plus de soixante-quinze ans, une clientèle d'inconditionnels. Une visite s'impose à la *Redwood Room*, l'un des plus beaux bars.

Les clubs

Olympic Club. 524 Post St. Ce club exclusivement masculin fut fondé dans les années 1850 par un groupe de Germano-

Américains désireux de maintenir la tradition de la gymnastique allemande. Les statues d'athlètes qui ornent le hall de ce palais Renaissance témoignent de cette préoccupation, tout comme sa superbe piscine entourée de hautes colonnes et surmontée d'une verrière. Elle fut longtemps alimentée en eau de mer grâce à une canalisation spéciale.

Bohemian Club. 625 Taylor St. Le bâtiment 1930 couvert de lierre qui jouxte l'Olympic Club abrite ce «club de la bohème» fondé en 1872 par des journalistes, des écrivains et des peintres. Ce club d'artistes connut son âge d'or au début du siècle, alors qu'il comptait parmi ses membres les plus prestigieux Ambrose Bierce, Joaquin Miller, Frank Norris, Jack London, Sinclair Lewis ou encore le photographe Arnold Genthe. S'il s'est embourgeoisé au fil du temps, ce club qui regroupe à présent industriels et hommes d'affaires a cependant conservé sa vocation culturelle : des spectacles sont donnés dans son petit théâtre tout au long de l'année et dans le *Bohemian Grove* (propriété du club sur la Russian River, au nord de San Francisco) en été. La plaque de bronze ornée d'un hibou,

> « IL NE FAUT PAS CRAINDRE LES PIÈCES ENNUYEUSES.
> QUAND LE PUBLIC S'ENNUIE, IL CROIT QU'IL PENSE
> ET ÇA LE FLATTE. »
>
> PIERRE WEBER

emblème du club, que l'on peut voir à l'angle de Post Street est l'œuvre de Haig Patigian. Le club possède une belle collection d'œuvres d'art.

THEATER DISTRICT

UNE TRADITION ANCIENNE. Le goût des San Franciscains pour le théâtre remonte à l'époque de la ruée vers l'or. Les *forty-niners*, loin d'être des rustres comme on l'imagine parfois, appréciaient la poésie, l'opéra et le théâtre de Shakespeare. En

1848, on recensait un nombre incroyable de petits théâtres à San Francisco, dont le *Tivoli Opera House*, le *Baldwin*, l'*Alcazar*, le *California* et le *National* comptaient parmi les plus célèbres. De 1850 à 1859, on donna mille cent cinq représentations, dont neuf cent sept pièces, quarante-huit opéras, quatre-vingt- quatre ballets ou pantomimes : «Que pouvaient devenir tant d'hommes seuls après les dures journées de travail ? Le journal lu, ils se précipitaient dans les bars, les maisons de jeu et les spectacles de tous ordres :

combat d'animaux, cirques, théâtres». La diversité sociale des chercheurs d'or favorisait en effet le développement d'un art théâtral multiforme, qui devint vite la principale distraction de la ville. Plus qu'un simple divertissement, le théâtre permit à la société san franciscaine de se structurer en suscitant chez les spectateurs un sentiment d'appartenance à une communauté. La scène théâtrale san franciscaine a conservé une importance nationale, qui n'a rien à envier à celle de New York.

LE «QUARTIER DES THÉÂTRES». Un certain nombre de théâtres sont toujours concentrés dans le quartier de Union Square, principalement sur Mason et Geary Streets, qui forment le *Theater District*. Le THEATER ON THE SQUARE (450 Post St.) présente des spectacles *off Broadway* (plutôt d'avant-garde). Non loin de là se trouvent l'IMPROVISATION THEATER (401 Mason St.) et le CABLE CAR THEATER (450 Mason St.), petite salle de soixante-dix places, où la comédie *Greater Tuna* fait rire les San Franciscains depuis 1983 (un record local de longévité). Le CURRAN THEATER (445 Geary St.), dont la façade fut conçue en 1922 par Alfred Henry Jacobs, présente des spectacles montés à Broadway. Le GEARY THEATER (415 Geary St.) est un très beau théâtre construit en 1909 par Bliss & Faville, notable pour sa façade ornementée. Il abrite le célèbre et très sérieux American Conservatory Theater (ACT).

TENDERLOIN
À quelques rues des boutiques et des grands hôtels de Union Square, entre Larkin, Mason, O'Farrel et Market Streets, s'étend le quartier interlope du Tenderloin. Ce ghetto, où vit essentiellement une population désargentée, accuse le plus fort taux de criminalité de la ville. Ces dernières années, de nombreuses familles vietnamiennes ont élus domicile dans ce quartier aux loyers bon marché, contribuant à la renaissance du secteur.

223

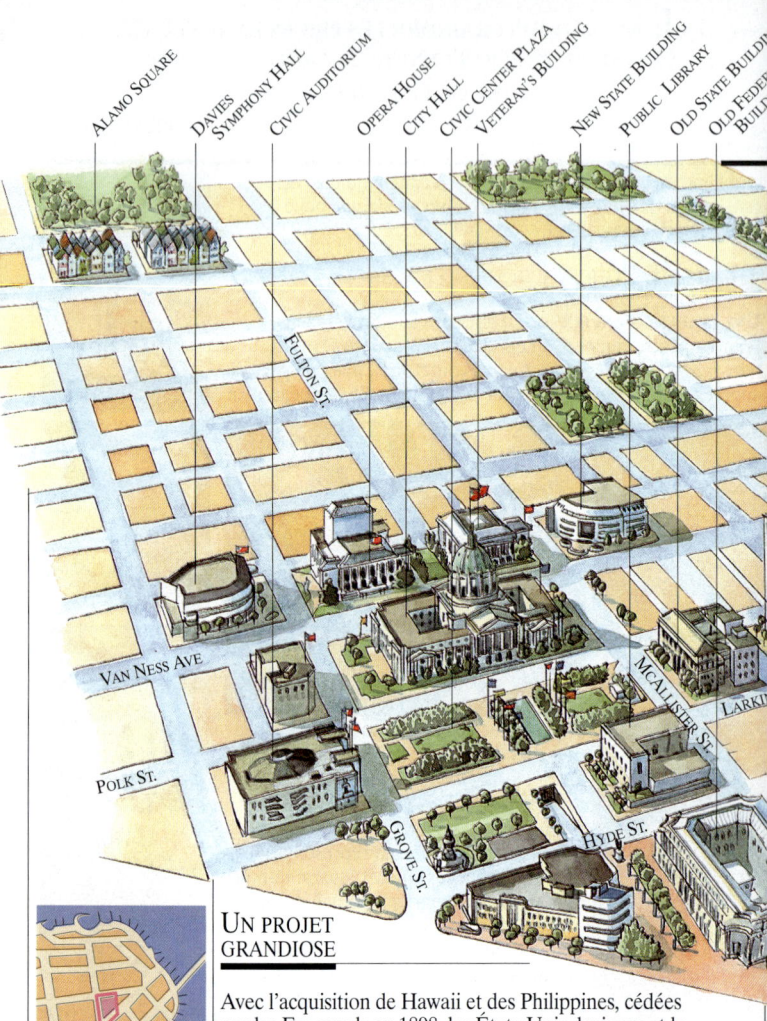

UN PROJET GRANDIOSE

✴ 2 heures

Avec l'acquisition de Hawaii et des Philippines, cédées par les Espagnols en 1898, les États-Unis deviennent la première puissance du Pacifique. Dès lors, San Francisco cesse de se considérer comme une simple ville frontière et rêve de devenir la principale cité portuaire de la côte Ouest. Les autorités se lancent dans l'édification d'une nouvelle métropole dont la renommée devra être universelle. Mais pour réaliser cette ambition, la ville doit renvoyer au monde l'image d'une cité impériale, dotée de bâtiments administratifs dignes de son rang. L'Europe, et plus particulièrement Paris, sert tout naturellement de modèle à ce que l'on a appelé le «mouvement d'embellissement urbain» ● 96. L'architecte B. J. S. Cahill est le premier, en 1899, à proposer le regroupement des institutions culturelles et politiques autour de l'Hôtel de Ville (City Hall), situé à l'époque à l'emplacement de l'actuelle Bibliothèque municipale (Main Library), afin de former un centre administratif. L'idée de Cahill est soutenue par l'aristocratique maire de la ville James Duval Phelan.

LES PLANS DE BURNHAM. Phelan quitte son poste, en 1901, sans avoir pu lancer les travaux, mais il tient si fermement à ce projet que, trois ans plus tard, il demande à un architecte

Les San Franciscains reconduiront durant vingt ans le mandat de James Rolph, surnommé «Sunny Jim» (ci-dessus à droite). En 1930, il deviendra gouverneur de Californie.

DE CIVIC CENTER À JAPANTOWN

JAPANTOWN PEACE PAGODA

GEARY BLVD

de Chicago, Daniel Burnham, de repenser complètement la ville et d'établir les plans d'une «cité impériale». Les plans de Burnham, réalisés en 1905, prévoient l'aménagement de grands boulevards, identiques à ceux dessinés par Haussmann à Paris, de parcs et divers monuments, ainsi que la construction d'un Civic Center, au croisement de Market Street et de Van Ness Avenue, les deux principales artères de la ville, sur le modèle de la place de l'Étoile à Paris. En effet, Burnham entend faire de Market Street les «Champs Élysées de la côte Ouest». Le City Hall est très endommagé par le séisme de 1906 ● 58. C'est sans doute en raison de la hâte qui préside à la reconstruction et aux doutes qui planent sur l'avenir de la cité qu'aucun des projets de Burnham ne sera retenu.

LE MANDAT DE JAMES ROLPH. Dès son élection, en 1911, James Rolph Jr., le nouveau maire, annonce que les priorités de son mandat porteront sur l'édification d'un nouveau Civic Center, d'un nouveau City Hall, ainsi que sur l'organisation d'une foire ▲ 236, la *Panama-Pacific International Exposition,* célébrant l'ouverture du canal de Panama et la renaissance de la ville. Le très charismatique maire de San Francisco obtient généralement ce qu'il veut de ses électeurs et, en 1912, les citoyens approuvent à une large majorité l'émission d'actions pour un montant de 8,8 millions de dollars destinées à financer ces constructions.

NAISSANCE DU CIVIC CENTER. Plusieurs architectes participèrent à l'élaboration du plan du nouveau Civic Center, dont John Galen Howard, Frederick H. Meyer et John Reid Jr. ainsi que l'entreprise locale *Bakewell & Brown*, dont le projet est retenu pour le City Hall (Hôtel de Ville). Achevé peu après la fermeture de l'exposition Panama-Pacifique de 1915, le City Hall constitue un palais tout à fait adapté aux ambitions autocrates du maire qui peut à loisir, depuis son balcon, admirer la place qui s'étend au cœur du nouveau centre. Construit sur un plan parfaitement géométrique, le Civic Center de San Francisco est reconnu comme l'une des meilleures interprétations américaines avec la ville de Washington, des conceptions architecturales françaises de l'époque baroque. En 1930, le nouveau maire, Angelo Rossi, poursuit le programme de James Rolph et de l'architecte Arthur Brown Jr. avec la construction du War Memorial et des bâtiments fédéraux. Le Civic Center a été déclaré site historique en 1987.

DAVID BURNHAM
Architecte de Chicago, il se retira deux années durant sur les hauteurs de Twin Peaks, d'où il pouvait contempler tout San Francisco, pour concevoir les plans de la nouvelle cité qu'on lui avait commandée.
Tout au long de sa vie, il resta fidèle à sa théorie : «Évitez les projets de petite envergure, ils n'ont rien pour marquer les mémoires.»

De haut en bas, le City Hall, le Civic Auditorium et le War Memorial Group.

▲ De Civic Center à Japantown

De Market Street à Civic Center Plaza

La place des Nations-Unies. Cette place, qui commémore la signature de la charte des Nations Unies (celle-ci s'est déroulée sur la scène de l'opéra voisin, en 1945), était l'un des principaux éléments du programme d'embellissement de Market Street, à l'époque où l'on pensait faire de cette rue une avenue prestigieuse ● *96*. La place actuelle fut dessinée en 1975 par l'architecte Larry Halprin qui la conçut comme la principale voie d'accès au Civic Center et l'orna en son centre d'une fontaine moderne, accumulation de blocs de béton, d'où ne jaillit jamais d'eau. Deux fois par semaine, la place accueille le marché des fermiers, ou «Farmers market».

Old Federal Building. En remontant la rue piétonne vers Hyde Street, on longe le Old Federal Building. Parée d'immenses colonnes doriques, cette construction de style néo-classique édifiée en 1936 symbolise l'ascension de la bureaucratie sous la présidence de Franklin Roosevelt. Conçue par Arthur Brown Jr., qui participa à l'élaboration du City Hall et du War Memorial Group, elle présente des similitudes avec le Federal Triangle de Washington, que l'architecte A. Brown Jr. réalisait pour le président Roosevelt à la même époque.

Lick Monument
Ce monument se dresse à l'angle de Grove et Hyde Sts.

Farmers Market
On peut admirer l'incroyable variété et la grande qualité des produits agricoles californiens à l'occasion de ce marché hebdomadaire. Les fleurs y sont aussi à l'honneur.

Autour de Civic Center Plaza

Civic Center Plaza. Cette large esplanade, au cœur du Civic Center, marque l'entrée principale du City Hall, sur Polk Street. Les fenêtres du bureau du maire lui faisant face et la place accueillant confortablement ses 100 000 personnes, c'est désormais là que convergent les manifestations, et non au traditionnel Newspaper Corner ▲ *215*, à l'angle de Market et Third Streets. Conçue comme un jardin à la française, la place a été transformée en 1958 par la construction d'un parking et d'un palais des congrès souterrain, le Brooks Hall. Les

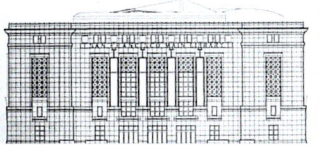

La nouvelle bibliothèque, conçue par I. M. Pei et achevée en mai 1996, parachève le Civic Center en réalisant la symétrie des bâtiments prévue initialement. L'ancienne bibliothèque devrait accueillir, dans quelques années, le Musée asiatique ▲ *270*.

San Franciscains admettent volontiers que ces transformations ont défiguré la place, mais sa restauration n'est pas à l'ordre du jour pour des raisons financières. Ces dernières années, beaucoup de sans-abri ont élu domicile sur cette place.

Main Library. Achevée en 1917, l'ancienne bibliothèque municipale (qui se dresse à l'angle de Fulton et Larkin Streets) est une parfaite incarnation des principes architecturaux qui ordonnent le Civic Center. Conçue par George Kelham, elle s'organise symétriquement de part et d'autre d'un escalier monumental qui dessert de vastes salles de lecture. Comme pour l'exposition internationale Panama-Pacifique, dont il supervisa les travaux, Kelham utilisa du travertin pour couvrir les murs de la cage de l'escalier, afin de recréer une atmosphère de grandeur romaine. C'est d'ailleurs de Michel-Ange que s'inspira Léo Lentelli pour l'exécution des statues qui décorent la façade. Faute de crédits, la bibliothèque ne fut jamais achevée et se révéla vite trop petite pour accueillir un public chaque jour plus nombreux. C'est pourquoi, en 1989, la municipalité a émis des actions destinées à financer la construction de la nouvelle bibliothèque située de l'autre côté de la rue.

Le troisième étage abrite les ARCHIVES HISTORIQUES de la ville, où sont exposés quelques objets et documents. La cage d'escalier qui mène à cette salle est décorée de fresques de Gottardo Piazzoni, représentant des paysages californiens.

Old California State Office Building. Cet édifice fédéral conçu dans un style inspiré de la Renaissance italienne fait, depuis sa construction en 1926, l'objet des plus vives controverses. Les San Franciscains s'opposèrent en effet à sa réalisation car les corniches n'étaient pas assorties avec celles de la bibliothèque et du City Hall et déparaient l'ensemble. À ces critiques, l'État de Californie répondit que la ville devait accepter le monument tel qu'il était ou s'en passer. La ville l'accepta. Il fut réalisé par le bureau d'architectes Bliss & Faville, qui dessina aussi les plans de l'hôtel Saint Francis. Il a été agrandi en 1957 et s'étend aujourd'hui jusqu'à la Golden Gate Avenue, occupant la quasi-totalité du *block*.

City Hall. Sa construction ne fut pas entamée avant 1912 et aucune des suggestions de Burnham

BAKEWELL & BROWN
Ces deux architectes, diplômés de l'université de Berkeley, ont fréquenté l'École des beaux-arts de Paris.

Ils demandèrent à des sculpteurs français de décorer le City Hall. Henri Crenier réalisa les statues qui ornent les façades extérieures. Sur Polk Street, elles représentent la Richesse, le Commerce et la Navigation ; sur Van Ness, le Travail, l'Industrie, la Vérité, l'Étude, les Arts et la Sagesse. Jean Louis Bourgeois décora la plus grande partie de la coupole. Il mourut au front en 1918.

▲ De Civic Center à Japantown

The Society of California Pioneers
Le musée de cette institution dont seuls les descendants des pionniers arrivés en Californie avant 1849 peuvent être membres, mérite un petit détour. Exposition et film vidéo retracent l'histoire de la Californie. Installée au n° 450 de Mac Allister St., l'entrée est signalée par son emblème (ci-dessous).

Davies Symphony Hall
La décoration et l'acoustique du Davies Symphony Hall (ci-dessous) furent vivement critiquées après son ouverture. Ainsi Leonard Bernstein, venu diriger un concert donné par l'Orchestre philharmonique de Vienne, décréta que la salle «ridiculisait» le son. Des travaux de réaménagement furent finalement entrepris en 1991-1992, grâce à une souscription de fonds privés de 10 millions de dollars, et le Hall put rouvrir ses portes le 12 septembre 1992. L'entreprise de Chicago Kirkegaard & Ass. se chargea de l'acoustique.

ne fut retenue pour sa conception. Reconnu comme le plus beau monument de San Francisco, l'Hôtel de Ville est la pièce maîtresse du Civic Center et le chef-d'œuvre de la firme Bakewell & Brown, à qui l'on doit également les hôtels de ville de Pasadena et de Berkeley ainsi que la Coit Tower ▲ *170*. Quelle que soit l'entrée empruntée, le visiteur traverse un vaste hall dépouillé avant d'atteindre la rotonde, qui s'élève sur quatre étages et que coiffe un dôme majestueux. L'escalier en marbre rose du Tennessee descend du bureau du maire, ses marches arrondies venant mourir sur le dallage du hall. Lors de son inauguration, James Rolph, le maire de San Francisco, n'eut de cesse de répéter à tous ses invités que le dôme, inspiré par celui de la basilique Saint-Pierre de Rome, était plus haut d'un mètre que celui du Capitole à Washington. Malheureusement, l'édifice a beaucoup souffert du séisme de 1989, et des étais de bois peint en trompe l'œil soutiennent aujourd'hui ses arches.

Civic Auditorium. Cet édifice, qui ressemble à s'y méprendre à une gare, fut dessiné par John Galen Howard, Frederick H. Meyer et John Reid Jr., et offert à la ville par le comité directeur de l'exposition Panama-Pacifique ▲ *236* pour pallier l'absence de lieu de réunion publique ; c'est pourquoi on le désigne parfois comme l'«Exposition Auditorium». Ayant pour vocation d'accueillir les concerts, les congrès et toute autre réunion publique, il fut le premier édifice du Civic Center à être achevé – avant même le City Hall. Il a été rebaptisé en 1992, en mémoire de Bill Graham, légendaire imprésario des

groupes de rock des années 1960 ● *78*, mort en 1991. L'auditorium abrite deux petits musées : le MUSÉE DE LA BOXE au troisième étage, et le MUSÉE DE LA POLICE au quatrième.

DAVIES SYMPHONY HALL

Le Symphony Hall, dont la philanthrope Louise Davies finança la construction, fut inauguré le 16 septembre 1980. Cet édifice qui se dresse à l'angle de Grove Street et de Van Ness Avenue (ci-dessous) a été conçu par le bureau d'architectes Skidmore, Owings & Merrill, également concepteur du NEW STATE BUILDING, qui lui fait pendant de l'autre côté de l'Opéra, à l'angle de Van Ness et de Mac Allister. Ces constructions modernes, avec leurs façades vitrées courbes, s'intègrent parfaitement aux ouvrages d'A. Brown Jr.

LE WAR MEMORIAL GROUP

En 1920, la ville projette de construire un Opéra municipal. Mais à peine les travaux ont-ils commencé qu'une violente polémique les interrompt. Les vétérans de la Première Guerre mondiale et certains riches citoyens réclament la construction d'un ensemble monumental à la mémoire des soldats américains. En 1931, la ville lance donc un emprunt public pour financer l'édification du monument, qui s'inscrit dans la politique des grands travaux de l'époque. Il est alors décidé que deux bâtiments d'aspect strictement identique, qui prolongeraient le Civic Center, à l'ouest du City Hall, seraient érigés côte à côte de l'autre côté de Van Ness : l'Opéra et le Veteran's Building. Ce double édifice est l'œuvre d'Arthur Brown Jr. et d'Albert Lansburgh. Le granit étant devenu trop onéreux en 1931, on recouvrit leurs frontons d'une terre cuite qui en imite l'aspect.
OPERA HOUSE. Il ouvrit ses portes à la fin de 1932 et accueillit sur sa scène les signataires de la charte des Nations Unies, le 26 juin 1945. Il a longtemps hébergé la plus ancienne compagnie de danse des Etats-Unis, le SAN FRANCISCO BALLET (qui a déménagé en 1978), et accueille toujours l'une des meilleures compagnies théâtrales du monde, le SAN FRANCISCO OPERA. Fondée par Gaetano Merola, elle donna sa première représentation en septembre 1923, sur la scène du Civic Auditorium, et s'installa à l'Opera House en 1932.
WAR VETERAN'S BUILDING. Il abrite des associations d'anciens combattants, les bureaux du War Memorial Performing Art Center et le HERBST THEATER, au sous-sol, dont les fresques murales, exécutées par F. Brangwyn, proviennent de la foire de 1915.
Le bâtiment a abrité le MUSÉE D'ART MODERNE ▲ *289*, de 1935 à 1995, date de son transfert dans un nouvel édifice.

BALADE DANS HAYES STREET
Le quartier de Hayes Valley avec ses galeries et ses restaurants, désormais ouverts jour et nuit, doit beaucoup à la renaissance de cette partie de la ville.
LE SAN FRANCISCO BALLET
Fondé en 1933, le S.F. Ballet est la plus vieille compagnie professionnelle de danse américaine. Très innovatrice depuis sa création, elle s'est distinguée pour avoir monté les premières d'un grand nombre d'œuvres aux États-Unis : l'intégrale de *Coppelia* en 1939, du *Lac des Cygnes* en 1940 et de *Casse Noisette* en 1944, sous la direction de William Christensen. En 1991, le S.F. Ballet s'est produit pour la première fois depuis 1926 à New York, sous la direction de Helgi Tomasson, obtenant une élogieuse critique.

De Civic Center à Japantown

Western Addition

C'est le nom donné au quartier construit à l'ouest de Van Ness Avenue en 1870. La communauté juive s'y concentre au début du XXe siècle et, à partir de 1909, les Japonais investissent les *blocks* épargnés par le séisme autour de Post Street. Lors de leur déportation dans les camps d'internement pendant la Seconde Guerre mondiale, le quartier est investi par les ouvriers noirs venus travailler dans les usines d'armement et les chantiers navals. Mais en 1945, la communauté noire, essentiellement regroupée autour de Fillmore, est frappée de plein fouet par la fermeture des usines de guerre. Dans les années 1960, la ville, constatant la dégradation des bâtiments, lance une vaste opération de rénovation connue sous le nom de *urban renewal*. Beaucoup de Noirs sont expulsés et relogés à la périphérie de la ville (Hunter's Point). On rase une partie de Western Addition pour construire des immeubles en béton sans âme à la place des vieilles maisons victoriennes. Quelques enclaves victoriennes ont néanmoins survécu, comme Cottage Row, entre Sutter et Bush Streets, à l'est de Fillmore Street, et Alamo Square (ci-dessus).

Japantown

La ville japonaise de San Francisco, *Nihonmachi*, baptisée «J Town» par les San Franciscains, est passée de quarante *blocks* à six *blocks* depuis 1945 et, même si elle reste le point de ralliement des Nippo-Américains de la ville, seulement 4 % d'entre eux y résident. Au lendemain du séisme de 1906, les Japonais de San Francisco, auparavant concentrés dans Chinatown et South of Market, s'installèrent massivement dans le quartier de Western Addition qui avait peu souffert. La baisse des loyers les incita à s'y installer plus nombreux. La zone de Post et Sutter Streets, de Franklin à Fillmore Streets, devint ainsi l'épine dorsale d'une véritable «ville japonaise».

«Mammy Pleasant»
De mère noire et de père cherokee, Mary Ellen Pleasant arrive à San Francisco pendant la ruée vers l'or. Abolitionniste convaincue, elle défendra toute sa vie la cause des Afro-Américains. De nombreux esclaves en fuite trouvent refuge chez elle et, en 1865, elle gagne un procès contre une compagnie de tramway aux pratiques racistes. Sa maison, près du croisement de Bush et Octavia Sts., n'existe plus, mais les six eucalyptus plantés par elle continuent de croître là où l'*African-American Cultural Society* a placé en son honneur une plaque commémorative.

«NIHONMACHI», LA VILLE JAPONAISE DE SAN FRANCISCO EST RESTÉE LE POINT DE RALLIEMENT DE LA COMMUNAUTÉ NIPPO-AMÉRICAINE DE LA VILLE MÊME SI PEU DE SES MEMBRES Y RÉSIDENT.

LA COMMUNAUTÉ JAPONAISE

LES «ISSEI». Au XIXe siècle, le Japon Meiji, admiratif du mode de développement américain, sélectionne soigneusement les hommes qu'il envoie aux États-Unis. Les *Issei* sont, pour la plupart, des travailleurs manuels qui savent lire et écrire le japonais et attachent du prix au savoir. Les premiers *Issei* arrivent vers 1860, en petit nombre, mais le mouvement s'accélère au début du XXe siècle. Ouvriers agricoles, domestiques, jardiniers, ces immigrants constituent une main-d'œuvre efficace et zélée très appréciée.

XÉNOPHOBIE. Bien que ces hommes contribuent largement au redressement de la ville après le séisme de 1906, une vague antijaponaise frappe la Californie au début du siècle. En 1906, les jeunes Japonais sont exclus des écoles publiques et une loi interdit à leurs aînés d'accéder à la propriété foncière. Mais le Japon est une puissance avec laquelle il faut compter depuis ses victoires sur la Chine et la Russie. Aussi, un accord est conclu en 1908 : le Japon s'engage à limiter l'émigration vers les États-Unis alors que Washington autorise les épouses à rejoindre leurs maris et les jeunes à étudier dans les écoles américaines. En 1907, les Japonais ne représentent que 3 % de l'immigration totale, mais la communauté s'agrandit lentement et se stabilise. Puis les conditions de vie de la deuxième génération, les *Nisei*, changent. Américains, ils peuvent acquérir des biens fonciers et s'intègrent peu à peu dans la société américaine.

LES CAMPS D'INTERNEMENT. Lorsque survient la Seconde Guerre mondiale et l'attaque japonaise sur Pearl Harbor (1941), tous les Nippo-Américains de Californie, citoyens ou non, sont déportés dans des camps d'internement. En janvier 1943, l'étau se desserre un peu et l'armée recrute des *Nisei*, qui saisissent l'occasion de prouver leur loyauté envers leur pays natal. Trois cent mille *Nisei* combattront dans le Pacifique.

L'APRÈS-GUERRE. À leur retour des camps, les Japonais qui ont dû vendre leurs biens à la hâte, ont en général tout perdu. Un grand nombre d'*Issei* se retrouvent jardiniers, mais les *Nisei*, qui parlent anglais et sont diplômés, surmontent ces obstacles, aidés en cela par le déclin général du racisme envers les Asiatiques après la guerre. Essor économique, assimilation, mariages mixtes favorisent la dispersion résidentielle des générations nées sur le sol américain, tendance qui s'affirme avec la troisième génération, celle des *Sansei*.

PAGODE DE LA PAIX
Ce monument offert à la communauté par le Japon se dresse au centre de Japantown.

LE SENS DE L'HONNEUR
Attachée aux valeurs traditionnelles et aux idéaux américains, la communauté japonaise est très attentive à l'éducation des enfants. Dans les familles, on leur inculque avant tout le goût de l'étude et le souci d'offrir une image honorable de leur communauté. Ici, pas de prostitution et peu de délinquance : ceux qui enfreignent la règle sont rapatriés vers le Japon par la communauté.

Golden Gate Avenue vers 1870.

▲ DE CIVIC CENTER À JAPANTOWN

Affiche du *urban renewal* de Western Addition

Dans Japantown, se déroule tous les ans en avril la fête des cerisiers en fleur, le *Cherry Blossom Festival*. On peut alors assister à des combats de sumo, des cérémonies du thé, des danses traditionnelles et des parades ● 80.

MAISON DE THÉ
Le *Nichi Bei Kai Cultural Center* (n° 1759 Sutter St.) dispose d'une pièce conçue pour la cérémonie du thé, moment d'harmonie et de tranquillité. Petite et intime, la pièce est construite en matériaux naturels, les ouvertures sont placées selon des règles liées à l'orientation de la lumière, et le décor, simple, change selon les saisons.

JAPAN CENTER

Ce centre commercial et culturel a ouvert ses portes en 1968. Il s'étend sur trois *blocks*, délimités par Post, Sutter, Laguna et Fillmore Streets, et tourne le dos à Geary Boulevard, d'où l'on accède au parking du complexe. Par Post et Buchanan Streets, on débouche sur le PEACE PLAZA GARDEN, jardin que domine la PAGODE DE LA PAIX offerte à la communauté par le Japon (page précédente). À l'intérieur du KINETSU BUILDING, à l'ouest de la place, l'allée RESTAURANT MALL abrite une grande diversité de restaurants japonais, alors que la galerie principale est occupée par des boutiques. Le Japan Center propose en effet une multitude de magasins : librairies, bains traditionnels, épiceries, vêtements, souvenirs... Sur Post Street, l'épicerie MARUMA offre aux gourmets une grande variété de produits authentiquement japonais. Le hall débouche sur un pont, WEBSTER BRIDGE (inspiré du Ponte Vecchio de Florence), qui franchit Webster Street et rejoint le KINOKUNIYA BUILDING.

NIHONMACHI MALL

On rejoint ce centre commercial conçu sur le modèle d'un village japonais traditionnel en tournant à gauche dans Buchanan Street. Les deux fontaines et les bancs de béton coloré sont l'œuvre du sculpteur Ruth Asawa. Les magasins proposent une multitude de produits appréciés des membres de la communauté nippo-américaine de Soko, surnom attribué par les Japonais à San Francisco.

TEMPLES ET ÉGLISES. Japantown accueille en outre des temples shinto et bouddhistes ainsi que des églises. Parmi les plus intéressants à visiter : la SAINT FRANCIS XAVIER ROMAN CATHOLIC CHURCH (sur Octavia Street) allie architecture victorienne et décoration japonaise ; la SAN FRANCISCO BUDDHIST CHURCH (en face) abrite une relique du Bouddha ; le KONKO KYO (plus loin dans Bush Street), église d'une secte shintoïste fondée en 1859, d'architecture traditionnelle shinto, avec un bel autel de bois clair où sont déposées les offrandes de nourriture et de fleurs ; la SOTO ZEN MISSION (à l'angle de Laguna et Sutter Sts.) où le décor intérieur est très dépouillé (pour favoriser la méditation) mais les cérémonies fastueuses, avec chants et tambours. À l'est du quartier, à l'angle de Geary Bld. et Gough Street, s'élève SAINT MARY'S CATHEDRAL. Détruite par un incendie en 1962, elle a été reconstruite dans un style contemporain d'une grande élégance. De l'autre côté de la rue, la FIRST UNITARIAN CHURCH est l'église de Thomas Starr King, le pasteur à qui l'on attribue le mérite d'avoir entraîné la Californie dans le camp abolitionniste pendant la guerre de Sécession. L'église abrite la tombe du révérend, mort avant la fin de la guerre en 1864.

GOLDEN GATE PROMENADE VERS CLIFF HOUSE

FORT MASON, *234*
MARINA DISTRICT, *235*
PANAMA PACIFIC EXPOSITION, *236*
PALACE OF FINE ARTS, *238*
EXPLORATORIUM SCIENCE MUSEUM, *239*
PRESIDIO, *240*
FORT POINT, *241*
GOLDEN GATE BRIDGE, *242*
RICHMOND, *246*
SEA CLIFF, *247*
LINCOLN PARK, *247*
PALACE OF THE LEGION OF HONOR, *248*
LANDS END, *250*
SUTRO HEIGHTS, *251*
CLIFF HOUSE, *252*
OCEAN BEACH, *252*

▲ GOLDEN GATE PROMENADE VERS CLIFF HOUSE

OCEAN BEACH • SEAL ROCK • CLIFF HOUSE • RICHMOND DISTRICT • LANDS END • LINCOLN PARK • PALACE OF THE LEGION OF HONOR • CHINA BEACH (PHELAN BEACH) • SEA CLIFF • BAKER B...

🚗 1 journée
🚶 4 heures de Fort Mason à Fort Point.

FORT MASON

Fort Mason est installé sur l'ancienne *Punta Medanos*. En 1797, les Espagnols fortifièrent cette pointe en y postant cinq canons et la rebaptisèrent *Batería San José*. En 1850, sous le nom de *Black Point*, le fort devint officiellement propriété de l'armée américaine, mais l'absence de militaires poussa des civils à y élire domicile. Pendant la guerre de Sécession, l'armée chassa les civils de la pointe et y installa des pièces d'artillerie pour assurer la défense du port. C'est en 1882 que le poste fut rebaptisé en l'honneur du colonel Richard Barnes Mason, gouverneur militaire de Californie de 1847 à 1849. Fort Mason devint rapidement une importante base d'embarquement et d'approvisionnement de la flotte du Pacifique, puis, en 1942, au lendemain de l'attaque de Pearl Harbor, le quartier général des opérations militaires dans cette zone. Ainsi, pendant la durée du conflit, 1,6 million d'hommes et 23 millions de tonnes de matériel transitèrent par Fort Mason, qui resta très actif pendant les guerres de Corée et du Viêt-nam. L'armée quitta le fort en 1962. Depuis 1977, Fort Mason abrite le siège de la *Golden Gate National Recreation Area* (GGNRA). Théâtres, ateliers, galeries, musées et restaurants se sont installés dans ses quatre entrepôts désaffectés, faisant du fort un véritable centre culturel. On notera qu'au troisième étage du bâtiment C est installée la bibliothèque du *Maritime National Historic Park*, la J. PORTER SHAW LIBRARY, une véritable mine d'informations sur l'histoire maritime de la côte pacifique.

L'AVENTURE DES LIBERTY SHIPS. Juste avant d'atteindre Fort Mason, en venant du Musée maritime ▲ *172*, on peut visiter le S S *Jeremiah O'Brien*, l'un des deux derniers *Liberty Ships* américains encore à flot.

MARINA GREEN
Cette vaste pelouse qui longe le Marina Small Craft Harbour – port de plaisance – jusqu'au Saint Francis Yacht Club est un lieu de promenade apprécié des San Franciscains. On vient s'y asseoir pour observer les virevoltes des cerfs-volants dans l'azur.

Fort Mason

PRESIDIO · ARMY MUSEUM · FORT POINT · GOLDEN GATE BRIDGE · CRISSY FIELD · PALACE OF FINE ARTS · EXPLORATORIUM · S.F. YACHT CLUB · MARINA DISTRICT · MARINA GREEN · FORT MASON · JEREMIAH O'BRIEN

En 1940, la Grande-Bretagne, affaiblie par les attaques allemandes, demande aux États-Unis de construire soixante cargos de ravitaillement d'après les plans d'un navire britannique. Les Américains, qui travaillent depuis 1937 à moderniser leur flotte de commerce, installent deux énormes chantiers navals à Portland et Richmond, sur la côte Ouest. En septembre 1941, on demande à H. J. Kaiser de construire, en deux cent vingt-six jours (un temps record), le premier de ces *Liberty Ships*. Le bombardement de Pearl Harbor et la menace qu'exercent les sous-marins allemands amènent les Américains à en accélérer la fabrication. On utilise pour l'occasion des techniques de fabrication nouvelles. La durée de construction passe à vingt-sept jours et, en 1942, le groupe Kaiser réussit l'assemblage de l'un de ces cargos en quatre jours, quinze heures et vingt-neuf minutes ! Ainsi, de 1941 à 1945, les dix-huit chantiers en activité en construiront deux mille sept cent dix. Un exploit. Deux cents de ces cargos furent coulés entre 1942 et 1945, cinq cents furent vendus à l'Europe à la fin de la guerre et les autres furent détruits après la guerre du Viêt-nam.

BATEAU-MUSÉE Les *Liberty Ships*, tel le *Jeremiah O'Brien*, devaient fournir aux pays alliés chars, véhicules, essence et tout le matériel nécessaire à la poursuite des combats contre les troupes de l'Axe.

MARINA DISTRICT

Quartier résidentiel de plus en plus prisé, le Marina District (abrégé en Marina) s'est construit à partir de 1920, entre Black Point et le Presidio, sur une zone marécageuse qui avait été asséchée pour accueillir l'exposition internationale Panama-Pacifique de 1915. En raison même de l'instabilité du sous-sol, la Marina fut, avec SoMa ▲ *284*, l'un des deux quartiers les plus touchés de San Francisco par le séisme de 1989. Le MARINA BOULEVARD est bordé de maisons de style *Mission Revival* ● *88* qui jouissent d'une belle vue sur la baie. La plupart sont en stuc et peintes de couleurs pastel, ce qui en renforce le côté méditerranéen.

S. F. YACHT CLUB Fondé en 1927 et installé sur un promontoire qui domine le Marina, il possède un petit port abrité et jouit d'une vue imprenable sur la baie. Le local, conçu par W. Polk, a été reconstruit à la suite d'un incendie en 1976.

▲ Golden Gate Promenade vers Cliff House

Panama Pacific Exposition

Cette exposition internationale est organisée en 1915 pour célébrer l'ouverture du canal de Panama. C'est sur les terrains marécageux et la crique de Harbour View, drainés et comblés pour l'occasion, qu'elle s'installe pour un an.

Célébration du canal de Panama. Après l'échec des ingénieurs français qui ont sous-évalué les difficultés techniques, et le scandale financier qui a abouti à la condamnation de Ferdinand de Lesseps, ce sont les Américains qui ont repris et mené à bien le projet. Grand port de la côte ouest, San Francisco est concernée au premier chef par l'ouverture du canal de Panama qui, comme le canal de Suez, percé par les Français en 1869, rend possible ce grand commerce international auquel aspire un monde industriel en plein essor. À l'entrée de l'exposition, la FONTAINE DE L'ÉNERGIE, née des mains du sculpteur A. Stirling Calder (père d'Alexander), bénit une jeunesse vigoureuse qui chante ce trait d'union entre l'Atlantique et le Pacifique.

«San Francisco invite le monde». Mais pour la ville, qui connaît un boom immobilier sans précédent, il s'agit aussi de célébrer avec faste sa renaissance moins de dix ans après la catastrophe de 1906 ● 58. Tout ce que la cité compte d'hommes importants – Reuben Hale (de la Merchants' Association), William H. Crocker (descendant du *Big Four* ▲ 188), M. H. De Young (fondateur du *San Francisco Chronicle*), ou encore James Rolph (le maire de la ville) – s'associe pour mener à bien ce projet et forme le conseil d'administration de l'exposition. Subventions de l'État de Californie et contributions privées ne tardent pas à affluer. Alors qu'en Europe la guerre fait rage, San Francisco va tenter l'impossible pour surprendre et émerveiller les visiteurs en leur présentant les dernières productions artistiques, artisanales, industrielles et agricoles d'une époque en pleine mutation.

Un plan harmonieux. La commission architecturale de l'exposition est composée des San Franciscains Willis Polk, Clarence Ward, W. B. Faville, George W. Kelham et Louis C. Mullgart,

Tower of Jewels
Cette tour italianisante, qui marquait l'entrée principale de l'exposition, était ornée de milliers de pierreries multicolores en cristal de Bohême. Chaque jour, à midi, la voix du baryton Roy La Pearle s'élevait du sommet de l'édifice.

Art Smith
L'intrépide aviateur figure ici aux côtés d'Indiens Blackfeet. Les biplans et les monoplans, dont les visiteurs pouvaient admirer les folles acrobaties, étaient présentés au Palace of Transportation, avec une locomotive, des bicyclettes et des motocyclettes dont la plus rapide était une Harley Davidson.

« LES EXPOSITIONS UNIVERSELLES SE PRÉSENTENT
COMME LE MIROIR D'UNE SOCIÉTÉ DES DIFFÉRENCES
QUI EXPÉRIMENTE, MAIS QUI N'A PAS ENCORE CONSOLIDÉ SES
RÈGLES ET SES NOUVEAUX PARADIGMES… » L. AIMONE, C. OLMO

L'entrée du Hall of Mechanics, peinte par Sheldon Pennoyer pendant l'exposition (pastel).

VUE D'ENSEMBLE
Elle montre l'ampleur des installations mises sur pied pour l'exposition, avec, se détachant au centre, la Tower of Jewels. La nuit on pouvait voir chatoyer le dôme de verre (plus grand que celui de la basilique Saint-Pierre de Rome) illuminé du Palace of Horticulture, l'une des plus belles réussites de l'exposition (ci-dessous, à gauche de la Tower of Jewels). Un vaste parc d'attractions regroupant manèges, jeux, dioramas, reconstitutions du canal de Panama, du Grand Canyon et du parc de Yellowstone avait été installé dans la partie orientale du parc d'exposition. Les visiteurs pouvaient également s'y restaurer et acheter des souvenirs : poignées de terre de Panama, imitations des «joyaux» en cristal de Bohême de la Tower of Jewels, petites cuillères et montres (en haut, page de gauche), dont certaines marchent encore.

assistés de plusieurs architectes new-yorkais. George W. Kelham établit un plan général d'une belle unité : huit palais d'exposition principaux, tous de facture classique et coiffés d'un dôme, qu'encadrent le Palace of Machinery (pour les machines industrielles) et le Palace of Fine Arts (pour les œuvres d'art). La scintillante Tower of Jewels domine le tout et les allées sont ponctuées de pièces d'eau, de colonnades et de jardins dessinés de main de maître par John McLaren, le génial paysagiste du Golden Gate Park ▲ 254. Les pavillons offerts par les pays étrangers et les divers États américains ont été rassemblés au-delà du Palace of Fine Arts. Une multitude de sculptures exécutées par des artistes du monde entier ornent édifices et jardins. Enfin, l'exposition est une symphonie de couleurs orchestrée par un coloriste de renom, Jules Guérin, et magnifiée par les jeux de lumière indirecte que permet la «fée électricité».

▲ Golden Gate Promenade vers Cliff House

Bernard Maybeck
Né en 1848 à New York de parents allemands, il passe cinq ans à Paris, où il étudie le dessin de menuiserie puis

l'architecture aux Beaux-Arts. De retour en Amérique, il travaille à New York et à Kansas City. En 1889, il part tenter sa chance à San Francisco, où il mène une vie de bohème. Personnage charismatique, Maybeck possède un extraordinaire talent de metteur en scène de détails décoratifs. Ses œuvres les plus connues sont le Palace of Fine Arts et la First Church of Christ Scientist à Berkeley.

Après la fête. L'exposition accueillit quelque dix-huit millions de visiteurs. La fête terminée, le vaste Festival Hall, doté d'une excellente acoustique, fut transporté au Civic Auditorium ▲ *228*. Le pavillon français, une copie du palais de la Légion d'honneur de Paris, devait servir de modèle au Palace of the Legion of Honor, musée dédié à l'art européen et fondé par Alma et Adolph Spreckels dans le Lincoln Park ▲ *247*. Derrière la grande haie – la «pelouse verticale» de John McLaren –, tout fut démoli, démonté, vendu, dispersé... Seuls demeurèrent les souvenirs dans le cœur des San Franciscains et chez les brocanteurs, mais aussi l'étonnant Palace of Fine Arts de Bernard Maybeck, que l'on décida de conserver sur place.

Palace of Fine Arts ♥

Pour la réalisation de cette imitation de ruines romaines se reflétant dans une pièce d'eau, l'architecte Bernard Maybeck s'inspira d'un monument représenté sur une toile du peintre suisse Arnold Böcklin, *L'Île des morts*, mais aussi de certaines gravures de Piranèse. Véritable image de rêve tant est saisissante l'impression d'irréalité qui s'en dégage, l'œuvre se compose d'une rotonde d'une extrême élégance, largement ouverte sur le ciel par ses hautes arches et entourée de plusieurs ensembles de colonnes corinthiennes. Chacune de ces colonnades est surmontée d'un bac à l'origine destiné

> « LE CLASSICISME AMÉRICANISÉ DE MAYBECK
> REPREND À SON COMPTE LE MYTHE EUROPÉEN D'UNE CULTURE
> UNIVERSELLE MISE ENFIN À LA PORTÉE DE TOUS. »
>
> G. DIETRICH-SAINSAULIEU

à recevoir des plantes que des nymphes devaient arroser de leurs pleurs. Œuvres du sculpteur Ulric Ellerhusen, ces jeunes filles drapées, à la nuque ployée, évoquent la « Mélancolie de la vie sans l'Art ». La coupole du Palace of Fine Arts est décorée de panneaux peints représentant une femme nue incarnant l'Art, défendue par des hommes nus (les idéalistes) affrontant des centaures (les matérialistes) – symbolisme que l'on retrouve dans maint édifice de l'exposition internationale. Après la fermeture de l'exposition Panama-Pacifique, l'édifice sauvé de la démolition accueille une exposition de peinture en 1918, puis tombe dans l'oubli. Pendant un demi-siècle, les San Franciscains regardent se dégrader l'élégant palais de plâtre. En 1959, le miracle se produit : un résident du quartier apporte les premiers fonds (la ville et l'État de Californie participeront aussi au financement) qui permettent enfin d'entreprendre sa restauration. Reconstruit en béton armé entre 1962 et 1975, ce souvenir de l'exposition internationale chère au cœur des San Franciscains est toujours là, sur Baker et Beach Streets, entre la Baie et le Presidio.

LES « PLEUREUSES » Ces étranges créatures perchées au sommet des colonnes du palais, tournant le dos aux visiteurs, devaient à l'origine arroser de leurs pleurs des plantes installées dans les bacs, au-dessus desquels elles se penchent.

EXPLORATORIUM
SCIENCE MUSEUM ♥

Derrière la rotonde et les colonnades s'élève le pavillon en demi-lune qui accueillait, dans les années 1920, des expositions de peinture et de sculpture. Il abrite depuis 1969 un étonnant musée qui permet d'expérimenter et de comprendre d'innombrables phénomènes physiques. L'Exploratorium Science Museum a été fondé par Frank Oppenheimer, le frère de l'un des inventeurs de la bombe A, afin de développer la connaissance des technologies de pointe et de démontrer l'interdépendance de l'art et de la science. Les enfants, petits et grands, apprécieront particulièrement de faire fonctionner eux-mêmes toutes sortes d'appareils et de se livrer à des tests étonnants (près de six cents en tout) portant sur le son, la lumière, etc., dans divers laboratoires et salles. Dans le Vidium, par exemple, un oscilloscope muni d'un micro transcrit toutes sortes de sons en impressions visuelles, tandis que la Shadow Box (« boîte à ombres ») fixe l'ombre des participants sur des écrans phosphorescents pendant trente secondes. Les horaires d'ouverture varient selon les saisons et le Tactile Dome se visite uniquement sur réservation.

AUDITORIUM. Cette salle du Palace of Fine Arts, construite au début des années 1970, peut contenir quelque mille spectateurs, et accueille chaque année divers festivals, dont l'International Animation Festival et l'Ethnic Dance Festival.

UN MUSÉE DE L'ARCHITECTURE
Classé monument historique en 1963, le Presidio illustre bien l'évolution de l'architecture américaine depuis 1850 : bâtiments administratifs et

La partie nord-ouest de San Francisco forme une sorte d'avant-poste à l'entrée du Golden Gate. Un chemin côtier, très apprécié des promeneurs, surplombe le Pacifique et trois parcs agrémentent cette zone battue par les vents : le Presidio, au nord, Lincoln Park, qui appartient à la GGNRA, et le Golden Gate Park ▲ *254*, plus au sud. Là sont enclavés Richmond ▲ *242*, le plus vaste quartier de la ville et l'un des plus résidentiels et brumeux, et Sea Cliff ▲ *252*, le plus huppé, perché sur son promontoire rocheux en sentinelle du détroit.

Presidio

Fondé en septembre 1776 par José Joaquin Moraga pour défendre l'entrée de la Baie et la mission Dolores ● *43,* ▲ *294*, le Presidio était, à l'origine, un modeste camp fortifié regroupant quelques constructions en adobe ● *88*. De 1822 à 1835, il constitua l'avant-poste septentrional de la jeune République mexicaine, et c'est en 1847 que l'armée américaine s'en empara. À la fin des années 1850, des baraquements en bois remplacèrent les bâtiments en adobe d'origine, passablement délabrés. En 1862-1863, au cours de la guerre de Sécession, le Presidio fut doté d'une vaste place d'armes flanquée à l'est de douze cottages destinés à loger les officiers, et à l'ouest d'une caserne, auxquels s'ajoutaient d'autres bâtiments de bois, dont un hôpital. De 1865 à 1890, le Presidio devait abriter le quartier général de l'armée du Pacifique. Le domaine ayant été ouvert au public dans les années 1870, le major William A. Jones décida, en mars 1883, de faire un vaste parc paysager des 560 ha de dunes battues par les vents qui s'étendaient autour du Presidio. Les vallées furent gazonnées et les hauteurs plantées de quelque 60 000 cyprès, acacias et eucalyptus afin de créer l'illusion d'une forêt. Nul autre camp militaire américain ne fit jamais l'objet d'un tel projet environnemental. Entre 1890 et 1914, la plupart des édifices en bois firent place à des structures en brique et béton de style colonial espagnol ou *Mission Revival* ● *88*. En 1910-1912, sur une éminence au

logements de style colonial hispanique ou géorgien, magasins et entrepôts de type *industrial design* et les hangars du Crissy Airfield, berceau de l'aviation militaire américaine.

nord-ouest du Presidio fut établi Fort Winfield Scott, un camp militaire responsable de la défense côtière, avec sa place d'armes cernée de casernes en béton et stuc, elles aussi de style *Mission Revival*. Dans les années 1930, on édifia dans l'enceinte du domaine de nouveaux cottages de style géorgien pour loger les officiers et leurs familles. De 1946 à 1990, le Presidio abrita le quartier général de la VIᵉ armée et un important centre médical regroupant un hôpital et un laboratoire de recherches. L'armée a depuis quitté les lieux.

PRESIDIO ARMY MUSEUM. Ce musée est installé à l'angle de Lincoln et de Funston Avenue, dans l'ancien hôpital militaire construit en 1863. On peut y voir des uniformes, des armes, divers objets militaires d'autrefois, des dioramas et des photographies anciennes. L'entrée est gratuite.

NATIONAL MILITARY CEMETERY. Dans ce cimetière construit en 1894 reposent quinze mille soldats tombés pendant la Première Guerre mondiale. Parmi les tombes des vétérans figurent celles de l'éclaireur indien Two Bits, et de Pauline Cushman Fryer, actrice de son état et espionne «unioniste» pendant la guerre de Sécession.

FORT POINT ♥

En mars 1776, les hommes de l'expédition de Juan Bautista de Anza élevèrent une croix sur une éminence dominant la Porte d'or afin de marquer la souveraineté de l'Espagne sur la baie de San Francisco. C'est sur ce site stratégique que fut érigé, en 1794, le Castillo de San Joaquin. Comme le Presidio, le bastion en adobe – qui n'abritait qu'une poignée de soldats – tomba en désuétude vers 1810, lorsque les Espagnols, occupés à combattre la révolte de leur colonie mexicaine, abandonnèrent à leur sort les missions de Californie.
Mesurant l'importance stratégique du site, l'armée américaine décida, après 1847, de raser San Joaquin et de construire à la place un fort à la Vauban, en brique rouge, granite et fer. Les travaux durèrent de 1853 à 1861. Mais, à peine achevé, Fort Point se révéla obsolète : ses murs de brique n'offraient qu'une piètre résistance aux obus et aux tirs des canons à balles mobiles (prototypes de la mitrailleuse) nouvellement inventés. Aussi, aucun de ses cent vingt-six canons ne tira jamais un seul boulet ! Toutefois, la forteresse résista vaillamment au séisme de 1906. Tapi sous la pile sud du Golden Gate Bridge, selon la volonté de son architecte Joseph Strauss, Fort Point fut restauré au début des années 1970. On peut y visiter un petit musée qui renferme des tableaux, des uniformes et des armes et assister à la mise en batterie de l'un des canons. Du haut de la barbette battue par les vents, d'où les canons pivotant mettaient en joue les navires suspects qui entraient dans la baie, on découvre le pont, la baie, la côte rocheuse et les surfers assez fous pour chevaucher les déferlantes.

Fort Point gardant l'entrée de la baie : toile de Nels Hagerup, *Sailing Ship Entering the Golden Gate*.

BATTERIES CÔTIÈRES
Le canon à chargement par la bouche, pièce maîtresse de la défense de la baie, devint obsolète vers 1890, quand l'armée américaine adopta le canon en acier chargé par la culasse. Des casemates en béton destinées à abriter ces nouvelles pièces d'artillerie – d'une portée de 5 km pour certaines – furent alors installées entre 1893 et 1908 le long de la côte. On peut encore visiter quatre de ces installations au nord-ouest du Presidio.

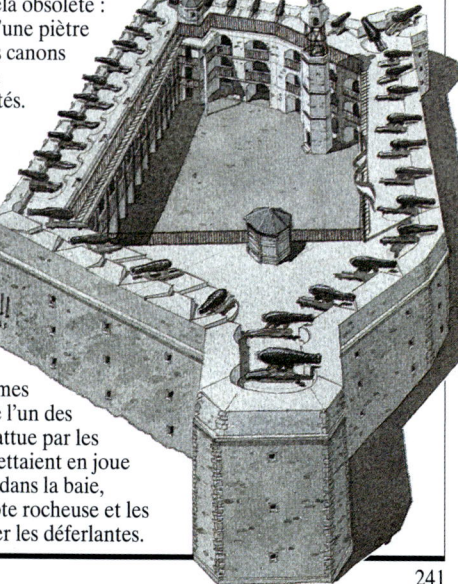

▲ GOLDEN GATE BRIDGE

C'est en 1937 que le projet fou d'un pont enjambant la Porte d'Or, entre San Francisco et le comté de Marin, se concrétisa. Deuxième plus grand pont du monde, avec ses deux piles hautes de 227 m et ses 3 km de chaussée jetés à 67 m au-dessus des eaux tumultueuses de la baie, le Golden Gate Bridge est devenu le symbole de San Francisco. Depuis plus de soixante ans, ses lignes pures, rouge orangé, se découpent finement sur les verts, les ocres et les bleus de la Baie, résistant aux secousses sismiques, aux vents et à la circulation de plus en plus dense.

JOSEPH B. STRAUSS
(1870-1938)
Le maître d'œuvre du Golden Gate Bridge avait soutenu sa thèse à l'université de Cincinnati, en 1893, sur un projet de pont enjambant le détroit de Behring. Celui du Golden Gate Bridge n'était pas moins audacieux et il dut faire preuve d'une ténacité et d'une force de persuasion extraordinaires pour en faire accepter le financement en pleine crise économique.
La statue de bronze, rouleaux de plans à la main, de l'homme qui «conçut et donna forme» au Golden Gate Bridge surplombe aujourd'hui la baie. Toutefois, ce sont les calculs effectués en 1930 par Charles Alton Ellis – collaborateur de Strauss et ingénieur de talent – qui permirent de surmonter la plupart des difficultés techniques que présentait la construction d'un pont sur un site si particulier. C'est d'ailleurs pour ses compétences que Strauss (qui n'était pas ingénieur des travaux publics) fit appel à Ellis en 1921 et qu'il lui confia, en 1929, l'exécution des plans du pont. Mais craignant qu'Ellis – dont tout le monde saluait le talent – ne lui fît de l'ombre, Strauss le licencia en décembre 1931 (arguant d'un désaccord sur le temps et le coût de réalisation).

« Le soleil d'après-midi la peignait de blanc et d'or, telle une cité noble de rêve heureux. […] Je m'arrêtai pour la regarder, elle et le pont, ce collier enjambant la mer pour la rejoindre. » John Steinbeck

Diagrammatic Study
Of San Francisco Pier
Showing Caisson And
Fender Construction
JOSEPH B STR
Chief Engineer
THE GOLDEN GATE BRIDGE
AT SAN FRANCISCO

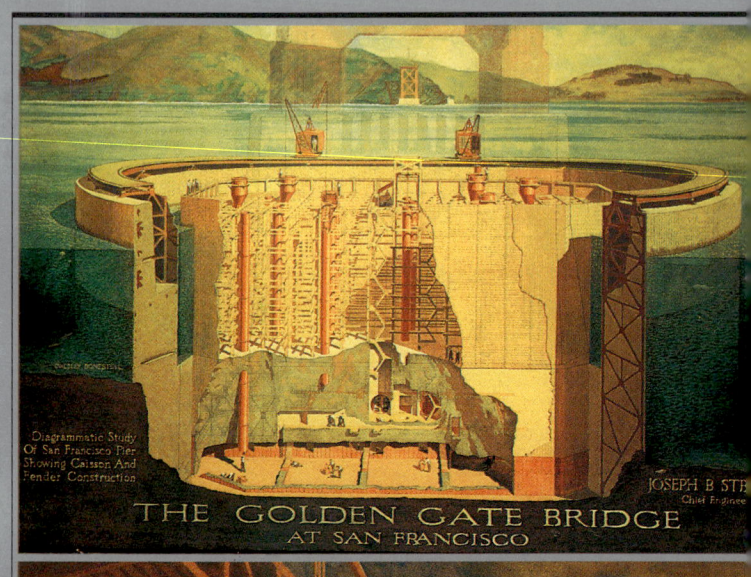

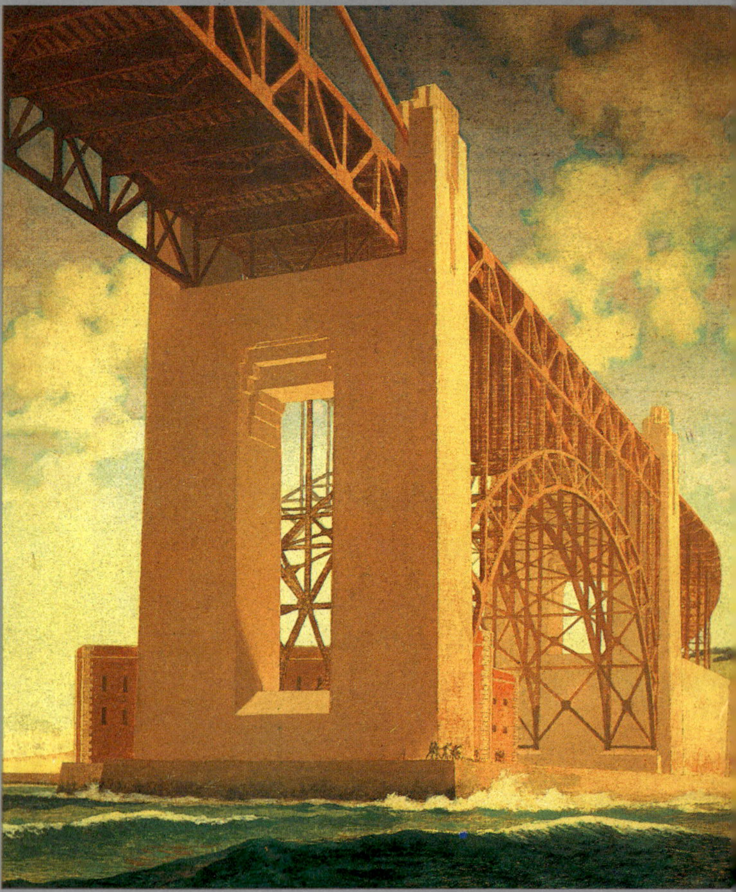

Peintures à l'huile représentant la construction du Golden Gate Bridge, de Chesley Bonestell.

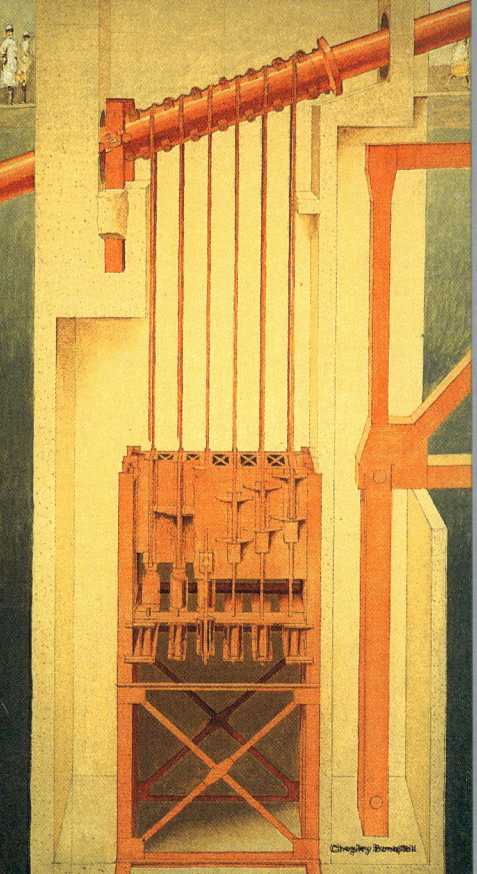

UNE PROUESSE TECHNIQUE

La construction d'un pont suspendu à l'entrée d'une baie, sur un fond rocheux rendant tout ancrage difficile et dans une zone à haut risque sismique, battue par les vents et traversée de courants puissants, représentait une véritable gageure. Il fallut 520 000 m³ de béton, 1 000 000 t d'acier et 129 000 km de câbles métalliques pour l'édifier. Les deux câbles parallèles de 1 m de diamètre qui constituent le principal soutien du tablier sont ancrés aux deux gigantesques piles du pont et scellés dans d'énormes massifs d'ancrage en béton à chaque extrémité de l'ouvrage. Si la construction de la pile nord, sur le littoral de Marin County, ne posa guère de problème, celle de la pile sud demanda deux ans. On commença par dresser une enceinte de béton, reposant par 20 m de fond, dans laquelle l'eau fut pompée pour créer un vaste caisson étanche au sein duquel la pile fut ensuite élevée. Puis on posa des canalisations pour permettre à l'eau de circuler dans l'enceinte et de protéger ainsi des chocs éventuels et des grandes marées cette pile très exposée. Hormis la chute d'une plate-forme sous le tablier, qui fit neuf victimes, on ne déplora aucun autre accident mortel au cours des cinq ans de travaux.

▲ GOLDEN GATE PROMENADE VERS CLIFF HOUSE

UN QUARTIER COSMOPOLITE
Avec ses avenues bordées de maisons bourgeoises et de jardins, Richmond est un paisible quartier résidentiel que jalonnent des îlots conviviaux de rues, animés par toutes sortes de commerces et de restaurants. Diverses communautés s'y côtoient de sorte que l'on peut, dans un même périmètre, faire ses emplettes dans une épicerie russe, boire une bière dans un pub irlandais et dîner dans un restaurant chinois. C'est le général Turner Marsh qui donna à ce quartier le nom de sa ville natale en Australie.

Enterrement d'un pompier dans le cimetière de Richmond, 1850.

RICHMOND

Au début du XIXe siècle, l'actuel Richmond n'était qu'un «grand désert de sable» battu par les vents et désigné sur les cartes sous le nom de «Territoires extérieurs» *(Outside Lands)*. La construction, en 1853, d'une route à péage de Point Lobos au littoral et l'établissement, en 1858, d'un restaurant élégant, *The Cliff House* ▲ *252*, au bord de la falaise, firent déclic : la haute société de San Francisco s'empressa de découvrir, à cheval ou en calèche, cette partie oubliée de la cité. Au lendemain du séisme de 1906, certains San Franciscains décidèrent de s'installer sur ces terres vierges et la route à péage fut rebaptisée GEARY BOULEVARD en hommage au premier maire de la ville. En 1912, l'installation d'une ligne de tramway le long de cet axe déclencha un premier boom immobilier dans cette partie de la ville.

LES PREMIERS RÉSIDENTS. De nombreux Slaves s'établirent à Richmond après la Première Guerre mondiale. Salons de thé, épiceries et boulangeries se multiplièrent. L'ÉGLISE ORTHODOXE, à l'angle de Geary Boulevard et de 26th Avenue, accueille encore de nombreux fidèles et mérite une visite pour ses peintures murales intérieures.

BELLES DEMEURES. Au nord de Lake Street, la plupart des avenues se terminent en cul-de-sac le long des jardins du Presidio. On peut admirer là certaines des plus belles maisons du quartier. Sur PACIFIC STREET, entre Presidio Avenue et Walnut Street, s'élève un ensemble intéressant de maisons de bardeaux brunes à moulures noires et toits pentus. Dessinées par Coxhead, Maybeck et Polk, elles illustrent admirablement la *Bay Area Tradition* ● *98*.

NEW CHINATOWN. Clement Street, près d'Arguello Boulevard, est l'axe principal du nouveau quartier chinois. À l'abolition, en 1940, des lois interdisant aux Chinois d'acquérir des biens immobiliers hors de Chinatown, nombre d'entre eux s'établirent à Richmond. Depuis 1970, Thaïs, Vietnamiens, Coréens et Japonais sont venus grossir les rangs de la population chinoise. L'arrivée quotidienne, aujourd'hui encore, d'immigrants venus de Hong-Kong et du Sud-Est asiatique ne cesse de réaffirmer les liens culturels et commerciaux que San Francisco a su tisser avec l'autre rive du Pacifique.

SEA CLIFF

Ce quartier résidentiel est né en 1900. Souvent de teinte pastel, la plupart des maisons – il n'y a pas d'immeubles – affichent un style méditerranéen en faveur à l'époque. Grandes villas bien

entretenues, rues qui serpentent, superbes panoramas depuis les falaises, Seacliff est une halte idéale sur le célèbre SCENIC DRIVE, qui suit le CAMINO DEL MAR, entre le Golden Gate Bridge et le Palace of the Legion of Honor, dans Lincoln Park. Mais Sea Cliff est sans doute plus admirable encore depuis les falaises du comté de Marin ▲ *324*, de l'autre côté du détroit. De là, on croit voir la ville blanche de San Francisco cascader jusque dans les flots par-dessus les sombres promontoires rocheux.

LINCOLN PARK

Ce parc, dont le terrain de golf et les bosquets de pins dominent la ville et le Golden Gate, s'étend à l'ouest de Sea Cliff.
LE GOLDEN GATE CEMETERY. C'est en 1868 que la ville acquit ce terrain pour y établir un cimetière. Chinois, Grecs, Italiens, Japonais et immigrants de bien d'autres nationalités y furent inhumés. Un journaliste se souvient de ce «lieu sinistre hanté par de pauvres hères qui se nourrissaient des offrandes que les Chinois faisaient aux mânes de leurs défunts». La plupart des Chinois trouvaient là une sépulture temporaire avant d'être transportés vers la terre de leurs ancêtres, selon la coutume. En 1909, la municipalité transféra les sépultures à Colma et le «cimetière des indigents» fit place à un parc et à un golf.
GOLF. Ce parcours de dix-huit trous, dont l'entrée se situe au niveau de la 34e Avenue et de Clement Street, est ouvert tous les jours de l'année. Aux premier et quinzième trous, on remarque des pierres tombales chinoises, vestiges du cimetière. Les routes du parc sont fréquentées par de nombreux joggers et cyclistes. Mais attention aux balles de golf «perdues» !

JONQUE DE CHINA BEACH
La «plage des Chinois», rebaptisée James Duval Phelan Beach, se love dans une petite crique au pied de Sea Cliff. Au siècle dernier, les jonques chinoises qui mouillaient au large de China Beach apportaient bien des produits de contrebande en Californie. China Beach est l'une des rares plages de San Francisco où l'on peut se baigner sans danger. Douches, cabines et solarium sont mis à la disposition des baigneurs et des secouristes veillent à leur sécurité d'avril à octobre. C'est également un bon endroit pour assister au coucher du soleil sur le Golden Gate Bridge. Un monument aux pêcheurs chinois, auxquels la plage doit son nom, se dresse à l'entrée.

EL CAMINO DEL MAR
En raison d'un glissement de terrain, il est désormais interdit à la circulation automobile entre Sea Cliff et la Cliff House. On peut toutefois sans danger emprunter à pied ce chemin administré par le Lincoln Park et le GGNRA. L'accès en voiture au Palace of the Legion of Honor se fera donc par la 34e Ave et Clement St. en traversant le parcours de golf.

▲ Golden Gate Promenade vers Cliff House

California Palace of the Legion of Honor ♥

Ce musée, construit dans les années 1920 par la richissime Alma de Bretteville Spreckels afin de promouvoir l'art français en Californie, se profile élégamment au sommet d'une colline du parc dominant le détroit du Golden Gate. Fermé pour rénovation, le musée rouvrira ses portes en 1994. Le palais abrite également des salles de spectacle, une librairie, un restaurant, et possède un service culturel très actif.

Copie conforme. L'édifice s'inspire du palais de la Légion d'honneur de Paris, l'hôtel de Salm, construit en 1786 par l'architecte Pierre Rousseau. C'est en voyant la copie de l'hôtel de Salm réalisée par les Français pour l'Exposition internationale de 1915 ▲ *236* qu'Alma Spreckels eut l'idée de solliciter du gouvernement français l'autorisation d'en construire une réplique à plus grande échelle pour abriter un musée dédié à l'art français. La municipalité offrit le terrain et les travaux furent confiés à l'architecte George Applegarth, ancien élève de l'École des beaux-arts de Paris, qui sut adapter les techniques de construction modernes aux impératifs de l'architecture classique du XVIIIe siècle français.

L'inauguration. Elle eut lieu le 11 novembre 1925, jour anniversaire de l'Armistice, en présence des maréchaux Joffre et Foch. Le musée fut dédié aux milliers de soldats californiens tombés en France lors de la Grande Guerre. Alma avait fait rechercher dans les archives militaires leur identité et leur ville d'origine afin d'inscrire leur nom dans un livre d'or que signèrent les maréchaux français. Le jour de l'inauguration, sept cents œuvres d'art étaient exposées, dont trente et une sculptures de Rodin prêtées par Alma Spreckels.

Les principaux donateurs. Outre des sculptures de Rodin, dont l'un des cinq moules du *Penseur* (ci-contre), Alma Spreckels fit don au musée de ses collections d'art égyptien, de bronzes d'Arthur Putnam, de sculptures de Théodore Rivière et de

Alma Spreckels

Née en 1881 à San Francisco dans une famille modeste, Alma hérite néanmoins d'un nom aristocratique : Emma Charlotte Corday le Normand de Bretteville. Aussi n'oubliera-t-elle jamais qu'elle descend d'un général français. À 14 ans, elle cesse de livrer le linge lavé par sa mère pour étudier les arts plastiques au *Mark Hopkins Art Institute*. Mais c'est en épousant,

en 1908, Adolph Spreckels, richissime négociant en sucre ▲ *203*, qu'elle réalise son rêve de grandeur. En 1914, elle part en France acheter le mobilier digne de la vaste demeure qu'elle s'est fait construire ▲ *203*. À Paris, elle rencontre Rodin et Loïe Fuller, qui l'initie à l'«art nouveau». Peu après, elle commence à collectionner les œuvres d'art et persuade son mari de financer son projet de musée.

dessins originaux des décors et des costumes des Ballets russes. Le gouvernement français offrit des tapisseries des Gobelins et des porcelaines de Sèvres. Alma Spreckels sut également réunir de généreux donateurs : Henry K. Williams, Archer M. Huntington, Moore S. Achenbach et Hélène Irwin Fagan. Toute sa vie durant, Alma Spreckels participa au développement des activités du Palace of the Legion of Honor. Elle contribua financièrement aux divers réaménagements comme à la mise en place d'un programme éducatif et culturel très ambitieux avec la création, en 1955, du *Patrons of Art and Music*. À sa mort, en 1968, des milliers de personnes vinrent se recueillir devant le cadavre embaumé, assis dans un fauteuil, de celle qui avait «offert l'Europe aux habitants de San Francisco».

LES COLLECTIONS DU MUSÉE. Suite à un réaménagement décidé en 1972, le palais de la Légion d'honneur et le M. H. De Young Memorial Museum (installé dans le Golden Gate Park ▲ *266*) ont fusionné, afin de permettre une meilleure gestion des collections qui appartiennent désormais à une seule et même institution : THE FINE ARTS MUSEUMS OF SAN FRANCISCO. Le M. H. De Young Museum s'est vu attribuer la plupart des œuvres américaines, tandis que les collections européennes sont rassemblées, pour l'essentiel, au palais de la Légion d'honneur.

ART EUROPÉEN. Dans le département des peintures sont représentées l'école florentine (Fra Angelico), la première école vénitienne (Bellini, Titien et le Tintoret), la peinture italienne des XVIIe et XVIIIe siècles (Magnasco), l'école flamande (Met de Blès, Joos Van Cleve, Rubens), la peinture espagnole (le Greco), la peinture hollandaise (Pieter de Hooch, Rembrandt, Frans Hals), l'école anglaise (Gainsborough, Raeburn) et la peinture allemande.

ART FRANÇAIS
Les collections d'art français comportent surtout des sculptures et des tapisseries du XVIe siècle et des porcelaines de Saint-Porchaire et de Limoges. Le XVIIe siècle est représenté notamment par des œuvres de Simon Vouet, Nicolas Poussin et Georges de La Tour. Mais c'est le XVIIIe siècle français qui constitue la section la plus riche du musée : mobilier, tapisseries des Gobelins, de Beauvais et d'Aubusson, porcelaines de Sèvres et de Chantilly, argenterie de Biennais et toiles de Fragonard, Watteau et Boucher. Du XIXe et du début du XXe siècle, on admirera des tableaux de David, Corot, Manet, Monet, Renoir, Degas, Seurat et Cézanne. Une salle est consacrée à Rodin, dont le musée possède cent six œuvres, dont *L'Âge d'airain* et *La Tête de saint Jean-Baptiste sur un plat*.

Entrée du parc de Sutro Heights au début du siècle.

LANDS END ♥

Du parking de Lincoln Park, un sentier rejoint le chemin de corniche qui contourne Lands End («finistère»). La vue inoubliable sur le détroit fait de cette section du COASTAL TRAIL («sentier côtier») l'une des préférées des randonneurs. Passant du soleil à l'ombre, ou baigné de brume, le chemin serpente sur presque 1 km à travers prés, bois de cyprès et le long des promontoires qui dominent l'océan. Au printemps, lupins jaunes et fleurs de rocaille aux pétales rouge vif colorent le paysage. En été, cette zone très exposée est souvent froide et brumeuse. Le vent du Pacifique, qui souffle toute l'année, a dessiné une côte au tracé étrangement torturé, sculptant au passage les cyprès plantés lors de la Première Guerre mondiale pour camoufler les canons.

USS SAN FRANCISCO MEMORIAL. À l'endroit où le Coastal Trail contourne Point Lobos et rejoint Merry Way, un escalier conduit au sommet de la falaise. C'est là que se dresse le pont de l'*USS San Francisco*, navire de guerre torpillé par la marine japonaise lors de la bataille de Guadalcanal, en 1942. Sur le mémorial voisin sont gravés les noms des cent sept marins morts au combat.

OCTAGON HOUSE. Aujourd'hui propriété privée, le bâtiment octogonal qui surplombe Vista Point est un ancien relais télégraphique qui annonçait au port l'approche des navires.

MILE ROCK LIGHT. Ce phare se dresse à la pointe émergée d'un rocher qui représenta longtemps un terrible danger pour les navires qui franchissaient le Golden Gate. Sa construction constitua un véritable exploit. À la vue de ce rocher abrupt et glissant, où nichaient d'innombrables bernaches, la première équipe refusa de faire le travail. En 1904, on loua donc les services de loups de mer aguerris, qui réussirent à ériger les 12 m de béton armé fondateurs de l'édifice et les trois étages du phare lui-même. Le seul moyen d'accès au phare était une échelle de corde fouettée par le vent et les embruns, dont l'ascension était si périlleuse que l'un des gardiens surnomma le phare «l'île du Diable». En 1950, la partie supérieure de la structure fut démontée et remplacée par une aire d'atterrissage équipée d'un projecteur automatique.

SEAL ROCKS

Les Espagnols baptisèrent *Punta Lobos* le promontoire le plus avancé de Lands End, en raison des otaries et des phoques *(lobos marineros)* dont les hurlements se mêlaient au fracas des vagues. Adolph Sutro ▲ *252* tenait à Seal Rocks comme à la prunelle de ses yeux et veillait à ce que personne ne vînt chasser les otaries, comme le montre cette caricature. Seal Rocks fut cédé à la ville par le Congrès en 1887 et la colonie d'otaries a émigré vers le Pier 39 en 1990 ▲ *186*.

NAUFRAGES. La configuration de la côte, la brume, le vent, les marées et les courants rendent souvent dangereuse l'entrée de la baie de San Francisco. Quelque quatre-vingt-quinze navires ont sombré, une centaine ont échappé de justesse au naufrage au passage du goulot de 1,5 km qui resserre l'entrée du Golden Gate. Le naufrage le plus célèbre est celui du *Parallel*, en 1887. Le navire, dont les cales étaient pleines de poudre, se fracassa en pleine nuit sur la falaise de la Cliff House. Le bruit de l'explosion réveilla la quasi-totalité des habitants de la ville. À marée basse, on aperçoit depuis la corniche l'épave du *Coos Bay*, un cargo chargé de bois de charpente qui, en raison du brouillard, fit naufrage en 1937 au large de China Beach. Quatorze des trente-deux membres d'équipage furent hissés par un câble ancré au sommet de la falaise.

SUTRO HEIGHTS

Cet élégant parc de Lands End fut offert en 1880 aux habitants de San Francisco par le richissime Adolph Sutro. Onze jardiniers parvinrent à aménager sur cette falaise nue et balayée par le vent un véritable *arboretum* constitué d'espèces exotiques que Sutro avait recueillies dans le monde entier, et agrémenté de pelouses verdoyantes, de parterres de fleurs, d'une serre, d'une terrasse et d'un impressionnant parapet dominant l'océan. Cent ans plus tard, les jardins ont été intégrés à la GGNRA.

LE PARAPET. Cet ouvrage étonnant qui surplombe le Pacifique imite la toiture d'un château médiéval européen. Les trente créneaux étaient naguère surmontés de statues et pourvus de sièges d'où les promeneurs se plaisaient à contempler la ligne d'horizon ● *119*.

ROCK GARDEN. Sutro fit aussi aménager un jardin de rocaille au nord de sa maison de Sutro Heights. Si la maison a disparu, la paroi fleurie – véritable collage vertical de roches sombres, d'agaves pointus, de roses thé aux tons délicats, d'hibiscus colorés au milieu des feuillages verts – est toujours entretenue.

DIANE ET LES LIONS. Dans sa grande générosité, Sutro se préoccupait aussi d'initier le petit peuple de San Francisco aux subtilités de l'art européen et importa de Belgique quelque deux cents statues de plâtre (copies grandeur nature). Disséminés dans les jardins, champignons, animaux, lutins et dieux grecs côtoyaient ainsi toutes sortes de personnages historiques. Des vandales ont détruit la plupart de ces statues, mais l'administration du parc national a remplacé les principales, dont les deux lions qui gardent avec majesté l'entrée nord du jardin. Mais c'est la déesse Diane qui a toujours eu la faveur des San Franciscains. Aujourd'hui encore, des adorateurs ornent ses épaules de guirlandes de feuilles et déposent à ses pieds des offrandes de nourriture et de fleurs.

SUTRO BATHS
En 1896, A. Sutro fit bâtir la plus vaste piscine publique au monde : sept bassins d'eau douce et d'eau de mer, chauffés et abrités par une verrière géante. Pour 10 cents, on pouvait louer un maillot de bain et une serviette, s'ébattre dans les bassins, sur un tremplin, un toboggan et un trapèze, puis se restaurer sur la terrasse. Le complexe ferma en 1952. Rénové par la suite, il fut ravagé par un incendie en 1960. On peut aujourd'hui en explorer les ruines à l'extrême sud de Lands End.

▲ Golden Gate Promenade vers Cliff House

Adolph Sutro
Il naît en 1830 dans une riche famille juive d'Aix-la-Chapelle qui émigre en 1850 à Baltimore. En 1851, A. Sutro s'installe à San Francisco, où il vend du tabac, puis part tenter sa chance dans les mines d'argent du Nevada. Il fera fortune en mettant au point un tunnel pour drainer et ventiler les mines. La *Tunnel Company* qu'il a fondée touche un pourcentage sur le minerai extrait des mines équipées de ce système. En 1879,

Cliff House

Depuis 1863, touristes et San Franciscains affluent dans ce restaurant pour y boire un verre ou déjeuner face aux déferlantes. Cliff House a été reconstruite trois fois et l'édifice actuel ne ressemble en rien à ses prédécesseurs, mais apparemment on y trouve toujours les mêmes choses : boutiques pour touristes, cuisine médiocre et boissons chères, en même temps, il est vrai, qu'un abri idéal pour admirer le panorama. C'est en 1881 que Sutro rachète Cliff House, un bâtiment de bardeaux de plain-pied construit en 1863. La belle société a alors laissé place aux joueurs, aux ivrognes et aux femmes de petite vertu. Sutro, qui désapprouve ces pratiques, ordonne au nouveau directeur d'en faire «un endroit convenable, sans lits partout ni verrous aux portes». L'établissement est ravagé en 1894 par un incendie, et Sutro décide de faire construire à la place une sorte de palais de style victorien, avec tourelles, flèches et décor de bois blanc ouvragé (ci-contre). Ses restaurants, boutiques, salons, cabinets particuliers, galeries d'art et son immense baie vitrée face au large attirent les San Franciscains par milliers ainsi que d'illustres personnalités comme Mark Twain, Sarah Bernhardt et le président Roosevelt.

il vend ses parts pour acheter des terrains à San Francisco et y bâtit des lieux de loisir publics, dont le parc de Sutro Heights, la deuxième Cliff House et les Sutro Baths. Ce bienfaiteur obtient même de la puissante Southern Pacific une réduction du titre de transport à destination du front de mer. S'il a «plus d'égards pour les pauvres que pour les riches», Sutro reçoit des personnalités comme le président Harrison, Andrew Carnegie ou Oscar Wilde.

Détruit à son tour par un incendie peu après la mort de Sutro, l'édifice fait place à une construction plus modeste, de style néo-classique, conçue par les architectes du Fairmont Hotel. C'est une version modifiée de cette troisième Cliff House qui domine aujourd'hui le Pacifique à l'extrémité de Geary Boulevard. En contrebas, on peut visiter deux curiosités : le Musée mécanique, où sont exposés des jouets mécaniques anciens que l'on fait fonctionner avec une pièce de 50 cents, et la Camera obscura, une réplique de la chambre noire inventée par Léonard de Vinci.

Ocean Beach ♥

Cette plage longue de 7 km s'étend au sud de Cliff House (ci-dessous). Impropre à la baignade, elle est cependant un lieu de promenade très apprécié des citadins, qui viennent nombreux les jours de beau temps. Au début du mois de septembre, Ocean Beach accueille les championnats de cerfs-volants, activité fort prisée sur la côte Ouest.

Golden Gate Park
et Haight-Ashbury

Golden Gate Park, *254*
Midwinter Fair, *258*
Conservatory, *260*
Strybing Arboretum, *261*
Music Concourse, *262*
Japanese Tea Garden, *263*
California Academy of Sciences, *264*
M. H. De Young Memorial Museum, *264, 268*
Asian Art Museum, *264, 270*
Stow Lake, *272*
Haight-Ashbury, *274*
Les Hippies, *276*
Panhandle, *280*
Buena Vista Park, *280*
Haight Street, *282*

▲ GOLDEN GATE PARK

🚴 1 journée
🚗 1/2 journée

R uban de verdure long de 5 km et large de 800 m, le Golden Gate Park s'étend du Pacifique au centre ville, entre les quartiers populeux de Richmond ▲ *246* et du Sunset. Ses 411 ha en font le poumon de San Francisco et l'un des plus grands espaces verts urbains au monde. Cette oasis verdoyante aménagée sur du sable est aussi un chef-d'œuvre de l'horticulture qui célèbre le triomphe d'esprits ingénieux sur une nature ingrate. Enfin, le Golden Gate Park reflète par son existence même l'intérêt que les San Franciscains ont toujours manifesté pour leur environnement, attitude dont le mouvement écologiste se fait de nos jours l'écho.

NAISSANCE DU PARC
Frank McCoppin, fut l'un des premiers à émettre l'idée de la création d'un vaste parc dans cette cité dénuée d'espaces verts. Le besoin en parcs municipaux était d'autant plus aigu que la ville avait connu un développement anarchique au moment de la ruée vers l'or ● *90*. Un groupe de citoyens puissants et la presse locale appuyèrent l'idée. En 1868, l'éditorialiste d'un quotidien se plaignait du fait que, mis à part Portsmouth Square, il n'y avait que deux espaces verts à San Francisco, Union Square et Washington Square. «Les rues vont bientôt donner l'impression de se rétrécir et le besoin d'espace va se faire criant», écrivait-il en substance. L'idée prit tournure.

LE «GRAND PARC DE SABLE». San Francisco avait tout juste vingt ans lorsque furent esquissés les plans d'un parc municipal digne de rivaliser avec ceux de New York, Londres ou Paris. En 1866, alors que s'achevait la guerre civile américaine, le maire de San Francisco, Frank McCoppin, demanda au paysagiste Frederick Law Olmsted d'étudier la possibilité d'aménager un parc municipal parmi les dunes situées à l'ouest de Divisadero. Olmsted, concepteur du Central Park de New York, ne cacha pas son scepticisme, doutant que l'on pût faire pousser de beaux arbres sur ces dunes, et conseilla aux autorités de choisir un autre site que celui surnommé par la presse «le grand parc de sable».

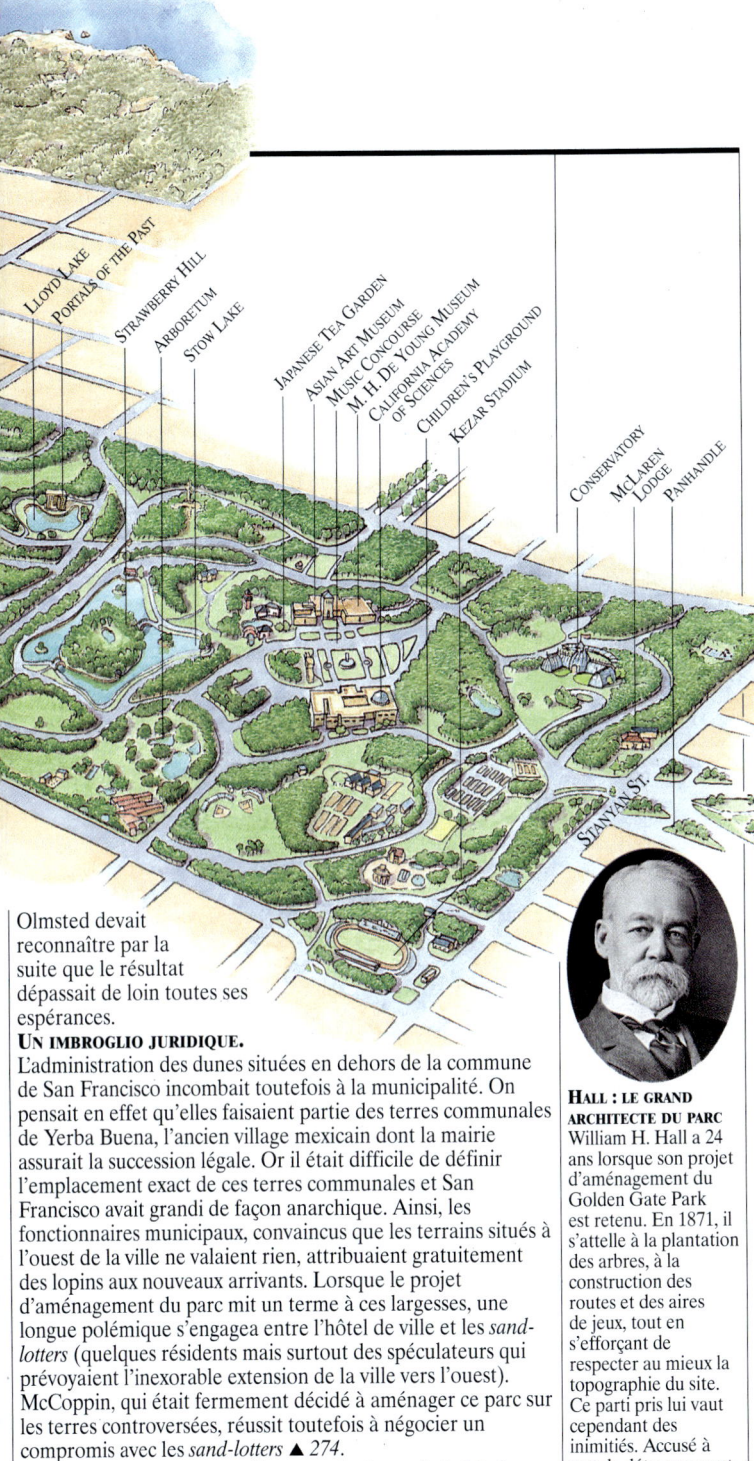

LLOYD LAKE · PORTALS OF THE PAST · STRAWBERRY HILL · ARBORETUM · STOW LAKE · JAPANESE TEA GARDEN · ASIAN ART MUSEUM · MUSIC CONCOURSE · M. H. DE YOUNG MUSEUM · CALIFORNIA ACADEMY OF SCIENCES · CHILDREN'S PLAYGROUND · KEZAR STADIUM · CONSERVATORY · MCLAREN LODGE · PANHANDLE · STANYAN ST.

Olmsted devait reconnaître par la suite que le résultat dépassait de loin toutes ses espérances.

UN IMBROGLIO JURIDIQUE.
L'administration des dunes situées en dehors de la commune de San Francisco incombait toutefois à la municipalité. On pensait en effet qu'elles faisaient partie des terres communales de Yerba Buena, l'ancien village mexicain dont la mairie assurait la succession légale. Or il était difficile de définir l'emplacement exact de ces terres communales et San Francisco avait grandi de façon anarchique. Ainsi, les fonctionnaires municipaux, convaincus que les terrains situés à l'ouest de la ville ne valaient rien, attribuaient gratuitement des lopins aux nouveaux arrivants. Lorsque le projet d'aménagement du parc mit un terme à ces largesses, une longue polémique s'engagea entre l'hôtel de ville et les *sand-lotters* (quelques résidents mais surtout des spéculateurs qui prévoyaient l'inexorable extension de la ville vers l'ouest). McCoppin, qui était fermement décidé à aménager ce parc sur les terres controversées, réussit toutefois à négocier un compromis avec les *sand-lotters* ▲ 274.

UNE GESTATION DIFFICILE. Il ne restait plus qu'à établir les plans du parc, ce qui ne manqua pas de susciter de vives discussions au sein de la commission chargée d'étudier l'aménagement des «terres extérieures». Deux de ses membres, Ashbury et Clayton, voulaient que le parc s'étende

HALL : LE GRAND ARCHITECTE DU PARC
William H. Hall a 24 ans lorsque son projet d'aménagement du Golden Gate Park est retenu. En 1871, il s'attelle à la plantation des arbres, à la construction des routes et des aires de jeux, tout en s'efforçant de respecter au mieux la topographie du site. Ce parti pris lui vaut cependant des inimitiés. Accusé à tort de détournement de biens publics, il doit démissionner en 1876. Il sera toutefois rappelé à la direction du parc en 1886.

▲ GOLDEN GATE PARK

MCLAREN, DIGNE SUCCESSEUR DE HALL
Né en Écosse en 1846, John McLaren arrive en Californie au début des années 1870. Ce botaniste et paysagiste hors pair, qui a fait ses classes à Édimbourg, va administrer le parc de 1887 à 1943 et lui donner sa véritable forme. Au début des années 1890, le comité d'organisation de la *Midwinter Fair* ▲ *258* lui demande de superviser la construction des bâtiments et de paysager les espaces verts. Amoureux fou de la nature, il introduisit plusieurs centaines de variétés d'arbres et de plantes dans le parc.
À sa mort, il eut droit à des funérailles officielles et, en ultime hommage à «l'homme qui avait consacré sa vie à planter un million d'arbres», le cortège funèbre traversa le Golden Gate Park avant de déposer sa dépouille à l'hôtel de ville de San Francisco, où il repose ▲ *226*.

de Divisadero à l'océan. Or c'est entre Divisadero et l'actuelle Stanyan Street que se trouvaient les meilleures terres. Stanyan, Cole et Shrader obtinrent donc que la partie orientale du parc, l'actuel *Panhandle* ▲ *280*, n'occupe que la largeur d'un *block*, entre Fell et Oak Streets. Le 4 avril 1870, le gouverneur de Californie lança un concours pour l'aménagement du Golden Gate Park, que remporta un certain William Hammond Hall, originaire de Stockton. Il fallut attendre 1871 pour que le gouverneur Haight approuve les plans d'aménagement du Golden Gate Park. Les travaux débutèrent la même année dans le *Panhandle*.

En moins de dix ans, le parc devint un des lieux de prédilection des San Franciscains. Ainsi, en 1886, il attira en une seule journée, il est vrai très ensoleillée, plus de 50 000 promeneurs, soit un quart de la population de la ville ! Jusqu'à la fin du siècle, ce fut au gouverneur de Californie et non au maire de San Francisco qu'incomba la charge de désigner les administrateurs du parc.

UN HEUREUX HASARD. Avant d'accueillir le Golden Gate Park, les dunes avaient fait l'objet de plusieurs tentatives d'aménagement. Lors de la guerre d'Indépendance américaine ▲ *240*, le ministère de la Guerre avait même fait élever des fortifications le long de l'océan pour protéger San Francisco d'une éventuelle invasion. Mais nul n'avait su régler le problème de la stabilisation des dunes et de l'enracinement des plantes. C'est un événement fortuit qui permit à William Hammond Hall de trouver la solution. Au début des années 1870, son cheval renversa sa musette remplie d'orge dans le sable. Lorsqu'il retourna sur les lieux de l'incident quelque temps après, Hall découvrit des pousses vertes. Il mélangea l'orge avec des lupins à croissance lente, et versa le semis sur plusieurs sites en voie d'aménagement. Les quelques mois nécessaires à la croissance de l'orge permirent aux lupins de pousser à leur tour en s'enracinant convenablement. Dans les parties du parc où le sable conservait l'humidité marine, Hall utilisa de la *sand grass* au lieu de l'orge et des lupins. Presque toutes les terres sablonneuses comprises dans l'enceinte du Golden Gate Park furent aménagées de la sorte. Hall fit également ériger un mur haut de 2 ou 3 m le long de l'océan afin d'éviter que le vent n'ensable tout le parc. Ce mur est aujourd'hui enterré sous la Great Highway. Après sa démission forcée, en 1876, l'entretien du parc laissa tant à désirer que le gouverneur de Californie, George Stoneman, le rappela en 1886 et le nomma ingénieur-conseil. Hall entreprit de nettoyer le parc et d'améliorer les techniques d'horticulture, mais il ne conserva cette fonction qu'un an, le temps de nommer son successeur, John McLaren.

L'«ONCLE JOHN». Homme de caractère, McLaren suscitait généralement des sentiments extrêmes, qu'ils soient amicaux ou hostiles. Ses airs d'autocrate renfrogné, ses jurons, ses

façons bourrues, son faible pour le whisky et son accent écossais grasseyant charmaient ou horripilaient. Mais ses talents de botaniste, et surtout sa grande habileté à duper les politiciens, qu'il détestait, lui permirent de gagner le cœur des San Franciscains. Son charisme fut assez fort pour convaincre de nombreux philantropes de contribuer par leurs dons à l'embellissement du parc. En 1916, les habitants de San Francisco s'opposèrent au départ à la retraite de leur cher «oncle John», âgé de soixante-dix ans, en déposant une requête auprès du conseil d'administration du parc. McLaren conserva ainsi ses fonctions de directeur jusqu'à sa mort. Entre autres récompenses pour son œuvre, il fut élu, en 1930, à la société d'horticulture royale d'Angleterre. Il s'éteignit en janvier 1943 dans la McLaren Lodge, située à l'entrée du parc.

LE SÉISME DE 1906. Le parc subit peu de dommages lors du tremblement de terre de 1906 et plus de 200 000 personnes y trouvèrent refuge lorsque se déclara le grand incendie ● 58. Malgré l'éloignement des principaux foyers du sinistre (5 km), des cendres brûlantes pleuvaient sur les rescapés, qui s'abritaient tant bien que mal sous les arbres et les buissons. La Croix-Rouge mit en place des services d'urgence dans tout le parc. L'armée fédérale fit venir de Saint-Louis, par chemin de fer, la plus grande tente de secours jamais montée, où les blessés recevaient des soins médicaux. Quelques jours après la catastrophe, ils étaient encore 40 000 dans le parc, installés sous un vaste marabout semblable à celui monté en Floride après le passage de l'ouragan en 1992. Les derniers rescapés quittèrent cet abri provisoire en 1907, soit un an après le drame. Cette année-là, on replanta les arbustes détruits par l'armée et les sans-abri.

NON AU «CABLE CAR»
John McLaren eut maille à partir avec la municipalité qui s'était mis en tête de faire passer une ligne de tramway au beau milieu du parc. Pour obtenir l'aval de McLaren, elle s'était engagée à n'abîmer aucune plantation. Aussi, la nuit précédant le lancement des travaux, l'Écossais matois fit planter une rangée d'arbres sur le parcours de la future ligne. La partie était gagnée : le projet fut définitivement abandonné. Cette caricature publiée dans *The Wasp*, journal satirique de San Francisco, représente Crocker, ▲ *190* le principal actionnaire de la compagnie de *cable car*, ravageant le parc avec sa nouvelle ligne de tramway.

VOYAGE IMMOBILE
À la fin du XIXe siècle, alors que les voyages sont encore l'apanage d'une minorité, les Expositions donnaient l'illusion aux visiteurs de découvrir «physiquement» les pays lointains. Ils se trouvaient plongés dans un décor factice, mais évocateur, comme la «Rue du Caire», reconstitution très appréciée des visiteurs de la Mid Winter Fair. Très en vogue à la fin du siècle dernier, l'Égypte était largement représentée (bâtiments, attractions).

LA MIDWINTER FAIR

Michael Harry De Young, cofondateur du quotidien *The San Francisco Chronicle* ● 70, avait été commissaire de l'Exposition universelle de Chicago de 1893. Il eut l'idée, une fois la manifestation terminée, d'organiser une exposition similaire dans sa propre ville. Il rapporta quelques objets, réunit les contributions financières de riches amis, présenta son projet devant la commission du parc et obtint son accord. C'est ainsi qu'en janvier 1894 s'ouvrit, dans le Golden Gate Park, la *Midwinter Fair*. Il s'agissait de la première exposition internationale jamais organisée en Californie. Cette opération de prestige avait pour but de faire connaître la douceur du climat de San Francisco, même en hiver, et la richesse de l'État de Californie. En cette année de récession économique généralisée, elle visait aussi et surtout à relancer les affaires. Pas moins de trente-sept pays étrangers participèrent à cette manifestation et la centaine de bâtiments de l'exposition, qui devaient à l'origine s'étendre sur 2,5 ha, finirent par en couvrir 80.

LA TOUR ÉLECTRIQUE. Au début des années 1890, les prouesses de la fée électricité éblouissaient le monde. Merveilleux exemple des capacités déployées par cette énergie, la Tour Électrique, installée sur l'esplanade centrale de la foire, fut un élément très remarqué de la *Midwinter Fair*. La lumière qui émanait de son sommet était si puissante qu'elle permettait de lire un journal... à 12 km de là.

FÉERIE ET EXOTISME. Autour de l'esplanade centrale (ci-dessus) se dressaient les cinq bâtiments principaux de l'exposition, dont le Fine Arts Museum et le Japanese Village. Au-delà des pavillons mettant en lumière les derniers progrès technologiques, une certaine atmosphère exotique se dégageait de la *Midwinter Fair*. La plupart des édifices étaient en effet d'inspiration asiatique ou moyen-orientale. Au-dehors se déroulaient divers spectacles de rue, comme cette animation réalisée par des Égyptiens du Caire au cours de laquelle la danseuse du ventre «Little Egypt» fit ses débuts. On avait même reconstitué un village eskimo au milieu d'une pièce d'eau dans laquelle pagayaient des Inuit installés dans des kayaks. Mais l'attraction la plus courue était la *Boone's Arena*, un spectacle de dressage de fauves qui connut encore plus de succès après qu'un lion eut tué «en direct» son dompteur !
UN RÉEL SUCCÈS. La *Midwinter Fair* eut un fantastique succès : en six mois, elle attira deux millions et demi de visiteurs et elle donna un réel coup de fouet à l'économie locale. Si elle fit la fierté des San Franciscains, cette exposition se révéla très dommageable au parc et certains observateurs de la côte Est l'accusèrent – sans doute de dépit – d'être un «exemple d'architecture médiocre et d'organisation incohérente», une preuve supplémentaire du «provincialisme» des San Franciscains. La Tour Électrique demeura dans le parc jusqu'en 1897, année où, devant le refus persistant des organisateurs de l'exposition de la déplacer, John McLaren décida de la faire dynamiter. Seuls survécurent à l'exposition : le Japanese Tea Garden ▲ *263*, le Fine Arts Museum (devenu le M. H. De Young Memorial Museum ▲ *264*) ainsi que l'esplanade du Music Concourse ▲ *262*. Le pressoir et les lions de pierre qui se dressent à l'entrée du parc figurent parmi les rares souvenirs de la manifestation – quelques reliques sont également exposées au musée de la Ville de San Francisco ▲ *179*.

"Les expositions universelles ne furent pas seulement le lieu où s'affirmèrent au XIXe siècle les puissances industrielles et commerciales des pays «policés» : elles permirent l'émergence d'autres valeurs et amenèrent les foules qui les parcoururent à rencontrer, parfois malgré elles, des civilisations autres, mal connues, ou inconnues. Certains se contentèrent d'un bain de pittoresque, mais pour d'autres, naquit l'occasion d'une remise en question de leurs critères esthétiques."
M.N. Pradel de Grandry

▲ Golden Gate Park

Un piètre conducteur

En 1909, constatant que John McLaren avait besoin d'une automobile, la commission du parc autorisa l'achat d'une Chalmers-Detroit. Comme le directeur ne savait pas conduire, elle donna également son aval à l'embauche d'un chauffeur. Quand elle changea d'avis pour des raisons économiques, John Mc Laren dut se résoudre à prendre le volant. Malheureusement, dès sa première sortie, il fit un plongeon avec son coûteux véhicule dans le Spreckels Lake. Le chauffeur remercié retrouva son emploi !

De McLaren Lodge à l'Arboretum

McLaren Lodge. Ce joli bâtiment de grès dû à Edward R. Swain fut construit en 1896 sur Stanyan et Fell Streets pour abriter McLaren et sa famille ainsi que la *Recreation and Park Commission*. En 1950, une annexe lui fut adjointe. C'est là que sont administrés les 215 parcs et aires de jeux de la ville. Devant la McLaren Lodge se dresse un très haut cyprès que les San Franciscains ont baptisé le «Sapin de Noël de l'oncle John». En 1943, le vieil homme à l'agonie demanda que l'arbre fût éclairé. Personne n'eut le courage de lui refuser ce dernier caprice malgré le couvre-feu en vigueur. Depuis, chaque année, en décembre, on le décore d'une guirlande électrique multicolore en souvenir de McLaren.

Conservatory ♥. En 1875, le millionnaire américain James Lick avait commandé en Irlande une serre florale identique à celle de Kew Gardens, à Londres, pour sa propriété de San José, au sud de San Francisco. Mais le magnat mourut en 1876 et le grand bâtiment de verre, qui venait d'être installé, fut racheté par un groupe d'hommes d'affaires san franciscains qui le cédèrent généreusement au nouveau parc. Générosité non dénuée d'arrière-pensée, puisque ce groupe était dirigé par Leland Stanford qui, à la même époque, essayait d'obtenir la permission de construire une voie ferrée traversant la partie sud-est du parc, le *Park and Ocean Railroad*. Érigée dans le parc en 1878, la serre fut sévèrement endommagée par un incendie en 1883. La verrière d'origine fit place à un dôme central, plus vaste et incrusté de morceaux de verre multicolore conçu par John Gash. En revanche, la serre résista bien au séisme de 1906.

260

> «Où, dans quels jardins délicieusement arrosés, sur quels arbres / Dans quels calices de fleurs tendrement effeuillés / Mûrissent les fruits de la consolation ?»
> RAINER MARIA RILKE

Elle abrite aujourd'hui une vaste collection de fleurs, en particulier de superbes nénuphars, des cyclamens, des bégonias, des cinéraires, des azalées et des calcedaria. La chaleur et l'humidité ambiantes sont constamment contrôlées pour que soient simulés divers environnements tropicaux ou une saison propice à l'éclosion des fleurs. De l'extérieur, ce joyau de l'architecture victorienne semble posé sur un lit de fleurs. Le Conservatory est non seulement le plus vieux bâtiment du Golden Gate Park mais aussi la plus ancienne serre publique de Californie.

CHILDREN'S PLAYGROUND. En traversant Kennedy Drive et en descendant Bowling Green Drive, on rejoint le Children's Playground, la plus ancienne aire de jeux jamais construite dans un parc public américain. Inaugurée le 22 décembre 1888, elle a été rebaptisée *Mary B. Connolly's Children's Playground* le 22 mars 1978, en hommage à celle qui occupa très longtemps le poste de secrétaire de la Commission des loisirs du parc. Elle est équipée de fontaines qui distribuent eau et crème glacée, d'écuries, de salles de gymnastique, de courts de tennis sur gazon, de balançoires et de manèges. Les enfants peuvent également pratiquer diverses activités manuelles (dessin, poterie, peinture sur verre, etc.) au Sharon Art Studio.

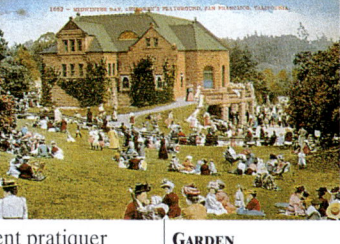

LE STRYBING ARBORETUM

L'arboretum et les jardins botaniques forment un parc dans le parc. Pas moins de 6 000 espèces y sont représentées sur 28 ha. Situé près de la 9ᵉ Avenue et de Lincoln Way, l'arboretum fut dessiné par Robert Tetlow, un universitaire californien, et construit entre 1959 et 1966 grâce au legs d'Helen Strybing. Ouvert sept jours sur sept, il abrite la bibliothèque horticole Helen Crocker Russell, qui fut dessinée par Gardner Dailey en 1967.

LES JARDINS BOTANIQUES. Quantité d'espèces végétales provenant des quatre coins de la planète sont représentées dans ces différents jardins thématiques aux noms évocateurs : SUCCULENT GARDEN, BIBLICAL GARDEN, ASIA GARDEN, CONIFER WALK, etc. Des floralies se déroulent chaque année en août dans le HALL OF FLOWERS.

GARDEN OF FRAGRANCE. Dans ce «jardin des Parfums», conçu pour que les mal-voyants puissent apprécier les fleurs au toucher et à l'odorat, poussent des plantes odorantes et médicinales, dont les noms et spécificités sont indiqués sur des écriteaux en braille. Les murs de ce jardin ont été bâtis avec des pierres à chaux provenant d'un monastère du XIIᵉ siècle, acheté en Espagne par le magnat de la presse William Randolph Hearst, édifice dont les ruines s'étendent derrière le Japanese Tea Garden.

CONIFER WALK Sont ici représentées cinquante-quatre variétés endémiques de conifères, dont le cyprès de Monterey (*Pinus radiata*) et le cyprès de Lambert (*Cupressus macrocarpa*) ou encore le séquoia géant (*Sequoiadendron giganteum*) ● *33.*

GARDEN OF SHAKESPEARE'S FLOWERS Dans ce jardin situé de l'autre côté de M. L. King Drive, juste derrière le bâtiment de la California Academy of Science, ne sont plantées, théoriquement, que les cent cinquante espèces auxquelles l'auteur du *Roi Lear* fait allusion dans ses pièces et ses poèmes. Ce jardin fut aménagé en 1928 par la *California Spring Blossom and Wild Flower*. Le buste du poète et dramaturge, sculpté par Gerard Jensen, domine l'ensemble.

STATUES

McLaren, qui détestait les statues, n'en installait dans le parc que contraint et forcé, s'arrangeant toujours pour les dissimuler sous des buissons. Après sa mort, cette aversion ne fut pas respectée puisqu'on demanda au sculpteur M. Earl Cummings d'élever une statue à sa mémoire ! En fait, on dénombre un certain nombre de statues dans le Golden Gate Park, notamment aux abords du Music Concourse.
Trois présidents des États-Unis assassinés (James A. Garfield, William Mc Kinnley et John F. Kennedy) sont ainsi honorés. La Doughboy Statue, conçue par Earl Cummings, rend hommage aux soldats américains de la Première Guerre mondiale. Le compositeur italien Giuseppe Verdi (1813-1901) est aussi à l'honneur : son buste a été modelé en 1914 par Orazio Grossoni. Au coin du Music Concourse, une autre statue assez bien cachée immortalise le souvenir de Thomas Starr King (1824-1864), pasteur bostonien et fervent partisan de l'Union, qui fut le premier prêtre à ouvrir son église à toutes les confessions. Ce monument de bronze a été sculpté par Daniel Chester French en 1892.

MUSIC CONCOURSE

Cette esplanade plantée d'arbres (les seules essences à feuilles caduques du parc) et agrémentée de fontaines s'étend entre l'Académie des Sciences et le M. H. De Young Memorial Museum. Ses allures françaises contrastent avec l'esprit anglais, plus romantique, qui domine le reste du parc. Le Music Concourse accueille chaque année, en août-septembre, l'*Opera Concert in the Park*, festival lyrique auquel participent des artistes de renommée internationale.

SPRECKELS TEMPLE OF MUSIC. Ce pavillon de musique en grès de Colusa, érigé en 1900 en face du Japanese Tea Garden, domine le Music Concourse, qui lui doit son nom. Il fut commandé au sculpteur Robert I. Aitken par Claus Spreckels, le «roi du Sucre», qui en fit don au parc. L'orchestre municipal – la plus ancienne formation musicale municipale des États-Unis – y donne un concert tous les dimanches après-midi.

FRANCIS SCOTT KEY MONUMENT. C'est le millionnaire James Lick qui fit don des 300 000 francs nécessaires à l'érection de ce monument dédié à l'auteur de l'Hymne national américain, Francis Scott Key. Sculpté en Italie par William M. Story, il fut inauguré le 4 juillet 1888, jour anniversaire de l'indépendance américaine.

MONUMENTS. Plusieurs statues ou monuments s'élèvent aux abords du Music Concourse. Le JUNIPERO SERRA MONUMENT est dédié au missionnaire franciscain qui participa à l'expédition de Gaspar de Portola en 1769 et qui évangélisa la côte californienne, fondant vingt et une missions ▲ *292*, dont celle de San Francisco. Réalisée par Douglas Tilden, la statue fut offerte en 1907 par l'ancien sénateur-maire James Duval Phelan. Le CADRAN SOLAIRE, sculpté par Earl Cummings en 1905, est un cadeau des Dames des colonies d'Amérique. Quant au ROMAN GLADIATOR – un gladiateur romain vêtu d'un long manteau et coiffé d'un casque, une épée à la main –, il fut réalisé par Guillaume Geefs en 1881. Les deux sphinx en béton qui lui font face

GOLDEN GATE PARK

remplacent ceux qu'Arthur Putnam avait sculptés dans le bronze en 1903 et qui gardaient l'entrée du musée des Beaux-Arts de style égyptien hérité de la *Midwinter Fair*.

LE PRESSOIR À VIN. Fabriqué par Thomas Shields-Clarke pour le pavillon français de l'exposition internationale, il compte parmi les rares reliques de cette manifestation encore exposées dans le parc.

JAPANESE TEA GARDEN ♥

Lors de la *Midwinter Fair*, le «village japonais» connut un succès tel que l'administration du Golden Gate Park décida de le conserver après la fin de l'exposition. Avec ses plans d'eau qu'enjambent de petits ponts de bois et ses bonsaïs, ce jardin est encore l'un des lieux les plus attrayants du parc, tout particulièrement à la fin du mois de mars, lorsque ses cerisiers sont en fleur. Le Japanese Tea Garden fut conçu en 1894 par George Turner Marsh, un officier australien qui

avait passé son adolescence au Japon. Mais c'est le jardinier nippon Makato Hagiwara qui en dessina les contours, des massifs d'arbres miniaturisés aux cascades. La famille Hagiwara se chargea de l'entretien du jardin de 1895 à 1942, année où, comme beaucoup de Californiens d'origine japonaise, elle fut internée dans un camp sur ordre du président Roosevelt. À la fin de la guerre, les Hagiwara ne furent pas autorisés à se réinstaller dans le parc ▲ *232*. Leur dévouement envers ce jardin ne fut reconnu qu'en 1974, lorsqu'on leur éleva une statue en bronze. On pourra faire une halte à la MAISON DU THÉ, située près d'une pagode à cinq étages, où de charmantes hôtesses en kimono servent des tasses de thé vert accompagnées de gâteaux de riz.

«FORTUNE COOKIE»
À la fin du siècle dernier, le Japonais Makato Hagiwara invente le *fortune cookie*, petit biscuit creux contenant un papier sur lequel figure un conseil ou une maxime. Révélé au public lors de la *Midwinter Fair*, ce biscuit devait connaître un succès local puis mondial. Les restaurants du quartier chinois, s'empressèrent de servir ces fameux gâteaux à leurs clients et exportèrent la recette en Chine, si bien qu'aujourd'hui, chacun pense que ce biscuit, né à San Francisco, est d'origine chinoise ● *86*.

Un «bouddha qui reste assis sans s'abriter de la pluie ou du soleil» domine le jardin japonais de ses 3 m de haut. Ce bronze date de 1790.

Le M.H. De Young
Memorial Museum.

CALIFORNIA ACADEMY OF SCIENCES

Installée en 1853 au centre de la ville et entièrement détruite par l'incendie de 1906, l'Académie des sciences de Californie fut réinstallée en 1910 dans l'enceinte du Golden Gate Park. Les quelques pièces sauvées des flammes par des employés courageux formèrent le noyau de la nouvelle collection. L'Académie regroupe un aquarium, un planétarium et un musée d'histoire naturelle. Dans l'aile sud du musée, le WATTIS HALL OF MAN retrace l'évolution de l'humanité, de la préhistoire à nos jours tandis que la section LIFE THROUGH TIME propose une intéressante collection de fossiles. Dans la partie orientale de l'édifice, l'AFRICAN HALL présente des dioramas de la faune africaine. Pour comprendre la formation du système solaire et de la terre, il faut visiter l'EARTH AND SPACE HALL. D'autres salles sont consacrées à la flore et à la faune californiennes, à la minéralogie, etc.

MORRISON PLANETARIUM
Le premier planétarium construit aux Etats-Unis (1952) abrite un institut de recherche et une bibliothèque. Dans la cour, la «fontaine des baleines» fut réalisée par Robert B. Howard à l'occasion de la foire internationale organisée en 1939 sur Treasure Island.

STEINHARDT AQUARIUM
Quatorze mille espèces animales, des reptiles aux oiseaux marins, évoluent dans ces 207 aquariums. Le Fish Roundabout, un aquarium de 62 m de diamètre et d'une capacité de 375 000 l, abrite des poissons du Pacifique, dont quelques requins.

M.H. DE YOUNG MEMORIAL MUSEUM ♥ ● 266

À la fermeture de la *Midwinter Fair*, M. H. De Young fit don à la municipalité du bâtiment de style néo-égyptien qui avait abrité la section des beaux-arts. Il s'efforça d'enrichir les collections, constituées d'acquisitions réalisées lors de l'Exposition même. Agrandi au lendemain de l'Exposition Internationale de San Francisco, toujours grâce au financement de M. H. De Young, le musée reçut officiellement le nom de ce mécène en 1921. De Young eut le temps d'y ajouter l'aile ouest avant de mourir, en 1925. Quatre ans plus tard, le bâtiment d'origine fut démoli. Et c'est en 1949 que l'édifice acquit son aspect actuel. La tour centrale du musée (44 m) se reflète dans les eaux du POOL OF ENCHANTMENT, bassin couvert de nénuphars.

A. BRUNDAGE ET R.-Y. LEFÈBVRE D'ARGENCÉ
(ci-contre) C'est en 1966 qu'Avery Brundage, qui avait fait fortune dans les assurances et le bâtiment, fit don de sa fabuleuse collection d'art asiatique à la municipalité de San Francisco. De 1966 à 1985, le musée, doté d'un statut autonome, fut dirigé par le Français René-Yvon Lefèbvre d'Argencé. Tout au long de cette période, il ne cessa de s'enrichir grâce aux apports de son généreux donateur. Avery Brundage s'est éteint en 1975, à l'âge de 88 ans.

ASIAN ART MUSEUM ♥ ● 270

Le musée des Arts asiatiques, installé dans l'aile gauche du bâtiment de grès rose qui abrite le M.H. De Young Museum, est plus connu sous le nom d'Avery Brundage Collection. Il s'agit du seul musée américain exclusivement consacré aux arts asiatiques. Il couvre six mille ans d'histoire de quarante pays, illustrant tous les grands courants artistiques, de l'Iran au Japon et de la Mongolie à l'Indonésie. Il renferme quelque douze mille objets – peintures, sculptures, céramiques, éléments d'architecture – qui font l'objet d'expositions sans cesse renouvelées. En effet, les 4 500 m² de surface ne permettent de présenter que 15% de la collection totale.

« Tous ces doux décors, ah leur goût amer
Les grands enclos verts de rêve et de rire... »

HENRY HOWARD

SPORTS ET LOISIRS
Le Golden Gate Park offre aux visiteurs toute une variété d'activités sportives. On peut y faire du jogging ou du vélo (12 km de pistes cyclables), du tir à l'arc ou du cheval, y jouer au golf, au tennis, au basket-ball, au hand-ball,

au polo, au bowling sur gazon et même à la pétanque !
Les plus romantiques opteront sans doute pour un tour en barque ou en pédalo sur l'un de ses multiples plans d'eau, notamment Stow Lake. Pour les moins sportifs, il y a trois musées, un *arboretum* et de multiples jardins où il fait bon flâner. Les enfants pourront profiter du Children's playground, aire de jeux qui leur est réservée, ainsi que du manège. Le dimanche, certaines artères du parc, notamment Kennedy Drive, entre Stanyan et 19th Avenue, sont fermées à la circulation des voitures. Patineurs, skate-borders, cyclistes et joueurs d'*ultimate frisby* investissent alors les allées du parc. Enfin, le parc accueille tous les ans un festival de théâtre, plus familièrement appelé *Shakespeare in the Park* ● 81.

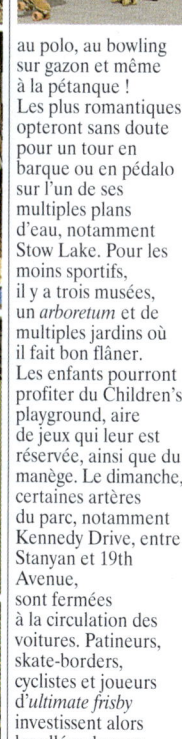

M. H. De Young Memorial Museum

Favrile Cette forme particulière du verre marque l'Art nouveau américain. Œuvres de Louis C. Tiffany (1870-1921).

La fusion, en 1972, du M. H. De Young Memorial Museum et du California Palace of the Legion of Honor aboutit à une redistribution de leurs collections : l'art européen fut regroupé dans l'institution fondée par Alma Spreckels, tandis que l'art d'Afrique, d'Océanie et surtout d'Amérique échut au musée créé par M. H. De Young. L'exceptionnelle donation de Mr. John D. Rockefeller III en 1979 et, plus récemment, un legs de sa veuve ont enrichi la remarquable collection de tableaux, de sculptures et d'art décoratif nord-américain antérieur à 1945.

«**Mme Robert S. Cassatt**» Mary Cassatt (1844-1926) réalise ce portrait de sa mère vers 1889. Peint dans une harmonie de beiges et de noirs, ce tableau montre la mère du seul peintre américain qui fit partie du groupe originel des impressionnistes.

«**Depuis le jardin du château**» (1921) Charles Demuth (1883-1935) est l'un des plus célèbres tenants, avec Charles Sheeler, du «précisionnisme», qui, avec des lignes acérées et des couleurs claires, s'attachait à représenter les formes de la vie moderne.

HORLOGE
Réalisée en Pennsylvanie vers 1810-1820, cette belle horloge aux formes sobres et élégantes est décorée du Grand Sceau des États-Unis.

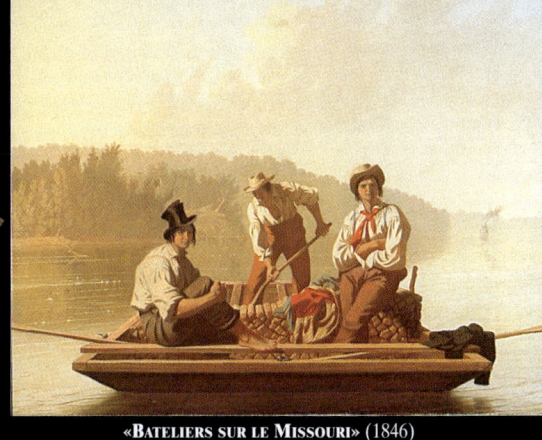

«BATELIERS SUR LE MISSOURI» (1846)
Peintre et politicien, George Caleb Bingham (1811-1879) se rendit célèbre sur la côte Est en représentant le fleuve qui marquait alors la «frontière» avec l'Ouest. Cette scène de la vie quotidienne sur le Missouri montre les vendeurs de bois qui approvisionnaient les bateaux à vapeur. Les subtils accords de tons contrastent ici avec le sobre rendu des formes.

«LE REPAS DES MOISSONNEURS»
Réalisé en 1934, ce tableau de Grant Wood (1891-1942) évoque la Cène. Le peintre magnifie la vie simple des fermiers de l'Iowa, où il a grandi. Par ses couleurs et sa composition en triptyque, cette œuvre rappelle les débuts de la Renaissance italienne, dont la simplicité semble appropriée à des sujets contemporains.

«LE ROI SAUL» (1882)
Installé à Rome après 1855, le sculpteur William Wetmore Story (1819-1895) connut un grand succès aux États-Unis dans les années 1870. Ses sujets, d'inspiration biblique ou mythologique, avaient su séduire un public puritain.

▲ M. H. De Young Memorial Museum

«The Bright Side»
Engagé par le magazine à grand tirage *Harper's Weekly* pour «couvrir» la guerre civile américaine, Winslow Homer (1836-1910) évite les scènes de bataille pour se concentrer sur la vie quotidienne des soldats, notamment noirs. Le titre du tableau, *Le Côté ensoleillé* (de la tente), signifie également le «bon côté» de la situation : les soldats font une pause avant de repartir à l'assaut. Le thème sera rarement traité au cours de la guerre. Peinte en 1865, cette œuvre figurera à l'Exposition universelle de Paris en 1867.

CHOPE ET COUPE (vers 1760-1770)
Fils d'un orfèvre huguenot français émigré, Paul Revere (1735-1818) embrasse le métier de son père avant de connaître une gloire nationale pour son rôle patriotique pendant la guerre d'Indépendance.

«LA PAUSE DE MIDI DES TRAVAILLEURS DES ACIÉRIES»
Élève de Thomas Eakins, formé à l'école naturaliste française, Thomas P. Anshutz (1851-1912) réussit, dans ce tableau (vers 1881), une composition en frise très étudiée et un rendu des corps qui doit beaucoup aux modèles d'atelier. Le sujet montre son réel intérêt pour la vie ouvrière quotidienne.

«UNE ARCADIENNE»
En 1883, Thomas Eakins (1844-1916) commence une série d'études peintes et sculptées qui tentent de retrouver l'esprit de l'art classique. Celle-ci sera fondue et baptisée par sa veuve en 1930.

«ÉTALON DU SUFFOLK : SUDBOURNE PREMIER»
Fils d'un peintre célèbre, Herbert Haseltine (1877-1962) est un spécialiste de sculptures de chevaux. Celui-ci est en bronze doré incrusté de lapis-lazuli, d'onyx et d'ivoire (1921-1937).

ASIAN ART MUSEUM

Inauguré en 1966, l'Asian Art Museum, ou Avery Brundage Collection, est le seul grand musée américain exclusivement consacré aux arts de l'Asie. Plus de la moitié des collections est dédiée à l'art de la Chine, mais le fonds, riche de près de 12 000 pièces, fait également la part belle aux arts du Sud-Est asiatique. Si les œuvres présentées sont périodiquement renouvelées, les pièces rares restent le plus souvent exposées.

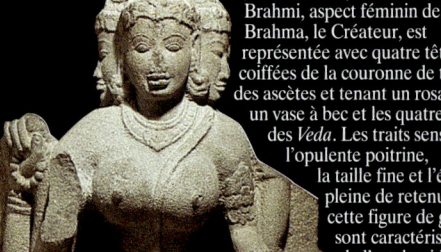

VASE À VIN CHINOIS (XIᵉ SIÈCLE AV. J.-C.)
Ce vase à vin en forme de rhinocéros (ci-dessus) est unique dans l'art de la dynastie Shang. En effet, si ces animaux étaient, semble-t-il, nombreux dans le nord de la Chine au XIᵉ siècle avant notre ère, leurs représentations demeuraient rares, et ce bronze fait preuve d'un réalisme inégalé.

BRAHMI (INDE DU SUD, IXᵉ SIÈCLE)
Brahmi, aspect féminin de Brahma, le Créateur, est représentée avec quatre têtes coiffées de la couronne de tresses des ascètes et tenant un rosaire, un vase à bec et les quatre livres des *Veda*. Les traits sensuels, l'opulente poitrine, la taille fine et l'élégance pleine de retenue de cette figure de granit sont caractéristiques de l'art dravidien de la période chola.

SHIVA ET UMA (CAMBODGE, XIᵉ SIÈCLE)
La délicatesse de ces grès reflète l'idéal de beauté féminisé des sculpteurs du Baphuon.

MINIATURE MOGHOLE (INDE, XVIIIᵉ SIÈCLE)
Cette œuvre délicate représente un couple princier appréciant un feu d'artifice.

GUERRIER «HANIWA» (JAPON, ~ VIᵉ SIÈCLE)
Les terres cuites *haniwa* («cylindres») étaient placées sur les tumulus funéraires de la période des *kofun*, ou «Grandes Sépultures» (IIIᵉ-VIᵉ siècle). Souvent dotées de figures humaines ou animales, elles servaient à stabiliser le tertre et indiquaient le statut social du défunt.

DAKINI SINO-TIBÉTAINE (XVIIIᵉ SIÈCLE)
Cette gardienne à tête de lion du bouddhisme tantrique est l'une des «marcheuses célestes» qui guident les hommes sur le droit chemin et mettent en corrélation les sphères terrestre et céleste.

DURGA (JAVA, Xᵉ-XIᵉ SIÈCLE)
Durga est la forme martiale de Parvati, parèdre du dieu hindou Shiva. Sur le relief de basalte ci-dessous, elle tient dans ses multiples mains les armes que les dieux lui ont fournies pour l'aider à terrasser le démon buffle Mahisha, ici représenté sous sa double forme, humaine et animale.

RELIQUAIRE NÉPALAIS (FIN XVIIIᵉ SIÈCLE)
Cette boîte en argent incrustée de nacre, de corail, de rubis, de turquoise et de tourmaline, représente le dieu Vishnu chevauchant sa monture, l'aigle Garuda, qui écrase deux dieux serpents, tandis qu'ils survolent les monts Himalaya.

▲ Golden Gate Park

Stow Lake

Le parc abrite onze lacs, dont sept artificiels. Stow Lake est le plus vaste de tous. C'est en 1895 que l'avocat W. W. Stow, président de la commission du parc, réussit à convaincre M. Huntington, l'un des *Big Four* ▲ *188*, de financer la construction de ce formidable réservoir, d'une capacité de 55 millions de litres. On décida d'aménager le lac autour d'une colline artificielle haute de 126 m, STRAWBERRY HILL, qui constitue le point culminant du parc. Avant 1906, un observatoire se dressait au sommet de cette colline qui doit son nom aux fraises sauvages que l'on y cueillait jadis.
Un sentier qui fait le tour du lac dessert une petite baraque en bois où l'on peut louer des barques et des pédalos.

HUNTINGTON FALLS. Inaugurée le 9 avril 1894, cette cascade dévale les flancs verdoyants de Strawberry Hill pour se déverser dans le lac. Endommagée en 1906, elle a été restaurée à la fin des années 1980, pour la plus grande joie des San Franciscains. Le petit pont en pierres plates qui enjambe les chutes a été réalisé par Ernest Coxhead dans les années 1890.

PAVILLON CHINOIS. Cette pagode, cadeau de la municipalité de Taibei, capitale taiwanaise, fut installée au pied de la cascade en 1976. Le toit de tuiles vernissées qui devait être jaune fut finalement peint en gris-vert sur avis de la commission des Arts de San Francisco, qui tenait à ce que le bâtiment se fonde dans le paysage.

PRAYER BOOK CROSS. Cette croix celtique haute de 17 m, exécutée par Ernest Coxhead à l'occasion de l'inauguration de la *Midwinter Fair*, commémore la première messe anglicane célébrée par le chapelain de Drake Francis Fletcher dans l'actuelle baie de Drake ● *43*. Elle domine les RAINBOW FALLS, chutes artificielles aménagées vers 1930.

PIONEER LOG CABIN. Comme le séisme de 1906 avait détruit leur salle de réunion, ces dames de l'*Association of Pioneer Women of California* prirent l'habitude d'organiser des pique-niques mensuels dans le parc. Le maire P. J. McCarthy les aperçut un jour qu'il traversait le parc à cheval et proposa galamment de construire cette cabane en rondins à leur intention. L'édifice, achevé en 1911, fut agrandi en 1932.

LES «PORTES DU PASSÉ»
Six colonnes ioniques de marbre blanc se reflètent dans les eaux du Lloyd Lake depuis 1909 (ci-dessous). Elles formaient autrefois le portique de l'élégante demeure de A. N. Towne, juchée au sommet de Nob Hill, qui brûla dans l'incendie de 1906. Un photographe qui avait immortalisé la ville en ruines depuis ces colonnes intitula son cliché *Portals of the Past*, et l'appellation subsista. En 1909, ce portique à l'allure romantique fut transféré dans le Golden Gate Park et remis sur pied près du lac Lloyd. C'est le seul monument consacré à la catastrophe de 1906. À ses pieds, une plaque suggère qu'il est bon d'«aller de l'avant» et d'enterrer le passé.

De Lloyd Lake à Ocean Beach

LES LACS. Non loin des Rainbow Falls s'étend LLOYD LAKE, troisième plus grand lac artificiel du parc. Plus à l'ouest, SPRECKELS LAKE est le lieu de rendez-vous favori des amateurs de modélisme nautique. Depuis ce lac, on aperçoit le quartier de Richmond à travers un mince rideau de cyprès.

LES STADES. Au sud de Spreckels Lake s'élève le GOLDEN GATE STADIUM, ou POLO FIELD, inauguré le 12 mai 1907. Il accueille des matchs de polo, de cricket ou de rugby et,

à l'occasion, des concerts et autres manifestations. Ce fut le cas le 14 janvier 1967, lorsque 20 000 sympathisants du mouvement hippie y célébrèrent le «rassemblement des tribus» ▲ *276*. Le parc abrite également un terrain de football américain, le KEZAR STADIUM. Ouvert en 1925, ce stade a accueilli les *Fourty-Niners*, l'équipe de football locale, jusqu'à l'ouverture du Candlestick Park, au sud de la ville.

BUFFALO PADDOCK. Cet enclos à bisons est installé dans la partie occidentale du parc, en bordure de Kennedy Drive. Ses barrières, habilement camouflées, donnent à croire que

PLAY LAND
Autrefois installé dans le quartier de Haight-Ashbury ▲ *274*, ce vaste parc d'attraction fut déménagé en bordure de Ocean Beach, non loin du Golden Gate Park en 1902, puis à nouveau plus au sud.

le troupeau paît librement. Le premier troupeau de bisons, importé du Wyoming en 1892, fut décimé par une épidémie de tuberculose. L'actuel troupeau fut offert par Richard Blum, mari de l'ancien maire Dianne Feinstein. L'ANGLERS LODGE, bâtisse victorienne qui fait face au Buffalo Paddock, fut édifiée lors de la grande crise de 1930 et abrite aujourd'hui le siège d'un club de chasse et de pêche, l'*Angling and Casting Club*.

LES MOULINS À VENT. Dès l'ouverture du parc se posa le problème de son approvisionnement en eau. Hall passa un contrat avec la *Spring Valley Water Co.* pour que 3,7 millions de litres d'eau irriguent chaque jour cet immense espace vert. Mais cette quantité d'eau, facturée au prix fort, suffisait à peine à l'entretien de la végétation. En 1885, on décida donc de creuser des puits pour pouvoir utiliser l'eau (gratuite) de la rivière qui coulait sous les dunes. Puis, au début du siècle, on construisit deux moulins à vent à la lisière occidentale du parc. Mus par les vents marins, ils pouvaient fournir jusqu'à 260 000 l d'eau par heure ! Plus tard, des pompes électriques remplacèrent les moulins, qui finirent par perdre leurs ailes. Restaurées, celles du Dutch Windmill tournent à nouveau, même si les moulins sont désormais désaffectés. Aujourd'hui, pour rester vert, le Golden Gate Park a besoin chaque jour de quelque 15 millions de litres d'eau. Près d'un tiers de cette eau est directement puisé dans la nappe phréatique, un autre tiers est fourni par le service des eaux de la ville, et le dernier tiers est constitué d'eau recyclée.

▲ HAIGHT-ASHBURY

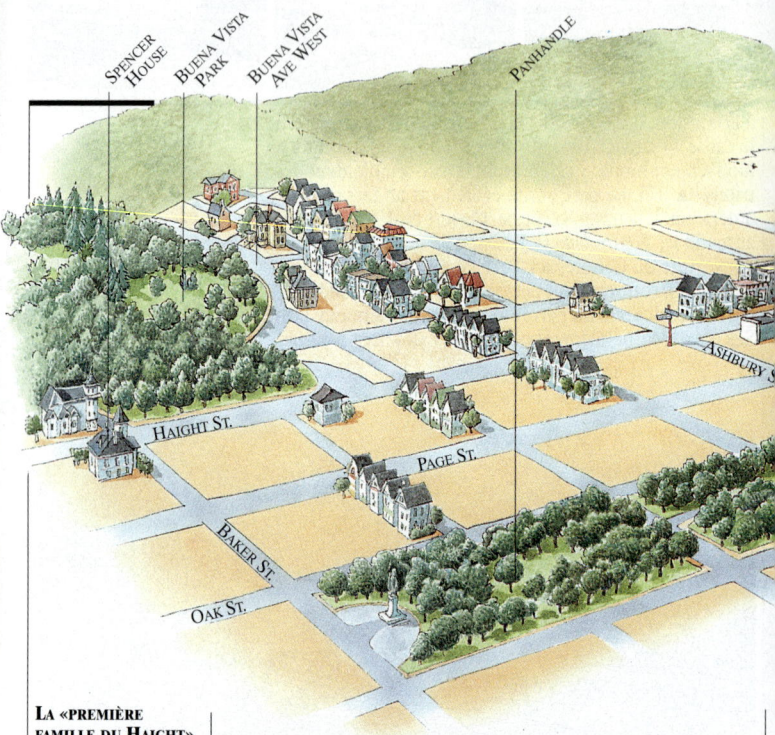

LA «PREMIÈRE FAMILLE DU HAIGHT»
Dans les années 1850, les Lange, une famille d'immigrants allemands, achetèrent un terrain de 4 ha dans l'actuelle Cole Valley et installèrent une laiterie à l'angle de Sutter et Divisadero Sts. En 1870, l'urbanisation atteignit ce site champêtre et la laiterie se vit bientôt encerclée par la «civilisation». Cela n'empêcha pas les vaches des Lange de continuer, jusqu'en 1893, à s'abreuver à la Laguna Seca et à paître dans les champs qui, depuis, ont fait place à Cole Stanyan, Carl et Grattan Sts.

Le quartier de Haight-Ashbury, ainsi nommé depuis le milieu des années 1960 ▲ *276*, s'est construit sur un vaste ensemble de dunes situé à l'ouest de la ville, le long de la voie bâtie par les premiers colons espagnols pour relier la mission Dolores ▲ *294* au Presidio ▲ *240*. L'actuelle Divisadero Street suit le même tracé entre Buena Vista Hill et Alamo Square. De 1854 à 1865, les pionniers aménagèrent quatre cimetières dans les dunes qui ondulent entre Fulton et California Streets, dont il ne subsiste que le Colombarium de Lorraine Court et quelques stèles réutilisées pour la construction des canaux de drainage de Buena Vista Park. Au début des années 1860, des squatters voulurent s'approprier les dunes, mais ils se heurtèrent à la municipalité, qui désirait y aménager un vaste parc ▲ *254*. Au terme d'âpres négociations, la mairie finit par céder une partie des dunes aux squatters, se réservant le reste du terrain.

LIEU DE PROMENADE DOMINICALE. Si Haight-Ashbury était déjà un lieu champêtre visité par les promeneurs du dimanche, il doit néanmoins son essor à la proximité du Golden Gate Park, qui est devenu vers 1880 un des lieux de promenade favoris des San Franciscains. En août 1883, la *Southern Pacific Railroad* inaugura la première ligne de tramway reliant le centre-ville au parc. Le développement des moyens de transport entraîna une hausse des valeurs immobilières, et saloons, restaurants et hôtels occupèrent bientôt les dunes dominant Haight Street pour le plus grand plaisir des promeneurs. On bâtit plusieurs rangées de maisons victoriennes ● *92* et le Haight prit peu à peu des airs résidentiels.

UN QUARTIER ÉPARGNÉ. Le séisme et l'incendie de 1906 causèrent peu de dommages dans le Haight. Lors de la

WASTELAND GOLDEN GATE PARK

CLAYTON ST. COLE ST. SHRADER ST. STANYAN ST.

🚶 3 heures

reconstruction ● *62* de San Francisco, tous les terrains des environs furent lotis. Au cours des années 1920-1930, la construction de maisons de meilleur standing dans le quartier de Sunset et à l'ouest de Twin Peaks ▲ *304* entraîna une dévalorisation du Haight. Les parcs d'attractions furent démontés et réinstallés en bordure d'Ocean Beach et les grandes bâtisses victoriennes du Haight, désertées par leurs propriétaires, furent divisées en appartements. Peuplé alors d'immigrants anglo-saxons, asiatiques et noirs, locataires pour la plupart, le Haight devint un quartier de classe moyenne.

UN NOUVEAU VISAGE. Dans les années 1950-1960, le Haight subit des transformations. Afin d'étendre le campus de San Francisco, l'Université de Californie fit démolir plusieurs centaines de maisons sur Fillmore Street. Des familles noires délaissèrent alors ce quartier pour s'installer au cœur du Haight. Les valeurs immobilières et les loyers chutèrent à nouveau et les *beatniks* et les artistes se saisirent de l'occasion pour y élire domicile, désertant North Beach, devenu trop onéreux ▲ *166*. Mais c'est l'année 1965 qui marqua un tournant décisif dans la vie de ce quartier : séduits tant par les vieilles demeures victoriennes aux loyers modiques que par la proximité du Golden Gate Park, les hippies investirent les lieux. La même année, le premier café hippie, *The Blue Unicorn*, alluma son enseigne au n° 1927 de Hayes Street, près du carrefour de Haight et de Ashbury, qui donna son nom au quartier. Cet établissement devint une sorte de quartier général de la communauté, avec son petit café noir bon marché, ses livres et ses disques d'occasion.

AIRES DE LOISIRS
La proximité du parc fit du quartier un lieu idéal où aménager des aires de loisirs. En 1887, on construisit le stade de la Ligue californienne de baseball sur Stanyan et Waller, lequel pouvait accueillir jusqu'à 20 000 spectateurs.

LES CHUTES
Ce parc d'attractions ouvrit en 1895, entre Cole et Clayton Streets, en plein cœur du Haight. L'attraction principale était un toboggan d'où s'élançaient des gondoles qui terminaient leur course dans un lac artificiel, 100 m plus bas. Le parc abritait aussi un train miniature, un zoo et un grand théâtre. Les Chutes déménagèrent en bordure d'Ocean Beach, près du Golden Gate Park en 1902.

▲ LES HIPPIES

Au début des années 1960, des communautés d'étudiants et d'artistes viennent s'installer aux abords du carrefour constitué par Haight et Ashbury Streets. Ces précurseurs seront débordés par la marée du *Summer of Love* de 1967, été au cours duquel 500 000 jeunes venus de toute l'Amérique débarquent à San Francisco. Le Haight, modèle de vie alternative, devient vite la proie des *dealers* et sombre dans la violence. Le 6 octobre 1967, sur Haight Street, on enterre symboliquement le mot hippie, forgé par les médias. Depuis la fin des années 1980, le quartier, que l'on désigne désormais sous le nom de son célèbre carrefour, connaît un certain renouveau. Mais la réputation de tolérance, d'idées radicales et de comportements excessifs que l'on prête à San Francisco s'est bel et bien forgée au temps des hippies de Haight-Ashbury.

«FURTHER»
Légendaire bus «psychédélique» dans lequel Ken Kesey et les *Merry Pranksters*, adeptes du LSD, traversèrent le pa[ys] en 196[ ]

HIPPIES
Ce sont les *beatniks*
▲ *166* qui baptisèrent ainsi la nouvelle génération – utilisant un terme légèrement péjoratif signifiant que les jeunes des années 1960 singeaient leurs aînés, les *hipsters*. Même si les *hippies* se sentaient eux aussi aliénés par la société de consommation, leur révolte prenait d'autres formes que celle des *beatniks* : ils préféraient les hallucinogènes à l'alcool, et le rock et la musique folk au jazz. Un point commun cependant, leur goût pour la littérature et la poésie.

PEACE JOY

«HUMAN BE-IN»
Le 14 janvier 1967, le Golden Gate Park accueille le «rassemblement des tribus» hippies de la baie venues danser, écouter de la musique, des lectures de poèmes et des discours libertaires. Les hippies de Haight-Ashbury annoncent que l'été sera placé sous le signe de l'amour, de la paix et du LSD, attirant ainsi à San Francisco quelque 500 000 jeunes. C'est *The Summer of Love* chanté par Scott McKenzie. La population de Haight-Ashbury implose et les communautés en tout genre prolifèrent.

LOVE GENERATION
Le slogan «Faites l'amour, pas la guerre» s'affirme comme le credo du mouvement et inspire à la presse le nom de *love generation*.

DE LA MARIJUANA AUX «ACID TESTS»
L'usage de drogues hallucinogènes (marijuana et LSD en particulier) se répand rapidement parmi les hippies. Le psycho-sociologue Timothy Leary, ex-professeur de Harvard, préconise ainsi l'absorption de LSD pour atteindre l'illumination spirituelle. Mais c'est surtout Ken Kesey, auteur de *Vol au-dessus d'un nid de coucous*, qui inscrit le terme *acid* au vocabulaire hippie en organisant des *happenings* placés sous le signe du LSD.

▲ LES HIPPIES

L'ART HIPPIE Alton Kelley, Wes Wilson, Rick Griffin, Victor Moscoso et Stanley Mouse (de gauche à droite) figurent parmi les principaux artistes qui créèrent un nouveau graphisme dans les années 1960, entre autres pour les affiches de concerts des groupes rock de l'époque.

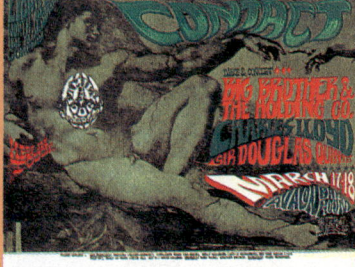

PSYCHÉDÉLIQUE
Ce mot nouveau (littéralement «qui ouvre l'esprit»), dont Timothy Leary serait l'un des inventeurs, fait bientôt fureur. Il désignera, par extension, tout ce qui est bizarre ou déformé (son, image, odeur) et rappelle les effets des hallucinogènes.

THE SAN FRANCISCO MIME TROUPE
En 1965, Bill Graham devient le régisseur de cette troupe de théâtre de rue avant-gardiste qui présente des scènes de genre «politique» dans le style de la *Commedia dell'arte*. C'est pour la financer qu'il lance les *Trips Festivals*, ces grands concerts dansants qui feront fureur six ans durant à San Francisco.

MISTER NATURAL
Ce personnage créé par Robert Crumb en 1967 incarne la sagesse et la rouerie des vieux hippies.

L'ART GRAPHIQUE
C'est en serrant les uns contre les autres des caractères boursouflés que l'imprimeur Wes Wilson lance un nouveau style typographique qu'adopteront les autres artistes dits psychédéliques. Ils sont tout d'abord sollicités pour créer des affiches ou des pochettes de disques : Robert Crumb réalise celles de Big Brother et de Janis Joplin, Rick Griffin exécute celles de Quicksilver Messenger Service et du Grateful Dead. L'affiche du centre est une de ses œuvres. Ils se lancent par la suite dans la bande dessinée *underground*.

UN CREUSET CULTUREL
San Francisco vit alors une véritable aventure culturelle dont les principaux vecteurs sont la musique, l'art graphique, puis la presse et la radio *underground* qui diffusent des images et des messages nouveaux. Pour chaque concert, les artistes inventent des affiches dont le style novateur attire l'attention sur tout ce qui se passe autour de la baie et renforce la légende d'un San Francisco psychédélique. Larry Miller, animateur d'une station de radio locale (KMPX), lance, en février 1967, la première émission entièrement consacrée au rock : celle-ci fait un tabac.

«THE SAN FRANCISCO ORACLE»
Ce mensuel lancé en 1966 par Allen Cohen, Ron Thelin, Steve Levin et Michael Bowen se voulait le porte-parole du mouvement psychédélique. On y trouvait des poèmes, des nouvelles, le programme des concerts, pièces de théâtre et *happenings* ainsi que des posters. Allen Cohen vient de rééditer en un seul volume, la collection complète.

▲ HAIGHT-ASHBURY

LES «DIGGERS»
De gauche à droite, la Mortadella, Emmett Grogan, Slim Minnaux (de la *San Francisco Mime Troupe*), Peter Berg et Butcher Brooks. Anarchistes, un peu Robin des Bois, ils rêvent d'une société où les biens de première nécessité seraient gratuits. Mettant leurs idées en pratique, ils ouvrent un magasin offrant vêtements et objets divers récupérés au cours de collectes, et organisent une soupe populaire.

LA MORT DU MOUVEMENT HIPPIE
Proclamant que les médias et le matérialisme avaient perverti leurs idéaux, les *Diggers* organisèrent, en octobre 1967, l'enterrement du mouvement hippie. Bien que symbolique, cette cérémonie, au cours de laquelle ils mirent un cercueil en terre dans Buena Vista Park, annonçait la fin du rêve. Les *dealers* d'héroïne s'étaient, en effet, infiltrés dans la communauté. L'accoutumance à cette drogue dure engendra violence et criminalité. Nombre de commerces et de salles de spectacle fermèrent et les hippies désertèrent peu à peu le quartier.

DU PANHANDLE À HAIGHT STREET

LE PANHANDLE. Cette langue de verdure qui s'étend au fond de Pope Valley, dans le prolongement occidental du Golden Gate Park, fut un haut lieu hippie : les *Diggers* y distribuaient des repas gratuits et de nombreux concerts s'y déroulèrent. En remontant Baker Street jusqu'à Haight Street, on passe devant la *Justice*, statue sculptée par Aitken en 1904.
SPENCER HOUSE. Cette maison de style *Queen Anne* qui se dresse au n°1 080 de Haight Street, à l'angle de Baker Street, est unique en son genre car elle n'est accolée à aucune autre maison ● *92*. Construite en 1887 pour le millionnaire irlandais Spencer, elle a été transformée en *Bed & Breakfast* par ses propriétaires actuels. Son intérieur victorien est parfaitement conservé (visites sur rendez-vous). En face, on remarque un immeuble *flatiron* ● *96* typique.
BUENA VISTA PARK. Il a été aménagé sur une dune, dotée d'une source naturelle, que traversait jadis la voie reliant la mission Dolores au Presidio. Certaines espèces florales et essences originelles (notamment des chênes côtiers) y prospèrent encore.
BUENA VISTA AVENUE WEST. Cette avenue qui longe le parc est bordée d'intéressantes maisons. La SPRECKELS MANSION, la plus spectaculaire, au n° 737, fut construite en 1897 par Edward Vogel pour le compte de Richard Spreckels, neveu du magnat du sucre ▲ *203*, philanthrope notoire et amateur d'art éclairé. C'est dans cette demeure que l'écrivain Jack London ▲ *310* aurait rédigé *White Fang*.
MASONIC ET PIEDMONT STREETS. Au n° 1 526 de Masonic se dresse une maison construite en 1910 par l'architecte Bernard Maybeck. Au n° 11 de Piedmont, on pourra admirer l'une des plus anciennes demeures de San Francisco (1860). La ferme des Lange s'élevait à proximité.
DELMAR STREET. Cette rue présente une étonnante diversité architecturale : *Mission Revival* au n° 182, *Tudor* au n° 187, *Arts & Craft* aux n°s 141 et 173, *Stick* au n°168, *Sunset* au n° 164, *Queen Anne* (plus un étage) au n° 159 ● *94*, néo-classique au n° 152. Le n° 130, quant à lui, est surtout remarquable pour avoir abrité le fan club du groupe de rock Jefferson Airplane ● *79* (il apparaît sur le dos de la couverture de leur album *Surrealistic Pillow*).

« Eurêka, je l'ai trouvé. Telle est la devise de la Californie, mais celle de San Francisco devrait être : nul n'est arrivé le premier. »

Herbert Gold

LA MODE HIPPIE
Il s'agissait d'inventer, au jour le jour, de nouvelles tenues à partir d'éléments bon marché ou gratuits. Tout était recyclé, dans un esprit de refus de la consommation (ce qui n'empêcha pas les magasins spécialisés de proliférer sur Haight St.). L'essentiel était d'afficher sa différence et de paraître irrécupérable par le système. Les hippies marquaient une nette préférence pour les vêtements en velours et dentelles, tout droit sortis des garde-robes edwardiennes et victoriennes, les mini-jupes et les pantalons à pattes d'éléphant moulant les hanches, les vêtements et bijoux orientaux, surtout indiens.

▲ HAIGHT-ASHBURY

Affiche pour la Haight Street Fair.

«HAIGHT STREET PALACE»
Le *Haight Street Palace* était dirigé par le Texan Chet Helms, le rival de Bill Graham ● *78*, qui y diffusait la production de sa communauté, *Family Dog*. Par la suite, Chet Helms prit le contrôle de l'*Avalon Ballroom*, vaste salle de concert située à l'angle de Sutter St. et Van Ness Ave, restée célèbre pour ses affiches de concert.

JANIS JOPLIN
Bien que d'origine texane, elle incarne à merveille le style de vie des hippies de San Francisco. Elle vit dans une maison victorienne (au n° 112 de Lyon St.) au sein d'une communauté de musiciens et de graphistes. Elle s'habille au hasard de ses trouvailles chez les fripiers, avec une nette préférence pour le style 1900, chargé de dentelles et de perles qui lui vaudront son surnom, *Pearl*.

MASONIC. (ANGLE DE HAIGHT ET MASONIC STS.) Le n° 1200 abritait l'atelier du peintre Michael Bowen, où furent conçus les premiers numéros du *San Francisco Oracle* ● *279*.

LE LONG DE HAIGHT STREET

C'est l'artère la plus animée du quartier. Étroitement associée au mouvement hippie dans les années 1960, elle demeure, avec ses nombreux cafés, ses restaurants bon marché, ses friperies et ses librairies, un des lieux les plus vivants et les plus anticonformistes de San Francisco. Le Haight est aujourd'hui un quartier «hybride», où voisinent les marginaux qui ont élu domicile sur Haight Street et ses rues adjacentes, et les artères résidentielles où s'alignent d'élégantes maisons victoriennes restaurées. C'est juste à l'angle de Masonic et de Haight Streets, à l'emplacement de l'actuel restaurant *Dish*, que se trouvait le célèbre DROGSTORE CAFÉ, lieu de rendez-vous préféré de la communauté hippie. Les *afficionados* du Grateful Dead ● *78* n'hésiteront pas à faire le détour jusqu'au n° 710 de Ashbury Street, où le groupe vécut longtemps. Au n° 1535 de Haight Street, *Cybelle's Pizza* a remplacé le PSYCHEDELIC SHOP, magasin spécialisé dans la vente des tenues psychédéliques et des tickets de concerts avant-gardistes. La PRINT MINT, qui vendait des posters, se trouvait juste à côté, au n° 1 540. Au n° 1601, on remarque l'enseigne discrète de la HAIGHT-ASHBURY FREE CLINIC. Ce dispensaire créé dans les années 1960 prodiguait des soins gratuits aux hippies du quartier. Toujours actif, il assiste notamment les personnes atteintes du Sida. Au n° 1635 de Haight, on peut pousser la porte de la première INTERSTATE BANK, construite vers 1860 par un Allemand, pour voir les photos anciennes du parc exposées dans le hall. Le magasin de vêtements d'occasion WASTELAND, au n° 1660, a investi l'ancien *Superba Theater* et semble perpétuer ce goût de l'époque hippie pour les vêtements d'occasion de style «baroque». C'est au niveau des *blocks* 1600-1700 que se trouvaient les Chutes ▲ *275*, tandis qu'au n° 1727 se dressait jadis le RED VIC MOVIE THEATER, réinstallé un *block* plus loin. En tournant à droite dans Shrader puis à gauche dans Page, on passe devant de belles maisons – dont une petite réplique de la Spreckels Mansion – avant d'atteindre le parc.

AU SUD DE MARKET STREET

SOUTH OF MARKET, *284*
LE MUSÉE D'ART MODERNE, *288*
LE GROUPE F. 64, *290*
MISSION DISTRICT, *292*
LES «MURALS», *298*
CASTRO, *300*
LA COMMUNAUTÉ «GAY», *302*

▲ SOUTH OF MARKET

OLD U.S. MINT • MARRIOTT HOTEL • MUSÉE D'ART MODERNE • MOSCONE CONVENTION CENTER • ANSEL ADAMS CENTER • PACIFIC TELEPHONE BLDG.

MARKET ST. • FREMONT ST. • MISSION ST. • FIRST ST. • HOWARD ST. • SECOND ST. • FOURTH ST. • FIFTH ST.

BOUTIQUES
Au XIXe siècle, les nantis de South of Market font leurs emplettes dans les boutiques de 2nd St., que desservent des tramways à chevaux qui font la navette le long de 3rd St.

RINCON HILL sera totalement rasée lors de l'aménagement des rampes d'accès du Bay Bridge, en 1936.

En 1851, *Happy Valley* (Mission Street entre 1st et 3rd) et *Pleasant Valley* (Howard, Folsom, 1st et 2nd) sont occupées par deux campements de toile et des baraquements fabriqués avec les coques de bateaux abandonnés ▲ *146*.

TRANSFORMATIONS URBAINES. En 1870, le quartier au sud de Market Street est remblayé. Quais, entrepôts, bassins de radoub, chantiers navals, gravières, briqueteries, scieries, fonderies, ferronneries et minoteries s'établissent peu à peu dans ce secteur proche du port, qui devient un quartier industriel ; les ouvriers habitent de modestes maisons de bois qui poussent comme des champignons sur la zone gagnée sur la baie. La colline de Rincon Hill, qui domine cette partie de la ville, reste, en revanche, un site agréable et devient la première enclave huppée de la cité. À ses pieds s'étend South Park, petit square élégant entouré de maisons de style anglais. Mais très vite, l'îlot chic de Rincon Hill gêne le développement de cette zone à vocation commerciale et industrielle ainsi que l'accès au futur *Central Pacific Railroad Terminal*. Les administrateurs de la ville votent le nivelage de 2nd Street, ce qui nécessite une percée en plein centre de la colline. La belle société de Rincon Hill se replie alors vers les nobles et plus tranquilles hauteurs de Nob Hill ▲ *190*, que le *cable car* a rendues accessibles en 1873. Plus au sud, sur 3rd Street, aux environs de l'actuel Potrero Hill, un secteur ouvrier se développe. Un grand nombre d'Irlandais se concentrent autour de St. Patrick's Church, près de 3rd et Mission Streets, tandis que les Allemands se regroupent sur 6th et Harrison Streets. Vers 1883, au moment de l'installation des voies du *cable car* sur Market Street, ce secteur est baptisé «South of the Slot» (*slot* désignant la fente du câble de traction au centre des rails ● *68*). Le quartier est presque totalement dévasté en 1906 ● *58*.

SELBY SHOT TOWER
Construite en 1865, la Shot Tower de la *Selby Smelting and Lead Company* se dressa à l'angle de 1st et de Howard Streets jusqu'en 1906. Du sommet (60 m), on jetait du plomb fondu à travers une grille, lequel, en tombant dans un bassin d'eau placé en dessous, formait des balles pour fusils.

SoMa, QUARTIER D'ARTISTES.
Au cours des trente années suivantes, usines, entrepôts et ateliers renaissent, tant bien que mal, des cendres de l'ancienne zone industrielle, mais, pour l'essentiel, le quartier est devenu un ghetto ouvrier. Au début des années 1980, peintres, photographes, musiciens et architectes commencent à aménager d'anciens entrepôts en lieux de travail et de résidence. Le secteur, où lofts et ateliers se multiplient, est alors rebaptisé *SoMa*, pour «South of Market», comme un écho au Soho new-yorkais, avec lequel il présente des points communs. Aujourd'hui, SoMa est réputé pour ses surplus d'usines et ses théâtres d'avant-garde mais surtout pour sa vie nocturne intense avec ses bars branchés, ses restaurants et ses boîtes de nuit ◆ *359*. Le quartier est en plein développement : nombre de compagnies s'y installent, et il a également été choisi pour la réalisation de vastes projets architecturaux, dont le Yerba Buena Center ▲ *287*.

Une des nombreuses usines installées dans le South of Market au début du siècle.

▲ South of Market

1 s «Sailing Ship Restaurant»
Situé Pier 42, ce voilier construit à Bordeaux en 1862 est depuis près de vingt ans un restaurant et un cabaret très populaires. Mais avant d'accoster ici définitivement, le *Sailing Ship* a connu le vent du large et de nombreuses aventures. Au début du siècle, il fut affrété par Jules Verne, qui s'en inspira pour son roman *Vingt Mille Lieues sous les mers*. Il servit à des missions d'espionnage alliées pendant la Première Guerre mondiale, au trafic d'alcool entre le Canada et les États-Unis pendant la prohibition et de décor pour des productions hollywoodiennes des années 1930 à 1950, dont *Les Révoltés du Bounty*, *L'Île au trésor*, *Moby Dick* et *Captain Blood*.

Pacific Telephone Building
Cet immeuble, au n° 140 de New Montgomery St. (ci-contre), fut réalisé en 1925 par l'architecte Timothy Pfleuger. Cette construction Arts déco en forme de L fut le premier gratte-ciel du centre de San Francisco ● *105*.
Un petit musée, le Telephone Pioneer Communications Museum, y retrace l'histoire des télécommunications.

Ancien hôtel des Monnaies
Il est désormais ouvert au public, qui peut y voir, entre autres, des pièces de la ruée vers l'or et les chambres fortes.

La visite de SoMa, quartier d'apparence austère et grise, peut commencer sur le front de mer au niveau de Mission Street.

Audiffred Building. Mission/Steuart Sts. Bâti en 1889, c'est le seul immeuble du front de mer sud qui a survécu à l'incendie de 1906. On raconte que son propriétaire, le tenancier du *Bulkhead Saloon*, bar installé au rez-de-chaussée, obtint des pompiers qu'ils ne dynamitent pas son immeuble, en leur distribuant du whisky et du vin.

Rincon Center. Steuart St. Cet édifice, terminé en 1939, était à l'origine l'annexe principale de la poste centrale. Rénové en 1989, il demeure un bel exemple de l'architecture des années 1930 et regroupe boutiques, restaurants, bureaux et appartements. On découvrira dans l'ancien hall donnant sur Mission Street les vingt-sept fresques à thème historique de Anton Refregier.

Pacific Gas and Electric Substation. 222 Jessie St. Utilitaire mais de grand style, l'édifice fut conçu en 1907 par Willis Polk. Sa façade de brique et de *terra cotta* ainsi que son portail, magnifiquement ouvragés, en font l'un des fleurons architecturaux du quartier.

The Old United States Mint. 88 Fifth St. à Mission St. Bel exemple d'architecture néo-classique, la «Dame de Granit» (en haut) fut bâtie en 1874 pour y battre monnaie à partir de l'or californien et de l'argent du Nevada. Ses murs de granit de plus de 1,20 m d'épaisseur et ses volets de fer sauvèrent le Mint Building de l'incendie de 1906 ● *58*.

Ansel Adams Center. 250 Fourth St. Institution culturelle à but non lucratif et galerie de photo, le centre est depuis 1987 le siège du groupe *The Friends of Photography* ▲ *290* fondé en 1967 par des photographes de renom, comme

Brett Weston, Beaumont Newhall et, bien sûr, Ansel Adams. Des expositions temporaires y sont présentées.

FRANCIS «LEFTY» O'DOUL BRIDGE. THIRD/BERRY STS. Ce pont basculant encore en service, qui doit son nom à un joueur de base-ball local, enjambe ce qu'il reste de Mission Creek, canal autrefois bourdonnant d'activité. Le contrepoids de 500 t soulève la chaussée d'acier, lors d'une manœuvre de plus en plus rarement effectuée par le mécanicien installé dans la cabine au bout du pont. Le spectacle est si saisissant que les réalisateurs d'Hollywood l'ont utilisé comme décor pour plusieurs films. Un autre pont basculant, le PETER J. MALONEY BRIDGE, construit en 1916 par Joseph B. Strauss, se trouve à l'angle de 4th et Berry Streets.

ORIENTAL WAREHOUSE. 1ST ET BRYANT STS. South Beach, la section du front de mer située au nord du Bay Bridge, a connu une vaste opération de rénovation urbaine depuis 1985. Hangars, bars à matelots et docks ont fait place à de grands immeubles ; le quartier s'est doté d'un port de plaisance et de restaurants. Toutefois, quelques vestiges de l'ancien quartier subsistent. Ainsi, derrière le très résidentiel BAYSIDE VILLAGE APARTMENTS, sur 1st et Bryant Streets, on peut voir la façade de l'ORIENTAL US BONDED WAREHOUSE, construit en 1867. Adjacent aux quais de la PACIFIC MAIL STEAMSHIP COMPANY ▲ *155* où étaient déchargés les bateaux venant d'Asie et d'Amérique centrale, le magasin-entrepôt commercialisait des produits d'Orient. Seule sa façade réchappera à un incendie en 1980.

MUSÉE D'ART MODERNE. Les collections d'art moderne ont été transférées du Veteran Building ▲ 229 dans un bâtiment conçu expressément pour les recevoir par l'architecte suisse Mario Botta et inauguré en janvier 1995. L'espace dévolu aux collections, aux expositions temporaires et aux activités pédagogiques a été ainsi multiplié par deux, faisant du SFMOMA, le deuxième musée américain consacré à l'art moderne et contemporain.

SOUTH PARK
Cette place ovale située entre 2nd, 3rd, Bryant et Brannan Streets est entourée de soixante-huit façades de briques identiques. Créé en 1854 par l'Anglais George Gordon pour la haute société de San Francisco, South Park fut conçu sur le modèle du Berkeley Square de Londres. Ce lieu est à l'époque clos par une grille de fer avec un portail, dont seuls les résidents possèdent la clef. Pour parfaire l'ambiance «européenne», Gordon importa même plusieurs dizaines de moineaux anglais. En pleine réhabilitation, la place accueille maintenant des restaurants branchés.

YERBA BUENA CENTER Achevé en 1995, ce complexe comprend le Moscone Convention Center (palais des Congrès) et le nouveau musée d'Art moderne (ci-dessous) ▲ *288*.

▲ Musée d'Art moderne

Premier musée de la côte Ouest entièrement dédié à l'art du XXe siècle, le musée d'Art moderne de San Francisco ouvrit en 1935. Installé dans de nouveaux locaux en 1995, il compte désormais parmi les plus grands musée du genre. Riche de quatorze mille œuvres, il présente un panorama assez complet de l'art contemporain. Il possède notamment de beaux tableaux expressionnistes allemands (Marc, Beckmann, Jawlensky...), des Matisse du début du siècle, un important éventa de sculptures (Brancusi, Giacometti, Arp...), un échantillon représentatif de la peinture sud-américair (Rivera, Tamayo...), et des œuvres des grands noms de la peinture californienne (Diebenkorn, Bischoff, Still, Park...). Avec sept mille clichés, la photographi occupe une place de choix dans la collection.

RICHARD SHAW
Né en 1941, il travaille depuis toujours la céramique mais réutilise aussi les objets du quotidien, comme ici avec *Melodius Double Stop* (1980, ci-dessus).

CLYFFORD STILL
(1904-1980) fit don de vingt-huit tableaux au SFMOMA en 1975. La vitalité de la couleur et la force des déchirures de *Untitled* (1960, ci-contre en haut) montrent un expressionnisme sublimé par l'abstraction.

CHARLES SHEELER
(1883-1965) peint et photographie le monumental avec précision. *Aerial Gyrations* (1953, ci-contre) montre le paysage géométrique de cette architecture industrielle.

RICHARD DIEBENKORN (1922-1993) En 1963, il habite Berkeley et peint la ville sous le titre *Cityscape I* (ci-dessus). La composition de ce thème figuratif illustre les recherches, passées et à venir, du peintre dans l'abstraction.

MAX BECKMANN (1884-1950) *Landscape, Cannes* (1934, ci-contre) présente dans une atmosphère quasi californienne le cerne incisif des expressionnistes allemands.

JEAN ARP (1887-1966) concentre dans ses formes l'essence de la nature. *Human Concretion Without Oval Bowl* (1933) synthétise la morphologie du corps humain.

LE GROUPE F. 64

La photographie arrive en Californie dans les années 1860 avec les photographes chargés de suivre les études d'implantation du chemin de fer de l'Ouest ou les relevés géologiques. De nombreux studios sont alors créés, notamment à San Francisco, d'où les meilleurs professionnels (Watkins, Muybridge) entreprennent l'exploration de zones inconnues, aux paysages grandioses (vallée du Yosemite), que la côte Est découvrira à travers leurs clichés.
La profession est déjà bien implantée, lorsque, quelques jeunes artistes, désireux de secouer le joug de la photographie «pictorialiste», fondent, en 1932, un groupe connu sous le nom de «F. 64».

Le groupe F. 64, créé autour de Preston Holder et Willard Van Dyke (avec notamment Edward Weston, Ansel Adams, Imogen Cunningham et Sonya Noskowiak), est une réaction moderniste qui entend créer un pôle artistique à l'Ouest, prendre acte de l'évolution de l'art international et promouvoir une vision de la nature propre à la Californie. L'activité du groupe se matérialise par une première exposition, en 1932, au De Young Memorial Museum, et l'ouverture d'une galerie. L'appellation F. 64 est en soi un programme puisque ce terme désigne l'ouverture minimale du diaphragme sur une chambre noire, ce qui autorise la plus grande profondeur de champ et la netteté maximale. F. 64 prône l'usage de chambres grand format (20 x 25 cm pour Weston), le tirage du positif par contact, la plus grande précision de l'image et l'absence de toute manipulation qui transformerait ce que perçoit l'objectif ; on va jusqu'à remettre en cause l'arrangement personnel d'une nature morte.
Derrière ces principes, il y a une philosophie de la rigueur, du travail bien fait et de l'acceptation des beautés naturelles. L'influence du Bauhaus et de la photographie allemande est très nette dans la magnification de l'objet, la vision rapprochée du «gros plan», la solennisation monumentale du moindre rocher ou artefact, et dans le rapprochement qui s'opère entre nature et industrie (cheminée d'usine photographiée comme un arbre...). Pratiquement dissous en 1935, le groupe se disloque au gré des positions individuelles, notamment d'Ansel Adams. Représenté surtout par Weston et Cunningham, il a permis l'émancipation artistique de la côte Ouest, à travers le médium des «temps modernes», laquelle se confirmera dans ses particularismes culturels.

«La photographie, en tant que forme d'art, doit se définir par rapport aux réalités et principes du médium photographique et doit rester à l'écart des conventions idéologiques de l'art et de l'esthétique …» F. 64

1. *Autoportrait*, 1932, Alma Lavenson (1897-1989).
2. *Rubber Plant*, 1929, Imogen Cunningham (1883-1976).
3. *Rollers and Stacks*, 1932, Preston Holder (1907-1980).
4. *Cypress, Point Lobos*, Sonya Noskowiak (1900-1975).
5. *Cabbage Leaf*, 1931, Edward Weston (1886-1958).

▲ MISSION DISTRICT

1/2 journée

JUNIPERO SERRA
Ce prêtre franciscain, né à Majorque en 1713, arrive au Mexique à trente-six ans. En 1767, le vice-

roi du Mexique lui confie la tâche d'évangéliser la Haute-Californie et d'y installer une série de missions le long de la côte. En 1769, malgré sa chétive constitution, Serra franchit à dos de mulet les 1200 km qui séparent Mexico de la baie de San Diego. Très vite, il est connu pour sa ferveur religieuse et sa volonté de fer. Dur avec lui-même comme avec son entourage, il transporte des chaînes avec lesquelles il se flagelle en présence des Indiens. Sa cellule à la mission de Carmel (où il est enterré) est d'une austérité absolue. Un désir ardent de sauver les âmes des Indiens l'anime et, s'il use de procédés contestables, ses contemporains le considèrent comme un saint. Il sera béatifié en 1988.

Mission District, quartier hispanique de San Francisco, s'est développé sur le site d'un village indien du nom d'Altah-Mo, installé dans une vallée à l'abri des vents et du brouillard. Et de fait, c'est l'un des seuls endroits de la ville qui ne soit que rarement la proie du brouillard.

HISTOIRE

Le quartier doit son nom à la mission Dolores fondée en 1776 par les franciscains espagnols venus coloniser les lieux lors de l'expédition de Juan Bautista de Anza ● *43*. Tandis que les militaires construisent un fort à l'entrée du détroit du Golden Gate, le Presidio ▲ *240*, les colons, quant à eux, bâtissent des maisons en adobe le long du chemin menant au petit village de Yerba Buena (l'actuelle 16th Street). Ce sont les premiers occupants européens du site de San Francisco. En 1834, les franciscains, dont les terres ont été sécularisées par la jeune République du Mexique, abandonnent la mission. La zone demeure rurale. Le quartier se développe vers 1860 avec la construction d'une route reliant les actuelles 3rd et 16th Streets, dont le tracé recoupe celui de l'actuelle Mission Street. Le long de la nouvelle voie, saloons et maisons de jeu font leur apparition, ainsi qu'un hippodrome et une arène pour les combats de taureaux et d'ours. L'ancienne zone rurale devient ainsi un quartier de distractions pour les habitants de la *Barbary Coast* ▲ *146*. Allemands et Scandinaves commencent à s'y installer, suivis, après le séisme de 1906, par les Italiens et surtout les Irlandais. De ce brassage ethnique et linguistique naît un accent particulier aux habitants du quartier, le *mish*, proche de celui de Brooklyn. C'est dans les années 1960, avec l'arrivée de nombreux immigrants du Mexique, d'Amérique du Sud et d'Amérique centrale – souvent des réfugiés politiques –, que la zone, où les loyers restent modestes, redevient le quartier hispanique de la ville. Dans les années 1980, marginaux et artistes, attirés par les loyers modestes, se mêlent à eux.

INDIENS. Les premiers habitants connus de San Francisco, les Ohlones, aussi appelés *Costanoans*, campaient sur le rivage de la Baie aux environs de South Beach et du lac Merced. De vastes tertres de coquillages découverts par les archéologues témoignent de l'existence d'au moins quatre cent vingt-cinq campements *costanoans* sur ces sites il y a quatre mille ans. Avant l'arrivée des chrétiens, les

FRANCISCO PALÒU
Ancien condisciple et ami de Junipero Serra, Palòu arrive au Mexique en même temps que lui. Il est l'auteur d'une biographie (enjolivée de quelques miracles) du père Serra à qui il voue une admiration sans borne. Il sera le fondateur de la mission Dolores, qu'il dirigera pendant neuf ans. On peut voir sa tombe dans le cimetière ainsi que son bréviaire, relié de cuir, dans le musée de la mission.

Indiens de la Baie (une mosaïque de tribus parlant différentes langues) vivent de pêche, de chasse et de cueillette ● *42*.
Ils accueillent amicalement ces «étranges étrangers» qui s'efforceront de les asservir et de les évangéliser tout au long du XVIIIe siècle. Vingt et une missions sont établies entre le Mexique et Sonora, au nord de San Francisco. Astreints à des travaux trop durs, confinés dans les baraquements des missions, décimés par les maladies transmises par les Blancs, leurs territoires de chasse investis par les colons, les Indiens meurent par centaines. Dix mille en 1770, les *Costanoans* ne sont plus qu'une poignée en 1856. Plus de cinq mille d'entre eux reposent dans des tombes anonymes du cimetière de mission Dolores.

LE «CAMINO REAL». Cette «voie royale» de quelque 1 000 km reliait les vingt et une missions fondées le long de la côte californienne par les missionnaires franciscains, envoyés par le roi d'Espagne, à partir de 1769. Le but officiel était d'évangéliser les «sauvages», mais il s'agissait surtout de coloniser les confins de l'Empire espagnol que les Russes, les Anglais et les Américains convoitaient. Les expéditions d'exploration composées d'une division de soldats accompagnés de colons et de prêtres furent lancées depuis San Diego (la première mission, fondée en 1769) et Carmel, par le supérieur de l'ordre des Franciscains, Junipero Serra. Une fois l'emplacement choisi, on implantait une mission et un poste militaire, dont la garnison avait la charge de protéger

Les combats d'ours et de taureau étaient l'une des distractions favorites des *Californios*.
Une arène destinée à accueillir ce genre de spectacle avait été construite sur la route qui reliait la mission Dolores au village de Yerba Buena.

▲ Mission District

les missionnaires et de chasser les Indiens fugitifs. En 1836, les autorités mexicaines ordonnèrent la sécularisation des terres des missions devenues de prospères exploitations. Elles furent distribuées aux éleveurs de bovins et aux soldats. Abandonnées, parfois pillées (comme celle de San Rafael Arcangel d'où le général Vallejo a tout emporté y compris les arbres du verger, déterrés et replantés sur ses terres), les missions seront rendues à l'Église dans les années 1860.

Intérieur de la basilique.

Mission Dolores ♥   ● 89

Sixième des vingt et une missions californiennes, la mission de San Francisco est fondée lors d'une première messe dite dans un abri de fortune par le père Francisco Palòu le 29 juin 1776, quelques jours avant la déclaration d'indépendance des États-Unis.
Dans l'un de ses écrits, le père Palòu relate cette cérémonie d'inauguration, qui fut célébrée avec force pétards et coups de canon en présence des Indiens, terrorisés. Officiellement baptisée Mission San Francisco de Asis, elle prit par la suite le nom d'un petit lac voisin, la *laguna de Nuestra Senora de los Dolores*.

La chapelle. Construite par les Indiens en 1782, c'est l'édifice le plus ancien de San Francisco et l'une des plus vieilles églises de Californie ● *89*. Murs en adobe de plus d'un mètre

"Les missions se composaient en général d'un quadrilatère de 150 m de côté, avec une cour intérieure ornée de fontaines, plantée d'arbres et consacrée en son centre par une croix. Tout autour courait une galerie couverte avec des arcades.
Là, s'ouvraient tous les bâtiments d'habitation, l'école et les ateliers. L'église occupait une des ailes de l'édifice ; le logement des pères, le plus voisin du lieu sacré, touchait à une salle commune qui servait pour les réunions et pour les fêtes, d'ailleurs fort rares ; il y avait encore quelques pièces formant le monastère. Puis sur les côtés s'ouvraient des cellules pour les Indiens vraiment convertis, que l'on séparait suivant leur sexe. Enfin, derrière, se trouvaient les écuries, les granges, les communs destinés au bétail et aux instruments de culture."
   Léon Lemonnier

C'est aux moines de la mission qu'incombait la charge de nourrir les soldats du Presidio.

d'épaisseur, toit de tuiles roses, poutres de séquoia ■ *30* fixées par des lanières de cuir et plafond orné de motifs indiens réalisés avec des teintures végétales furent conservés lors des travaux de 1791. La façade, les autels gravés à la main et les statues furent apportés du Mexique à dos de mulet. La chapelle a résisté au séisme de 1906 (l'épaisseur des murs et la souplesse des lanières de cuir tenant les poutres y seraient pour beaucoup), alors que l'église voisine, construite en 1876 à l'occasion du centenaire de la mission, s'est effondrée. L'architecte Willis Polk, qui a admirablement restauré la chapelle en 1918, a eu soin de faire doubler les poutres d'origine avec des armatures d'acier. Aujourd'hui toutefois, la chapelle, qui a souffert du séisme de 1989, aurait grand besoin d'une nouvelle restauration.

BASILIQUE. De style churrigueresque (baroque exacerbé du nom des trois frères Churriguera, sculpteurs et architectes espagnols du XVIII° siècle) cet édifice (ci-contre page de gauche) se dresse depuis 1913 sur le site de l'église en brique détruite en 1906. Elle forme un contraste saisissant avec la simplicité de la mission qui se dresse à côté. Le pape Pie XII lui conféra le statut de basilique en 1952.

MUSÉE. Exposés dans l'ancienne salle de classe, on peut voir le premier registre baptismal (1776), des objets sacrés offerts par le père Junipero Serra et des objets d'usage courant de la mission.

CIMETIÈRE. Tous les bâtiments de la mission (cloître, magasin, grange, etc.) ont disparu, à l'exception de la chapelle et du cimetière, qui datent de la fondation. Au milieu d'une végétation foisonnante, la statue de Junipero Serra semble veiller sur le repos éternel des pionniers hispaniques, italiens et irlandais… et des cinq mille Indiens qui y sont enterrés.

DOLORES STREET ♥

Les palmiers plantés en 1910 ombragent agréablement cette large rue (plutôt une avenue, d'ailleurs) bordée d'immeubles bas et de maisons victoriennes qui ondule au gré des collines sur vingt-quatre *blocks*, parallèlement à Mission Street.

MISSION HIGH SCHOOL. DOLORES/18TH STS. C'est l'un des nombreux établissements scolaires construits par l'architecte John Reid dans le style *Mission Revival*, très en vogue dans les années 1920 ● *88*. Murs d'adobe blancs, toit de tuiles rouges, arcades, toutes les composantes du style colonial espagnol sont présentes.

DOLORES PARK. DOLORES/CHURCH/18TH/20TH STS. Dans cet ancien cimetière juif transformé en jardin public (ci-dessus), on pourra faire une halte pour admirer le superbe panorama sur *downtown*, notamment à l'angle de 20th et Church.

DOLORES PARK
Depuis les hauteurs du parc on apperçoit les gratte-ciel du Financial District.

TÉMOIGNAGE
Otto von Kotzebue, capitaine d'un navire russe qui visite San Francisco en 1816, évoque dans ses relations de voyages le mauvais traitement que subissent les Indiens à la mission Saint-François-d'Assise. Il attribue à une hygiène déplorable la grande mortalité qui frappe les Ohlones : trois cents âmes par an selon lui. D'autres récits corroboreront ses dires.

Californienne.

▲ MISSION DISTRICT

WOODWARD'S GARDEN
Ce jardin installé sur Mission Street, au niveau de 14th Street, fut l'une des plus grandes attractions de la ville de 1866 à 1894. Son concepteur, Robert B. Woodward, était un *fourty-niner* qui avait fait fortune dans l'hôtellerie. En 1857, il achète un terrain sur Mission où il fait planter de nombreuses espèces rares et y fait construire d'étonnants édifices (ci-dessous). En 1860, Woodward ouvre un musée dans son hôtel, où il expose oiseaux, reptiles, coquillages… et, en 1861, il part pour l'Europe. Très impressionné par le patrimoine culturel du vieux continent, il se constitue une collection de copies d'œuvres d'art. Les plus belles pièces sont conservées dans sa propriété de Mission St., qui est devenue un objet de curiosité pour les citadins. Woodward finit par ouvrir son jardin au public en 1866 et convertit sa résidence en musée de curiosités naturelles. Outre les multiples attractions, il y a un kiosque à musique et un théâtre où l'on donne des spectacles de foire qui lui valurent le surnom de «Barnum de l'Ouest».

DE DOLORES À VALENCIA STREET

En prenant LIBERTY STREET sur la gauche, en direction de Mission Street, on arrive dans l'un des districts historiques de la ville, le LIBERTY HILL HISTORIC DISTRICT. En effet, dans le périmètre compris entre Dolores, Mission, 20th et 23rd Streets, aucune rénovation ne peut être entreprise sans autorisation préalable de la municipalité. Ainsi ont pu être préservées un certain nombre de belles constructions du tournant du siècle, qui ont échappé au séisme de 1906. Style italianisant (1878) ● *95* comme au n° 159 de Liberty Street, *Art & Craft* (1917) au n° 151-53 et Stick ● aux n° 120-21 et 110. On verra d'autres immeubles et maisons à l'architecture intéressante en s'aventurant dans GUERRERO STREET (prendre à droite) où se trouvent des immeubles caractéristiques du début du siècle au n° 850-52, et une maison *Queen Anne* ● *94* teintée d'influences mauresques au n° 827. En prenant à nouveau à gauche dans 21st Street, on peut rallier Mission Street. Au n° 3243, à l'angle de la 21st et de BARTLETT STREET s'élève la maison victorienne de George Pattison.

« C'EST UN ÉTRANGE PHÉNOMÈNE,
MAIS IL PARAÎT QUE TOUTE PERSONNE QUI DISPARAÎT,
RÉAPPARAÎT À SAN FRANCISCO. »

OSCAR WILDE

VALENCIA STREET. De Liberty Street, on peut rejoindre Valencia Street. Cette rue aux loyers accessibles est devenue le fief des féministes, de divers mouvements alternatifs et gauchistes. Syndicats et groupes politiques de gauche sont fortement implantés dans ce quartier essentiellement ouvrier qu'a toujours été Mission District. *Modern Times Bookstore* (n° 968) offre de la littérature, des ouvrages et des publications politiques surtout latino-américains. *Casa El Salvador* (n° 988) abrite un des nombreux groupes pacifistes du quartier.

USINE LEVI STRAUSS Au n° 250 de Valencia Street se trouve l'usine où sont fabriqués les authentiques *jeans* de la firme Levi Strauss ● 66. Visite possible sur rendez-vous.

MISSION STREET

Cette artère commerçante est l'épine dorsale du quartier hispanique. Dans sa partie la plus animée, entre 15th et Army Streets, on verra entre autres le *Rainbow Grocery and General Store* (n° 1899), une coopérative alternative qui propose des produits naturels et écologiques (on est prié d'apporter ses propres récipients et emballages), et *Oh's Fine Food* (n° 1904), l'un des premiers magasins diététiques de la région, mais aussi *El Rio* (n° 3158), une discothèque de salsa et de *world music*, où se produit un orchestre le dimanche. SAN JOSE AVENUE (entre 22nd et 24th Streets), que l'on atteint par un détour vers l'ouest dans 22nd Street, suit le tracé de l'ancien Camino Real. Un peu plus loin dans 22nd Street, au n° 3126, l'ÉGLISE LUTHÉRIENNE SAINT JOHN s'élève au milieu d'un groupe de belles maisons victoriennes. Dans 24th Street, entre Mission et Potrero, on est au cœur du quartier latino-américain des exilés, qui sont nombreux à avoir fui les guerres et la répression des pays d'Amérique latine. Ils ont ouvert une pléiade de restaurants et de boutiques qui pratiquent des prix très abordables. On pourra s'aventurer dans les *santerias* pour acheter plantes et potions magiques.

«MISSION DISTRICT», 1874, par Thomas Ross. Ce quartier de la ville demeura longtemps une zone rurale.

▲ Mission District

Capp Street. Entre 22nd et 23rd Streets s'étend une rangée de maisons victoriennes identiques, pour la plupart très bien préservées, et dont le bois est élégamment travaillé. Cette rue a également conservé ses beaux réverbères des années 1920.

Quartier des «Murals»

Mission District est surtout connu pour ses *murals*. Ces grandes scènes peintes qui ornent les murs et les façades de nombreux bâtiments de la ville appartiennent à une tradition bien établie à San Francisco. On recense quelque six cents *murals* dans toute la ville, la plus grande concentration se trouve réunie dans Mission.

Une tradition ancienne. Partout dans le monde, les peintures murales ont existé dès qu'il y eût des gens pour les peindre, et ceci depuis les plus anciennes peintures rupestres préhistoriques. Au XXe siècle, sous l'égide des «Los Tres Grandes», les trois grands peintres mexicains Liego Rivers, Jose Clemente Orozco et David Siqueiros, les *murals* reproduisent des scènes de réalisme social exécutés par le peuple, pour le peuple. L'explosion du genre date des années 1930. Deux évènements se conjuguent alors pour favoriser ce phénomène : la venue des trois peintres mexicains et le financement d'œuvres d'art par le New Deal. Les peintures murales décorèrent bientôt les murs des écoles et des bâtiments publics du pays. C'est ainsi que Diego Rivera peignit l'essentiel des fresques pour la ville de San Francisco et que Maxima Albra exécuta la première fresque de la Coit Tower en 1934 ▲ *170*. À San Francisco, cet art connaitra un nouvel essor dans les années 1970. À cette époque, les murs et les façades des bâtiments de Mission District servent de support à l'imagerie politique et sociale ainsi qu'aux rêves, aux besoins et aux aspirations d'une communauté active et vibrante.

Itinéraire des «murals». À l'angle de 22nd Street et Van Ness Ave, on peut voir une fresque à thème musical multi-culturel réalisée en 1987 par Michael Rios en l'honneur de Carlos Santana et qui s'intitule *Inspire to Aspire*.
Dans Balmy Alley, près de Harrison et de la 24th Streets, une série continue de fresques anime cette ruelle tranquille, parmi lesquelles on remarquera les œuvres exécutées en 1984 par le groupe d'artistes Placa (Placa signifiant un graffiti qui appelle une réponse en retour).
À l'angle de la 23rd et Mission Streets, à l'intérieur du bâtiment de la Bank of America, figure un beau *mural* intitulé «Homansje a Siqueiros» (*Hommage à Siqueiros*). L'entrée de la station de métro Bart de Mission et 24th St comme la composition à l'angle de la 24th St et de South Van Ness valent également une visite.
Le Precita Eyes Mural Art (348 Precita Ave/ Folsom St) organise des visites guidées des *murals* de Mission. Quant à la Galerie de la Raza, fondée en 1971, elle expose art et artisanat latino-américains.
Les œuvres ci-contre sont situées à : Balmy Alley (1, 3, 5, 6) ; Piscine de Mission District (2, 7) ; à l'angle de 24th St et South Van Ness (4).

Mural de Balmy Alley

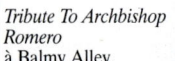

Tribute To Archbishop Romero à Balmy Alley.

Mural aujourd'hui disparu

▲ 1. *Tiny Thumb*

▲ 2. *Balance Of Power* ▼ 4. *Carnaval*

▲ 3. *On The Way To The Market*

▼ 6. *Give Them Arms And Also ...*

▲ 5. *Changes*

▲ *...Teach Them To Read* ▼ 8. *Quetzalcoatl*

▲ 7. *New World Tree* ▼ 9. sans titre

▼ 10. *The Five Sacred Colors Of Corn*

▲ CASTRO

Le quartier de Castro est compris entre Church, 17th, Twin Peaks et 30th Streets, et englobe Noe valley.

On peut sourire en regardant folâtrer les *Sisters of Perpetual Indulgence*, quatre garçons qui parcourent les rues de Castro déguisés en nonnes, mais il faut savoir que la plus célèbre enclave *gay* du monde était il y a seulement vingt ans le fief de la très catholique *Most Holy Redeemer Parish* («paroisse du Très Saint Rédempteur») et que personne ne s'y serait retourné sur le passage d'une «bonne sœur».

À l'origine, le secteur d'Eureka Valley, qui englobe Castro, dépendait d'un ranch mexicain, comme en témoignent encore les noms de certaines rues (Sanchez, Alvaro et Castro). En 1854, un spéculateur immobilier rachète la majeure partie des terres qu'il lotit. Le quartier stagne jusqu'à 1887, année de la mise en service de la ligne du *Market Street Cable Railway*, qui dessert Castro Street. Les familles ouvrières commencent alors à affluer vers ce secteur périphérique où les loyers sont plus abordables. Églises catholiques et bars se multiplient et seront pendant près de cent quarante ans les principaux lieux de rencontre d'une population de «cols bleus», essentiellement irlandaise, modeste, bien pensante, mais aussi vieux jeu et convenable que les maisons victoriennes du quartier.

LE «VILLAGE» DE CASTRO.

MAISONS VICTORIENNES
Sur Castro Street, entre Liberty et 20th Streets, on peut admirer un ensemble de maisons victoriennes de style *Queen Anne* et *Stick* dessinées par Fernando Nelson. Cet architecte qui dessina près de quatre mille maisons de San Francisco se fit construire, en 1897, le cottage qui s'élève au n° 701 de Castro.

Au début des années 1970, les services supplantent l'industrie manufacturière et les ouvriers doivent chercher du travail hors de la ville. Cet exode coïncide avec le déclin du mouvement hippie à Haight-Ashbury ▲ 276. Les homosexuels adeptes du *flower power* émigrent alors vers le quartier voisin de Castro où les prix de l'immobilier sont bas. Homos et lesbiennes de tous les États-Unis ne tardent pas à affluer à leur tour. Les derniers cols bleus battent en retraite tandis que les «envahisseurs» entreprennent de restaurer les maisons victoriennes dont ils apprécient le charme suranné, et le prix des constructions anciennes quintuple entre 1973 et 1976. De nos jours, la *Most Holy Redeemer Parish,* installée sur 18th et Diamond Streets, poursuit sa mission au sein de la communauté *gay*. Comme le quartier de Castro, elle a acquis dans tout le pays une

réputation de tolérance conforme à la tradition chrétienne. Si, pour le légendaire Harvey Milk, premier conseiller municipal *gay* de San Francisco ▲ *302*, le nom de *Castro Street* évoquait irrésistiblement une station balnéaire cubaine, ce quartier figure bien le San Francisco des cartes postales, avec ses rues escarpées bordées de maisons victoriennes aux couleurs pimpantes. Castro est certes La Mecque des homosexuels américains avec ses bannières aux couleurs de l'arc-en-ciel, symbole de la fierté *gay*, qui flottent aux fenêtres, mais le *village* ne se résume pas à une succession de bars, de boutiques et de salles de body-building. Il existe ici une authentique vie de quartier avec ses épiceries, ses laveries, ses pharmacies, ses églises... Il suffira pour s'en convaincre de s'aventurer dans les rues perpendiculaires à Castro Street, souvent escarpées. Toutefois, Upper Market et Castro demeurent les artères les plus animées.

MARKET STREET

CAFE FLORE. 2298 MARKET.
C'est depuis plusieurs années le lieu de rencontre incontournable des jeunes gays «branchés». Une foule d'habitués y sirotent des cappucinos décaféinés, un œil (souvent distrait) sur un ouvrage de littérature, l'autre (appréciateur) sur les passants qui viennent s'attabler. Être homosexuel n'est pas une nécessité absolue pour boire un verre au Flore, l'important est d'avoir l'air branché.
NAMES PROJECT. 2363 MARKET.
C'est là que sont installés les bureaux et l'atelier de l'association internationale *Aids Memorial Quilt*, créée en 1987. Celle-ci commercialise des courtepointes dont chacune porte le nom d'une victime du sida et a été réalisée par l'un de ses proches. La majeure partie de la production est entreposée dans un local en ville mais un certain nombres d'ouvrages sont exposés ici. Étoffes, matières, inscriptions font de chaque courtepointe une œuvre originale.
BOUTIQUES. MARKET ST. ENTRE 16TH ET 17TH ST. Toutes les nouveautés – gadgets, matériel électronique, vêtements et accessoires, mobilier, décoration, etc. – se trouvent dans les boutiques anciennes de cette portion de Market Street.

«CONDOMANIA»
(541 Castro)
Aujourd'hui, le *safe sex* est une affaire sérieuse tout comme ce réconfortant bazar du préservatif.

TWIN PEAKS BAR
(Angle de Market et de Castro Sts)
Ce fut le premier bar *gay* de Castro à avoir pignon sur rue.

CASTRO

LA COMMUNAUTÉ «GAY»

«L'amour qui n'ose pas dire son nom» s'est toujours exprimé plus facilement à San Francisco qu'ailleurs aux États-Unis. En 1849, les jeunes aventuriers y trouvaient la possibilité de vivre dans un milieu majoritairement masculin. Les journaux locaux de l'époque relatent les frasques des *Lavender Cowboys*, une bande d'homosexuels qui parcourait la région à cheval ; et certains restaurants huppés de la ville étaient pourvus de confortables cabinets particuliers à l'intention des couples masculins. Mais c'est avec l'épuration systématique des homosexuels des rangs de l'armée américaine, lors de la Seconde Guerre mondiale, que San Francisco devint véritablement une enclave *gay*. Cet important port militaire vit en effet affluer les soldats munis de papiers de démobilisation tamponnés du H bleu de la honte. Nombre d'entre eux n'osèrent pas rentrer chez eux et décidèrent de rester sur place. Ainsi se formèrent les premières enclaves homosexuelles comme le Tenderloin, Polk, Gulch et Folsom Streets. Dans les années 1950, à la suite des purges opérées dans l'administration par la commission McCarthy, on assista à une seconde vague d'immigration homosexuelle. En 1972, la communauté, essentiellement regroupée autour de Castro Street, grossit encore. Bars et saunas se multiplièrent. En 1977, l'élection de Harvey Milk, un militant *gay*, au conseil municipal, fut pour la communauté une véritable consécration. Mais l'année suivante, quand Milk et le maire, George Moscone, furent assassinés par un homophobe notoire, l'euphorie retomba. Dès 1981, le sida fit ses premières victimes et tout bascula. La communauté resserra les rangs et s'organisa.

CASTRO CLONES
Dans les années 1970-1980, les *gays* de San Francisco se sont ingéniés à battre en brèche le cliché de l'homosexuel efféminé, habillé comme un dandy.

TRAVESTIS
Opulentes chevelures, robes moulantes, bas résille et talons aiguilles, les travestis ne manquent jamais une occasion de montrer leurs fanfreluches les jours de fêtes comme le *Gay Freedom Day Parade*.

Elle obtint des fonds fédéraux pour la recherche et le traitement du virus, créa des hôpitaux et des services de soins à domicile pour les malades en phase terminale, lança de vastes campagnes d'information sur le *safe sex*. Aujourd'hui, les homosexuels ont une position prééminente dans l'administration et l'économie san franciscaine. On est certes loin du *summer of gay love* («l'été de l'amour *gay*»), mais l'extravagante effervescence des années 1970 renaît en certaines occasions, comme Halloween, la *Castro Street Fair* et le *Gay & Lesbian Freedom Day* ● *80*. Castro et Upper Market sont alors envahies par une foule bigarrée : filles et garçons en cuir, exhibitionnistes en string, simples badauds en jeans, «folles» en bas résille et talons aiguilles. On s'embrasse, on lève des toasts aux amis que la maladie a emportés, on fait connaissance autour d'un rafraîchissement ou devant un stand de documentation sur la prévention du sida.

Harvey Milk Plaza

Dans les années 1970, San Francisco fut la première ville américaine à sanctionner toute discrimination à l'égard des homosexuels en matière d'emploi et de logement. En 1975, Harvey Milk, un ancien analyste financier de Wall Street venu s'établir à San Francisco, obtint un quart des suffrages exprimés aux élections municipales. En 1977, ce fut le premier homosexuel notoire à siéger au conseil municipal, où il représentait sa communauté, les *gays* de Castro. Sa carrière fut tragiquement interrompue quand, un jour de septembre 1978, Dan White (un ancien officier de police qui venait de démissionner du conseil municipal) fit irruption dans l'hôtel de ville et abattit Harvey Milk et George Moscone, le maire pro-*gay* de San Francisco. Le verdict particulièrement indulgent – sept ans de prison – rendu six mois plus tard donna lieu à des émeutes ; plusieurs milliers de San Franciscains descendirent dans la rue. Pressentant son assassinat, Milk avait laissé un testament sous la forme d'une cassette sur laquelle il désignait son successeur, Harry Britt (autre figure de la communauté qui lui a effectivement succédé) et disait : «Si je dois prendre une balle dans la tête, faites en sorte que cette balle fasse sauter tous les verrous.» Harvey Milk avait un jour proposé d'exiger que les fonctionnaires municipaux aillent tous les jours travailler en métro. Ce n'est donc peut-être pas un hasard si la municipalité a relégué la plaque commémorative du martyr de la communauté *gay* au-dessus de la bouche de métro de Castro Street… alors que rien n'évoque sa mémoire au n° 575 de Castro Street, où Milk résidait et tenait sa petite boutique de matériel photographique à l'enseigne «Oui, nous sommes très ouverts».

Foulard
Ce n'est pas parce qu'ils sont enrhumés que certains San Franciscains flânent dans les rues un bandana sortant de la poche arrière de leur pantalon. En fait, il s'agit là d'un code *gay*, chaque couleur signalant une préférence pour telle ou telle pratique sexuelle. Ce code érotique remonterait à l'époque de la ruée vers l'or. Les femmes étant rares, les hommes dansaient souvent entre eux et ils indiquaient par un mouchoir de couleur s'ils souhaitaient mener la danse ou se laisser guider.

«Filles de Bilitis»
Dans l'Amérique maccarthyste, les homosexuels étaient poursuivis sans répit et ne pouvaient se risquer en couple dans un lieu public sans craindre de se faire arrêter. En 1955, deux San Franciscaines ouvrirent un club secret réservé aux lesbiennes : *Daughters of Bilitis* (abrégé en DOB) devint la première organisation lesbienne nationale.

LIBERTY STREET STEPS ♥

Liberty Street possède un bel ensemble de cottages à pignons datant de la fin du siècle dernier. À l'intersection de Liberty et de Noe Sts, un escalier permet de gagner le sommet de la colline d'où l'on bénéficie d'une vue exceptionnelle sur les hauteurs de San Francisco.

ELEPHANT WALK

(500 Castro) En 1979, des manifestants révoltés par le verdict trop clément dont avait bénéficié Dan White, meurtrier de George Moscone et de Harvey Milk ▲ *302*, incendièrent une dizaine de voitures de police aux abords de l'hôtel de ville. En représailles, la police fit une descente dans le quartier de Castro, matraquant les passants, dont plusieurs clients de l'*Elephant Walk*. Le patron intenta un procès à la municipalité et eut gain de cause.

MOUNT SUTRO

Reconnaissable à l'antenne de télévision qui le coiffe, mont Sutro appartenait autrefois au richissime Adolph Sutro ▲ *252* qui posséda jusqu'à un douzième de la ville.

CASTRO STREET ♥

CASTRO THEATRE. 429 CASTRO. Ce cinéma de style gothique espagnol (1924) est un véritable chef-d'œuvre. Dans la pénombre, les stucs du plafond (lambrequins, cordes et pompons) créent l'illusion parfaite d'une tente de bédouins. Le Castro Theatre, symbole de la renaissance du quartier dans les années 1970, projette des films d'art et d'essai et accueille, avec d'autres salles, le festival cinématographique annuel de San Francisco. Tous les week-ends, à l'entracte, un organiste installé sur une estrade joue des airs tirés des shows favoris des *gays* et que le public accompagne en chantant et en tapant des mains.

A DIFFERENT LIGHT BOOKSTORE. 489 CASTRO. Comme ses sœurs de New York et de Los Angeles, cette librairie est spécialisée dans les ouvrages écrits par ou sur les homosexuels. On y trouve notamment la *Betty and Pansy's Severe Queer Review*, une revue dirigée par deux garçons à l'humour féroce, véritable mine d'informations sur l'actualité *gay* de San Francisco.

TWIN PEAKS ♥

Ces deux collines jumelles (300 m de haut) qui se dressent au centre géographique de la ville avaient été baptisées par les Espagnols *Los Pechos de la Chola*, les «seins de la jeune Indienne». Restées inhabitées, elles ont conservé leur caractère sauvage et offrent l'un des plus beaux points de vue sur la ville (ci-dessous). C'est sur les hauteurs de Twin Peaks que l'architecte Daniel Burnham ▲ *224* exigea d'avoir une maison pour mieux appréhender la topographie de la cité. Pour rejoindre Twin Peaks, il convient de descendre Castro Street jusqu'à Clipper pour prendre, à droite, Woodside Drive puis Twin Peaks Boulevard.

TANK HILL. En redescendant Twin Peaks Boulevard vers l'est, on remarquera sur la droite, juste après l'embranchement de Clarendon Avenue, une maison en bardeaux (n° 192) que flanque un escalier de bois. Il suffit d'emprunter cet escalier pour gagner ce promontoire qui domine la ville, et où, comme son nom l'indique, était autrefois installé un réservoir d'eau.

AUTOUR DE LA BAIE

OAKLAND, *306*
JACK LONDON, *310*
OAKLAND MUSEUM, *314*
BERKELEY, *320*
UNIVERSITÉ DE CALIFORNIE, *320*
MARIN COUNTY, *324*
SAUSALITO, *325*
MUIR WOODS, *326*
POINT REYES, *328*

▲ D'OAKLAND À BERKELEY

ALAMEDA — SAN FRANCISCO — OAKLAND — PIEDMONT — BAY BRIDGE

LE BAY BRIDGE
Terminés en 1936, les travaux du pont, menés par l'ingénieur Purcell, ont duré trois ans. Sur plus de 13 km (près de 7 km au-dessus de l'eau), l'édifice est en fait constitué d'un premier pont entre San Francisco et Yerba Buena Island, prolongé par un second vers la côte Est. Quatre pylônes d'acier soutiennent ces deux travées à double niveau, chacun supportant un sens de circulation. Un massif d'ancrage intermédiaire a été bâti entre San Francisco et l'île de Yerba Buena.

Sur l'East Bay, rive orientale de la Baie, s'élèvent deux villes au passé indissociable de celui de San Francisco : Oakland et Berkeley, qui sont aussi, pourtant, ses rivales.

SAN FRANCISCO-OAKLAND BAY BRIDGE

Ce pont en acier, qui enjambe la baie pour relier les deux villes, est, comme le Golden Gate Bridge ▲ *242*, un chef-d'œuvre d'élégance et de simplicité légué par les grands ingénieurs et architectes des années 1930. Plus fréquenté que le pont du Golden Gate, le Bay Bridge voit passer sur ses deux chaussées superposées de cinq voies chacune quelque deux cent cinquante mille automobiles par jour. Mais, à l'inverse du Golden Gate Bridge, il n'est pas ouvert aux piétons. On peut néanmoins l'admirer depuis les hauteurs de San Francisco. Grâce à son éclairage, il est particulièrement beau de nuit, quand la circulation est moins dense.
UN PONT FRAGILE. Plusieurs projets plus ou moins fantaisistes – dont un présenté par l'empereur Norton ▲ *158* – d'un pont reliant San Francisco à l'autre rive de la baie virent le jour au XIXe siècle. Le rêve s'est finalement concrétisé au XXe siècle, lorsque les ferries ne suffirent plus à transporter les véhicules d'une rive à l'autre de la baie. Moins célèbre que le Golden Gate Bridge, le Bay Bridge fit toutefois la une des journaux au lendemain du séisme de 1989. Lors de la secousse, une partie du pont cantilever, qui repose sur des pieux de fondation de bois fichés dans la vase – et non dans la roche, ce qui le rend plus vulnérable – fut gravement endommagée et la chaussée supérieure s'effondra sur la chaussée inférieure,

projetant une automobile dans le vide. Par chance, aucun élément ne tomba à l'eau, et il n'y eut qu'un mort. Un mois après la catastrophe le pont, réparé, était de nouveau ouvert à la circulation.

TREASURE ISLAND

HISTOIRE. Située au nord de Yerba Buena Island et reliée à elle par une chaussée, cette île artificielle de 200 ha a été créée pour accueillir l'Exposition internationale de 1939 célébrant l'ouverture des deux ponts. On prévoyait d'y installer ensuite l'aéroport de San Francisco, lequel fut en fait établi dans le comté de San Mateo, au sud de la ville, tandis que Treasure Island était affectée à la marine, laquelle l'occupe toujours.

YERBA BUENA ISLAND L'île est située à mi-chemin entre les rives est et ouest de la baie, à la hauteur d'Oakland. Attribuée en 1850 au comté de San Francisco, Yerba Buena Island, qui a porté un certain temps le nom de Goat Island (l'île de la chèvre), fut cédée en 1898 à la marine, qui l'utilise encore pour y loger ses officiers. En 1933 est lancé le projet de percer un tunnel de plusieurs niveaux à travers les collines de l'île pour relier les deux travées du San Francisco-Oakland Bay Bridge dont les travaux ont débuté cette année-là. Le tunnel de 15 m de hauteur et 23 m de largeur est le plus grand du monde à l'époque de son ouverture. Une partie de Yerba Buena Island accueille aujourd'hui l'U.S. Coast Guard, un poste de surveillance et de sauvetage maritimes. Une visite du centre permet d'observer comment les navires sont guidés par radar depuis l'entrée de la baie et sur le réseau fluvial de la région.

GOLDEN GATE INTERNATIONAL EXPOSITION

L'Exposition de Treasure Island, qui fêtait l'achèvement des Golden Gate

Bridge et San Francisco-Oakland Bay Bridge, ouvrit ses portes en février 1939. Elle se termina en septembre 1940, après avoir reçu 17 millions de visiteurs, mais sans avoir remporté le succès – financier – espéré par ses organisateurs. Il ne reste presque plus rien des très belles réalisations Arts déco tels la Tour du Soleil (Sun Tower), le Jardin de la Lune (Court of the Moon) et une statue de la déesse Pacifica érigée au milieu d'une fontaine. Cette période est évoquée au Treasure Island Museum, situé dans l'Administration Building, un des trois bâtiments datant de l'exposition encore debout. Seize statues issues de la fontaine flanquent aujourd'hui les portes de cet édifice.

CONSTRUCTION. Treasure Island fut construite en utilisant les déblais du percement du tunnel reliant les deux travées de l'Oakland Bay Bridge. Financés par la Works Progress Administration, les travaux, commencés en 1936, s'achevèrent en 1939.

«L'ÎLE AU TRÉSOR». L'île devrait son nom au livre de Robert Louis Stevenson. On a dit aussi que la terre ayant servi à sa construction contenait des traces d'or.

«CHINA CLIPPER». Non loin du musée (Treasure Island Museum) sont présentés des souvenirs du légendaire avion amphibie dont l'île était le port d'attache. De 1939 à 1946, l'avion traversait chaque semaine l'océan Pacifique (pendant la guerre, il s'arrêtait à Hawaii) avec à son bord douze passagers et du courrier. On pourra voir, notamment, un modèle réduit en métal du *China Clipper* et des photographies des passagers (fortunés car la traversée coûtait cher) à l'intérieur de cet avion fort spacieux et confortable.

OAKLAND

HISTOIRE. Dans les années 1830, quand la Haute-Californie était une possession mexicaine, le site d'Oakland, sur la rive est de la baie, fut en grande partie occupé par le Rancho San Antonio, propriété de la famille Peralta. En 1851, époque de la ruée vers l'or, Oakland n'était qu'une bourgade reliée à San Francisco par un ferry qui faisait la navette trois fois par jour. En 1855, la ville inaugura le College of California, première université de l'Ouest à offrir un enseignement de qualité comparable à celui des grandes universités de la côte Est. Les premiers diplômés en sortirent en 1864 et, en 1868, le College

Le lac Merritt.

fut incorporé dans l'université d'État de Berkeley. L'achèvement de la voie ferrée transcontinentale en 1869 ● *54* marqua un tournant décisif dans la vie d'Oakland, terminus de la ligne. La ville, qui bénéficiait désormais d'une position géographique clé dans la Baie, connut un essor industriel et commercial. Le secteur s'industrialisa, les immigrants affluèrent, tandis que les ferries transportaient les ouvriers de San Francisco vers les usines d'Oakland. L'ouverture, en 1936, du San Francisco-Oakland Bay Bridge ▲ *306* fut un atout supplémentaire. Parallèlement, Oakland sut faire les bons choix pour développer son port, lequel a finalement supplanté celui de San Francisco pour devenir un des premiers ports à conteneurs des États-Unis. Les affréteurs et les chantiers navals sont désormais installés de ce côté de la Baie. Industries et commerces ont élu domicile sur la partie basse et plate de la ville (la plus étendue), tandis que les résidences occupent les collines. Pour beaucoup, Oakland signifie drogue, criminalité, ghetto, pauvreté, délabrement... La grande cité ouvrière a été frappée de plein fouet par les crises. Aujourd'hui pourtant, si des problèmes subsistent dans certains quartiers, elle est avant tout une ville dynamique : les administrateurs, les hommes d'affaires et les investisseurs noirs ont pris en main (à la fin des années 1970) son renouveau. Les établissements financiers et administratifs s'y multiplient et c'est ici que se trouve un des meilleurs musées de l'Ouest. Le tourisme progresse, car le climat y est plus clément qu'à San Francisco et depuis une vaste opération de rénovation, le centre de la ville, facilement accessible par le BART, est en plein essor et plaisant grâce à ses parcs, ses immeubles à taille humaine, des constructions audacieuses, des commerces et des activités artistiques.

COMMUNAUTÉ NOIRE.
La ville est, depuis 1869, le centre d'un fort brassage ethnique. Avec les Chinois, Coréens, Vietnamiens, Italiens, Mexicains, Portugais, Grecs et, surtout, les Afro-Américains, de nombreuses communautés sont représentées. Mais le maire, le chef de la police, le directeur du principal journal sont, pour la plupart, issus de la communauté afro-américaine majoritaire. À l'origine portiers de *sleeping cars* ou cuisiniers de *dining cars,* la majorité des Noirs étaient des «cols bleus» employés de la compagnie

LE BLACK PANTHER PARTY
Les actions de cette organisation, née à Oakland, incitant les Noirs à se défendre contre les brutalités de la police, dégénérèrent en guerre ouverte. En 1967, Huey Newton (fondateur du parti avec Bobby Seale), arrêté, devint un symbole de résistance pour les Noirs et pour une partie de la jeunesse blanche. En 1968, après la mort de Martin Luther King, Bobby Hutton, trésorier du parti, était tué et Elridge Cleaver arrêté par la police d'Oakland. Relâché après un non-lieu, Cleaver devint une figure emblématique. Le FBI considéra bientôt le Black Panther Party comme un danger et harcela ses chefs. Ces derniers abattus, emprisonnés, divisés, dispersés, les militants poursuivirent leur action par des œuvres de bienfaisance et aidèrent à relever le niveau scolaire des enfants du ghetto d'Oakland. C'est assurément grâce à ce travail de fond que fut élu en 1977 un maire noir à Oakland.

▲ JACK LONDON

Né, en 1876, à San Francisco, d'une liaison sans lendemain entre une médium et un astrologue itinérant, élevé sous le nom de son beau-père, il aura le choc d'apprendre tardivement qu'il était un «bâtard». Il grandit à Oakland, sur les quais. À seize ans, il s'achète une chaloupe et devient le « roi des pilleurs de parcs à huîtres» de la Baie. Il a déjà ses habitudes au «cabaret de la première et de la dernière chance». Mais l'appel du large le tarabuste. Il sera tour à tour chasseur de phoques sur la banquise, vagabond du rail, chercheur d'or, grand reporter dans les bas-fonds de Londres, correspondant de guerre. Hemingway, Fitzgerald, Kerouac, d'autres suivront ses traces, mais il est le premier écrivain américain à avoir transformé sa vie (fiascos compris) en légende.

LE «KIPLING DU KLONDIKE» Sa vraie carrière commence avec le Klondike. Jack fait partie de la foule qui, en 1897, s'embarque de San Francisco pour aller jouer en Alaska un *remake* de la ruée vers l'or. Tout un hiver dans les montagnes. Il survit à peine au froid subarctique, au scorbut. Puis rentre, bredouille : son filon à lui, va être d'écrire ses aventures. Avec *Le Fils du loup* (1900) il devient le «Kipling du Klondike». Puis c'est *L'Appel de la forêt* (1902), où Buck, le chien de meute, retourne, sous la clarté de l'aurore boréale, à sa sauvagerie primitive. Le succès vient, fulgurant. Jack a vingt-quatre ans. *Le Loup de mer* (1904), *Croc-Blanc* (1906), l'hallucinante anticipation du *Talon de fer* (1908) : en quelques années, London va gagner par sa plume un million de dollars, et les gaspiller en projets extravagants.

> « LA TRAGÉDIE STIMULE LE SENS DU RIDICULE PARCE QUE LE RIDICULE EST UNE ATTITUDE DE DÉFI : IL NOUS FAUT BIEN RIRE EN FACE DE NOTRE IMPUISSANCE DEVANT LES FORCES DE LA NATURE … OU BIEN DEVENIR FOU. »
> C. CHAPLIN

L'APPEL DU LARGE

Enfant de la misère, candidat socialiste à la mairie d'Oakland, Jack London, en son for intérieur, s'est toujours senti aristocrate-né : il y a déjà du Gatsby en lui ; en croyant à ses propres histoires, il s'est inventé lui-même. Sa plus splendide folie fut certainement le *Snark*, un ketch de 55 pieds (ci-contre) dont il supervise lui-même la construction et où il engouffre une véritable fortune. À la barre, il vogue vers les Marquises, sur les traces de R. L. Stevenson.

UNE PERSONNALITÉ PARADOXALE

Longtemps on a vu en lui le « réfractaire » parvenu à se hisser hors des « bas-fonds », un Gorki américain dont l'Alaska aurait été la steppe. L'homme était plus paradoxal. Prophète de la révolution, il harangue le prolétariat à précipiter l'avènement de l'aurore rouge, mais les grands prédateurs de la jungle capitaliste exercent sur lui une trouble fascination. Les photographies le montrent avec sa belle gueule, son charme fougueux et gouailleur, mais il a vécu dans la hantise de voir son corps musculeux partir en loques, délabré par le « grain d'orge », miné peut-être par de « sordides débauches » de jeunesse. Peu à peu, cette part d'ombre l'a rattrapé. A-t-il songé, comme son Martin Eden, à se laisser glisser dans l'océan glauque ? Il meurt à quarante ans, d'une overdose de morphine, après avoir flambé sa vie.

Jack London

OAKLAND CITY CENTER
Dans ce quartier des affaires se trouvent le City Hall (au carrefour de Broadway, 14th Street et San Pablo Avenue), John B. Williams Plaza et ses fontaines, DeLauer Newstand (1310 Broadway) – un marchand de journaux importés ouvert nuit et jour –, la Tribune Tower (13th et Franklin Streets), qui abrite les bureaux de l'*Oakland Tribune* depuis 1923, et *Holmes Books* (274 14th Street), la grande et très ancienne (1906) librairie d'Oakland.

Le Paramount Theater, édifice Arts déco, date des années 1930.

de chemin de fer. Après la Seconde Guerre mondiale, la population noire d'Oakland s'accrut considérablement. En 1966, 70 % d'entre elle vivait dans le West Side, mais peu à peu, des Afro-Américains acquirent des logements à East Oakland. C'est dans le ghetto noir d'Oakland que fut fondé en 1966 (alors que les tensions sociales étaient extrêmes dans tout le pays) le Black Panther Party.

EN SOUVENIR DE BRET HARTE. BRET HARTE BOARDWALK, 567 FIFTH ST ET CLAY ST. On a baptisé ainsi un petit ensemble de maisons victoriennes restaurées dans la rue où résida quelque temps (la maison a disparu) l'auteur de romans sur la ruée vers l'or ● *126*.

SUR LES TRACES DE JACK LONDON ● *129* ▲ *310*. Sur Broadway, en poursuivant vers le sud, au-delà de Nimitz Freeway (l'autoroute), on atteint l'estuaire et Jack London Waterfront, où l'écrivain amarrait son bateau, le *Razzle Dazzle*. Né à San Francisco, London a grandi et longtemps résidé à Oakland. C'est même à la bibliothèque de la ville, guidé par la poétesse et alors bibliothécaire Ina Coolbrith ▲ *196*, qu'il fit ses premières lectures d'adolescent. Un saloon qu'il fréquentait, le *First and Last Chance,* existe toujours, avec à proximité, la cabane (retrouvée et transportée ici en 1960) où London vivait à l'époque de la ruée vers l'or ou dans le Klondike, en Alaska. Ici, et un peu plus loin vers le sud, à Jack London Village, le front de mer aménagé et sa multitude de magasins et de restaurants de fruits de mer ressemblent un peu à Fisherman's Wharf ▲ *178*, sans la foule.

DE BROADWAY AU LAC MERRITT

BROADWAY. On peut y accéder par le nord de Lakeside Park en prenant Grant Avenue (en direction de l'ouest), rue commerçante agréable. Sur Broadway (en direction du sud) et dans les rues adjacentes, on trouve une ambiance chaleureuse, avec de petits immeubles, des boutiques et échoppes à l'ancienne.

PARAMOUNT THEATER. 2025 BROADWAY. Restauré, cet ancien cinéma présente des spectacles, et on peut visiter l'intérieur, conçu par T. Pflueger.

OAKLAND CITY CENTER. On se trouve là au cœur même du quartier des affaires, largement réhabilité ● *108*.

VICTORIAN ROW. Quelques rues plus bas sur Broadway se dressent deux ensembles de superbes maisons de brique et de bois datant des années 1860 et 1880, dont certaines sont encore en rénovation.

CHINATOWN. BROADWAY, 8TH, 11TH ET HARRISON STS. La ville chinoise d'Oakland est à la fois plus accueillante et moins touristique que celle de San Francisco ▲ *152*.

D'OAKLAND À BERKELEY ▲

Samuel Merritt.

En pleine expansion, elle attire des immigrants de tous les pays d'Asie, et s'étend peu à peu jusqu'aux alentours du lac Merritt.

LAKE MERRITT. La paternité et le financement du projet d'endiguement du bras nord de l'estuaire pour en faire un lac reviennent au maire de la ville, Samuel Merritt. Créé en 1869, le lac d'eau salée (relié à l'estuaire par un canal) fut la première réserve naturelle d'État d'Amérique du Nord. Bien qu'il s'étende aujourd'hui en plein cœur du quartier des affaires, des milliers d'oiseaux migrateurs s'y rassemblent encore. En hiver, il est possible d'aller les observer en suivant le Charles Muckelroy Nature Trail, aménagé aux alentours du canal dans Lake Merritt Channel Park. Un chemin piétonnier et une piste cyclable ceinturent le lac sur 5 km. On pourra faire une promenade en bateau et visiter la Camron-Stanford House (1418 Lakeside Drive), surnommée «The Lady of the Lake», grande demeure victorienne italianisante récemment restaurée. Les enfants apprécieront le Children's Fairy Land, situé au nord-ouest dans Lakeside Park, un parc d'attractions ouvert en 1950, où sont mis en scène des dizaines de comptines, contes et légendes dont s'inspirèrent les créateurs de Disneyland.

Architectures d'Oakland.

OAKLAND MUSEUM ♥

100 OAK STREET. On peut rejoindre cette rue en suivant le front de mer en direction de l'est. Situé non loin de la station de BART Lake Merritt, le musée, entièrement consacré à l'histoire, l'art et la nature de la Californie, a ouvert ses portes en 1969. C'est une belle réalisation architecturale moderne, en grande partie souterraine, conçue par l'agence Kevin Roche, John Kinkeloo and Associates, et Dan Kiley pour les espaces paysagers qui s'étagent en terrasses. De manière très didactique (panneaux, dioramas, écrans informatiques…), chaque étage de ce passionnant musée est réservé à un thème précis.

RECONSTITUTIONS
La section du musée d'Oakland consacrée à la nature présente de nombreuses reconstitutions en taille réelle des différents écosystèmes californiens. Dans la deuxième partie du musée, d'autres maquettes évoquent également l'histoire de l'État, alors que l'étage dévolu à l'art propose d'importantes collections de tableaux, de photographies, et de sculptures.

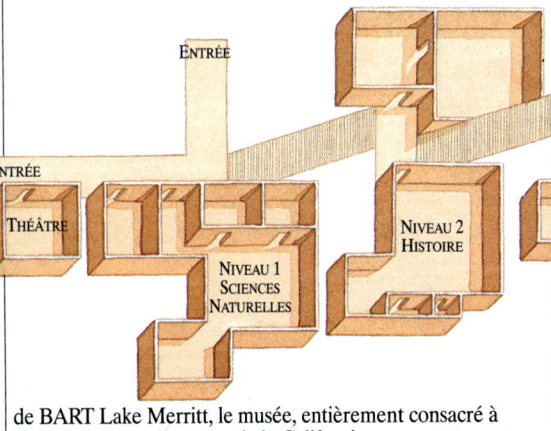

La cession de la Californie par le Mexique en 1848 et la ruée vers l'or en 1849 attirèrent l'attention du reste du pays sur cette région. Peintres et photographes s'empressèrent alors de fixer sur la toile ou des plaques photosensibles ces contrées vierges et fascinantes. Séduit par les clichés de Carlton E. Watkins, Albert Bierstadt (1830-1902), paysagiste d'origine allemande connu pour ses vues de montagne grand format, découvrit la Californie en 1863 et y peignit plusieurs toiles de la Yosemite Valley (3). Il y retourna en 1871, Collis P. Huntington lui ayant commandé une vue du lac Donner. Thomas Hill (1829-1908) et William Keith (1839-1911), originaires de Grande-Bretagne, sont les deux autres grands paysagistes de l'Ouest américain. Keith s'installa à San Francisco en 1859. Graveur sur bois de formation, il ne se mit à la peinture qu'en 1868, au moment où Hill (1 et 2), établi à Boston, abandonnait le portrait pour le paysage, utilisant les croquis qu'il avait faits en 1862 lors d'un voyage au Yosemite avec Keith (4). De retour en Californie en 1870, Hill devint vice-président de la *San Francisco Art Association*, et Keith l'un de ses directeurs. Julian Rix (1850-1903), autodidacte qui devait s'établir dans l'Est, exploita lui aussi le goût du public pour les paysages californiens (5).

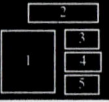

314

> « UN RAMEAU AUTHENTIQUE DE L'IMPRESSIONNISME NAQUIT EN AMÉRIQUE ET DONNA NAISSANCE À DES ŒUVRES QUI SONT REMARQUABLES MAIS ENCORE TRÈS NETTEMENT SOUS-ESTIMÉES. »
>
> J. D. PROWN

La première exposition impressionniste à San Francisco, organisée en 1894 par M. H. De Young et le marchand parisien Paul Durand-Ruel, n'eut aucune incidence notable sur la production locale. Il fallut attendre l'Exposition internationale de 1915 ▲ *238* pour voir des œuvres d'art modernes, américaines ou européennes, qui eurent cette fois une influence décisive sur cinq peintres locaux, Selden Gile (**5**) (1877-1947), August Gay (**3**) (1890-1948), Maurice Logan (**1**) (1886-1977), Louis Siegriest (1899) (**2**) et Bernard von Eichman (**4**) (1899-1970). Ils furent rejoints en 1917 par le Canadien William Clapp (**6**) (1879-1954), qui avait rencontré, lors de ses études à Paris, les post-impressionnistes et les Fauves. En 1923, à l'occasion de leur première exposition commune, ces peintres prirent le nom de Société des Six, en référence à deux groupes qui avaient marqué l'histoire de la peinture moderne aux États-Unis (la Société des Dix et celle des Huit). Galka Scheyer, qui représentait Feininger, Jawlensky, Kandinsky et Klee aux États-Unis, les mit en contact, à partir de 1925, avec les avant-gardistes allemands et russes, ce qui favorisa leur évolution vers un expressionnisme figuratif. C'est à l'*Oakland Art Gallery*, musée dirigé par Clapp selon les principes d'interaction entre les arts chers au Bauhaus, qu'eut lieu, en mars 1928, leur dernière exposition commune.

1	3
	4
2	5
	6

En 1951, la Californie entend réagir contre l'expressionnisme abstrait venu de la côte Est ; c'est alors qu'un ensemble d'artistes de la baie quitte l'abstraction pour envisager un nouvel art figuratif. Ce mouvement, le *Bay Area Figurative Art,* sera actif jusqu'en 1965. Tous semblent avoir désiré ce retour au réalisme afin de pouvoir peindre la figure humaine et l'utiliser comme prétexte à l'expression des sentiments. David

> « LES ANNÉES SOIXANTE-DIX ONT A LEUR TOUR REJETÉ LES SURFACES LISSES ET BRILLANTES, LE GIGANTISME, LES IMAGES EN SÉRIE [...] ET LE GRAPHISME SIMPLIFIÉ DE LA DÉCENNIE PRÉCÉDENTE. » B. ROSE

Park (1911-1960) peint par de grands aplats des corps et des visages au regard perdu dans le vague, des silhouettes heurtées par une forte lumière, tel *Women in a Landscape* 1958 (1). Comme en témoigne *Figure on a Porch* – 1959 (2) Richard Diebenkorn, né en 1922, n'explore pas la nature romantique des choses mais présente la réalité dans les lignes essentielles de sa structure. Joan Brown, née en 1938, appartient à la seconde génération du mouvement, et poursuit les recherches de Park. Ses figures – ici *Girl Sitting*, 1962 (3) – sont très expressives, riches en couleurs et d'une texture dense. Elmer Bischoff, né en 1916, place ses personnages dans un paysage à la fois lumineux et nébuleux. *Figure in a Landscape*, 1957 (4), illustre l'atmosphère, chargée de symboles, proche de celle des œuvres d'E. Munch.

2	1
3	4

LA CONTESTATION ET LE «FREE SPEECH MOVEMENT»
De 1960 à 1964, le campus de Berkeley connaît une forte agitation. On manifeste pour les droits civiques et des réformes sociales, contre la ségrégation raciale, les essais nucléaires et la peine de mort. Le 30 septembre 1964, les ténors de la contre-culture de North Beach ▲ *166* franchissent la Baie et rejoignent les contestataires de Berkeley. Un sit-in est organisé à l'université et le *Free Speech Movement* formé pour obtenir la levée de l'interdiction de faire de la propagande politique sur le campus. La nouvelle gauche américaine est née et va secouer tout le pays.

HUBERT BANCROFT
Ce libraire et éditeur accumula une immense collection de livres, journaux, manuscrits et documents divers. En 1905, Bancroft vendit sa bibliothèque à l'université qui, depuis, l'enrichit chaque année de nouveaux livres.

BERKELEY ♥

Établie sur un site de collines boisées, où se sont multipliés jardins et maisons de bardeaux ● *98*, Berkeley porte le nom du religieux irlandais George Berkeley venu évangéliser les Indiens au XVIIIe siècle. La ville, fortement marquée par la proximité de l'université de Californie, ne se développa qu'après le séisme de 1906, quand les San Franciscains s'installèrent par milliers sur la rive Est de la Baie.

UNIVERSITY ART MUSEUM. 2626 BANCROFT WAY. Ce musée possède une belle collection d'art oriental et occidental et abrite une cinémathèque, le Pacific Film Archive.

TELEGRAPH AVENUE. Au sud du campus, après Sproul Plaza, on plonge dans un véritable quartier étudiant, où se côtoient des marginaux de tout poil et qui semble garder le souvenir vivant de l'effervescence des années 1960. On y trouvera des restaurants bon marché, des *coffee houses* et une multitude de librairies, parmi lesquelles *Cody's*, au n° 2454 de Telegraph Avenue, qui vend des livres et sert des cafés (et où on peut aussi assister à des *readings*), et *Moe's*, qui se flatte d'être la plus grande librairie d'occasion de la Baie.

PEOPLE'S PARK. ENTRE HASTE, BOWDITCH ET DWIGHT STS. Aujourd'hui on rencontre surtout des clochards et des dealers dans ce parc qui était un des points de ralliement de la jeunesse contestataire des années 1960. En 1969, l'intervention musclée de la police pour déloger les hippies et les étudiants gauchistes, qui y avaient élu domicile, fut la cause de violentes émeutes.

NORTHSIDE. EUCLID ST. Au nord du campus, on pourra flâner dans des rues plus tranquilles que Telegraph Street. Les collines verdoyantes de North Berkeley forment un secteur résidentiel particulièrement plaisant avec des ruelles bordées d'arbres, des jardins et des maisons anciennes. Plusieurs restaurants proposent une cuisine raffinée dans ce quartier qui a la réputation d'être le paradis des gourmets.

UNIVERSITÉ DE CALIFORNIE ♥

Fondée en 1868 et construite en 1873 sur un plateau verdoyant traversé par Strawberry Canyon, l'université de Berkeley, qui appartient à l'université de Californie, occupe quelque 600 ha et accueille trente mille étudiants. Carrefour scientifique et intellectuel, cette université de très haut niveau est une pépinière de prix Nobel. Recherche scientifique ou pensée contestataire, ici bouillonnent toutes les avant-gardes.

BERKELEY

Maisons cossues de Berkeley, vues au début du XXe siècle.

FONDATION. Frederick Law Olmsted, l'architecte de Central Park à New York, fut le premier maître d'œuvre du campus, où il juxtaposa une mosaïque de styles architecturaux au milieu des jardins et des bosquets. Vers la fin du siècle, Phœbe Apperson Hearst – mère du magnat de la presse ● *70* – décide de fonder une école des mines en mémoire de son époux, George Hearst, qui a fait fortune en exploitant ses concessions du Comestock Lode (mines d'argent) ● *44*. En 1899, sous l'impulsion de l'architecte Bernard Maybeck, Phoebe A. Hearst finance un concours international pour la réalisation d'un nouveau plan du campus. C'est Émile Bénard, un architecte français influencé par le style monumental alors en faveur à l'École des beaux-arts de Paris, qui en est le lauréat. Le plan longuement retravaillé de «l'Athènes de l'Ouest» est finalement réalisé par l'architecte américain – mais néanmoins élève des Beaux-Arts de Paris – John Galen Howard, qui dessinera également de nombreux bâtiments du campus ● *102*.

CONTESTATION. À la fin des années 1950, l'Amérique, à peine sortie du maccarthysme, s'installe dans l'*American Way of Life*. Mais une partie de la jeunesse, dont le mot d'ordre deviendra (en 1964) «Ne jamais faire confiance aux plus de 30 ans», n'adhère pas volontiers aux valeurs de ses aînés. En 1960, l'arrivée au pouvoir de John Fitzgerald Kennedy et le programme social (notamment antiségrégationniste) qu'il s'efforce d'appliquer sont le signe qu'un virage important s'amorce, offrant un terrain propice à toutes les remises en cause. À San Francisco, la *Beat Generation* ▲ *166* a bousculé les règles littéraires, artistiques et culturelles tout en portant un regard critique sur une société conformiste engagée dans la course aux biens de consommation, «unidimensionnelle», selon l'expression du philosophe Herbert Marcuse, qui sera en 1968 le maître à penser de la jeunesse révoltée. Parallèlement, en milieu étudiant, la conscience politique s'aiguise et un mouvement se développe, notamment à l'université de Berkeley (dans les années 1950, une forte opposition aux procédés du comité McCarthy s'y était déjà manifestée), où le discours et la lutte se durcissent rapidement. Liée au mouvement *hippie* et à la *Flower Generation*, qui ont pour épicentre le quartier de Haight-Hashbury ▲ *274*, ainsi qu'au *Black Power* (né avec le Black Panther Party ▲ *309*), la contestation retombera dans les années 1970 avant d'être anéantie par les années Reagan. Malgré tout, une certaine tradition «gauchiste» (pour laquelle même ce qu'on mange doit être «*politically correct*») s'est perpétuée, ce qui a valu à la ville le sobriquet de «République populaire de Berkeley».

Les rues et boutiques du centre de Berkeley proposent parfois des devantures évoquant la période psychédélique des années 1960-70.

NOUVELLE VIE
Les étudiants et certains professeurs contestaires de Berkeley rejoignaient les aspirations de ces jeunes qui ne se confrontaient pas directement au système mis en place par les aînés, mais qui s'en détournaient pour créer un autre monde, en théorie libre et égalitaire, en marge de la société.

▲ BERKELEY

«CAMPANILE»
Haute de 94 m, la Sather Tower a été construite en 1914 par John Galen Howard sur le modèle du campanile de Saint-Marc à Venise. Un carillonneur sonne deux fois par jour les cloches fabriquées en Angleterre.

SPROUL PLAZA
Cette place de l'université fut le centre des meetings et des sit-in qui aboutirent à l'allégement de la réglementation sur la propagande politique dans le campus.

UNIVERSITY HALL. UNIVERSITY AVENUE ET OXFORD ST. Le visiteur peut trouver ici la documentation et les renseignements nécessaires pour la découverte (guidée si on le souhaite) de l'université et du campus.

EARTH SCIENCES BUILDING. UNIVERSITY DRIVE. Ce bâtiment abrite un séismographe qui enregistre les secousses du monde entier. Un système permet de repérer en permanence les épicentres pour prévenir les stations concernées en cas de danger. Dans le même bâtiment, un petit MUSÉE DE LA PALÉONTOLOGIE expose des fossiles d'animaux préhistoriques et des squelettes de dinosaures.

BIBLIOTHÈQUES. Les manuscrits de Mark Twain sont conservés à la DOE LIBRARY, qui est la bibliothèque centrale de l'université. Juste à côté, la BANCROFT LIBRARY possède une belle collection de livres rares et un musée riche en objets témoignant de l'histoire de la Californie. On y voit, entre autres trésors, le filon, découvert le 24 janvier 1848, qui fut à l'origine de la ruée vers l'or ● *48*.

SATHER TOWER. Un ascenseur conduit au sommet de la tour, d'où le regard embrasse Oakland, San Francisco, Marin County, le détroit du Golden Gate et même, par temps clair, au-delà ● *102*.

CONTE HALL. C'est dans ce département de physique mondialement réputé que fut inventé le cyclotron (accélérateur de particules), découvert le plutonium et lancé (en 1941) sous la direction de J. R. Oppenheimer le projet de la bombe A.

SOUTH HALL. Ce bâtiment couvert de lierre est l'un des deux édifices restant de l'université d'origine ● *102*.

HEARST MINING BUILDING. Le bâtiment habillé de granit de l'École des mines, terminé par John Galen Howard en 1907, possède un magnifique Memorial Vestibule surmonté de verrières.

SATHER GATE. Cette grille de bronze réalisée en 1909 et dessinée par Howard, l'architecte du campus, marque l'entrée sud de l'université. Elle donne sur Sproul Plaza, véritable cœur de l'ensemble. Mêlés à une foule bigarrée, militants et distributeurs de tracts héritiers du *Free Speech Movement* de 1964 continuent de hanter ce haut lieu de la contestation où sit-in et meetings se succédaient. Cette place fut aussi le point de ralliement d'un grand nombre de manifestations – parfois durement réprimées – contre la guerre du Viêt-nam.

MOUNT DIABLO
Point culminant de la région, enneigée en hiver, la montagne du Diable était à l'origine un lieu sacré, territoire des Indiens Bolgones. Elle doit son nom au «diable» (puy) qui serait apparu aux côtés des Indiens en 1806 pour faire fuir l'escadron espagnol du Presidio de San Francisco venu annexer ces terres.

LOWIE MUSEUM OF ANTHROPOLOGY. BANCROFT WAY. En tournant à gauche dans Bancroft Way et en continuant jusqu'au niveau de College Ave, on atteint le musée d'Anthropologie, dit Kroeber Hall. Y sont présentés une multitude d'objets artisanaux de toutes provenances, en particulier ceux fabriqués par Ishi, un Indien de la tribu des Yaki, le dernier Indien de Californie descendu de la montagne en 1911. En face de l'édifice, se trouve l'ART MUSEUM.

HEARST GREEK THEATER. GAYLEY ROAD. Un petit détour vers l'est sur le campus permet d'admirer ce théâtre grec (ci-dessous) offert par William Randolph Hearst et construit en 1903 par John Galen Howard sur le modèle du théâtre d'Épidaure. Sarah Bernhardt y a joué une fois. Le jardin botanique, qui domine le théâtre, contient des milliers d'espèces du monde entier, en particulier des fleurs.

LAWRENCE HALL OF SCIENCE. CENTENNIAL DRIVE. Haut perché au-dessus du campus, ce musée de la science fait la joie des enfants. Comme à l'Exploratorium de San Francisco ▲ *239*, des expositions, des conférences, des projections, des expériences et des animations utilisant les techniques les plus modernes (telles que laser et holographie) expliquent d'une manière attrayante les principes de base de diverses disciplines scientifiques (comme la théorie atomique, l'évolution, la biologie).

Le Memorial Vestibule de Hearst Mining Building.

PARCS RÉGIONAUX DES ENVIRONS D'OAKLAND ■ *30*

TILDEN REGIONAL PARK. Baignade dans le lac Anza, équitation, golf, jardin botanique : ces activités sont proposées dans ce parc situé derrière l'université de Californie.

SKYLINE NATIONAL TRAIL. Ce sentier suit la crête des collines d'Oakland, offrant des vues panoramiques sur toute la baie.

REDWOOD REGIONAL PARK. Les habitants d'Oakland apprécient ce parc où de nombreux sentiers sont aménagés. Une nouvelle génération de séquoias a remplacé les géants abattus pour bâtir les villes de la région.

JOAQUIN MILLER PARK. Pratiquement intégré au précédent, ce parc est baptisé du nom d'un personnage haut en couleur, qui se rêvait un grand poète et rencontra quelque succès en Angleterre. Sa maison, «The Abbey», existe toujours, au milieu des arbres plantés par lui dans les années 1880.

ANTHONY CHABOT REGIONAL PARK. Au milieu de ces collines est niché le lac Chabot, véritable paradis des pêcheurs et des canoteurs (mais interdiction de s'y baigner).

RÉSERVES NATURELLES. Les réserves de Las Trampas (Las Trampas Regional Wilderness), situées plus à l'est, et Ohlone Trail (Ohlone Regional Wilderness), au sud-est d'Alameda County, sont très sauvages. Dans les collines d'Oakland (entrée accessible par Skyline Boulevard), Huckleberry Botanic Regional Preserve, petite réserve (60 ha), conserve des espèces végétales devenues rares.

MOUNT DIABLO. La montagne du Diable est le point culminant de la région de la baie (plus de 1 300 m).

PARCS RÉGIONAUX DE L'EAST BAY
A l'époque mexicaine (1830), les collines de Berkeley et d'Oakland étaient encore couvertes de séquoias géants ■ *30*. Les bûcherons arrivèrent au moment de la ruée vers l'or (1849) : les séquoias servirent à la construction des maisons des villes, et les chênes (desquels Oakland a tiré son nom) de bois de chauffage. En 1857, ces forêts étaient entièrement rasées. La zone devint agricole, puis elle s'industrialisa. Elle est maintenant le centre de l'industrie lourde de la région de la baie. De nos jours, le chapelet de parcs régionaux, qui longent les crêtes des collines de Berkeley et d'Oakland, propose un réseau de plus de 1 000 km de pistes de promenade. Les sportifs y trouvent souvent des espaces aménagés (terrains de volley, de golf, piscines, équitation, pistes cyclables, etc.), et les autres peuvent simplement pique-niquer et s'oxygéner.

▲ Marin County

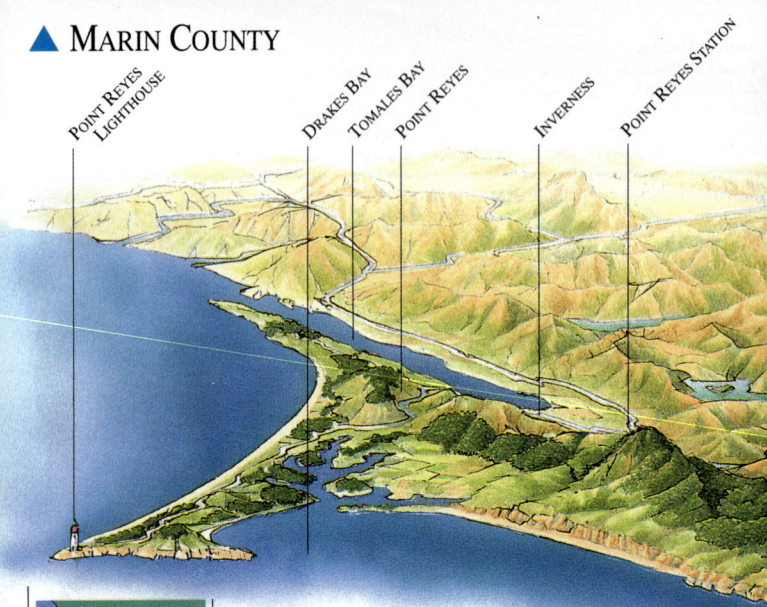

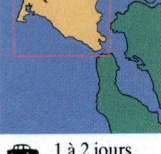

🚗 1 à 2 jours

ANGEL ISLAND
On accède à cette île par le ferry depuis Tiburon ou depuis Fisherman's Wharf ▲ *180* à San Francisco. En janvier 1910 s'ouvrit un centre de détention pour le filtrage des immigrants surtout en provenance d'Asie, mais aussi des Européens arrivant par le canal de Panama. Quelque 175 000 Chinois ont transité par Angel Island entre 1910 et 1940. Aujourd'hui, ces locaux, sauvés de la démolition, abritent un musée retraçant cette période.

Marin County s'étend au nord de San Francisco entre la côte Pacifique et la baie. Le mont Tamalpais – plus familièrement appelé «Mount Tam» – marque la limite entre West Marin (ou Marin Headlands), sauvage et battue par les vents du Pacifique, et East Marin, plus «méditerranéenne» et urbanisée. À l'époque de la colonisation espagnole, c'est à la mission de San Rafael, l'actuel chef-lieu du comté, que les pères franciscains envoyaient les Indiens malades de Mission Dolores, pensant que la douceur du climat favoriserait leur rétablissement. Dès les années 1830, on vit des excursionnistes prendre le ferry et le train pour passer la journée au «Mount Tam» et de riches Franciscains, attirés par l'ensoleillement et la diversité des paysages de la contrée, ne tardèrent pas à y faire construire leur villégiature. Lors du séisme de 1906, Marin County accueillit des milliers de réfugiés et maintes résidences secondaires se transformèrent alors en habitation principale. L'ouverture, en 1937, du Golden Gate Bridge ▲ *242* marqua un tournant décisif dans l'histoire du comté, que seule une ligne de ferries reliait jusqu'alors à San Francisco. Au cours de la Seconde Guerre mondiale, des chantiers navals s'installèrent à Sausalito, attirant de nombreux ouvriers. Si, de nos jours, la région continue de se peupler et de s'industrialiser, les terrains côtiers, désertés par l'armée au lendemain de la guerre, ont été transformés en parcs naturels et rattachés à la Golden Gate Recreation Area. Actuellement, la population de Marin County est essentiellement composée de «cols blancs» (bourgeoisie aisée exerçant généralement une profession libérale), qui y font construire de jolies maisons, certaines rustiques, d'autres très luxueuses, agrémentées de jardins, et qui veillent jalousement à la protection de leur environnement aussi bien urbain (la construction de tours, jugées disgracieuses, est proscrite) que naturel. De nombreux artistes et des marginaux qui perpétuent les modes de vie et de pensée en vogue dans les années 1970 y ont également élu domicile. Ainsi, les habitants de Bolinas, sur la côte Pacifique, retirent régulièrement les panneaux indicateurs posés par la municipalité afin de limiter l'afflux des touristes !

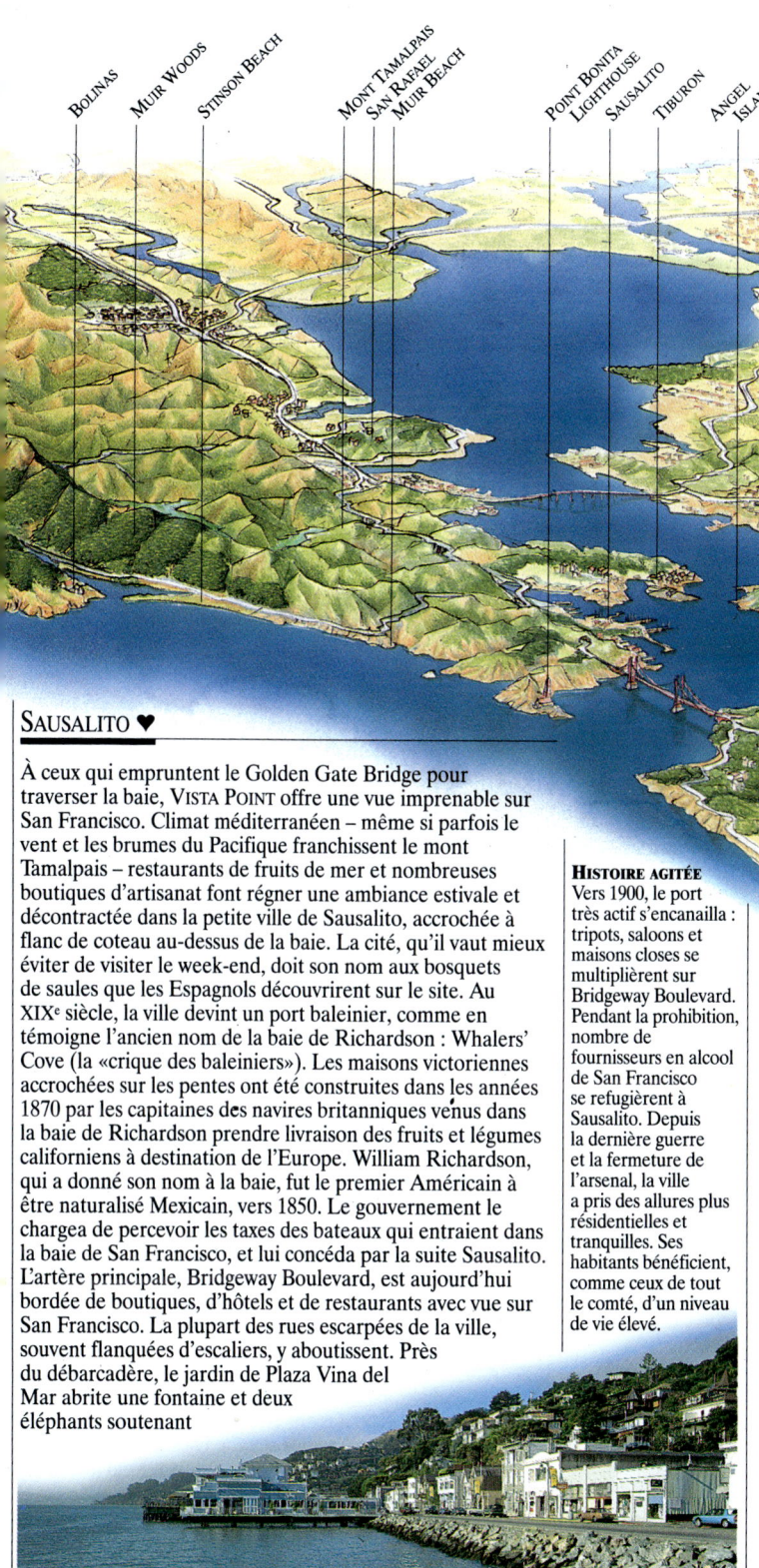

BOLINAS · MUIR WOODS · STINSON BEACH · MONT TAMALPAIS SAN RAFAEL MUIR BEACH · POINT BONITA LIGHTHOUSE SAUSALITO · TIBURON · ANGEL ISLAND

SAUSALITO ♥

À ceux qui empruntent le Golden Gate Bridge pour traverser la baie, VISTA POINT offre une vue imprenable sur San Francisco. Climat méditerranéen – même si parfois le vent et les brumes du Pacifique franchissent le mont Tamalpais – restaurants de fruits de mer et nombreuses boutiques d'artisanat font régner une ambiance estivale et décontractée dans la petite ville de Sausalito, accrochée à flanc de coteau au-dessus de la baie. La cité, qu'il vaut mieux éviter de visiter le week-end, doit son nom aux bosquets de saules que les Espagnols découvrirent sur le site. Au XIXᵉ siècle, la ville devint un port baleinier, comme en témoigne l'ancien nom de la baie de Richardson : Whalers' Cove (la «crique des baleiniers»). Les maisons victoriennes accrochées sur les pentes ont été construites dans les années 1870 par les capitaines des navires britanniques venus dans la baie de Richardson prendre livraison des fruits et légumes californiens à destination de l'Europe. William Richardson, qui a donné son nom à la baie, fut le premier Américain à être naturalisé Mexicain, vers 1850. Le gouvernement le chargea de percevoir les taxes des bateaux qui entraient dans la baie de San Francisco, et lui concéda par la suite Sausalito. L'artère principale, Bridgeway Boulevard, est aujourd'hui bordée de boutiques, d'hôtels et de restaurants avec vue sur San Francisco. La plupart des rues escarpées de la ville, souvent flanquées d'escaliers, y aboutissent. Près du débarcadère, le jardin de Plaza Vina del Mar abrite une fontaine et deux éléphants soutenant

HISTOIRE AGITÉE
Vers 1900, le port très actif s'encanailla : tripots, saloons et maisons closes se multiplièrent sur Bridgeway Boulevard. Pendant la prohibition, nombre de fournisseurs en alcool de San Francisco se réfugièrent à Sausalito. Depuis la dernière guerre et la fermeture de l'arsenal, la ville a pris des allures plus résidentielles et tranquilles. Ses habitants bénéficient, comme ceux de tout le comté, d'un niveau de vie élevé.

Marin County

HOUSE-BOATS
Sur le site de l'arsenal désaffecté s'étend un véritable village sur l'eau, dont les maisons, reliées par des ponts flottants, sont construites avec des matériaux récupérés sur les navires abandonnés. L'architecture fantaisiste de ce village, où résidèrent en leur temps beatniks et hippies et qui abrite aujourd'hui artistes et non-conformistes, surprend au milieu de la proprette Sausalito. Mais si la municipalité entend le détruire pour des raisons d'hygiène, les promoteurs s'en sont inspirés pour bâtir, plus au nord, un ensemble de maisons sur l'eau net, ordonné, et conforme à la réglementation.

des lampadaires rescapés de l'Exposition internationale Panama-Pacific de 1915 ▲ *236*. On aperçoit non loin de là, entre le Sausalito Hotel, d'architecture hispanisante, et le Sausalito Yacht Club, la fontaine *Have a Drink on Sally* («Buvez un coup sur le compte de Sally») dédiée à la mémoire de Sally Stanford, une ancienne demi-mondaine de San Francisco qui reprit en 1950 le plus vieux restaurant de Sausalito, le *Valhalla* – l'actuel *Chart House* (Bridgeway, près de Richardson Street). Plus au nord encore, au n° 2001 Bridgeway Bld, dans un ancien dépôt de l'armée, le BAY MODEL expose une maquette animée de 120 m² représentant la région de la baie. Une simulation permet d'observer son évolution géologique (sédimentation, salinité, plissements rocheux) ■ *16* et les mouvements des courants et des marées.

MOUNT TAMALPAIS

Selon une légende indienne, le dieu du Soleil, contraint de s'en retourner au ciel, aurait transformé sa jolie fiancée en une belle montagne, allongée sur le dos, à jamais tournée vers lui, offerte, ses longs cheveux ondulant vers l'est. Aussi l'appelle-t-on parfois «*The Sleeping Lady*» («la Dormeuse»). Mais l'attachement que lui vouent les gens des environs lui a aussi valu le surnom de «Vache sacrée de Marin County». Au début du siècle, dans l'espoir d'attirer les touristes, on aménagea sur le versant méridional une voie ferrée desservant une auberge, installée au sommet. Le «chemin de fer le plus tortueux du monde» comptait 281 virages et la descente était, paraît-il, très impressionnante. Comme l'auberge, la voie ferrée a disparu dans un incendie en 1920, mais elle a fait place à l'un des plus beaux chemins de randonnée de toute la côte : l'OLD RAILROAD GRADE, qui part de Mill Valley – ancien camp de bûcherons devenu une charmante petite ville. 400 km de sentiers sillonnent les pentes verdoyantes du mont Tamalpais à travers herbages, forêts de séquoias ■ *30* et de chênes-lièges ■ *34*, et le long des cours d'eau. Durant ses promenades, le visiteur rencontre une grande diversité d'espèces végétales (mais il est interdit de cueillir les fleurs sauvages qui, de toute façon, fanent instantanément !). Il existe également des pistes cyclables, et une route goudronnée mène au sommet (794 m) d'où, par temps clair, le regard embrasse toute la région de la baie.

MUIR WOODS ♥ ■ *30*

À proximité du mont Tamalpais, les forêts de séquoias qui recouvraient les pentes ont été, comme dans l'East Bay, rasées pour construire les villes nées de la ruée vers l'or. Toutefois, en 1906, l'homme d'affaires William Kent acheta et sauva Redwood Canyon de la hache des bûcherons et, surtout, de la compagnie des eaux Redwood Canyon, qui projetait d'y construire un barrage. Écologiste avant l'heure, Kent fit ensuite don à l'État américain de la forêt, rebaptisée

POINT BONITA LIGHTHOUSE
Bâti en 1877, ce phare fut le dernier de Californie à être automatisé. Il utilise toujours la lentille de Fresnel qui fut fabriquée en France en 1855 et acheminée par le cap Horn.

Muir Woods, en l'honneur du très actif défenseur de l'environnement John Muir. Au XIXe siècle, ce philosophe et scientifique d'origine écossaise (médaillon ci-dessous) consacra sa vie et son œuvre à la nature. En 1908, Muir Woods fut même proclamé monument national par le

président Theodore Roosevelt. C'est ainsi que l'on peut encore admirer au pied du mont Tamalpais le Muir Woods National Monument, la seule forêt de séquoias géants originels de Marin County, dont certains ont huit cents ans. L'arbre le plus haut culmine à près de 80 m. La forêt, peu étendue mais agréable, attire un grand nombre de visiteurs.
MUIR BEACH. Au bord de l'océan, ce village niché à l'embouchure du Redwood Canyon, qui descend de Muir Woods, est un endroit idéal pour pique-niquer. Sur la route de la plage, on passe devant le PELICAN INN, réplique surprenante d'authenticité d'un pub anglais du XVIe siècle.
STINSON BEACH ♥. Le versant ouest du mont Tamalpais descend en pente raide jusqu'à la mer. À ses pieds s'étire un long croissant de sable blanc de 5 km, la plus belle plage de la baie. Si l'on ne craint pas trop l'eau froide, on peut s'y baigner sans danger, et y faire du surf et du kayak. L'été, Stinson Beach est surveillée par des maîtres nageurs.
BOLINAS LAGOON ■ *20*. Stinson Beach se termine en une langue sablonneuse qui ferme l'embouchure de Bolinas Lagoon, dont les eaux tranquilles et poissonneuses attirent des milliers d'oiseaux marins ainsi que des canards et des aigrettes. La route longe le lagon et passe devant l'AUDUBON CANYON RANCH, établi depuis 1962 à trois kilomètres au nord de Stinson Beach. On peut y observer à l'aide de jumelles les hérons et aigrettes qui reviennent tous les printemps nicher (on a dénombré quelque cent vingt-cinq nids) au sommet des nombreux séquoias. Si l'on ne craint pas une petite escalade, on peut aussi, sans les déranger, les voir s'occuper de leurs petits depuis Henderson Outlook, point d'observation qui surplombe leurs nids. Il est bien sûr recommandé d'apporter ses jumelles. D'agréables lieux de pique-nique ont été aménagés sur le territoire du ranch, qui accueille en outre une salle d'expositions sur la faune, la flore et la géologie de toute la région.

COASTAL HIGHWAY 1
Traversant Marin County, cette route côtière offre une vue splendide sur le Pacifique et le mont Tamalpais (l'aquarelle ci-contre est de Percy Gray ● *110*) et traverse de paisibles villages d'artistes, nichés dans les collines. La *West Marin Chamber of Commerce* de Point Reyes fournit une brochure, *Marin Coastal Arts Trail*, indiquant les galeries que l'on peut visiter en chemin. C'est grâce à l'action de précurseurs de la défense de la nature, relayés par l'opinion publique, que la région des Marin Headlands a échappé à divers plans d'urbanisation dans les années 1950 et 1960 et qu'a été créée la réserve naturelle rattachée à la Golden Gate National Recreation Area.

MARIN COUNTY

NOUVELLE ALBION ET POINTE DES ROIS
Sir Francis Drake, qui découvrit ce cap en 1579 ● *42*, le baptisa «Nouvelle Albion». Royalement accueilli par les Indiens Miwoks, il proclama la reine Elizabeth Ire souveraine de cette contrée. Le nom actuel – «pointe des Rois (mages)» – est dû à l'Espagnol Sebastian Vizcaino, qui passa au large le 6 janvier 1603, jour de l'Épiphanie.

Le pub *Pelican Inn*.

POINT REYES ♥ ■ *24*

Secteur le plus brumeux de la côte californienne, cette péninsule est sillonnée par une multitude de sentiers qui traversent prairies, landes et forêts très bien préservées. Les nombreuses plages y sont souvent difficiles d'accès et dangereuses en raison des marées, des courants et des hautes vagues (se renseigner au Bear Valley Visitor Center, qui dispense toutes les informations sur la région). Ici aussi, peut-être plus qu'ailleurs, c'est le paradis des ornithologues (350 espèces d'oiseaux identifiées), des botanistes et, plus généralement, des amoureux de la nature, qui peuvent, avec un peu de chance, apercevoir lynx, cerfs, biches, coyotes et faucons.

SAN ANDREAS FAULT ■ *16*. De Bolinas Lagoon à Tomales Bay, la faille de San Andreas, responsable des séismes dont la région est périodiquement victime, isole Point Reyes du reste du monde. Située sur la plaque ouest (c'est-à-dire Pacifique) des deux formations tectoniques, la péninsule s'est déplacée de 6 m lors du séisme de 1906 ; elle glisse vers le nord de 5 cm par an en moyenne. On peut se promener sur Earthquake Trail (le «sentier du séisme») et la Highway 1 passe sur la faille jusqu'au village d'OLEMA, à l'entrée de Bear Valley. Certaines différences dans le paysage et la flore des deux formations sont visibles : ainsi, les séquoias, qui abondent sur Bolinas Ridge, c'est-à-dire sur la plaque nord-américaine, sont absents sur Inverness Ridge, appartenant à la plaque Pacifique. En revanche, les pins prospèrent sur le sol granitique de Point Reyes, mais ne poussent pas sur Bolinas Ridge. Non loin d'Olema, un petit sentier mène à KULU LOKLO, village indien miwok admirablement reconstitué. Les Miwoks accueillirent très civilement les premiers Européens qui abordèrent ces côtes. Leur société démantelée, et décimés par les maladies dans les missions, les Miwoks ont, comme les Ohlones de la baie, pratiquement disparu ● *42*.

INVERNESS. À quelques kilomètres au nord de Point Reyes Station, sur la rive ouest de Tomales Bay, cette petite ville agréable constitue une bonne étape pour les randonneurs et les visiteurs, qui y trouveront magasins, *bed-and-breakfast* et bons restaurants.

SIR FRANCIS DRAKE BOULEVARD. Cette route traverse la péninsule jusqu'à la pointe, longtemps piège fatal pour les navires, maintenant équipée d'un phare. Le long de la route, plusieurs chemins mènent à des plages.

POINT REYES LIGHTHOUSE
Ce phare, construit en 1870 et perché à 49 m au-dessus de l'océan, utilise lui aussi une lentille de Fresnel. On peut voir passer les baleines grises en route vers leurs lieux de migration ■ *26*.

INFORMATIONS PRATIQUES

ALLER À SAN FRANCISCO, *330*
SE DÉPLACER
À SAN FRANCISCO, *332*
SE DÉPLACER DANS LA BAIE, *334*
SE REPÉRER DANS
SAN FRANCISCO, *336*
PLAN DU CENTRE VILLE, *338*
VIVRE À SAN FRANCISCO, *340*
SAN FRANCISCO EN UN JOUR, *344*
SAN FRANCISCO
EN DEUX JOURS, *345*
SAN FRANCISCO
EN TROIS JOURS, *346*
NAPA VALLEY, *348*
LE SUD DE SAN FRANCISCO, *352*

◆ ALLER À SAN FRANCISCO

EN AVION
◆ De France, Air France et United Airlines proposent des vols directs quotidiens au départ de Paris (durée du vol : 11 h 40).

VOLS AIR FRANCE
À Paris : pour tous les renseignements et les réservations, composer désormais le 08 02 80 28 02, ou le Minitel 3615 AF
À San Francisco : 100 Pine St., Suite 2040, 94111
Tél. 1 (800) 237 2747
PRIX : 7 000 FF (A-R) environ pour un vol direct à destination de San Francisco Airport SFO, à 14 miles de San Francisco.

VOLS UNITED AIRLINES
À Paris : 34, av. de l'Opéra, 75002
Tél. 01 48 97 82 82
À San Francisco : 124, Geary St. ou 101, Howard St.
Tél. (415) 397 2100 ou 1 (800) 241 6522
PRIX : 7 000 FF (A-R) environ pour un vol direct à destination de San Francisco Airport SFO.
United Airlines dessert aussi Oakland Airport, à 5 miles d'Oakland (durée du vol : 15 h). Dans ce cas, les vols coûtent 7 500 FF (A-R) environ et ne sont pas directs (lignes Paris-Chicago ou Los Angeles-Oakland).

◆ De l'aéroport SFO
Tél. (415) 761 0800
TAXIS
Au niveau inférieur de l'aéroport. Selon la circulation, le trajet jusqu'au centre-ville est de 25 à 40 min. Le prix varie de $30 à $35, sans le pourboire – qui est obligatoire aux États-Unis.

NAVETTES PRIVÉES
Différentes compagnies partent toutes les 20 min environ, du niveau supérieur de l'aéroport. Un AS coûte $11 environ. Les navettes *Yellow Airport Shuttle Service* Tél. (415) 282 7433 – qui desservent aussi Oakland –, *Door to Door Airport Express* Tél. (415) 775 5121 et *Super Shuttle* Tél. (415) 558 7800 fonctionnent comme un taxi collectif, avec arrêt à la demande. Pour le retour avec *Super Shuttle* Tél. (415) 558 8500, réservez au moins un jour à l'avance. La navette passera vous prendre à l'heure que vous fixerez.

AUTOBUS
La compagnie *SFO Airporter* Tél. (415) 495 8404 effectue un trajet direct jusqu'à Union Square (*downtown*), puis dessert les grands hôtels des quartiers alentour (Financial District et Nob Hill). Départ du niveau supérieur de l'aéroport toutes les 20 min, de 5 h à 23 h. Un AS coûte $9, un A-R $18.
La compagnie *Sam Trans* Tél. (800) 660 4287 propose un trajet jusqu'au Transbay Terminal (Mission et 1Sts), et dessert 3rd, 7th et 9th Sts : omnibus n° 7B ($1) – une heure de trajet ; express n° 7F ($2.50)

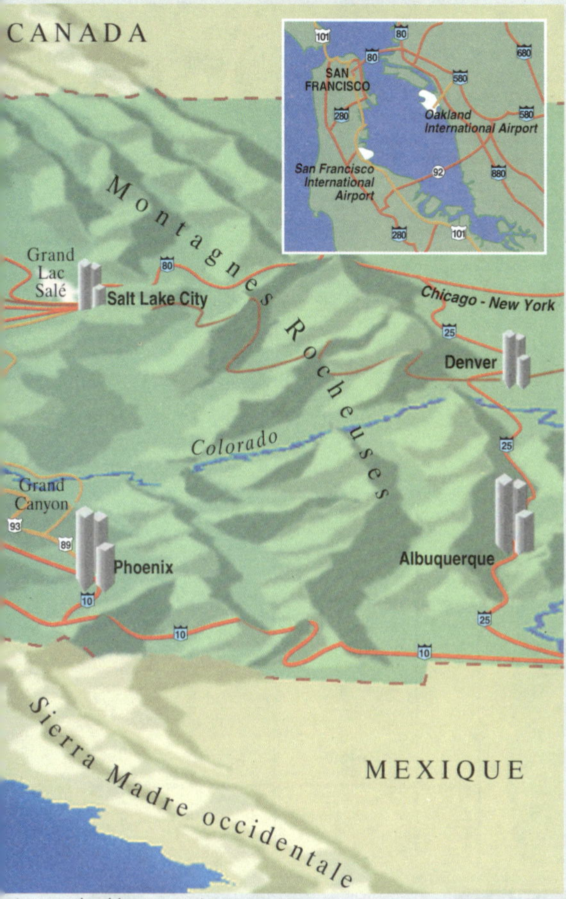

assure des liaisons avec les principales villes des États-Unis. Le trajet Los Angeles-San Francisco, par la côte (un départ quotidien) dure 12 h ($83-$144 A-R) ; par l'intérieur (quatre départs quotidiens) dure 9 h ($82). Le trajet New York-San Francisco (via Chicago) (départ quatre jours par semaine) dure trois jours et demi ($266-$518 A-R). Il s'achève à la gare ferroviaire d'Oakland (Oakland Depot) où vous trouverez des bus pour Ferry Bldg (et parfois Union Square ou Pier 39).

EN AUTOCAR
◆ Les bus *Greyhound* desservent toutes les villes américaines. Les bureaux de la compagnie Greyhound se situent au 50, 7th St. Informations au :
tél. 1 (800) 231 2222
La gare routière se trouve aussi au Transbay Terminal
Tél. (415) 558 6746.

EN VOITURE
◆ L'*AAA California State*
Tél. 1 (800) 922 8228
procure à ses membres assurance, informations routières et dépannage
(prix de l'adhésion : de $41 à $118).
État de la circulation sur les autoroutes
Tél. (415) 557 3755.
◆ L'autoroute 101, qui traverse San Francisco *downtown*, assure la liaison de Seattle à Los Angeles, par la côte.
L'autoroute 5 va de Vancouver à San Diego et passe à Sacramento.
L'autoroute 80 relie New York à San Francisco.

ESSENCE
Prix au gallon: $1.50
(1 U.S. Gallon = 3,8 litres) .

– une demi-heure de trajet. Départ du niveau inférieur de l'aéroport, toutes les 30 min, de 6 h à 0 h 40.
LOCATIONS DE VOITURE
Il est facile de louer une voiture à l'aéroport, car les principales agences y sont représentées :
Dollar Rent-a-Car
tél. 1 800 / 800 4000
Avis
Tél. 1 800 / 831 2847
Budget
Tél. 1 800 / 527 0701
Hertz
Tél.1 800 / 654 3131
Thrifty
Tél. 1 800 / 367 2277
L'âge minimal requis est de 19 à 25 ans selon les agences, mais comptez un supplément d'assurance pour les moins de 25 ans. Le permis de conduire international ainsi qu'une carte de crédit sont obligatoires.

◆ De l'aéroport d'Oakland,
Tél. 1 (510) 577 4000
LIMOUSINE
Airport Limousine for You
Tél. (415) 876 1700
TAXI
La course reviendra à $55, sans le pourboire.
NAVETTE PRIVÉE
American Airporter Shuttle
Tél. 1 (415) 546 6689
Le trajet jusqu'à votre hôtel coûte $15 env.
AUTOBUS
Bart / Air Bart (bus)
Tél. (415) 832 1464
vous dépose à la station Bart Coliseum (Prix AS $1).
La compagnie *AC Transit*
Tél. (510) 839 2882
propose pour la même destination le bus n° 57, qui part toutes les 30 min.
EN TRAIN
◆ La compagnie *Amtrak*, Ferry Bldg. 31 Embarcadero, Suite 140
Tél. 1 (800) 872 7245

◆ Se déplacer à San Francisco

Les transports en commun MUNI

Le *San Francisco Municipal Railway* (MUNI) regroupe tous les transports *intra muros*, tels que les bus, le MUNI Metro et le *cable car*. On peut se procurer un plan de toutes les lignes pour $2.17 au *Visitor Information Center* (Hallidie Plaza) et dans certains kiosques.

Titres de transport

Si vous achetez votre titre de transport auprès du conducteur, donnez-lui le montant exact, car il ne vous rendra pas la monnaie. Vous pouvez demander un transfert au conducteur, valable pour deux changements seulement jusqu'à l'heure indiquée sur le billet (validité d'environ 1 h 45), pour le bus, le trolleybus ou le métro.

Tarifs abonnements

Il existe différents *pass* valables pour tous les transports en commun, qui permettent des trajets illimités :

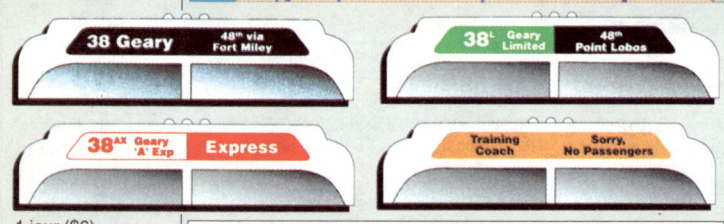

- 1 jour ($6)
- 3 jours ($10)
- 7 jours ($15)
- 1 mois : *Fast Pass* (forfait adulte, $35), *Youth Pass* (enfant de 5 à 17 ans) ou *Discount Pass* (personnes âgées et handicapées). On peut acheter ces *pass* notamment à la station BART / MUNI (à l'angle de Powell et Market Sts) ou au *Visitor Information Center*.

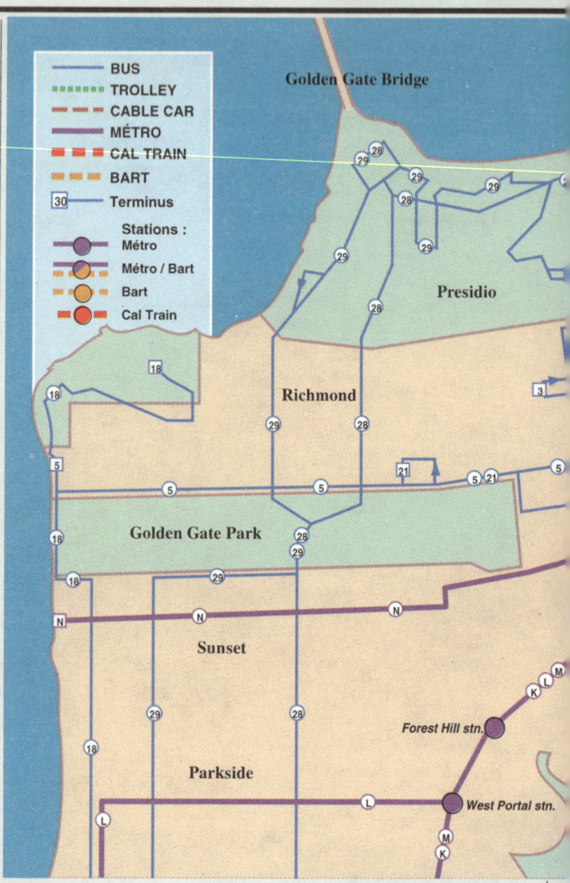

BUS

Il existe 83 lignes de bus dont 16 *express*, et 12 circulant la nuit. Sur chaque bus figurent un numéro, la destination finale du trajet et une couleur qui distingue différents types de bus :

NOIR ET BLANC, service local, omnibus, fonctionne tous les jours de 6 h à 1 h (passage toutes les 10 min environ) ;

ROUGE ET BLANC, *express*, omnibus puis direct jusqu'au terminus, fonctionne de 7 h à 18 h toute la semaine ;

VERT ET BLANC, service limité, ne marque pas tous les arrêts, fonctionne en semaine de 7 h à 18 h, samedi de 9 h à 17 h ;

JAUNE ET NOIR, service direct sans arrêt intermédiaire.

Prendre son billet dans le bus. Le tarif normal est ($1). Un service de nuit est assuré sur douze lignes, de minuit à 6 h. La plupart des stations de bus et toutes les stations de métro sont équipées de rampes d'accès pour chaises roulantes (renseignements au 923 6142).

Les trois lignes actuelles du cable car ont été classées monuments historiques en 1964. Surtout touristique, le cable car circule dans downtown.

TAXIS
Vous pouvez les héler dans la rue, mais vous ne paierez aucun supplément si vous les commandez par téléphone.

COMPAGNIES DE TAXI
Veterans' Cab
Tél. 552 1300
De Soto Cab Co
Tél. 673 1414
Luxor Cabs
Tél. 282 4141
Yellow Cab
Tél. 626 2345
City Cab
Tél. 468 7200
Pacific Cab
Tél. 986 7220.

TARIFS
$1.70 le premier mile et $1.80 par mile supplémentaire.

À BICYCLETTE
Agréables promenades à faire notamment du Golden Gate Park au lac Merced.
LOCATION DE MOUNTAIN BIKES (VTT)
Golden Gate Park Skate and Bike

MUNI METRO
Il existe cinq lignes de métro, qui vont toutes à Embarcadero :
J (30th-Church Sts),
K (San Jose Ave),
L (46th-San Francisco Zoo),
M (San Jose Ave-Geneva Ave)
N (Judah St.-Great Highway).
Fréquence de passage : toutes les 15 min environ.
TARIFS
Les tickets ($1) se prennent dans les distributeurs automatiques des stations de métro ou, pour le métro aérien (après Van Ness Ave), auprès du conducteur.
HORAIRES
Lun.-ven. : 5 h-0 h 30, sam. : 6 h-0 h 30, dim. : 9 h-0 h 30.
Il existe un service de nuit (*owl service*) sur certaines lignes.

CABLE CAR
Les trois lignes de *cable* sont surtout touristiques :
Powell-Hyde Line part de Hallidie Plaza et traverse Nob Hill, Russian Hill jusqu'à Victorian Square près du Parc aquatique ;
Powell-Mason Line part du même endroit, traverse Nob Hill et redescend vers Bay St., près de Fisherman's Wharf ;
California Street Line part de Market St. (Main St.), traverse Chinatown jusqu'à Nob Hill (Van Ness Ave.).
Fréquence de passage : toutes les 15 min environ. L'arrêt se fait sur demande au conducteur.
TARIFS
Tarif normal de $2 (pass Muni accepté).
HORAIRES
6 h 30-0 h 30, 7 jours sur 7.
QUELQUES CONSEILS DE SÉCURITÉ
Attendre l'arrêt définitif avant de monter ou de descendre de voiture. Deux passagers seulement sont autorisés à se tenir debout près du conducteur. Ne pas se tenir dans la zone délimitée en jaune, réservée au conducteur.

3038 Fulton St. (6th Ave.)
American Bicycle Rental
Fisherman's Wharf, 2715 Hyde St.
Tél. 931 0234
Ouvert toute l'année de 9 h à 22 h.

◆ Se déplacer dans la Baie

Le *MTC Regional Transit Guide* ($5.50), que vous achèterez au *San Francisco Visitor's Information Center* (Hallidie Plaza), vous renseignera sur tous les bus, trains et ferries circulant dans la Baie.

Renseignements par téléphone : 1 (510) 464 7738.

En bus
Départs au Transbay Terminal.

◆ *SamTrans* dessert la région de San Mateo (dont l'aéroport de San Francisco) et Palo Alto
Tél. 1 (800) 660 4287.

◆ *AC Transit* dessert des villes de l'East Bay (Treasure Island, Berkeley, Oakland)
Tél.1 (510) 839 2882.

◆ *Golden Gate Transit Buses* dessert les régions de Marin et Sonoma
Tél. 332 6600.

EN TRAIN

Le réseau MUNI permet des liaisons avec les réseaux interurbains BART, Cal Train et AC Transit.

◆ Le train de banlieue BART, *Bay Area Rapid Transit*, relie San Francisco aux villes de l'*East Bay* (Oakland, Richmond, Concord, Fremont et Berkeley). Quatre stations se trouvent dans *downtown*, sur Market St. Les billets se prennent dans des distributeurs automatiques. Fréquence de passage : toutes les 15 à 20 min.

TARIF
Entre $1 et $4 selon la destination finale.

HORAIRES
Lun.-ven., 4 h-0 h, sam. 6 h-0 h dim. 8 h-0 h
Tél. 1 (510) 464 7133.

◆ *Cal Train* relie (tlj 5 h-22 h) San Francisco à la Péninsule et à San Jose. Départs au CalTrain Depot (4th et Townsend Sts). Service de nuit le week-end seulement
Tél. 1 (800) 660 4287.

EN FERRY

◆ *Golden GateTransit* propose des traversées pour Sausalito et Larkspur. Départs (6 h -21 h) au San Francisco Ferry Building
Tél. 332 6600.
- Pour Sausalito : environ 30 min de trajet. Départs tlj. (sauf jours de Thanksgiving, Noël et Nouvel An).

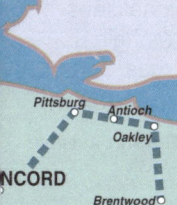

Tarif normal : $4.25 (AS).
- Pour Larkspur : 50 min de trajet. Service quotidien lun.-ven. renforcé aux heures de pointe. En été, service assuré le week-end. Tarifs normaux : $2.50 (AS) $4.25 le week-end.

◆ *Red and White Fleet Ferry* dessert Sausalito ($5.50 AS), Tiburon ($5.50 AS), Départs au Pier 41, 43 1/2 et au San Francisco Ferry Building.
- Pour Muir Woods : (Pier 43 1/2), il existe un forfait ferry et bus (adultes, $28)
Tél. 546 2628.

◆ *Blue and Gold Fleet* dessert Oakland et Alameda ($4 AS), Départs au Pier 39 et au Ferry Building
Tél. 705 5444.

BATEAUX

LOCATION
◆ *Club nautique* 100, Gate 6 Rd, Sausalito
Tél. 332 8001
Location de bateaux à voiles ($150-$795). On peut également louer un «skipper charter» pour $ 40 l'heure (minimum exigée : 3 heures).

EXCURSIONS
◆ *Adventure Cat Sailing Charters* Pier 40, South Beach Harbor
Tél. 777 1630
Fonctionne toute l'année. Excursions d'environ 2 h 30 en catamaran dans la Baie. Tarif adulte : $20. et pour une excursion au coucher de soleil (18h30) : $ 26 (collation comprise).

Réservations.
◆ *Let's Go Sailing* Pier 39
Tél. 788 4920
De Avr. à nov. Charters. Trajets de 1 h 30. Tarif adulte : $25.

◆ *Oceanic Society Expeditions* Fort Mason, Building E
Tél. 474 3385
Réservations obligatoires. Départs de Fort Mason. Excursions d'une journée dans les Farallon Islands ($62), de juin à nov., ven., sam. et dim. seulement.
Excursion d'une journée aux alentours de Point Reyes ($50), lors de la migration des baleines. Déc.-avr., ven., sam. et dim. uniquement.

À BICYCLETTE
Agréables promenades à faire dans la région de Marin à partir du Golden Gate Bridge.
Start to Finish, 1820 4th St., San Rafael (tél. 459 3990). Ouvert lun.-ven. 10 h-20 h ; sam. 9 h-18 h ; dim. 9h-17h.
Wheel Escape, 443 Chenery St., San Francisco (tél. 586 2377) organise des excursions de groupe à bicyclette.

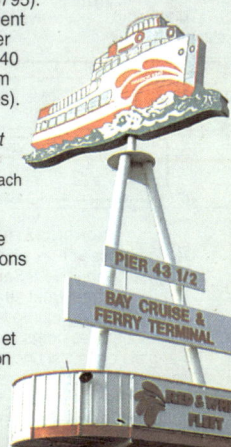

◆ Se repérer dans San Francisco

La ville regroupe vingt-sept quartiers, répartis sur une superficie de 125 km². Pour les San Franciscains, la banlieue englobe toute la zone située au sud du Golden Gate Park, Twin Peaks, Noe Valley et Mission. Quarante-deux collines, dont la hauteur varie entre 200 et 938 pieds (de 61 à 286 mètres), signalisées par un panneau *Hills* ou *Grade*, donnent un caractère original à cette ville organisée à l'américaine : un damier de rues qui se coupent à angle droit.

ADRESSES

La majorité des rues de San Francisco sont très longues, leur numérotation moyenne allant de 1 à 4000. Aussi est-il nécessaire de connaître le nom de la rue perpendiculaire proche de l'adresse où vous souhaitez vous rendre (« cross-street » en anglais). Pour éviter de parcourir des distances inutiles, on indique toujours en complément de l'adresse le nom du carrefour le plus proche. Exemple : 152, Taylor St. (Turk-Eddy).

La numérotation des rues va croissant d'est en ouest et du sud au nord. Dans les villes américaines, il est fréquent d'évaluer les distances en nombre de *blocks*, l'équivalent du pâté de maisons. De *block* en *block*, la numérotation augmente de 100. Dans le premier *block*, les numéros iront de 1 à 99, dans le second, de 100 à 199, et ainsi de suite. Exemple : quinze *blocks* séparent le début de Stockton St. de son croisement avec Filbert St.

ORIENTATION

La ville est divisée en deux parties par une rue transversale, Market Street, qui vous servira de point de repère. Les rues peuvent être interrompues par une colline mais gardent leur nom initial.

DOWNTOWN

Downtown, qui signifie centre-ville, inclut le Financial District, Union Square et Civic Center, et s'étend de 1st Street à Gough Street.

RUES ET AVENUES

Les San Franciscains appellent souvent les rues par leur nom sans préciser Street ou Avenue (par exemple, Van Ness ou Market), excepté lorsque celles-ci comportent un chiffre (ex. : 3rd Avenue, 24th Street).
Il n'existe ni treizième rue ni treizième avenue. Vingt-cinq rues à chiffres sont concentrées dans South of Market, parallèles les unes aux autres, tandis que quarante-six avenues à chiffres (numérotées de 2nd à 48th) traversent Richmond, elles aussi parallèles entre elles.

NOM DES RUES

Il n'y a pas de plaques de rues sur les immeubles, seuls les panneaux situés aux carrefours vous permettront de connaître le nom de la rue dans laquelle vous circulez.

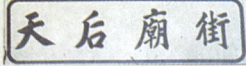

PRONONCIATION

De nombreuses rues portent un nom d'origine hispanique à San Francisco. Ainsi, Vallejo Street se prononce en espagnol (Vallero).
Quelques noms de rues en anglais ont aussi une prononciation délicate : Gough Street se dit [Gof], Geary Street se prononce [Guéri] et Lyon Street comme *lion* [Laïon] en anglais.

RUES À SENS UNIQUE

Dans toute la partie nord-est de la ville (de *downtown* à Fisherman's Wharf et à Sunset), les rues sont à sens unique – un panneau *One Way* vous l'indique –, sauf Colombus Ave, Market Street et Van Ness Ave. Lorsque la circulation dans une rue est à sens unique (d'est en ouest ou du nord au sud), la circulation dans les deux rues qui lui sont immédiatement parallèles se fait dans le sens opposé.

SAN FRANCISCO EN VOITURE ◆

Des contractuels (en tricycle à moteur) passent régulièrement et marquent le pneu d'un trait de craie pour vérifier la durée de stationnement.

La ville possédant un réseau de transports en commun très bien organisé, il n'est pas nécessaire de circuler en voiture dans San Francisco, d'autant qu'il est malaisé de se garer dans le centre-ville, à Chinatown, Nob Hill, près de Fisherman's Wharf, à North Beach, Telegraph Hill et Financial District. En revanche, si vous souhaitez vous déplacer *extra muros*, vous aurez besoin d'une voiture. Les infractions au code de la route sont sévèrement punies, les contraventions sont très lourdes, applicables à tous y compris les touristes, et les patrouilles très fréquentes.

PARKINGS
Ils sont assez chers, les tarifs variant du simple au triple d'un garage à l'autre. Tarif moyen : de $3 à $6 pour une heure ; de $8 à $20 pour un forfait à la journée.

STATIONNEMENT EN CÔTE
Les règles sont strictes : stationnement en biais par rapport à la pente, frein à main serré, roues avant orientées vers le trottoir.

PARCMÈTRES
Ils fonctionnent généralement du lundi au samedi, entre 7 h et 18 h, mais la durée de stationnement est limitée à une demi-heure ou deux heures non renouvelables. S'il n'y a pas de parcmètre, un panneau vous indique les périodes de stationnement autorisé.

INTERDICTIONS DE STATIONNER
Il est interdit de se garer devant un arrêt de bus ou une pompe à incendie. Un jour par semaine, les rues sont nettoyées et toute voiture en infraction est remorquée à la fourrière. Les réglementations sont signalisées par des bandes de couleurs sur le trottoir :

ROUGE : arrêt et stationnement interdits
BLEU : réservé aux véhicules de conducteurs handicapés
BLANC : arrêt de 5 min maximum
VERT : arrêt de 10 min maximum
JAUNE OU JAUNE ET NOIR : réservé aux véhicules commerciaux seulement (livraisons)
JAUNE, NOIR ET VERT : arrêt réservé aux taxis.

DIRECTIONS
Les marquages au sol sur la chaussée indiquent les : sens uniques, stops, et tournants obligatoires.

FEUX
Aux croisements, ils se situent de l'autre côté du carrefour. Un feu clignotant jaune indique aux voitures de ralentir, un feu clignotant rouge, aux voitures de marquer un stop. Vous pouvez tourner à droite si le feu est rouge, après avoir marqué un arrêt total et vérifié que la voie est libre.

SIGNAUX « TOW-AWAY »
En cas d'infraction, votre véhicule est immobilisé ou remorqué à la fourrière. Il vous en coûtera une demande de relaxe au poste de police ainsi qu'une lourde amende (au moins $110 plus la contravention) pour pouvoir la retirer.

TOP-TEN DES COLLINES
Les dix collines les plus abruptes sont accessibles en voiture. Dans un ordre décroissant, ce sont les rues suivantes :
Filbert (Leavenworth / Hyde), 22nd St. (Church / Vicksburg), Jones St. (Union / Filbert), Duboce St. (Buena Vista / Alpine), Jones St. (Green / Union), Webster St. (Vallejo / Broadway), Duboce St. (Divisadero / Alpine et Castro / Divisadero), Jones St. (Pine / California), Fillmore St. (Vallejo / Broadway).

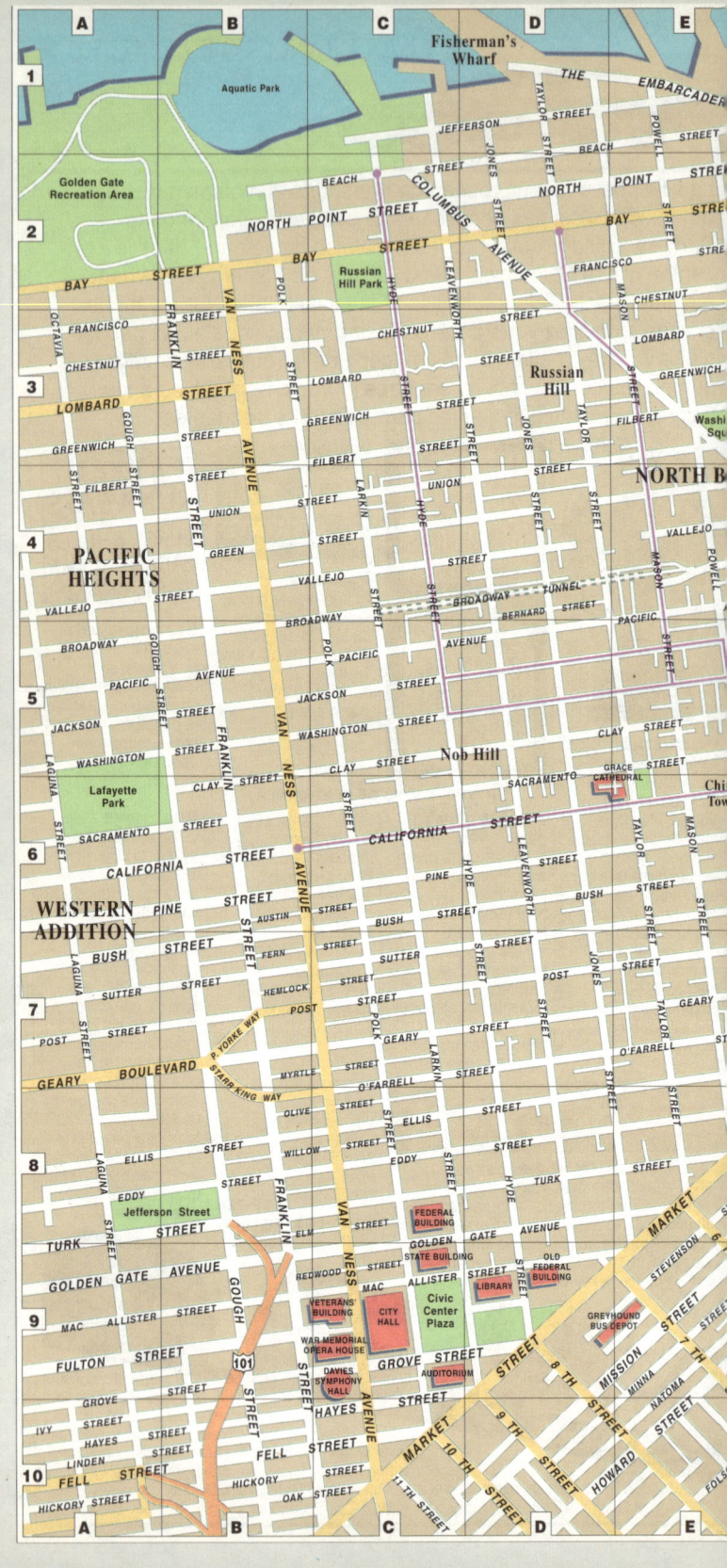

◆ VIVRE À SAN FRANCISCO

Le coût de la vie à San Francisco est équivalent à celui de New York et de Los Angeles. Les hôtels ont un large éventail de prix tandis que les restaurants paraîtront bon marché aux touristes français – San Francisco est pourtant l'une des villes américaines où l'on mange le mieux. La TVA n'existe pas au niveau national aux États-Unis. Chaque État applique son propre taux de taxe, qui s'élève à 8,5% en Californie. Celui-ci s'applique aux hôtels, restaurants et magasins, dans lesquels les prix sont affichés hors taxe. La taxe est déjà incluse dans les transports, les taxis, le téléphone et l'essence.

BANQUES ET BUREAUX DE CHANGE

Les banques sont généralement ouvertes du lundi au vendredi, de 9 h à 16 h, et un jour par semaine jusqu'à 17 h. Il est difficile de changer des devises étrangères dans les banques, excepté à la Bank of America ◆ 374. Adressez-vous aux bureaux de change (à l'American Foreign Exchange Brokers ◆ 369, notamment). Si vous prenez des traveller's cheques, achetez plutôt des travellers en dollars, acceptés comme monnaie courante.

POSTE

Les boîtes postales américaines portent l'inscription US Mail. Pour envoyer une lettre à l'intérieur du pays, le tarif est de 32 cents pour la première once (1 *ounce* = environ 29 g), 23 cents l'once supplémentaire et 20 cents pour une carte postale. Pour un envoi international de lettre ou de carte postale, le tarif est de 50 cents la première demi-once (environ 14 g), 45 cents la demi-once supplémentaire. La plupart des magasins de photocopies offrent également des services de fax. Vous trouverez une poste ouverte tous les jours (de 10 h à 17 h 30) et le dimanche (de 11h à 17h) à Union Square, dans le sous-sol de Macy's.

POURBOIRE

Aux États-Unis, le *tip* est pratiquement obligatoire. Le service n'est pas inclus dans le prix. C'est donc à vous de le calculer. Il arrive même qu'il vous soit réclamé dans les bars et les restaurants, les taxis ou chez le coiffeur. Il faut compter 15% de la somme dépensée. Pour le personnel hôtelier (liftier, voiturier, porteur), il est conseillé de laisser de 50 cents à $1. Pas de pourboire en revanche dans les cinémas, les cafétérias, les fast-foods et les stations d'essence.

MONNAIE
Les billets les plus courants sont ceux de $1, $5, $10, $20, et les moins utilisés sont $2, $50, $100. Il existe des pièces de 1 cent, 5 cents, 10 cents, 25 cents ; celles de 50 cents et $1 sont plus rares.

LE PRIX D'UN APPEL TÉLÉPHONIQUE (TARIFS AT&T)

SAN FRANCISCO — *prix en $ de la première min puis des min suivantes :*

	7 h	13 h	18 h	
	1,71 / 1,06	1,39 / 0,8	1,15 / 0,65	FRANCE
	1,94 / 1,09	1,46 / 0,82	1,16 / 0,65	BELGIQUE
	1,94 / 1,09	1,46 / 0,82	1,16 / 0,65	SUISSE
	0,69 / 0,67	0,45 / 0,43	0,35 / 0,34	QUÉBEC

Communication locale : 0,25 $/min

CABINES TÉLÉPHONIQUES
Elles mettent toujours à disposition un annuaire et fonctionnent avec des pièces de 5, 10 et 25 cents, mais ne rendent pas la monnaie pour moins de 10 cents.
Si la somme est insuffisante, une opératrice vous indique, en cours de communication, la somme à ajouter. Certains téléphones publics acceptent les cartes de crédit (Mastercard, Visa ou American Express), mais la taxe de base est alors plus élevée. On peut acheter des télécartes au *Visitors Information Center* (Hallidie Plaza).

TÉLÉCOMMUNICATIONS
Le numéro pour les renseignements est le 411. Les numéros gratuits – qui ne fonctionnent pas dans les appels internationaux – sont ceux précédés du code (1) 800. Pour téléphoner de la banlieue à San Francisco, vous composez le (1) + (415) + le numéro de votre correspondant. Vous pouvez appeler directement à l'étranger d'une cabine ou d'un bureau de poste. Une opératrice est également à votre disposition ; composez le 0.
Si vous voulez téléphoner de France à San Francisco, composez le 00 + 1+ 415 + le numéro de votre correspondant. Pour téléphoner des États-Unis en France, composez le 0 + 11 + 33 + le numéro à 9 chiffres en enlevant le 0.

BILLETTERIES AUTOMATIQUES
Il est possible de retirer des devises avec une carte de crédit (American Express, Visa, Mastercard, Diners Club) aux distributeurs du réseau ATM (*Automatic Teller Machine*) ◆ 368. American Express retient 2%, Visa, 25 FF., quel que soit le montant prélevé.

LE PRIX DES CHOSES

CAFÉ : 1s $	ALCOOL : 3 $	HAMBURGER : 6 $	ENTRÉE AU MUSÉE : DE 3 À 6 $
CONCERT : DE 7 À 20 $	CINÉMA : 7.50 $	RESTAURANT DE LUXE : 35- 100 $	HÔTEL ÉCONOMIQUE : DE 60 À 75 $

◆ VIVRE À SAN FRANCISCO

San Francisco jouit d'un climat tempéré marin toute l'année. Ne vous attendez donc pas à de chaudes journées, les températures sont fraîches, même en été. Le soleil est peu visible le matin et en fin de journée en raison du brouillard. Contenu derrière les reliefs montagneux de la côte, le célèbre *fog* se déverse en gros rouleaux sur la Baie – vision spectaculaire dont vous pouvez profiter du côté du Golden Gate Bridge, ou si vous faites une excursion en bateau dans la Baie.

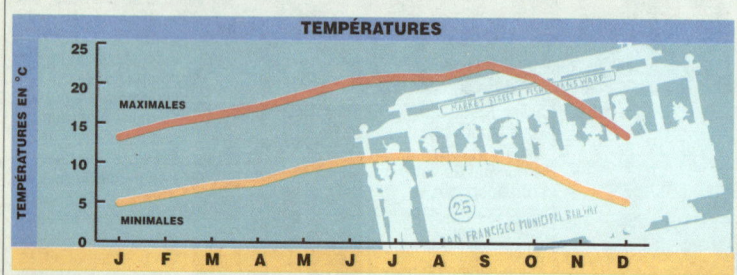

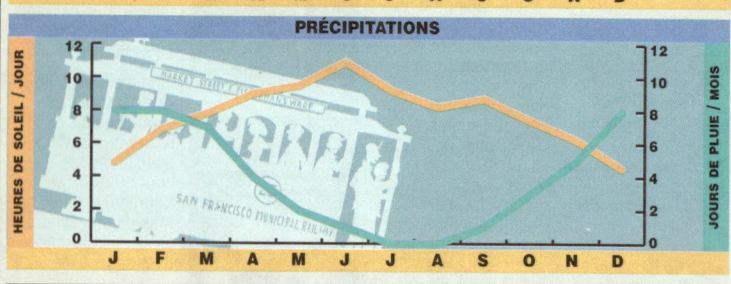

ÉQUIVALENCES DE MESURES

LIQUIDES

1 fluid ounce (fl. oz.) *once fluide*	= 0,03 l
1 pint = 16 fl. oz. *pinte*	= 0,47 l
1 quart = 2 pints	= 0,94 l
1 gallon (gal.) = 4 quarts	= 3,785 l

Pour convertir des litres en gallons, multiplier le nombre de litres par 0,26 (exemple : 50 litres X 0,26 = 13 gal.) Pour convertir des gallons en litres, multiplier le nombre de gallons par 3,79 (exemple : 12 gal. X 3,79 = 45,48 litres)

LONGUEURS & DISTANCES

1 inch (in.) *pouce*	= 2,54 cm
1 foot (ft.) = 12 in. *pied*	= 30,48 cm
1 yard (yd.) = 3 ft.	= 0,915 m
1 mile (mi.)	= 1,609 km

Pour convertir les miles en kilomètres, multiplier le nombre de miles par 1,61 (exemple : 50 mi. X 1,61 = 80,5 km) Pour convertir les kilomètres en miles, multiplier le nombre de kilomètres par 0,62 (exemple : 25 km X 0,62 = 15,5 mi)

POIDS

1 ounce (oz.) *once*	= 2,54 cm
1 pound (lb.) = 16 oz. *livre*	= 30,48 cm
1 ton = 2000 lb.	= 0,907 kg

Pour convertir les livres en kilos, multiplier le nombre de livres par 0,45 (exemple : 90 lb. X 0,45 = 40,5 kg) Pour convertir les kilos en livres, multiplier le nombre de kilos par 2,2 (exemple : 75 kg X 2,2 = 165 lb.)

TEMPÉRATURES

-18°C	-10	0		10	20	30	40
0°F	10	20	32 40	50	60 70	80 90	100

Pour convertir des degrés Fahrenheit en degrés Celsius, soustraire 32 aux degrés F, multiplier par 5 puis diviser par 9 (exemple : 85°F - 32 = 53 / 53 X 5 = 265 / 265 : 9 = 29,4°C)
Pour convertir des degrés Celsius en degrés Fahrenheit, multiplier les degrés Celsius par 9, diviser par 5 puis ajouter 32 (exemple : 20°C X 9 = 180 / 180 : 5 = 36 / 36 + 32 = 68°F)

FÊTES ET FESTIVALS

	J	F	M	A	M	J	J	A	S	O	N	D
CHINESE NEW YEAR - NOUVEL AN CHINOIS TÉL. 982 3000	●											
LES "BAMMIES" (BAY AREA MUSIC AWARDS) - FESTIVAL DE MUSIQUE ROCK TÉL. 388 4000			●									
ST PATRICK'S DAY - FÊTE IRLANDAISE TÉL. 661 2700			●									
CHERRY BLOSSOM FESTIVAL - FÊTE DES CERISIERS EN FLEURS TÉL. 563 2313			●	●								
YACHTING SEASON OPENING DAY - OUVERTURE DE LA SAISON DE VOILE TÉL. 563 6363				●								
SAISON DE BASE-BALL DES SAN FRANCISCO GIANTS TÉL. 467 8000				●	●	●	●	●	●	●		
FESTIVAL INTERNATIONAL DU FILM DE SAN FRANCISCO TÉL. 931 3456				●								
CINCO DE MAYO - FÊTE MEXICAINE TÉL 826 1401					●							
SAN FRANCISCO EXAMINER BAY TO BREAKERS - MARATHON TÉL. 777 7770					●							
MEMORIAL DAY WEEKEND - MEMORIAL DAY REGATTA TÉL. 563 6363					●							
CABLE CAR BELL-RINGING COMPETITION TÉL. 923 6162						●						
HAIGHT ASHBURY STREET FAIR TÉL. 661 8025						●						
LESBIAN-GAY FREEDOM DAY PARADE TÉL. 864 3733						●						
SAN FRANCISCO CLASSIC WINDSURFING REGATT TÉL. 563 6363							●					
BLUES AND ART ON POLK STREET TÉL. 346 4561							●					
JAZZ AND ALL THAT ART ON FILLMORE - FESTIVAL DE JAZZ. TÉL. 346 4561							●					
PACIFIC INTERCLUB YATCHING ASSOCIATION REGATTA TÉL. 563 6363							●					
WINDSURFING REGATTAS TÉL. 563 6363							●	●				
SAISON DE FOOTBALL DES SAN FRANCISCO 49ERS TÉL. (408) 562 4949								●	●	●	●	●
SAN FRANCISCO BLUES FESTIVAL TÉL. 826 6837								●				
SAN FRANCISCO SHAKESPEARE FESTIVAL'S TÉL. 666 2221								●	●			
LABOR DAY REGATTA : "NOOD" TÉL 563 6363								●				
BLESSING OF THE FISHING FLEET - BÉNÉDICTION DE LA FLOTTE DES PÊCHEURS TÉL. 434 1492									●			
CASTRO STREET FAIR TÉL. 467 3354									●			
EXOTIC EROTIC HALLOWEEN BALL (BAL COSTUMÉ) TÉL. 864 1500										●		
ST. FRANCIS INTERNATIONAL MASTERS REGATTA COURSE DE VOILIERS. TÉL. 563 6363										●		
SAN FRANCISCO JAZZ FESTIVAL TÉL. 864 5449										●	●	
GRAND NATIONAL RODEO, HORSE AND STOCK SHOW TÉL 469 6065											●	
DIA DE LOS MUERTOS - FÊTE DES MORTS TÉL : 826 8009											●	

Pour obtenir un calendrier plus précis des dates et lieux des manifestations culturelles, renseignez-vous auprès du San Francisco Visitor Information Center Tél. 391 2000.

JOURS FÉRIÉS

New Year's Day (1er janvier), Martin Luther King Jr. Day (troisième lundi de janvier), President Day (troisième lundi de février), Memorial Day (dernier lundi de mai), Independance Day (4 juillet), Labor Day (premier lundi de septembre), Columbus Day (deuxième lundi d'octobre), Veterans' Day (11 novembre), Election Day (le mardi suivant le premier lundi de novembre, tous les 4 ans), Thanksgiving Day (dernier jeudi de novembre), Christmas Day (25 décembre).

DÉCALAGE HORAIRE

Les États-Unis sont divisés en six zones horaires, d'est en ouest (avec l'Alaska et Hawaï). Il y a neuf heures de décalage entre la France et San Francisco – à 10 h à San Francisco, il est 19 h à Paris –, et trois heures de décalage entre New York et San Francisco – à 10 h à San Francisco, il est 13 h à New York. San Francisco passe à l'horaire d'été le premier dimanche d'avril, à l'horaire d'hiver le dernier dimanche d'octobre.

◆ San Francisco en un jour

49-Mile Scenic Drive
Un itinéraire routier facile à suivre : un panneau bleu, blanc et orange, sur lequel figure une mouette, porte l'inscription *49-Mile Scenic Drive*. Vous obtiendrez un plan de l'itinéraire auprès du *Visitor Information Center*.

Vue aérienne de Sunset et Twin Peaks.

Cliff House offre une vue exceptionnelle sur Seal Rocks.

9 h. Une seule journée risque de vous mettre sur les genoux ! Choisissez plutôt des visites guidées. Si votre temps est compté, ou si vous n'avez pas de voiture, dirigez-vous vers Union Square ▲ 218. Devant le Saint-Francis Hotel, vous trouverez un autocar (le premier départ est à 9 h), de *Grayline City Deluxe Tour* (Rés. 558 9400) qui vous propose un circuit de 3 h 30 ($27 prix adulte, $13.50 de 5 à 11 ans), en plusieurs langues. Il y a aussi des départs des quais : Pier 39 et 43. Vous visiterez ainsi Civic Center ▲ 224, Mission Dolores ▲ 295, Twin Peaks ▲ 304, Golden Gate Park ▲ 254, Presidio ▲ 240, Golden Gate Bridge ▲ 242 et Fisherman's Wharf ▲ 180.
Pour visiter Alcatraz ▲ 184, de son vrai nom *Isla de los Alcatraces* («l'île aux pélicans»), qui fut le plus célèbre pénitencier des États-Unis de 1933 à 1963, comptez un supplément de $12.
Si vous préférez la marche à pied, choisissez *Roger's Walking Tours*, au Transbay Terminal (Rens. 742 9611). Un guide vous conduira aux points clés de la ville (Cable Car Barn

● 68, visite de Chinatown ▲ 152, déjeuner au Fairmont Hotel, Golden Gate Bridge ▲ 242).
Si vous disposez d'une voiture, prenez la *49-Mile Scenic Drive* (circuit de 79 km) pour découvrir la ville. L'itinéraire commence à Civic Center devant l'Hôtel de ville (*City Hall*) mais vous pouvez aussi le prendre à n'importe quel point du parcours. En une matinée, vous pourrez traverser, depuis Civic Center ▲ 224, Japantown ▲ 232, Chinatown ▲ 152, North Beach ▲ 162, rejoindre Fisherman's Wharf ▲ 172 et longer la côte jusqu'au Golden Gate Bridge ▲ 242. En voiture, le péage ne s'effectue qu'au retour (3 $), dans le sens Sausalito-San Francisco.
13 h. Vous ferez une pause déjeuner à Cliff House ▲ 252 (très touristique) ou dans Richmond, où sont concentrés beaucoup de restaurants asiatiques
15 h. Traversez le Golden Gate Park

▲ 254. Dans le parc, vous avez le choix entre visiter, dans le même bâtiment, le musée M. H. De Young ▲ 266 ou le musée d'Art asiatique ▲ 270. Pour jouir d'un magnifique panorama, montez aux Twin Peaks («pics jumeaux») ▲ 304, au sud du parc. Si, par chance, le brouillard ne stagne pas sur la baie, vous découvrirez la ville à vos pieds : Market Street, balafre qui scinde la ville en deux selon une diagonale, Financial District ▲ 206 et son paysage de gratte-ciel, Chinatown et Union Square et, à l'ouest, le pont du Golden Gate, noyé dans la brume. Rejoignez ensuite Mission Dolores ▲ 294 pour rentrer enfin sur Ferry Building ▲ 208 et voir le *Ferry Golden Gate* à quai.
20 h. Passez la soirée sur la baie, au *Hornblower Dining Yachts*

(Pier 33, Embarcadero, tél. 394 8900). Peut-être souhaitez-vous vous familiariser avec la vie nocturne de San Francisco. Choisissez alors *Three Babes and a Bus* (tél. 552 2582). Une navette vous emmène dans tous les clubs de la ville pour un tarif unique ($30) qui comprend le transport et toutes les entrées (sans consommation).

FINANCIAL DISTRICT

L'artère principale est Montgomery Street, située près du port. C'est dans cette rue que Sam Brannan ● 48 répandit la nouvelle de la découverte de l'or et que les premières maisons de San Francisco furent construites avec le bois des bateaux abandonnés dans le port par leurs équipages, désireux de faire fortune. Les banques s'y installèrent ensuite.

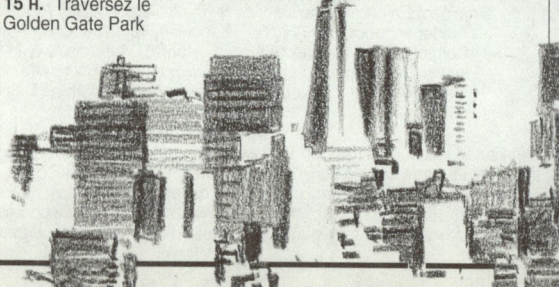

San Francisco en deux jours

Le Balclutha fit longtemps la navette Europe-Californie par le cap Horn.

Le Japanese Tea Garden fut construit en 1894.

Premier jour

À Union Square, sur Powell et Market Sts, prendre la ligne 3 du *cable car* jusqu'à Fisherman's Wharf (quai des Pêcheurs) ▲ *180.* Visitez le National Maritime Museum ▲ *172,* musée construit en 1939, une bonne introduction sur le rôle des bateaux et de la navigation dans l'histoire de la ville. Embarquez pour l'île d'Alcatraz (Pier 41, tél. 546 2628). Comptez environ 3 h pour la traversée et la visite. Au retour, visitez le Pier 39, quai réaménagé en un vaste ensemble commercial, où vous pourrez voir aussi des lions de mer en liberté.
13 h. Déjeuner au *Dante's Seafood Grill* (Pier 39, tél. 421 5778), l'un des meilleurs restaurants de fruits de mer de la ville, qui offre de surcroît une vue magnifique sur la baie.

14 h. Promenez-vous dans The Cannery et à Ghirardelli Square ♦ *178,* au 900 North Front Street. En vous dirigeant vers Marina ▲ *235,* où vous verrez de ravissantes maisons au bord de l'eau, visitez Fort Mason ▲ *234.* Prenez le bus n° 28 pour visiter, au Presidio, The Palace of Fine Arts ▲ *238* ou l'Exploratorium, musée des Sciences et de la Technologie ▲ *239.* Reprenez le bus n° 28 ou n° 29 jusqu'au Golden Gate Bridge.
20 h. Le Golden Gate Transit, qui traverse Western Addition, vous reconduit sur Market St. où vous apprécierez un dîner au *Postrio* (545, Post St., rés. 776 7825).

Fisherman's Wharf

Les amateurs de vieux bateaux iront faire un tour au Hyde Street Pier ♦ *369* où ils pourront visiter au moins trois anciens bateaux de commerce : l'*Eureka,* le *Thayer* et le *Balclutha,* construits à la fin du XIXᵉ siècle.

Deuxième jour

Après un petit déjeuner au *Caffè Roma* ♦ *374* (526, Colombus Ave. – Vallejo St.) à North Beach, à Washington Square, prendre le bus n° 39 sur Union St. jusqu'à Montgomery St., que vous remonterez à pied vers les Filbert Steps, bordés de belles maisons. Visitez la Coit Tower ▲ *170,* à Telegraph Hill. Descendez Lombard Street (entre Leavenworth et Hyde Sts), rue très pittoresque tout en zigzags. Prendre le *cable car* (ligne Powell-Hyde) jusqu'au Cable Car Barn ▲ *193* et regardez le conducteur faire pivoter la voiture sur la plaque tournante.

13 h. Déjeunez à Chinatown ▲ *152,* à l'*Imperial Palace* ♦ *369* (919, Grant St. – Jackson St.).
14 h. Prenez le bus n° 41, ou le n°30 sur Stockton, vers Union St. puis le trolley 22 sur Fillmore St. jusqu'à Alamo Square ▲ *230* où vous pourrez admirer des maisons victoriennes, construites entre 1890 et le début du siècle, aux 722-724 Fillmore St., 850 et 908, Steiner St., 1429, Hayes St. et 1062, Fulton St. Rendez-vous ensuite au Golden Gate Park ▲ *254* (bus n° 5 ou n° 21). Visitez California Academy of Sciences qui abrite musée zoologique, aquarium et planétarium. Ne manquez pas non plus le Japanese Tea Garden ▲ *263.* Les bus n° 6, 7 et 71 (Haight St.-Market St.) vous ramènera à Union Square.
20 h. Dînez chez *Victor's,* au Westin St Francis Hotel ♦ *378* (335, Powell St.).

◆ San Francisco en trois jours

Bâtie en 1776, Mission Dolores jouxte un musée.

Haas-Lilienthal House.

City Hall fut achevé en 1916.

Premier jour

Mission Dolores, sur Dolores St. (16th St.), est la mission franciscaine construite le long de Camino Real ▲ 293. Dans le vieux cimetière attenant, sous les pierres moussues, reposent ceux qui moururent au temps de la ruée vers l'or ● 48. Y sont enterrés également plus de cinq mille Indiens victimes des épidémies. Pour rejoindre Civic Center, prendre le bus n° 49.

10 h. Promenez-vous autour de City Hall ▲ 227, de Opera House ▲ 229 et de San Francisco Public Library ▲ 108. La bibliothèque contient près de deux millions de volumes.

13 h. À côté de Civic Center, déjeunez dans un endroit à la mode, *Stars* (150, Redwood Alley, Van Ness St. ; tél. 861 7827). La cuisine est américaine et le menu change tous les jours.

14 h. Prenez le bus sur Van Ness St. jusqu'à Union St. Le circuit des maisons victoriennes ● 92 peut durer une demi-journée. Il subsiste plus de treize mille maisons victoriennes dans les quartiers de Western Addition, Haight-Ashbury, Eureka Valley, Noe Valley, Bernal Heights, Potrero Hill, Mission District et Duboce Triangle. Construites entre 1879 et 1906 en bois de séquoia, abondant dans la région, beaucoup furent détruites lors du séisme de 1906. Ces maisons constituent une des attractions majeures de la baie. Au 2007, Franklin Street, se trouve Haas-Lilienthal-House ◆ 370. Ce type de maisons, ornées de tours, de coiffes coniques et de pignons était à la mode dans les années 1890. On les retrouve à Alamo Square. Les bus n° 41 ou n° 45 vous amèneront à Pierce St., où vous trouverez Casebolt House (n° 2727), maison blanche de style italien, protégée par des palmiers et noyée dans la verdure, puis à Cow Hollow ▲ 204. Prendre le trolley n° 22 jusqu'à Jackson St. (dans Pacific Heights), où vous pourrez voir Whittier Mansion (n° 2090), dessinée par Edward Swain et achevée en 1896. Elle offre un mélange de styles, classique et Renaissance. Des colonnes corinthiennes décorent l'entrée, flanquée de deux tours Renaissance. Entre Jackson et Bush Sts (six blocks), vous apprécierez le style italien des années 1870 aux 1814-22 et 2011-15 Bush St., aux 2139-43 Pine St. et aux 30-32 Orben Place (du nom de l'architecte qui a rénové dans les années 1970 certaines de ces maisons). Rejoignez Union Square avec le bus n° 3.

20 h. Rendez-vous pour une soirée calme, au *Redwood Room* ◆ 379 (459, Geary St. ; tél. 775 4700), élégant piano-bar situé à l'intérieur du Clift Hotel.

22 h. Passez une nuit dans Financial District, au *Mandarin Oriental Hotel* ◆ 375 (222, Sansome St. ; tél. 885 0999), construit dans l'ombre protectrice des cinquante-deux étages de la *Bank of America* par une riche famille de Taiwan. Dans cet hôtel très luxueux, la vue depuis les chambres du 40e étage est unique, surtout le soir, lorsque les lumières de la ville s'allument, ou tôt le matin, lorsque les brumes se dissipent.

SAN FRANCISCO EN TROIS JOURS ◆

Enseignes chinoises dans Chinatown.

Maisons sur pilotis à Sausalito.

DEUXIÈME JOUR

Le *Wok Wiz Chinatown Tour* vous propose une promenade historique et culinaire à travers Chinatown. La promenade (tél. réservations 981 5588), de 10 h à 13 h 30, se terminera en effet par un déjeuner dans une maison de thé traditionnelle. Un guide vous fera visiter les marchés et les échoppes chinoises, où abondent serpents dans des bocaux et poudres en tout genre.
14 H. Allez au Chinese Historical Society Museum ▲ *158* (650, Commercial St. – Montgomery St.). On y retrace l'histoire des Chinois en Amérique. Explorez enfin les rues latérales, pittoresques par leur architecture colorée, telles que Spofford, Ross et Waverly Sts, bordées d'ateliers de confection.
15 H 30. En redescendant vers Union Square, visitez quelques galeries d'art ◆ *376* importantes, telles que *Meyerovich* (251, Post Ave.), *Fraenkel* et *Haines Gallery* (49, Geary St.), *Jack Hanley Gallery* (41, Grant Ave), *Rena Bransten* (77, Geary St.), *Gallery Paule Anglim* (14, Geary St.), *Harcourts Modern & Contemporary Art* (461, Bush St.) et *Modernism* (685, Market St., Suite 290). À Union Square, empruntez le *cable car* ● *68* (ligne Powell-Hyde), qui traverse Russian Hill ▲ *196*, jusqu'à Fisherman's Wharf.
20 H. Pour profiter d'une vue exceptionnelle sur la baie et le Golden Gate Bridge, n'hésitez pas à dîner végétarien au *Green's* (Building A, Fort Mason ; tél. 771 6222).
22 H. Vous pourrez passer la nuit à côté de Fisherman's Wharf, au *San Remo Hotel* (2237, Mason St. – Chesnut St.), un bâtiment du XIXe siècle.

Si vous passez dans Japantown (entre California-Geary et Octavia-Fillmore Streets) – «*J-Town*» pour les San Franciscains –, faites vos emplettes dans les boutiques de kimonos et porcelaines. Visitez le *Japanese Culture & Trade Center* ◆ *382* (à l'angle de Post et Webster Sts), qui propose, entre autres, des leçons de cuisine et d'ikebana (arrangement floral).

TROISIÈME JOUR

Montez dans un ferry, le *Golden Gate Transit* (tél. 332 6600), ou le *Red and White Fleet Ferry* (tél. 546 2628), qui proposent des traversées pour Sausalito (environ 30 min de trajet). L'embarquement se fait soit au San Francisco Ferry Building (Waterfront), soit aux Piers 41 ou 43 1/2 (Fisherman's Wharf). Si vous préférez sillonner la ville, prenez le bus n° 50 sur Geary St. ou n° 30 sur Sansome St., qui traverse le Golden Gate Bridge ▲ *242* jusqu'à Sausalito. Ensuite, le bus n° 63 (*Golden GateTransit*) vous conduira jusqu'au Muir Woods National Monument ▲ *327*, le seul parc dans la baie où vous pourrez voir des séquoias. Si vous aimez la randonnée à pied, une route à travers bois vous amènera à Stinson Beach (7 km), où vous vous baignerez si le temps s'y prête. Prévoir trois heures pour rejoindre la plage ; une navette vous reconduira au parking de Muir Woods. Si vous disposez d'une voiture, prenez l'autoroute 101 puis Shoreline Highway, à gauche après Sausalito, en direction de Muir Beach et Stinson Beach. Muir Woods Road vous conduit au Muir Woods National Monument.
14 H. De retour à Sausalito, vous pourrez déjeuner au bord de l'eau, chez *Horizons* (558, Bridgeway ; tél. (415) 332 0791), qui offre une très belle vue sur San Francisco.
16 H. Rejoignez San Francisco downtown (bus n° 30, puis n°39) jusqu'à Telegraph Hill, où se dresse la Coit Tower ▲ *170*. De là, vous profiterez d'un très beau panorama sur Nob Hill ▲ *190*, Russian Hill ▲ *196*, Golden Gate Bridge ▲ *242* et la baie, surtout au coucher du soleil. À noter dans le quartier quelques peintures murales ▲ *298*.
20 H. Reposez-vous un moment dans *Little Italy* ▲ *162* pour dîner au *Bocce Caffè* (478, Green St. ; tél. 981 2044) avant de vous rendre dans un club au Fisherman's Wharf. Le *Lou's Pier 47 Club* propose des concerts de rock, blues ou soul (300, Jefferson St. – Jones St. ; tél. 771 0377). Le *Buena Vista Café* sert l'un des meilleurs *Irish coffees* de San Francisco (2765, Hyde St. – Beach St. ; tél. 474 5044).

◆ Napa Valley

La vigne est cultivée dans quarante-sept comtés de Californie, sur plus de 130 000 ha.

Il existe sept principaux cépages pour les vins californiens.

1. Napa
2. The Hess Collection Winery
3. Yountville
4. Domaine Chandon
5. Oakville
6. Robert Mondavi Winery
7. Silver Oak Wine Cellars
8. Rutheford
9. Inglenook Winery
10. Saint Helena
11. Beringer Vineyards
12. Christian Brothers Winery
13. Charles Krug Winery
14. Calistoga
15. Schramsberg
16. Winery Sterling Vineyards
17. Clos Pegase

Napa Valley
■ *38* connaît depuis la fin des années 1980 une grave crise. Raisins rabougris et feuilles desséchées indiquent que le mal se propage : le biotype B, variante de l'insecte phylloxéra qui a détruit le vignoble européen à la fin du siècle dernier et qui avait épargné l'Amérique à cette époque, fait aujourd'hui des ravages.

Le nom de la vallée trouverait son origine dans le mot indien napa, *qui signifie abondance.*

Près de deux cents vins différents existent en Californie.

La route des vins dans Napa Valley s'étend de Napa à Calistoga, soit sur 27 miles (43 km). A une heure de San Francisco en voiture, il faut depuis *downtown* passer l'Oakland Bay Bridge et prendre l'autoroute I-80 jusqu'à Vallejo, où la Route 29 rejoint la ville de Napa. Cette vallée compte environ deux cents *wineries* (propriétés viticoles) dont plus d'une centaine ont été créées après 1976. Le vignoble couvre une superficie de 12 300 hectares dans lesquels on trouve une grande variété de vins, produits notamment à partir de cépages européens tels que le chardonnay (blanc), le cabernet sauvignon (rouge), le pinot noir, le sauvignon (blanc), le merlot... Ici, la commercialisation ne se fait pas sous un nom de cru mais sous celui du cépage et du domaine. Il ne fait pas de doute que Napa Valley est un véritable laboratoire d'expériences très intéressantes pour la culture de la vigne. Pour cette raison, de grands noms français sont venus s'installer en Californie depuis les années 1970.

L'HISTOIRE DE NAPA VALLEY

Le vin californien est né au XVIIIe siècle, lorsque les moines franciscains plantèrent des pieds de vigne autour de San Diego. En 1830, il existait du «vin de messe» à Los Angeles. Et le premier vigneron de Napa Valley, George Yount, produisit du vin en 1853, dans la ville qui portera son nom, Yountville, à partir de 1867. Mais c'est avec Agoston Haraszthy, un Hongrois qui s'installa en 1857 entre Sonoma et Napa, que de nombreux cépages de qualité venus d'Europe furent implantés dans la vallée. On admet aujourd'hui qu'il est le père de la viticulture locale, pour avoir ramené du Vieux Continent à la fois des leçons d'œnologie et environ deux cents variétés de vignes qu'il planta à Buena Vista, sur près de cent hectares. L'université de Californie travaillait parallèlement, dès la fin du XIXe siècle, à l'intégration de différentes variétés de vignes dans les microclimats californiens. De cette manière, l'industrie viticole prospéra à partir de 1900 jusqu'en 1919. Après les années de la Prohibition, la réorganisation sera d'autant plus lente que le goût américain restera porté vers des boissons plutôt sucrées. Ce n'est qu'à la fin des années 1970 que les grands vins californiens, vinifiés sur le modèle des labels des grands blancs et grands rouges européens, se feront connaître et commenceront à s'exporter un peu en Europe – vers un public toutefois limité car le vin californien reste trop cher pour les consommateurs d'Outre-Atlantique. Bien que les ventes se soient développées aux États-Unis et au Canada, dans les années 1980, la consommation est donc plutôt locale.

Les caves sont ouvertes entre 10 h et 17 h sur rendez-vous. Pour obtenir la liste complète des caves, adressez-vous au *Visitor's Center* (Powel St., San Francisco). Vous pouvez aussi obtenir des renseignements sur les visites guidées des vignobles à *Napa Valley Vintner's Association* : tél. (707) 942 9775 ou à *Napa Valley Grape Growers Association* : tél. (707) 944 8311.

◆ Napa Valley

Napa Valley est le lieu principal de production vinicole de Californie.

L'ambition des grandes Wineries est d'égaler les châteaux bordelais.

Napa

Domaine Carneros
(sud-ouest de la ville)
1240, Duhig Road, Napa
Tél. (707) 257 0101
Construit en 1987, le château est une copie de celui de la Marquetterie (en Champagne), ce qui fait jaser les Californiens de souche. La famille Taittinger en est propriétaire. Pour connaître les horaires de visite, contactez Catheryn August Shaw.

Carneros Creek Winery
1285, Dealy, Napa Old Sonoma Road
(avant le domaine Carneros)
Tél. (707) 253 9463
Si vous préférez déguster un chardonnay ou un pinot noir, ne manquez pas cette cave. Ce petit producteur vous proposera aussi du cabernet sauvignon et du merlot.

The Hess Collection Winery
4411, Redwood Road
Tél. (707) 255 1144
Pour le cabernet sauvignon ainsi que le chardonnay, vous pouvez faire un détour sur la Route 29, avant de rejoindre Yountville, pour visiter The Hess Collection Winery, qui possède un musée d'art contemporain. Le domaine se visite sans guide.

Wine Train ♥
Si vous ne souhaitez pas faire la route des vins en voiture, un train Pullman luxueux propose un circuit de trois heures, avec un départ trois fois par jour depuis Napa (1275, McKinstry St. ; tél. (800) 427 4124 ou (707) 253 2111). Prix A-R : $29. Au wagon-restaurant, possibilité de faire à la fois une dégustation de vins et un déjeuner (circuit et repas : $60).

Yountville

Domaine Chandon
1 California Drive
(Route 29), près de California Veterans Home, Yountville
Tél. (707) 944 2280
Moët & Chandon s'est installé dans la vallée il y a vingt ans. Ici, on produit des vins effervescents selon la méthode champenoise. Vous goûterez au Toasty Reserve, au Chandon Club Privé, vieilli d'au moins six ans, ou au blanc de noir (vin blanc produit à partir d'un cépage rouge). Le restaurant ne vous laissera pas indifférent, et les jardins méritent le détour.

Rutheford

Inglenook Winery
1991, St Helena Highway, Rutheford
Tél. (707) 967 3362
Belle bâtisse datant de 1880. Le domaine produit du chardonnay, du sauvignon blanc, du riesling, du merlot, du zinfandel (en vin rouge) et du pinot noir. Une collection de photos et quelques documents d'époque vous donneront un aperçu de ce que fut Inglenook et, plus largement, la vallée à la fin du siècle dernier. Seule la dégustation de la Réserve spéciale est payante.

Oakville

Oakville, comme Rutheford, bénéficie d'un microclimat semblable à celui de la région de Bordeaux.

Robert Mondavi Winery
7801, St Helena Highway, Oakville
Tél. (707) 259 9463
Différentes visites guidées vous sont proposées. « À la fin du siècle dernier, les cépages de bordeaux et de bourgogne furent importés. » C'est ainsi que le guide présente la genèse de l'un des plus célèbres vignobles de la vallée. On laisse tout d'abord fermenter le raisin dans des cuves d'acier inoxydable dont la température est régulée. Certains vins vieillissent dans des fûts de chêne importés de France. Parmi les plus célèbres productions du vignoble Robert Mondavi, on trouve notamment du cabernet sauvignon et du pinot noir. En 1979, l'association de Robert Mondavi avec Philippe de Rothschild (le représentant d'un premier grand cru classé, le médoc Mouton-Rothschild), a largement contribué à la notoriété du domaine à travers le monde, puisqu'elle a donné naissance à l'Opus One, l'un des meilleurs vins californiens et le plus cher. Les plus grands chefs français sont invités à donner des leçons de cuisine à l'école que Robert Mondavi parraine depuis 1976. Robert Mondavi Winery fut construit en 1986 mais son architecture évoque l'époque coloniale espagnole (le style « mission »). Vous visiterez aussi les expositions d'art contemporain.

Silver Oak Wine Cellars
915, Oakville Cross Road
Tél. (707) 944 8808
Cette petite propriété ne produit que du cabernet sauvignon dans trois vignobles différents, dont un à Napa Valley.

La Californie a produit 17 millions d'hectolitres de vin en 1991.

À Saint Helena, la Stratford Winery produit un excellent chardonnay.

SAINT HELENA

BEAULIEU VINEYARDS
1960, Highway 29
St Helena
Tél. (707) 967 3529
Ouvert tlj de 10 à 17h.
Un couple de Français, M. et Mme Latour, ont créé cette propriété en 1900. Très vite, leur nom fut réputé dans toute la Californie, tant pour la qualité de leurs vins que pour l'engagement de Mme Latour dans les œuvres de charité. Leurs vins (pinot noir et cabernet sauvignon) figurent parmis les plus primés aux États-Unis.

BERINGER VINEYARDS
2000, Main St.
St Helena
Tél. (707) 963 4812
C'est l'une des plus anciennes propriétés viticoles en activité (fondée en 1879). Rhine House, château dans le style Art nouveau, fut achevée en 1883. On y enseigne les méthodes de vinification anciennes. Ses Réserves de chardonnay et de cabernet sont très réputées mais aussi ses vins liquoreux, produits à partir de vendanges tardives. Il existe également une école de cuisine professionnelle mais les amateurs peuvent participer à des séminaires. Visites guidées des caves.

CHARLES KRUG WINERY
2800, Main St.
(Highway 29) St. Helena
Tél. (707) 963 5057
Bâtiment construit en 1862. Son propriétaire fut le deuxième viticulteur de Napa Valley. La famille Mondavi, devenue propriétaire en 1943, produit du cabernet, du pinot noir et du chardonnay. Dégustation payante des vins d'appellation C. K. Mondavi. Robert Mondavi a quitté l'entreprise familiale pour fonder la sienne en 1966, à Oakville ◆ *350*.

CALISTOGA

Calistoga (mot combinant Californie et Saratoga) fut fondée par Sam Brannan ● *48*.

SCHRAMSBERG WINERY ♥
(à 3,8 miles (6 km) au sud de Calistoga, à l'ouest de la Highway 128)
1400, Schramsberg Road, Calistoga
Tél. (707) 942 4558
Ce vignoble, œuvre de Jacob Schram en 1862, devint célèbre grâce au récit de l'écrivain R. L. Stevenson ● *124*, *The Silverado Squatters* (dans le recueil *La route de Siverado*). Le domaine était presque en ruine lorsque M. et Mme Davies décidèrent de le restaurer. C'est aujoud'hui l'une des plus célèbres *wineries* de vins mousseux, de pure tradition californienne. Ici, on produit un champagne de très grande qualité (il fut servi à la Maison Blanche en 1972 !) et de bons vins mousseux comme un blanc de blanc et un rosé, «le Cuvée de Pinot», mais dont le plus célèbre est le blanc de noir.

STERLING VINEYARDS
1111, Dunaweal Lane Calistoga
Tél. (707) 942 3344
L'architecture des bâtiments rappelle les monastères grecs. Le domaine est juché au sommet d'une colline que l'on atteint par un funiculaire (parcours recommandé dont le prix inclut la dégustation). Puis une nacelle vous conduit dans les vignes. Un parc aux pelouses soigneusement entretenues entoure les caves. Ici, vous êtes votre propre guide. Le cabernet sauvignon, un peu rustique, vient en tête, suivi par le chardonnay. Sterling est surtout célèbre pour son sauvignon blanc.

CLOS PEGASE
1060 Dunaweal Lane, Calistoga
Tél. (707) 942 4981
Construit en 1986 à l'issue du concours d'architecture parrainé par son propriétaire et San Francisco Museum of Modern Art ▲ *288*, le domaine a été bâti dans un style post-moderne. Vous profiterez de visites guidées dans la propriété et verrez une importante collection de sculptures dans le parc. Dans les caves, dégustez le chardonnay, le cabernet et le merlot.

SILVERADO TRAIL ♥
Cette route pittoresque, parallèle à la Route 29, vous permettra de visiter davantage de vignobles.

> **EN DIRIGEABLE**
> Les sportifs préféreront le «voyage en ballon» au-dessus des vignobles californiens, au lever du soleil ($165 avec petit-déjeuner au champagne). Ils survoleront le vignoble en dirigeable à partir de Yountville et déjeuneront au champagne dans le domaine Chandon.
> Réservations :
> P.O. Box 2860
> Yountville Ca 94599
> Tél. (707) 994 0228 ou (800) 253 2224.

◆ LE SUD DE SAN FRANCISCO

De maisons extravagantes en musées, de Stanford University en Silicon Valley, le sud de San Francisco est riche en promenades et visites originales. À chacun de choisir ses escapades !

SAN MATEO

FILOLI ESTATE ♥
Sur Canada Road, près de Woodside
Tél. (415) 364 2880
Appartenant à l'État de Californie, cette belle maison de brique, de style anglais, a été bâtie par le richissime William Bourne au début du XXᵉ siècle. Son nom, Filoli, est une abréviation de la devise de Bourn : « Fight, Love, Live a good life ». Devenue un musée, Filoli Estate est entourée par de magnifiques jardins ouverts au public.

PALO ALTO

STANFORD UNIVERSITY
Le campus, avec ses grands bâtiments de styles divers et ses espaces verts, est un havre de paix. Le mausolée est occupé par la famille Stanford, qui a donné son nom à cette prestigieuse université.

STANFORD UNIVERSITY MUSEUM OF ART
Museum Way
Tél. (415) 723 4177
Les sculptures sont le principal intérêt du plus vieux musée de l'Ouest : on peut ainsi y voir la *Porte des Enfers* de Rodin.

LOS ALTOS

LOS ALTOS FOOTHILL COLLEGE ♥
Non loin de Stanford, sur la Highway 280, un musée de l'électronique vous initiera à l'histoire de Silicon Valley ● *76*, depuis l'entreprise de MM. Hewlett et Packard jusqu'au fabricant de microprocesseurs Intel.

SANTA CLARA

MISSION SANTA CLARA DE ASIS ♥
Reconstruite sur le campus de l'université, la plus ancienne de Californie (1851), cette mission donne une idée du cadre de vie des premiers colons *californios*.

SAN JOSE
Mélange de vieilles maisons victoriennes et d'architecture d'avant-garde, cette ville est en plein développement (elle compte plus de 1 million d'habitants), notamment du fait de la proximité de Silicon Valley ● *76*.

WINCHESTER MYSTERY HOUSE
525, South Winchester Blvd
Tél. (408) 247 2101
Avec 160 chambres, 2 000 portes et 10 000 fenêtres, cette maison extravagante est due à Sarah Winchester, veuve du fabricant de fusils. Elle croyait qu'elle mourrait lorsque la maison serait achevée : l'édifice a donc été construit et reconstruit pendant trente-huit années !

ROSICRUCIAN EGYPTIAN MUSEUM
Park Ave. Naglee
Tél. (408) 287 9171
Ce musée rassemble une étonnante collection de momies et d'œuvres de l'Antiquité égyptienne.

MUSEUM OF ART
110, South Market St.
Tél. (408) 294 2787
Il est installé dans l'ancien bâtiment de la poste, érigé en 1892.

SAN JOSE HISTORICAL MUSEUM
635, Phelan Ave.
Tél. (408) 287 2290
Ce musée en plein air présente des reconstitutions de la vie indienne et des premières constructions des colons.

LES MOTS DE LA VALLÉE
Comme toutes les vallées, celle-ci a créé son propre patois, reflet de son identité *new tech* et de sa culture du Silicium.
- *Fortune* : Bible de la finance américaine. Publie la liste des cinq cents premières entreprises du pays, dans laquelle Apple a figuré en un temps record après sa création.
- *Chip* : « puce », le moteur de l'informatique.
- *Data* : « données », carburant dont les *chips* ont besoin pour … servir à quelque chose.
- *Mips* : millions d'instructions par seconde, unité de mesure de la puissance des *chips*. Pour en suivre l'infernale croissance, la Vallée compte désormais en « teraMips » (mille milliards de Mips : un poème…).
- *Electronic highways* : pour échanger et aiguiller les *data* propulsés en tous sens par les *chips*, à coups de « teraMips », il faut des « autoroutes électroniques », qui sont au téléphone ce que le livre fut au parchemin.
- *680X0, JPEG, RISC, High Sierra, Xanadu* : du plus revêche au plus romantique, les multiples formats et normes qui balisent le discours des hommes de la Vallée.
- *Garage* : un mot bien de chez nous, un lieu mythique dans la Vallée. Selon la légende, c'est dans celui de leurs parents que Jobs et Wozniak, encore étudiants, ont inventé leur premier « micro » ● *76*.

Itinéraires Thématiques

Shopping à San Francisco, 354
Culture au quotidien, 356
Jazz dans la Baie, 358
La nuit à San Francisco, 359
San Francisco vue
par les cinéastes, 360
San Francisco par Dashiell
Hammett, 362

Shopping à San Francisco

Depuis sa création, San Francisco est une place marchande. Elle reste une ville agréable pour le shopping, car on peut y circuler sans sa voiture, à pied ou par les transports en commun. «Go shopping !» disent les Américains quand la fièvre de consommer les prend. Tout est prévu pour pouvoir être client en se sentant roi : des centres commerciaux, les fameux *malls* américains, à Union Square, ou des rues bordées de boutiques comme Fillmore ou Union Streets. Les prix sont intéressants pour certains produits (vêtements sportswear, gadgets électroniques en tout genre), mais attention à certains quartiers très touristiques comme Fisherman's Wharf et Chinatown.

Union Square

Union Square est le lieu de rêve pour les amoureux du shopping, les rues adjacentes proposant un éventail de boutiques luxueuses et charmantes telle Maiden Lane ▲ *218*.

Grands magasins
Neiman Marcus à l'angle de Stockton et Geary Sts, et Saks Fifth (384, Post St.), Macy's (Stockton et O'Farrell Sts), Nordstrom, qui occupe les quatre derniers étages du SF Shopping Centre, et Emporium (835, Market St.) sont les grands magasins ◆ *220* de San Francisco. Le San Francisco Shopping Centre (Market et 5th Sts), qui a ouvert ses portes en octobre 1988, propose plus de cent boutiques sur neuf étages. Au Stonestown Galleria, un *mall* à l'angle de 19th Street et Winston Drive, vous trouverez articles à la mode, décoration intérieure et nourriture exotique (le parking est gratuit).

Prêt-à-porter
Trois lignes de prêt-à-porter nées à San Francisco – Esprit (South of Market), Gap et Banana Republic – sont très connues aux États-Unis. Marques de vêtements sportswear au très bon rapport qualité-prix. Gap et Esprit se sont installés à Paris mais les prix n'y sont pas aussi compétitifs. Les magasins ont, de plus, l'avantage d'être ouverts tous les jours.
◆ The Gap
Douze magasins, dont deux dans *downtown*, au :
890, Market Street et 100, Post Street
Tél. 952 4400
◆ Banana Republic
Trois boutiques, dont une au : 256, Grant Avenue
Tél. 777 0250
Les articles sont un peu plus chic que chez Gap et Esprit.

Divers
◆ Camera Boutique
Si vous avez besoin d'acheter appareils photo, caméras vidéo, pellicules et films, louer du matériel ou faire réparer le vôtre, rendez-vous au :
342, Kearny Street
Tél. 982 4946
(fermé le dimanche).
◆ The North Face
Vous trouverez du matériel de grande qualité dans ce magasin ouvert tous les jours, dont la réputation date des années 1970 : vêtements, accessoires de sport, équipement nécessaire pour le camping et les expéditions en tout genre (tentes, sacs de couchage, etc.).
180, Post Street
◆ Gump's
La maison est connu pour ses bijoux de jade, mais on y vend aussi divers articles de luxe (accessoires de maison et produits orientaux).
135, Post Street
Tél. 982 1616
(fermé le dimanche).
◆ House of Blue Jeans
Ce magasin vend en particulier la marque Levi's.
979 et 1029, Market Street, Civic Center
Tél. 255 0575

Heures d'ouverture
En général, les heures d'ouverture des magasins sont de 10 h à 18 h du lundi au samedi et de 12 h à 17 h le dimanche, à l'exception de Chinatown où les magasins sont ouverts tous les jours entre 10 h et 22 h, Ghirardelli Square et Pier 39, ouverts du lundi au samedi, de 10 h à 21 h et plus tard en été. Le San Francisco Shopping Centre ouvre du lundi au samedi de 9 h 30 à 20 h, le dimanche de 11 h à 18 h ; Emporium, Macy's et Nordstrom, jusqu'à 21 h et le dimanche, de 12 h à 18 h.

MARCHÉ AUX PUCES
FLEA MARKET
Dans ce marché aux puces, au 567, Sutter Street (à un *block* d'Union Square), vous ferez des affaires avec les antiquaires du coin.

CHINATOWN
Bordée de magasins, Grant Street regorge de produits asiatiques mais aussi de gadgets pour les touristes et d'objets kitsch.
◆ COACH STORE ♥
On y trouve une maroquinerie de qualité (un peu chère). Les articles sont garantis à vie.
190, Post Ave.
Tél. 392 1772
◆ CITY OF HONG KONG
Ce magasin, spécialisé en artisanat chinois, existe depuis 1949. Vous y trouverez des tissus de soie, de belles porcelaines et des objets d'art.
519, Grant Ave.

FISHERMAN'S WHARF
◆ PATAGONIA ♥
Les amateurs de sport passeront dans ce magasin (Marina), une excellente boutique de vêtements et d'équipements de sport.
770, North Point
◆ KRAZY KAPS ♥
(Pier 39) Pour les chapeaux de cow-boys, type Stetson, une adresse ! Cette boutique unique propose toutes sortes de chapeaux, du chapeau de velours à la casquette de l'équipe des 49ers.
● *82 (pour hommes et femmes).*
◆ THE CANNERY.
Trois étages de magasins. Ce centre commercial abrite également de nombreuses galeries d'art ainsi que des restaurants.
2801, Leavennworth St.
◆ GHIRARDELLI SQUARE
Ce petit *mall* (900 North Point St.) regroupe des boutiques de vêtements, de livres et de souvenirs. Tout l'artisanat d'Amérique centrale et latine est représenté à la Folk Art International Gallery.

HAIGHT-ASHBURY
BOUTIQUES D'ART
Vous trouverez des peintures, des collages et des bijoux chez O'Desso.
384, Hayes St.
DISQUES D'OCCASION
Chez Recycled Records (1377, Haight St.), Rough Trade (1529, Haight St.) ou encore Reckless Records (1401, Haight St.). Ces trois magasins sont ouverts tous les jours.
FRIPES
Pour les vêtements des années 1960 et 1970, deux adresses : Buffalo Exchange (555, Haight St.) Aardvark's Odd Ark (1501, Haight St.). Passez aussi chez Wasteland ▲ *284,* au 1660, Haight St.

NORTH BEACH
◆ QUANTITY POSTCARDS
Situé de l'autre côté de Colombus Ave. (1441, Grant Ave. – Green St.), ce magasin propose une collection de cartes postales en tout genre, anciennes et récentes. Il est ouvert tous les jours de l'année.

SOUTH OF MARKET
◆ ESPRIT
Pour les vêtements de *teen*, Esprit vend des articles pour tous les âges et aux meilleurs prix.
499, Illinois St. (16th St.)

PACIFIC HEIGHTS
Sur Fillmore Street, vous trouverez beaucoup de boutiques de vêtements de luxe mais les prix ne sont pas toujours très intéressants lorsqu'on vient d'Europe.

ÉQUIVALENCES DE TAILLES	
France	USA
CHAUSSURES HOMMES	
41	8
42	8,5
43	9,5
44	10,5
45	11,5
CHAUSSURES FEMMES	
38	6
38,5	6,5
39	7
39,5	7,5
40	8
COSTUMES HOMMES	
46	36
48	38
50	40
52	42
54	44
VÊTEMENTS FEMMES	
34	4
36	6
38	8
40	10
42	12

◆ CULTURE AU QUOTIDIEN

À San Francisco, la plupart des théâtres, salles de concert et galeries d'art sont concentrés dans Civic Center et Union Square ; cependant, musées, librairies et cinémas débordent largement *downtown*.

CIVIC CENTER
◆ REGENCY I.
Van Ness / Sutter Sts
Tél. 885 6773

FISHERMAN'S WHARF
◆ CINEPLEX ODEON
Powell / Bay Sts
Tél. 403 8186

PRODUCTIONS MUSICALES
◆ CURRAN THEATRE
445, Geary St.
Tél. 474 3800
◆ GOLDEN GATE THEATRE
1, Taylor St. (Market St. et Golden Gate Ave)
Tél. 474 3800
◆ THE ORPHEUM
1192, Market St. (8th St.)
Tél. 474 3800
◆ PRESIDIO PERFORMING ARTS THEATRE
99, Morga Ave. (Presidio)
Tél. 351 1945.

MUSÉES
Le *Culture Pass* permet d'accéder pour $12.50 (soit 30% de réduction) aux cinq musées du Golden Gate Park. Ce *pass* est en vente au Visitor Information Center (Hallidie Plaza).

CINÉMAS
◆ CLAY
Fillmore / Clay Sts
Tél. 352 0810

MISSION-CASTRO
◆ CASTRO
Castro / Market Sts
Tél. 621 6120
Le plus ancien cinéma de la ville.
◆ ROXIE
3117, 16th St.
Tél. 863 1087

JAPAN TOWN
◆ AMC KABUKI 8
Post / Fillmore Sts
Tél. 931 9800.

PRINCIPAUX THÉÂTRES
Les théâtres sont concentrés à l'est de Union Square.
◆ AMERICAN CONSERVATORY THEATER (ACT)
30, Grant Ave.
Tél. 834 3200
Pièces de théâtre classiques et contemporaines.
◆ GEARY THEATER
415, Geary St.
Tél. 749 2228
Endommagé par le tremblement de terre de 1989, il a été entièrement rénové.
◆ MARINE'S MEMORIAL THEATRE
609, Sutter St. (Mason St.)
Tél. 771 6900
Répertoire étendu.
◆ THEATRE ON THE SQUARE
Kensington Park Hotel,
450, Post St.
(Powell St.)
Tél. 433 9500
Comédies et comédies musicales.
◆ STAGE DOOR THEATRE
420, Mason St. (Geary St.)
Tél. 749 2228
Théâtre classique et contemporain.
◆ CLIMATE
252, 9th St. (Howard St.)
Tél. 978 2345
Théâtre expérimental et d'avant-garde.
◆ THEATRE ARTAUD,
450, Florida St.
Tél. 621 779
Théâtre expérimental, improvisations.
◆ LIFE ON THE WATER
Fortt Mason, Bldg B
Tél. 824 9394
Pièces de théâtre d'auteurs contemporains.

MUSIQUE CLASSIQUE
◆ Le San Francisco Symphony Orchestra donne ses concerts au Davies Symphony Hall
201, Van Ness Ave.
(Grove St.)
Tél. 864 6000
◆ HERBST THEATER
401, Van Ness Ave.
Tél. 621 6600
Salle de concert réservée principalement à la musique classique.

OPÉRA
◆ WAR MEMORIAL OPERA HOUSE
301, Van Ness Ave.
(Grove St.)
Tél. 861 4008
Représentations du *San Francisco Ballet* et informations sur les programmes de la saison d'opéra, de septembre à décembre.

SALLE DE CONCERT
Musique classique et pop, et spectacles de danse :
◆ CIVIC AUDITORIUM
99, Grove St.
(à côté du City Hall)
Tél. 974 060.

RADIOS

AM
◆ SPORT
KCBS 740, KGO 810
◆ JAZZ, POP, ROCK
(sans publicité)
KQED 88.5
(radio publique),
KPFA 94.1 (libre),
KNOB 1510 (jazz)

FM
◆ MUSIQUE CLASSIQUE
102.1 KDFC
◆ DANCE MUSIC
102.9 KBLX
◆ ALTERNATIVE ROCK
90.3 KUSF
◆ COUNTRY MUSIC
94.9 KSAN
◆ JAZZ
91.1 KCS
103.7 KKSF
89.5 KPOO
◆ ROCK
96.5 KOIT
97.3 KRQR
104.5 KFOG
◆ TOP 40
105.3 KITS
106.1 KMEL
◆ INFORMATION
88.5 KQED
(sans publicité)
◆ SERVICES RELIGIEUX
106.9 KEAR.

JOURNAUX D'ANNONCES

Dans les *racks* (distributeurs) à journaux, vous trouverez des journaux hebdomadaires (mercredi) gratuits tels que *San Francisco Bay Guardian* et *San Francisco Weekly*, qui offrent des programmes culturels et un carnet d'adresses pour vos soirées.

GALERIES D'ART

SOUTH OF MARKET
◆ ANSEL ADAMS CENTER
250, 4th St.
Tél. 495 7000
Ce centre réunit une librairie et cinq galeries d'art (ouvertes mar.-dim 11 h-17 h), dont une réservée aux photos d'Ansel Adams ▲ *287*.
◆ CROWN POINT PRESS
20, Hawthorne St.
Tél. 974 6273
Gravures et estampes sur bois.

UNION SQUARE
◆ MEYEROVICH,
231, Grant Ave
Tél. 421 7171
◆ FRAENKEL
49, Geary St.
Tél. 981 2661
◆ HAINES GALLERY
49, Geary St
Tél 397 8114
◆ JACK HANLEY GALLERY
41, Grant Ave.
Tél. 291 8911
◆ RENA BRANSTEN
77, Geary St.
Tél. 982 3292
◆ GALLERY PAULE ANGLIM
14, Geary St.
Tél. 433 2710
◆ HARCOURTS MODERN & CONTEMPORARY ART
706, Mission.
Tél. 227 0400
◆ MODERNISM
685, Market St., Suite 290
Tél. 541 0461.

SPORTS D'ÉQUIPE
◆ CANDLESTICK PARK
Au sud de San Francisco (autoroute 101). Ces matchs de football américain, avec les *San Francisco 49ers* (tél. 462 2249), ou de base-ball, avec les *San Francisco Giants* (tél. 467 8000) ● *82*.
◆ ALAMEDA COUNTY COLISEUM
À Oakland, accessible avec le métro Bart ◆ *332* (station *Coliseum*). C'est le terrain de l'équipe de base-ball de Oakland, les *Oakland A's* (tél. (510) 569 BASS).
Si vous préférez le basket-ball, vous suivrez un match des *Golden State Warriors* (tél. (510) 569 2121).

LIBRAIRIES

NORTH BEACH
◆ CITY LIGHTS BOOKSTORE ▲ *165*
261, Columbus Ave
Tél. 362 8193.
Ouvert tlj 10 h-0 h
Art et poésie.
◆ EAST WIND BOOKS,
1435, Stockton St.
Tél. 772 5877
Ouvert lun.-sam.
10 h-18 h, dim. 12 h-17 h
Librairie asiatique.
◆ SIERRA CLUB BOOKSTORE
730, Polk St.
(Civic center)
Tél. 923 5600
Ouvert 10 h-17 h,
sauf dim.
Spécialisée nature.

UNION SQUARE
◆ MCDONALD'S BOOKSHOP
48, Turk St.
Tél. 673 2235
Ouvert lun.-mer.
10 h-18 h
jeu.-sam 10 h 30-18 h 45
La plus grande librairie de livres d'occasion.

NOB HILL
◆ EUROPEAN BOOK COMPANY
925, Larkin St. (Post St.)
Tél. 474 0626
Ouvert lun.-ven.
9 h 30-18 h,
sam. 9 h 30-17 h
Presse internationale.

MISSION
◆ ADOBE
3166, 16th St.
(Guerrero St.)
Tél. 864 3936
Livres rares et usés.

HAIGHT-ASHBURY
◆ THE BOOKSMITH
1644, Haight St.
Tél. 863 8688
Ouvert lun.-sam.
10 h-21 h, dim., 10 h-18 h
Librairie généraliste.

BILLETTERIES GÉNÉRALES
◆ TIC BAY AREA
Stockton St.
(Union Square)
Ouvert mar.- sam.
de 12 h-19 h 30
On peut y acheter aussi des billets à moitié prix pour des spectacles le jour même. Sont acceptés dans ce cas traveller's cheques ou argent liquide.
◆ BASS / TICKETMASTER
Vous pouvez acheter vos places par téléphone au (510) 762 2272 en communiquant votre numéro de carte de crédit.
◆ TOWER RECORDS
À l'angle de Bay St. et de Columbus Ave.
Tél. 885 0500
TOWER CLASSICAL
En face de Tower Records
Tél. 441 4880
◆ THE WHEREHOUSE RECORDS
2083, Union St.
(Webster St.)
Tél. 346 0944
◆ ENTERTAINMENT TICKETFINDER
Tél. 756 1414
ou (800) 523 1515
◆ CITY BOX OFFICE
(Sherman Clay & Co)
153, Kearny St.
Tél. 392 4400.

TÉLÉVISIONS

ABC (American Broadcasting System) sur la 7, avec KGO
CBS (Columbia Broadcasting System) sur la 5, avec KPIX
KTVU-FOX sur la 2, grand public, 2 ans d'existence
NBC (National Broadcasting System) sur la 4
PBS (Public Broadcasting System), sur la 9, avec KQED
CHAÎNES CÂBLÉES (*cables-TV*)
CNN (Cable News Network) pour l'information.
HBO (Home Box Movie) pour les films. La plupart des hôtels ont des télévisions et sont abonnés à un réseau de vidéos à la commande, *pay-per-view* (vous payez le film que vous voulez).

◆ Jazz dans la Baie

C'est à San Francisco, en 1913, que le mot *jazz* serait apparu la première fois pour désigner une musique d'un genre nouveau. Les bars dansants étaient alors nombreux sur cette «côte barbare», et la diversité musicale remarquable. Dans les années 20, de nombreux groupes noirs venus du Sud firent leur apparition, et San Francisco devint l'un des hauts lieux du jazz, avec La Nouvelle-Orléans. C'est à San Francisco que cette musique a été la plus active. Aujourd'hui, le jazz – qui intègre les dernières innovations électroniques et les images vidéo – renaît avec l'explosion des dîners-spectacles et des clubs de jazz.

OAKLAND ▲ 308
◆ KEYSTONE KORNER YOSHI'S ♥
Le club le plus actif se trouve en fait à North Oakland mais va déménager à Jack London Square en janvier 1996. Dizzie Gillespie aimait venir dans ce club de l'*East Bay*, voisin d'un restaurant japonais. Le *Yoshi's* a récemment amélioré son acoustique, et les meilleurs musiciens viennent y jouer. Les concerts ont lieu habituellement à 20 h et à 22 h, tous les soirs.

EMERYVILLE
Un peu éloigné du centre, un autre club de qualité vaut le «voyage» ! Il faut emprunter l'autoroute 80 en direction d'Oakland et sortir à Emeryville.
◆ KIMBALL'S EAST ♥
C'est le nouveau club à la mode ! Une salle de quatre cents places à l'intérieur d'un centre commercial. Concerts de mercredi à dimanche (21 h-2 h). Ouvert tous les jours.

JAZZ AND ALL THAT ART
Ce festival est devenu une institution. Les *bands* jouent début juillet dans Fillmore Street. Depuis que, dans les années 1950, Charlie Mingus est venu se produire au festival de Monterey, au sud de San Francisco, cette ville est devenue un autre grand lieu de référence pour le jazz. Le festival a lieu, chaque année, en septembre.

SAN FRANCISCO JAZZ FESTIVAL
Ce festival réunit les plus grands noms de jazz avec les musiciens de la région dans différents clubs. Deux semaines en oct.-nov.

Situé en dessous, *Kimball's Carnival* donne des concerts de salsa et de musique latine de mercredi à dimanche 20 h-2 h
Tél. (510) 653 5300.

CASTRO
◆ CAFÉ DU NORD
Concerts (jazz et blues) tous les soirs et cabaret le dimanche. Billard, ambiance fifties, nombreux Français.

NOB HILL
◆ NEW ORLEANS ROOM
À l'intérieur du *Fairmont Hotel*. Dans ce club intimiste, on joue les standard de jazz des années 20, 30 et 40. Musique *live* du mardi au samedi, jusqu'à 1 h.

NORTH BEACH
◆ JAZZ AT PEARL'S
Dans ce restaurant italien, le club de jazz propose des concerts tous les soirs.

SOUTH OF MARKET
◆ UP & DOWN CLUB
Au rez-de-chaussée, vous trouverez bar et restaurant. Le club, ouvert jusqu'à 2 h du matin, est à l'étage : discothèque du vendredi au dimanche et le mardi. Concerts de jazz et de blues mercredi et jeudi.
◆ THE RAMP
Concerts en terrasse (ce qui est rare à San Francisco) sur un grand pont en tek coincé entre un yacht-club et les docks. Restaurant en semaine et brunch samedi et dimanche.

UNION SQUARE
◆ REDWOOD ROOM
Si vous recherchez le calme, vous apprécierez ce piano-bar, à l'intérieur du *Clift Hotel*. Tenue correcte exigée. Ouvert dès 18 h ven. et sam..

ADRESSES
CAFÉ DU NORD
2170, Market St.
Tél. (415) 861 5016
JAZZ AT PEARL'S
256, Colombus Ave.
Tél. (415) 291 8255
KIMBALL'S EAST
5800, Shellmound St. Emeryville
Tél. (510) 658 2555
NEW ORLEANS ROOM
950, Mason St. (California St.)
Tél. (415) 772 5259
REDWOOD ROOM
495, Geary St. (Taylor St.)
Tél. (415) 775 4700
YOSHI'S
6030, Claremont St. (*Berkeley Line*, métro Bart), Oakland
Tél. (510) 652 9200
FESTIVAL DE MONTEREY
Tél. (408) 373 3366
JAZZ AND ALL THAT ART
Tél. (415) 346 4446
SAN FRANCISCO JAZZ FESTIVAL
Tél. 864 5449

LA NUIT À SAN FRANCISCO

Ce n'est pas seulement les jours de tremblement de terre que les nuits vibrent à San Francisco. Depuis le début du siècle, cette ville impertinente et débridée reste fidèle à ses traditions : la vie nocturne y est intense. Elle compte quelque deux mille bars, night-clubs et cabarets. Les quartiers les plus animés sont South of Market, North Beach et le nouveau lieu à la mode, à l'ouest de Mission District, le long de Valencia Street, entre la 16th et la 24 th Streets.

CASTRO

Les homosexuels représentent près de 10 % de la population san franciscaine. Castro – le quartier *gay* – abrite une multitude de boîtes de nuit et de bars ; vous n'aurez pas l'embarras du choix.

◆ MIDNIGHT SUN
Un des plus anciens bars *gay* où vous verrez des films et des vidéo-clips originaux.

◆ JOSIE'S CABARET AND JUICE JOINT
Restaurant végétarien le jour. À partir de 21 h, cet endroit est une bonne introduction aux nuits chaudes et *weird* («bizarre») qui font l'originalité de San Francisco. Beaucoup de soirées à thèmes (20 h) et spectacles *gay* vendredi et samedi (22 h).

CIVIC CENTER

◆ GREAT AMERICAN MUSIC HALL
Dans cet ancien cabaret, vous découvrirez des artistes locaux – comédiens ou danseurs mais aussi des musiciens connus de rock, jazz et blues. Les spectacles commencent à 20 h. Vous pourrez manger sur le pouce jusqu'à 22 h 30.

NORTH BEACH

Sur Colombus et Broadway Avenues et un peu plus bas, dans Grant Street, vous trouverez des cafés-concerts.

◆ FINOCCHIO'S ▲ 168
Ce club de travestis vous propose trois spectacles chaque soir, à 20 h 30, 22 h et 23 h 30, le mardi et du jeudi au dimanche. Mais vous êtes aussi invités à danser. Habillés de cuir, vous ne choquerez personne.

SOUTH OF MARKET

La plupart des clubs sont situés autour de Folsom Street entre la 13th et la 4th Streets.

◆ SOUND FACTORY
Jumeau du club de New York City, il est constitué de trois salles de dance équipées du son et lumière à la pointe de la technologie.

◆ D V 8
Si vous avez besoin d'espace, cette boîte de nuit sur deux étages vous propose une surface de 10 000 m². Musique pop, rock ou techno.

◆ SLIM'S
Vous verrez de bons groupes de rock dans ce night-club très sympathique.

◆ DNA LOUNGE
Cette discothèque bruyante propose des concerts de jazz et de blues à 21 h presque chaque soir et un *disk jokey* vous fera ensuite danser jusqu'à 4 h.

◆ PARADISE LOUNGE
Cette discothèque possède une salle de billard. Concerts de rock chaque soir.

ALCOOL

L'âge légal pour l'achat de boissons alcoolisées ainsi que l'entrée en boîte de nuit est fixé à 21 ans. Il est conseillé de toujours avoir sur soi une pièce d'identité qui peut être demandée dans les boutiques de spiritueux, les bars et les restaurants. La vente d'alcool dans les night-clubs est autorisée jusqu'à 2 h du matin uniquement. La plupart des bars proposent un *happy hour*, de 17 h à 19 h en général, qui vous permet de consommer à moitié prix.

ADRESSES

SOUND FACTORY
525, Harrison St
Tél. 543 1300

DNA LOUNGE
375, 11th St.
(Harrison St.)
Tél. 626 1409

DV8
540, Howard St.
Tél. 777 1419

FINOCCHIO'S
506, Broadway
Tél. 982 9388

GREAT AMERICAN
MUSIC HALL
859, O'Farrel St.
(Polk St.)
Tél. 885 0750

JOSIE'S CABARET
3583, 16th St.
(Market St.)
Tél. 861 7933

MIDNIGHT SUN
4067, 18th St.
Tél. 861 4186

PARADISE LOUNGE
1501, Folsom St.
(12th St.)
Tél. 861 6906

SLIM'S
333, 11th St.
(Harrison St.)
Tél. 621 3330

◆ San Francisco vue par les cinéastes

It Came from beneath the Sea, de Robert Gordon.

Escape from Alcatraz (L'Évadé d'Alcatraz), de Don Siegel (1979).

Le cadre et l'atmosphère de San Francisco se prêtent volontiers aux scénarios les plus spectaculaires. Nombre de metteurs en scène l'ont ainsi choisie pour tourner tout ou partie de leurs films. Les gratte-ciel (c'est du haut d'une tour que le tueur de *L'Inspecteur Harry* menace de mort les habitants et que le policier de *Sueurs froides* est pris de vertige), la Baie, Alcatraz et sa légende, Golden Gate Bridge (il suffit de le montrer pour situer l'histoire) figurent parmi les lieux de prédilection de plusieurs films (*l'Évadé d'Alcatraz* de Don Siegel, *Les Oiseaux* d'Alfred Hitchcock, *La Dame de Shangaï* d'Orson Welles, etc.).

Ville dangereuse

Les années 40 marquent la fin du film de gangsters et le début du film noir, dont les héros sont des détectives privés. En 1941, John Huston réalise, d'après le roman de Hammett ● *132, Le Faucon Maltais*, son premier film, qui connaît un succès hors pair et éclipse deux versions antérieures. Dans ce film, Huston tient moins à montrer la ville réelle – le film est réalisé en studio – qu'à restituer l'esprit d'une cité corrompue grâce à l'emploi de lieux clos comme le bureau du détective ou les hôtels particuliers des bandits. On ne voit guère San Francisco, hormis la séquence des vues aériennes au début du film (Golden Gate Bridge ▲ *242*), la mort d'Archer, l'associé du détective Spade, dans Bush Street, et quelques images brèves de rues la nuit. Ainsi, le spectateur apprend à regarder la ville à travers les comportements, c'est-à-dire avec les yeux de Sam Spade (Humphrey Bogart), qui livrera Brigid, la femme qu'il aime sans doute un peu moins que sa ville.

Ville labyrinthe

San Francisco devient le décor idéal de plusieurs films d'un nouveau genre qui mélangent adroitement le labyrinthe de la fiction et le dédale urbain. Associé à la ville, le rôle de la femme fatale domine le film noir. Dans *La Dame de Shangaï* (*Lady from Shangaï*, 1946), d'Orson Welles, l'intrigue se transforme en un cauchemar conclu dans l'ancien «Playland-at-the-Beach» dont les miroirs piègent tous les regards.

Ville mystérieuse

Quatre films d'Alfred Hitchcock ont pour toile de fond la baie de San Francisco. La scène finale des *Oiseaux* (*The Birds*), réalisé en 1963, accentue l'angoisse de la jeune femme qui fuit Bodega Bay, au nord, pour San Francisco, plus sécurisante, alors qu'au loin Golden Gate Bridge est recouvert d'un nuage d'oiseaux vampires. Dans *Sueurs froides* (*Vertigo*, 1958), entièrement tourné à San Francisco (studios Paramount), Hitchcock filme les sites les plus célèbres. On y voit entre autres The Palace of Fine Arts, sur Baker et Beach Streets ▲ *240*, The Palace of the Legion of Honor, au Lincoln Park ▲ *248*, et, lorsque l'héroïne se jette dans la baie, on reconnaît Fort Point ▲ *241*. Enfin, la première fois que James Stewart (le détective) aperçoit la mystérieuse Madeleine (Kim Novak), c'est au restaurant *Ernie's* (847, Montgomery St., tél. 397 5969), qui sert une fameuse cuisine française.

Rues de San Francisco

Ce titre d'une série télévisée de cent dix-neuf épisodes, avec Michael Douglas et Karl Malden, indique que les temps ont changé : les films (de télévision comme

Dangereusement Vôtre, de John Glen (1985).

Magnum Force, *de Ted Post (1974), le deuxième épisode de* L'Inspecteur Harry.

The Maltese Falcon (Le Faucon maltais), *de John Huston (1941).*

de cinéma) utilisent désormais davantage les décors naturels. Grâce aux intrigues, la géographie de la ville devient l'occasion d'une véritable visite guidée. À San Francisco, les histoires de flics et de détectives se transforment en cascades et poursuites de voitures. *Bullitt* (1968), de Peter Yates, montre le flic intègre Steve Mc Queen qui utilise les grands moyens au volant de sa Ford Mustang. Le principe du film noir est ainsi décalé, le drame et la psychologie des personnages sont effacés au profit de cascades spectaculaires.

VUES DU CIEL
Le film d'action est lancé. Clint Eastwood interprète un autre policier qui, dans *L'Inspecteur Harry* (*Dirty Harry*, 1971), poursuit un psychopathe menaçant la ville du haut d'un gratte-ciel. Avec ce film de Don Siegel, le premier d'une série de cinq, parfois violents, le désespoir des personnages naît de la ville même. Chargé de «nettoyer» San Francisco, pourtant si belle, vue de haut, de loin et sous tous les éclairages possibles, Harry Callahan est toujours sur le point de tout laisser tomber. Dans *L'Évadé d'Alcatraz* (*Escape from Alcatraz*, 1979), de Don Siegel, le documentaire sert la fiction : Franck Morris, interprété par Clint Eastwood, et ses complices ont réellement réussi à s'évader de la prison en 1962, un an à peine avant que le célèbre pénitencier ferme à jamais ses portes.

Bullitt, *de Peter Yates (1968)*

VILLE CATASTROPHE
Dans un James Bond signé John Glen (*Dangereusement Vôtre*, *A View to Kill*, 1985), l'inévitable criminel mégalomane veut assister à la destruction de Silicon Valley ● 76 depuis son dirigeable. L'instrument de la catastrophe en dit long : le bandit provoque un séisme et, dans un final hallucinant, meurt en tombant de son ballon, au-dessus de Golden Gate Bridge. Si bien que les purs, à l'instar de Loth, s'éloignent de la ville promise au cataclysme.

VILLE SYMBOLE
L'emblème de San Francisco reste Golden Gate Bridge (affiche des *Oiseaux*, de Hitchcock, en 1963) ▲ 242 : il abrite la violence et l'amertume des *Dirty Harry*, les ambiguïtés mélancoliques de *Sueurs froides* et les menaces contre le rêve américain : extra-terrestres de *Invasion of the Body Snatchers* (Kaufmann, 1978), pieuvre géante de *It Came from beneath the Sea* (Robert Gordon, 1955), mais aussi tremblements de terre, de *San Francisco* (W. Van Dyke, 1936) à *Dangereusement Vôtre*. Des visions de mort à San Francisco, qui doit toujours échapper aux catastrophes.

◆ SAN FRANCISCO PAR DASHIELL HAMMETT

La rue Monroe fut renommée Dashiell Hammett, en 1988.

Quand Dashiell Hammett meurt à New York, le 10 janvier 1961, il entre dans la légende. On rappelle son attitude courageuse, dix ans auparavant, au moment de la chasse aux sorcières, qui lui valut six mois de prison. On vante les mérites du père fondateur du roman noir en se souvenant qu'en 1923 la revue *Black Mask* publiait sa première aventure de Continental Op et que, sept ans plus tard, c'était au tour de Sam Spade d'apparaître. Sam Spade, l'archétype du privé américain, qu'Ellery Queen présentait ainsi : «Voici l'homme sauvage de San Francisco qui appelle toujours un chat un chat.»

Continental Op et Sam Spade, les deux personnages de détectives, sont nés, bien entendu, de l'expérience de Hammett, qui fut quelque temps agent de Pinkerton. Mais leur naissance doit aussi beaucoup à San Francisco, où se déroulent la majorité de leurs aventures. Si Hammett préférait New York, plus intellectuelle, ou Hollywood, plus fastueuse, ses personnages – ses «doubles» –, eux, aiment cette ville : le *Frisco* de la prohibition, des bars louches où coule l'alcool de contrebande, des docks où l'on trafique, des soirées de boxe où la foule hurle, des champs de courses et des paris clandestins... Lorsque Continental Op, dans *La Moisson rouge*, débarque à Personville (Montana), il s'empresse de préciser qu'il est de San Francisco et, son enquête terminée, il avertit le lecteur qu'il y retourne !

RUES ANIMÉES DES ANNÉES 1920

Sam Spade habite Post Street, ce qui permet à l'écrivain de décrire des lieux particuliers comme une librairie, un atelier de réparation d'automobiles, une pharmacie, le *Fern Café*... lieux qu'il a peut-être lui-même fréquentés, ayant habité dans cette rue. Hammett fera aussi référence à d'autres rues de Civic Center, telles que Ellis Street et Eddy Street (à l'angle de Hyde Street), où l'on découvrira notamment le cadavre de Bob Teal, dans une nouvelle annonçant *Le Faucon maltais*. Le *Geary Theater* (où Shakespeare est à l'honneur en 1929), les hôtels et les restaurants (le *John's Grill* ◆ 377 est un «survivant») du quartier incarnent les années 1920, mais des lieux anodins tels que les bureaux de poste ont aussi leur rôle à jouer, comme celui qui a une sortie sur Mission Street : il permet aux gens fauchés d'aller au *Remedial*, la meilleure officine de prêteur sur gages.

DÉAMBULATIONS DE DÉTECTIVES

Hommes pratiques qui n'aiment pas la marche à pied, Op et Spade nous renseignent sur les possibilités de déplacements dans *Frisco*. Pour demander un taxi, Sam (dans *Le Faucon maltais*) appelle Graystone 4500, mais il pourrait aussi bien aller à la station de Union Square. Les indications sur le *tram* ne manquent pas non plus (l'arrêt de Hyde Street n'est pas loin de chez lui !), ni celles sur les correspondances de bus (arrêt de Van Ness Ave), les gares (Pickwick, sur Fifth Street, et celle de Third et Townsend Streets), les garages (à Post Street et au sud de Golden Gate Ave), et les *ferries* (pour Oakland et l'îlot de Couffignal).

QUARTIERS PROPICES

Ceux qui ont les moyens, en ces folles années de prohibition, peuvent aller s'encanailler dans les bouges de North Beach : chez *Ryck*, chez *Healy* ou chez *Pigatti*. Ils peuvent opter pour le restaurant dansant de George Street ou le *Julius's Castle*, sur Telegraph Hill... Chinatown, bien sûr, ne pouvait pas être oubliée dans ce voyage proposé par Hammett, dans «ce Chicago des années folles». À la fin de son enquête, le héros-narrateur décide de ne plus manger dans les restaurants chinois et d'éviter à jamais le secteur. Golden Gate Bridge et le parc avoisinant font partie du décor, et la lugubre corne de brume d'Alcatraz résonne aux oreilles de nos enquêteurs.

FRISCO

Hammett, amoureux de San Francisco même s'il ne voulait pas l'avouer, a réussi à faire partager son amour à ses lecteurs. Ce qu'il a décrit, lieux réels ou inventés, a contribué à faire de *Frisco* une ville mystérieuse et dangereuse.

Carnet d'adresses

- ☼ Panorama
- C Centre-ville
- ↳ Isolé
- ◐ Restaurant de luxe
- ◐ Restaurant typique
- ○ Restaurant économique
- 🏛 Hôtel de luxe
- 🏠 Hôtel typique
- ⌂ Hôtel économique
- P Parking
- 🚗 Garage surveillé
- ☐ Télévision
- ⌂ Calme
- ⌁ Piscine
- ▭ Cartes de crédit
- ⚹ Prix enfants
- ⌘ Animaux interdits
- ♩ Musique
- 🎺 Orchestre

◆ Choisir un restaurant

- ♦ < $ 20
- ♦♦ $ 20 à $ 50
- ♦♦♦ > $ 50

	PRIX	VUE	CADRE, DÉCORATION	CUISINE EUROPÉENNE	CUISINE AMÉRICAINE	CUISINE LATINO-AMÉRICAINE	CUISINE ASIATIQUE	POISSONS, FRUITS DE MER	VOITURIER	MUSIQUE
CHINATOWN										
Empress of China	♦	●	●				●			●
House of Nanking	♦						●			
Imperial Palace	♦♦♦						●			
NORTHERN WATERFRONT										
Alioto's	♦♦	●		●				●	●	
Dante's Seafood grill	♦	●			●			●	●	
Hornblower Dining Yachts	♦♦♦	●			●					●
Lou's Pier 47 Club	♦			●	●			●		
Scoma's	♦♦	●			●			●	●	
FORT MASON - MARINA - PRESIDIO										
Green's	♦♦	●	●							
Izzi's Steak and Chops	♦♦				●					
Johnny Rockets	♦		●		●					
Mai's Vietnamese Restaurant	♦						●			
Mel's Drive In	♦		●		●					
Rosemarino	♦♦		●	●						
NOB HILL										
Acquarello	♦♦			●					●	
Art Institute Café	♦	●	●							
Fornou's Oven	♦♦		●	●	●				●	
Hard Rock Café	♦		●		●					●
La Folie	♦♦♦			●	●				●	
Swan Oyster Depot	♦							●		
NORTH BEACH										
Bix	♦♦			●	●					●
Bocce Caffé	♦				●					
Brandy Ho's	♦					●				
Caffé Sport	♦♦		●							●
Cypress Club	♦♦		●						●	
Enrico's Sidewalk Cafe	♦♦		●		●					●
Essex Supper Club	♦♦♦			●					●	
Fog City Diner ♥	♦♦		●		●					
Harbor village	♦♦						●			
Il Fornaio	♦♦			●						
Jazz at Pearl's				●						●
Julius Castle	♦♦	●								
Little Joe's	♦				●					
Tommaso's ♥	♦			●						
FINANCIAL DISTRICT										
Aqua	♦♦♦		●					●		
Bentley's	♦♦	●						●		●
Saz	♦♦			●						
Tadich Grill	♦♦♦			●	●			●		
The Carnelian Room	♦♦	●		●				●		
Tommy Toy's			●				●			
Yank Sing	♦♦						●			
UNION SQUARE										
Aioli	♦♦		●	●	●					
Café Claude	♦♦		●							
Fleur de Lys	♦♦♦		●	●	●				●	
John's Grill	♦♦		●							

	PRIX	VUE	CADRE, DÉCORATION	CUISINE EUROPÉENNE	CUISINE AMÉRICAINE	CUISINE LATINO-AMÉRICAINE	CUISINE ASIATIQUE	POISSONS, FRUITS DE MER	VOITURIER	MUSIQUE
KULETO'S ♥	♦♦		●	●						
MASA'S	♦♦♦			●	●				●	
POSTRIO	♦♦♦		●		●				●	
SEARS FINE FOOD	♦				●					
THE CORONA BAR AND GRILL	♦♦					●				
ST. FRANCIS CAFE	♦	●		●	●					●
CIVIC CENTER - JAPANTOWN										
CALIFORNIA CULINARY ACADEMY	♦♦		●	●						
COCONUT GROVE	♦♦♦		●	●	●					
ISOBUNE (restaurant MALL)	♦♦		●				●			●
MAX'S OPERA CAFÉ	♦				●					
MISS PEARL'S JAM HOUSE	♦		●		●					
SPUNTINO	♦			●						●
STARS	♦♦♦		●		●				●	
STARS CAFÉ	♦♦				●					
THEP PHANOM ♥	♦♦						●			
ZUNI'S CAFÉ	♦♦		●	●	●					
GOLDEN GATE PARK - HAIGHT ASHBURY										
CHA CHA CHA	♦		●			●				
THE PORK STORE CAFÉ ♥	♦				●					
RICHMOND										
ANGKOR WAT	♦						●			
NEW GOLDEN TURTLE	♦♦						●			
SOUTH OF MARKET										
DUBLINER	♦				●					
BRAIN WASH ♥	♦		●		●					
CAFFÉ CENTRO	♦	●	●							
CAFÉ MARS	♦									
ELEVEN	♦			●						●
HAMBURGER MARY'S	♦				●					●
JULIE'S SUPPER CLUB	♦♦		●		●					
LULU	♦♦			●						
THE CARIBBEAN ZONE	♦		●							
THE RAMP	♦♦									●
WU KONG	♦♦						●			
MISSION/CASTRO										
AUNT MARY'S RESTAURANT	♦♦		●			●				
CAFÉ MACONDO	♦									●
FLYING SAUCER	♦♦		●	●						
ESPERPENTO	♦♦			●		●				
HOT'n'HUNKY	♦				●					
KATZ BAGELS	♦				●					
LA RONDELLA	♦					●				
LA TACQUERIA SAN JOSE	♦					●				
PASTAIO LUISA'S	♦			●						
PATIO CAFÉ	♦♦		●		●					●
TI COUZ	♦			●						
ENVIRONS										
CHEZ PANISSE	♦♦♦		●	●					●	
FRENCH LAUNDRY	♦♦♦		●	●	●					
TRAVIGNE	♦♦		●	●						
V. SATTUI WINERY	♦			●						

◆ Choisir un hôtel

- ♦ < $ 50
- ♦♦ $ 50 à $ 120
- ♦♦♦ $ 120 à $ 200
- ♦♦♦♦ > $ 200

Hôtel	PRIX	VUE	CALME	ARCHITECTURE DÉCORATION	ACCUEIL SERVICES	GARAGE	HOTEL - RESTAURANT	PISCINE, SPORTS	SÉMINAIRES	NOMBRE de CH.
CHINATOWN										
Grant Plaza	♦♦					●				72
Holiday Inn Financial District	♦♦♦	●				●	●	●	●	566
FORT MASON - MARINA - PRESIDIO										
San Francisco Youth Hostel	♦	●	●			●				21
The Mansions	♦♦♦♦			●		●	●		●	21
The Sherman House	♦♦♦♦			●	●	●	●			14
NOB HILL										
Bedford	♦♦♦	●	●			●	●		●	144
Beresford Arms	♦♦♦			●	●	●				102
Commodore International	♦♦									113
Ritz Carlton	♦♦♦♦	●		●	●	●	●	●	●	336
Stouffer Stanford Court	♦♦♦♦			●	●	●	●		●	402
The Fairmont	♦♦♦♦	●		●		●	●	●	●	596
The Huntington Hotel ♥	♦♦♦♦	●		●	●	●	●		●	140
Mark Hopkins Intercontinental	♦♦♦♦	●		●		●	●		●	390
NORTH BEACH										
Hotel Bohemia	♦♦					●		●		15
San Remo Hotel	♦♦			●		●				62
The Washington Square Inn	♦♦♦		●		●	●		●		15
FINANCIAL DISTRICT										
Mandarin Oriental ♥	♦♦♦♦	●				●	●		●	158
UNION SQUARE										
Ansonia Hotel	♦						●			150
Beresford	♦♦					●	●			114
Brady Acres	♦♦				●					25
Cartwright Hotel	♦♦				●	●	●		●	114
Golden Gate Hotel ♥	♦♦			●	●	●				23
Hotel Triton	♦♦			●		●	●	●		140
King Georges Hotel	♦♦		●			●	●			140
Monticello Inn ♥	♦♦♦					●	●			91
Pacific Bay Inn	♦					●				84
Shannon Court	♦♦♦					●	●		●	173
Sheehan	♦♦				●			●		68
Stratford Hotel	♦									105
The Andrews	♦♦				●	●	●			48
The Donatello	♦♦♦				●	●	●		●	95
The Gaylord	♦					●				110
The Pan Pacific Hotel	♦♦♦♦					●	●	●	●	330
Villa Florence	♦♦♦					●	●		●	177
Westin St Francis Hotel	♦♦♦♦	●				●	●	●	●	1200
White Swan Inn	♦♦♦				●	●			●	26
CIVIC CENTER - JAPANTOWN										
Inn at the Opera	♦♦♦			●		●	●		●	48
The Albion House Inn	♦♦♦			●			●		●	9
The Archbishop's Mansion ♥	♦♦♦			●	●				●	15
The Chateau Tivoli	♦♦♦			●				●	●	7
The New Abigail Hotel	♦♦	●		●			●			66
The Phoenix Inn	♦♦	●				●	●			44
The Queen Anne	♦♦♦				●	●			●	49
GOLDEN GATE PARK - HAIGHT ASHBURY										
The Metro	♦♦		●			●				23
Red Victorian Bed & Breakfast Inn	♦♦									18
The Spencer House	♦♦♦	●	●	●		●			●	6
Victorian Inn on the Park	♦♦♦	●	●	●		●				12
SOUTH OF MARKET										
Harbor Court Hotel	♦♦♦	●			●	●	●	●		131
Sheraton Palace	♦♦♦♦			●		●	●	●	●	550

CHOISIR UN LIEU À VISITER ◆

VIE ET HISTOIRE DE SAN FRANCISCO

ALCATRAZ	◆ 369	Pier 41 / **NORTHERN WATERFRONT**
CABLE CAR MUSEUM	◆ 371	Washington St. / **NOB HILL**
CITY HALL	◆ 380	Van Ness Ave. / **CIVIC CENTER**
CLIFF HOUSE	◆ 383	1 066-1 090, Point Lobos Ave. / **RICHMOND**
COIT TOWER	◆ 373	Telegraph Hill / **NORTH BEACH**
HAAS LILIENTHAL HOUSE	◆ 370	2007, Franklin St. / **PACIFIC HEIGHTS**
MISSION DOLORES	◆ 386	Dolores St. / **MISSION**
MUSEUM OF THE CITY OF SAN FRANCISCO	◆ 369	Leavenworth St. / **NORTHERN WATERFRONT**
NEPTUNE SOCIETY COLUMBARIUM	◆ 383	Loraine Court / **RICHMOND**
OCTAGON HOUSE	◆ 370	2 645, Gough St. / **PACIFIC HEIGHTS**
PRESIDIO ARMY MUSEUM	◆ 370	Lincoln Blvd et Funston Ave / Presidio
SAN FRANCISCO HISTORY ROOM	◆ 380	San Francisco Public Library / Civic Center

HISTOIRE DE LA CALIFORNIE

FORT POINT NATIONAL HISTORIC SITE	◆ 370	Lincoln Blvd et Long Ave. / **PRESIDIO**
MUSEUM OF MONEY OF THE AMERICAN WEST	◆ 374	Bank of California, 400, California St. / **FINANCIAL DISTRICT**
SOCIETY OF CALIFORNIA PIONEERS	◆ 380	1 Hawthorne St. / **CIVIC CENTER**
WELLS FARGO HISTORY MUSEUM	◆ 375	420, Montgomery St. / **FINANCIAL DISTRICT**

LA ZONE PACIFIQUE

CHINESE CULTURE CENTER	◆ 368	750, Kearny St. (Holiday Inn, 3e étage) / **CHINATOWN**
CHINESE HISTORICAL SOCIETY OF AMERICA	◆ 368	650, Commercial St. / **CHINATOWN**
PACIFIC HERITAGE MUSEUM	◆ 374	608, Commercial St. / **FINANCIAL DISTRICT**
UNIVERSITY ART MUSEUM. PACIFIC FILM ARCHIVE	◆ 387	2 626, Bancroft Way, Berkeley / **ENVIRONS**

CULTURE DES COMMUNAUTÉS

THE JEWISH MUSEUM OF SAN FRANCISCO	◆ 383	121, Steuart St. / **SOUTH OF MARKET**
JUDAH L. MAGNES MUSEUM	◆ 387	2 911, Russel St. / Berkeley / **ENVIRONS**
THE MEXICAN MUSEUM	◆ 370	Fort Mason Center, Marina Blvd / **FORT MASON**
MUSEO ITALO AMERICANO	◆ 370	Fort Mason Center, Marina Blvd / **FORT MASON**
SAN FRANCISCO CRAFT AND FOLK ART MUSEUM	◆ 370	Fort Mason Center, Marina Blvd / **FORT MASON**

ARTS

ASIAN ART MUSEUM	◆ 382	**GOLDEN GATE PARK**
CARTOON ART MUSEUM	◆ 383	814 Mission St., / **SOUTH OF MARKET**
M.H DE YOUNG MEMORIAL MUSEUM	◆ 382	**GOLDEN GATE PARK**
NORTH BEACH MUSEUM	◆ 373	Eureka Federal Savings, 1 435 Stockton St. / **NORTH BEACH**
SAN FRANCISCO MUSEUM OF MODERN ART	◆ 384	151, 3rd St. / **SOUTH OF MARKET**

DÉCOUVERTES

BAY AREA DISCOVERY MUSEUM	◆ 387	557, East Fort Baker, Sausalito / **ENVIRONS**
BAY MODEL VISITORS CENTER	◆ 387	2 100, Bridgeway, Sausalito / **ENVIRONS**
AQUARIUM, HALLS OF NATURAL HISTORY	◆ 382	California Academy of Sciences / **GOLDEN GATE PARK**
PLANETARIUM	◆ 382	California Academy of Sciences / **GOLDEN GATE PARK**
EXPLORATORIUM	◆ 370	Palace of Fine Arts, 3 601, Lyon St. / **FORT MASON**
OAKLAND MUSEUM	◆ 387	Oak et 10th Sts., Oakland / **ENVIRONS**

NATURE

CONSERVATORY OF FLOWERS	◆ 382	**GOLDEN GATE PARK**
JAPANESE TEA GARDEN	◆ 382	**GOLDEN GATE PARK**
MUIR WOODS	◆ 387	Mount Tamalpais Panoramic Highway / **ENVIRONS**

LA MER ET LES NAVIRES

NATIONAL LIBERTY SHIP MEMORIAL - S.S JEREMIAH O'BRIEN	◆ 370	Pier 2 East, Fort Mason Center / **FORT MASON**
NATIONAL MARITIME MUSEUM	◆ 369	Maritime National Historical Park, Beach St. / **NORTHERN WATERFRONT**
SAN FRANCISCO MARITIME NATIONAL HISTORICAL PARK - HYDE STREET PIER	◆ 369	début de Hyde St. / **NORTHERN WATERFRONT**
USS PAMPANITO	◆ 369	Pier 45 / **NORTHERN WATERFRONT**
TREASURE ISLAND MUSEUM	◆ 387	Building 1, Treasure Island / **ENVIRONS**

*LES NUMÉROS RENVOIENT AUX PAGES DU CARNET D'ADRESSES,
LES NOMS EN CARACTÈRES GRAS RENVOIENT AUX ITINÉRAIRES.*

GÉNÉRALITÉS

CONSULAT DES ÉTATS-UNIS
Service des visas
2, rue Saint-Florentin
75001 Paris
Tél. 01 42 96 14 88

OFFICE DU TOURISME DES ÉTATS-UNIS
Tél. 01 42 60 57 15
Ouvert lun.-ven.
10 h -17 h
Minitel 3615 USA
Documentation gratuite
BP1,
91167 Longjumeau
Cedex 9

CONSULAT DE FRANCE
540 Bush
Tél. 397 4330

SAN FRANCISCO VISITOR INFORMATION CENTER
Hallidie Plaza
(Union Square)
900, Market St.
Tél. 391 2000
ou 974 6900
Ouvert lun.-ven.
9 h-17 h 30,
sam. 9 h-15 h,
dim. 10 h-14 h
Programmes culturels :
Tél. 391 2003
(en français)

SAN FRANCISCO CONVENTION AND VISITORS' BUREAU
201, 3rd St.
(SoMa)
Tél. 974 6900
Ouvert lun.-ven. 9 h-17 h

VISITORS INFORMATION CENTER OF THE REDWOOD EMPIRE
785, Market St.
(Union Square)
Tél. 543 8334
Ouvert jeu.-sam.
10 h-18 h
*Organise des visites de la ville, édite un guide gratuit,
le Redwood Empire Visitors'
Guide.*

VIE PRATIQUE

APPAREILS ÉLECTRIQUES
Prises de courant
110-115 V
*Transformateur
ou adaptateur
pour les appareils
électriques aux normes
européennes.*

URGENCES
POLICE, AMBULANCE, POMPIERS
Tél. 911 (appel gratuit)

PHARMACIES
WALGREENS (MARINA)
Divisadero St.
(Lombard St.)
Tél. 931 6417
Ouvert 24 h/24
ou 135, Powell St.
Tél. 391 7222
Ouvert lun.-sam.
8 h-0 h, dim. 9 h-20 h
WALGREENS
498, Castro St.
Tél. 861 3136
Ouvert 24 h/24

OBJETS PERDUS
POLICE
Tél. 553 0123
TRANSPORTS EN COMMUN
Tél. 923 6168

**PERTE OU VOL D'ARGENT
- CARTE DE CRÉDIT**
MASTERCARD
Tél. (800) 826 2181
VISA
Tél. (800) 847 2911
AMERICAN EXPRESS
Tél. (800) 233 5432
- TRAVELLER'S CHEQUES
AMERICAN EXPRESS
Tél. (800) 221 7282
MASTERCARD
Tél. (800) 223 7373
VISA
Tél. (800) 227 6811

BILLETTERIES AUTOMATIQUES ATM
RÉSEAU CIRRUS
Tél. 1 (800) 424 7787
RÉSEAU PLUS
Tél. 1 (800) 843 7587

AMERICAN EXPRESS
2 500, Mason St.
(Fisherman's Wharf)
Tél. 788 3025

455, Market St.
(Financial District)
Tél. 512 8250

RÉSERVATION HÔTELS
SAN FRANCISCO RESERVATIONS
Tél. (415) 227-1500
(800) 677-1550
BED & BREAKFAST
Tél. 921 7150
BEST WESTERN
Tél. 1 (800) 528 1234
DAYS INN
Tél. 1 (800) 325 2525
HOLIDAY INN
Tél. 1 (800) 465 4329
MIYAKO INN
Tél. 921 4000
QUALITY INNS
Tél. 1 (800) 228 5151
RAMADA
Tél. 1 (800) 228 2828
TRAVEL LODGE
Tél. 1 (800) 225 3050
AMERICAN YOUTH HOSTELS (AUBERGES DE JEUNESSE)
Tél. 788 5604
SAN FRANCISCO INTERNATIONAL HOSTELS
Tél. 771 7277

CHINATOWN

VIE PRATIQUE

PARKING
PORTSMOUTH SQUARE GARAGE
733, Kearny St. (Clay St.)
Tél. 982 6353

BUREAU DE POSTE
CHINATOWN STATION
867, Stockton St.
(Clay St.)
Tél. 956 35 66
Ouvert lun.-ven.
9 h-17 h 30,
sam. 9 h-16 h 30

VIE CULTURELLE

CHINESE CULTURE CENTER
750, Kearny St.
(Hôtel Holiday Inn,
3ᵉ étage)
Tél. 986 1822
Ouvert mar.-sam. 10 h-16 h, dim 12 h-16 h
Expositions d'art chinois. Entrée gratuite.

CHINESE HISTORICAL SOCIETY OF AMERICA
650, Commercial St.
(Montgomery St.)
Tél. 391 1188
Ouvert mer. et dim.
10 h-16 h
*Musée historique de
la communauté chinoise
à San Francisco.
Entrée gratuite.*

RESTAURANTS

HOUSE OF NANKING
919, Kearny St.
Jackson St.
et Columbus Ave.)
Tél. 421 1429
Ouvert lun.-mar. 11 h-22 h
*Petit restaurant
très populaire. Cartes
de crédit refusées. $10.*
○ ▣

EMPRESS OF CHINA
838, Grant St.
(Clay St.)
Tél. 434 1345
*Décor magnifique (objets
d'art de l'époque Han).
$10-15*

IMPERIAL PALACE
919, Grant St.
(Jackson St.)
Tél. 982 88 89
*Rendez-vous de célébrités.
Spécialités cantonaises.
$10-15*

HÉBERGEMENT

GRANT PLAZA
465, Grant Ave.
(Pine St.)

NORTHERN WATERFRONT

1 SCOMA'S 2 LOU'S PIER 47 CLUB 3 BUENA VISTA CAFÉ 4 ALIOTO'S 5 QUIET STORM

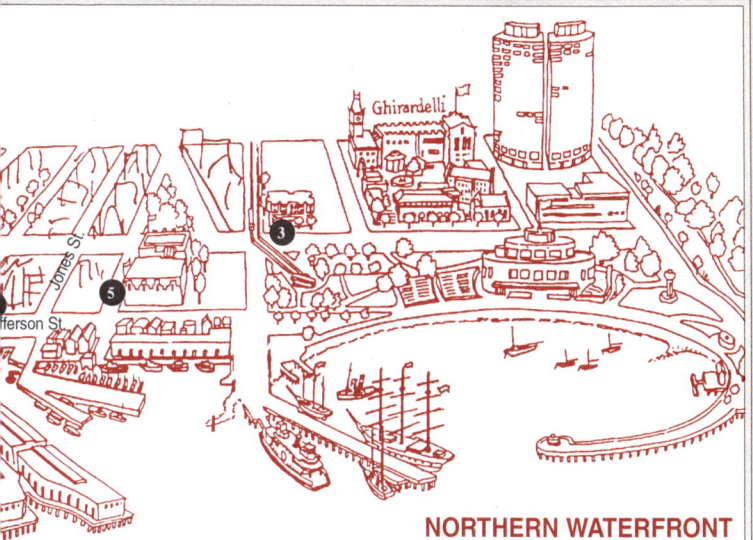

NORTHERN WATERFRONT

Tél. 434 3883
ou 1 (800) 472 6899
Fax 434 3886
Ouvert 24 h/24
Hôtel moderne. Bon rapport qualité-prix.
$41-$75.

**HOLIDAY INN
FINANCIAL DISTRICT**
750, Kearny St.
(Washington St.)
Tél. 433 6600
Fax 765 7891
Ouvert 24 h/24
Qualité «standard».
Vue sur la baie et la ville. Piscine sur le toit.
$170-$190.

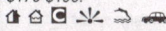
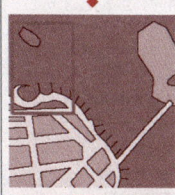

VIE PRATIQUE

PARKING
GHIRARDELLI SQUARE GARAGE
900, North Point St.
665, Beach St.
(Hyde St.)
Tél. 929 1665

BUREAU DE CHANGE
THOMAS COOK CURRENCY
75, Greary St.
Tél. 362 3452
Pier 39
Tél. 362 6271
Ouvert tlj. 10 h-18 h ;
9 h-19 h, l'été

VIE CULTURELLE

**THE MUSEUM
OF THE CITY
OF SAN FRANCISCO**
The Cannery, 3ᵉ étage.
2 801, Leavenworth St.
Tél. 928 0289
Ouvert mer.-dim.
11 h-16 h
L'histoire de la ville.
Entrée gratuite.

**SAN FRANCISCO
MARITIME NATIONAL
HISTORICAL PARK**
HYDE STREET PIER
Tél. 556 3002
Ouvert tlj. 10 h-17 h
Visites d'anciens navires.
Entrée payante.
NATIONAL MARITIME
MUSEUM
Beach St. (Polk St.)
Tél. 556 3002
Ouvert tlj. 10 h-17 h
Musée de la vie maritime.
Entrée gratuite.

USS PAMPANITO
Pier 45
Tél. 441 5819
Ouvert 9 h-20 h juin-oct.
Visite de sous-marins.
$5.

ALCATRAZ
RED AND WHITE FLEET
Pier 41 (Powell St.)
Tél. 546 2628
Ouvert tlj. 9 h 30-14 h 30
(toutes les demi-heures),
mar.-sept. tlj. 9 h-16 h
Visite guidée
de l'ex-pénitencier.
Réservation conseillée.

RESTAURANTS

ALIOTO'S
8, Fisherman's Wharf
(Powell St.)
Tél. 673 0183
Ouvert 11 h-23 h
Restaurant de fruits
de mer. Belle vue sur
le port, bon accueil.
Cuisine italienne.
$30.

DANTE'S SEAFOOD GRILL
Pier 39
Tél. 421 5778
Un des meilleurs restaurants de fruits de mer de San Francisco. Belle vue sur la baie.

**HORNBLOWER
DINING YACHTS**
Pier 33, Embarcadero
Tél. 394 8900
Lun.-sam. départ 19 h,
retour 22 h 30 ;
week-end (brunch)
10 h 30-14 h ;
dim. soir 17 h 30-21 h
Promenade dans
la baie avec soirée
dansante et dîner

(menu complet).
Réservation obligatoire.
Dîner : $62-75
Brunch : $36-$41.

**LOU'S PIER
47 CLUB**
300, Jefferson St.
(Jones St.).
Tél. 771 0377
Ouvert lun.-mer.
16 h-1 h,
jeu.-dim. 12 h-1 h
À la fois restaurant
et salle de concerts
(rock, blues ou soul).
$15.

SCOMA'S
Pier 47 (Jefferson St.)
Tél. 771 4383
Ouvert 11 h 30-22 h 30
Restaurant de fruits
de mer face
à la baie. Réputation
sulfureuse mais
excellent rapport
qualité-prix.
$30.

VIE NOCTURNE

BUENA VISTA CAFÉ
2 765, Hyde St.
(Beach St.)
Tél. 474 5044
Sert l'un des meilleurs
Irish coffees de la ville.

QUIET STORM
The Cannery
2 801, Leavenworth
(Beach St.)
Tél. 771 2929
Club de jazz.

◆ FORT MASON - MARINA - PRESIDIO

BOUTIQUES

KRAZY KAPS
Pier 39
Tél. 296 89 30
Tous les couvre-chefs, y compris la casquette de l'équipe des 49ers.

GHIRARDELLI SQUARE
900, North Point St.
Centre commercial.

PATAGONIA
770, North Point St.
Excellente adresse pour les vêtements et les équipements de sport.
Tél. 771 2050

VIE PRATIQUE

BUREAUX DE POSTE
MARINA STATION
2 055, Lombard St.
(Fillmore St.)
Tél. 284 0755
Ouvert lun.-ven.
8 h 30-17 h 30,
sam. 9h-16 h
PRESIDIO STATION
955 Lincoln Blvd.
Tél. 563 4975
Ouvert lun.-ven.
8 h 30-17 h

CALIFORNIA PARKING
1 910, Union St.
Pacific Heights
Tél. 771 2851

VIE CULTURELLE

THE EXPLORATORIUM
(Palace of Fine Arts)
3 601, Lyon St.
(Marina Blvd.)
Tél. 561 0360
Ouvert mar.-dim.
10 h-18 h
Musée des sciences de renommée mondiale. Prendre rendez-vous pour visiter le dôme tactile.
Entrée payante.

FORT POINT NATIONAL HISTORIC SITE
Lincoln Blvd. et Long Ave.
Presidio
Tél. 921 8193
Ouvert tlj. 10 h-17 h
Fort du XIXe siècle. Sous le Golden Gate Bridge.
Entrée gratuite.

HAAS-LILIENTHAL HOUSE
2 007, Franklin St.
(Jackson St.)
Pacific Heights
Tél. 441 3004
Ouvert mer. et dim.
12 h-15 h
Visite d'une maison victorienne.
$5

THE MEXICAN MUSEUM
Building D
Fort Mason Center
Marina Blvd.
(Buchanan St.)
Tél. 441 0404
Ouvert mer.-dim.
12 h-17 h
Petit musée d'art mexicain ancien et contemporain.
Entrée payante.

MUSEO ITALO AMERICANO
Buiding C
Fort Mason Center
Tél. 673 2200
Ouvert mer.-dim.
12 h-17 h
Petit musée consacré à la communauté italo-américaine.
Entrée payante.

NATIONAL LIBERTY SHIP MEMORIAL (S.S. JEREMIAH O'BRIEN)
Pier 2 East
Fort Mason Center
Tél. 441 3101
Ouvert 9 h-15 h
Fermé sam.-dim.
Visite d'un navire datant de la dernière guerre.
Entrée payante.

OCTAGON HOUSE
2 645, Gough St.
(Union St.)
Pacific Heights
Tél. 441 7512
Ouvert 2e, 4e jeu.
et 2e dim. du mois
12 h-15 h
Exemple d'architecture de l'époque coloniale.

PRESIDIO ARMY MUSEUM
Lincoln Blvd. et Funston
Presidio
Tél. 561 4331
Ouvert mer.-dim.
10 h-16 h
Fermé Independance Day, Thanksgiving, Noël et nouvel an
Situé dans l'ancien hôpital, un des plus vieux bâtiments du Presidio. Ce musée retrace l'histoire militaire de San Francisco.
Entrée gratuite.

SAN FRANCISCO CRAFT AND FOLK ART MUSEUM
Landmark Building A
Fort Mason Center
Tél. 775 0990
Ouvert lun.-vend. et dim
11 h-17 h,
sam. 10 h-17h
Gratuit sam. 10 h-12h
Musée d'art populaire.

CINÉMAS
CINEMA 21
À l'angle de Chesnut et de Steiner Sts.
Pacific Heights
Tél. 921 6720
CLAY
À l'angle de Fillmore et de Clay Sts.
Pacific Heights
Tél. 346 1123
PRESIDIO
À l'angle de Chesnut et de Scott Sts.
Marina
Tél. 922 1318
U.A. METRO
À l'angle de Union et de Webster Sts.
Tél. 931 1685
Marina

RESTAURANTS

GREEN'S
Building A, Fort Mason
Tél. 771 6222
Ouvert 11 h 30-14 h 15,
18 h-21 h 30
Fermé dim.-lun.
Dans un ancien entrepôt, un des premiers restaurants végétariens de la ville. Vue superbe sur la baie et Golden Gate Bridge. Ambiance décontractée. Dîner à prix fixes ($35) ven. et sam.
$30.

IZZI'S STEAK AND CHOPS
3 349, Steiner St.
(Chestnut et Lombard Sts)
Marina
Tél. 563 0487
Ouvert 17 h 30-23 h
Fermé dim.
Un steakhouse traditionnel fréquenté par des habitués. Plats copieux à des prix raisonnables.
$30.

JOHNNY ROCKETS
2 201, Chestnut St.
(Pierce St.)
Marina
Tél. 931 6258
Ouvert 10 h-24 h
Fermé ven.-sam.
Ambiance «années 50» avec enseigne à néon, juke-box, ice-creams et très bons hamburgers.
$5-10

MAI'S VIETNAMESE RESTAURANT
316, Clement St.
Richemont
Tél. 221 30 46
Ouvert 11 h-22 h
Fermé dim.
Petit restaurant vietnamien avec, en été, quelques tables en terrasse. Très bonne cuisine traditionnelle, bien que moins raffinée que celle du New Golden Turtle (Richmond). Prix très raisonnables.
$20.

MEL'S DRIVE IN
2 165, Lombard St.
(Fillmore et Steiner Sts.)
Marina
Tél. 921 3039
Ouvert 6 h-1 h
Fermé ven.-sam.
Drive-in typique. Une adresse amusante pour les enfants (malgré une nourriture médiocre.)
$12.

ROSEMARINO
3 665, Sacramento St.
(Spruce St.)
Presidio

NOB HILL

Tél. 931 7710
Ouvert 11 h 30-14 h
et 17 h 30-22 h
Fermé sam.-lun.
Lieu intime, caché
dans une petite cour
intérieure.
$ 10-16

HÉBERGEMENT

THE MANSIONS
2 220, Sacramento St.
(Laguna / Buchanan
Sts.) Pacific Heights
Tél. 929 9444
Fax 567 9391
Ouvert 24 h/24
Deux maisons
victoriennes. Le soir,
spectacle de fantômes
et de magie. Le tout est
tapageur mais amusant.
Petit déj. compris.
Pas de télévision
dans les chambres.
$129-$350.

**SAN FRANCISCO
INTERNATIONAL
AYH HOSTEL
(AUBERGE
DE JEUNESSE)**
Building 240
Fort Mason
Marina Blvd.
(Buchanan)
Tél. 771 7277
Fax 771 1468
Ouvert 7 h-14 h
et 15 h-1 h
Dans un cadre de
verdure apaisant,
avec une vue superbe
sur la baie.
Pas de limite d'âge.
Non fumeurs
de préférence. Parking
gratuit. Chambres
avec kitchenette.
$14.

**THE SHERMAN
HOUSE**
2 160, Green St.
(Fillmore et Webster Sts)
Pacific Heights
Tél. 563 3600
Fax 563 1882
Ouvert 24 h/24
Magnifique maison
victorienne. Service
de grande classe,
transports assurés
en voiture de collection.
$295-$825.

VIE NOCTURNE

JACKS BAR
1 601, Fillmore St.
Tél. 567 3227

Pacific Heights
Concerts de blues tous
les soirs 21 h-1 h 30 ;
week-end 15 h 30-20 h
et 21 h-1 h 30.

**JULIE RING'S
HEART AND SOUL**
1 695, Polk St.
Tél. 673 7100
Ouvert 17 h-2 h
Fermé dim.
Dîner-spectacle branché
et chic. Cuisine
californienne, prix
raisonnables. Concerts
de jazz tous les soirs.
Dîner $20.
Spectacle lun.-jeu. $4,
sam.-dim. $10.

**PASAND MADRAS
CUISINE**
1 875, Union St.
(Laguna)
Pacific Heights
Tél. 922 4498
Vous écouterez plutôt
du blues. Ferme tôt
(1 h), comme bien
des clubs californiens.

BOUTIQUE

**STONESTOWN
GALLERIA**
À l'angle de 19th Ave.
et de Winston Drive
Tél. 759 26 26
Articles à la mode,
décoration intérieure
et nourriture exotique
(parking gratuit).

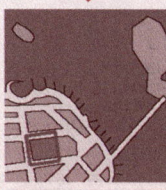

VIE PRATIQUE

**PARKING PARK
AND LOCK**
400 Taylor

VIE CULTURELLE

CABLE CAR MUSEUM
1 201, Mason St.
Washington
Tél. 474 1887
Ouvert tlj. 10 h-18 h
Entrée gratuite.

CINÉMAS
ALHAMBRA
À l'angle de Polk
et de Union Sts.

Tél. 775 2137
À l'angle de California
et de Polk Sts.
Tél. 885 3200
ROYAL
À l'angle de Polk
et de California Sts.
Tél. 474 0353

RESTAURANTS

ACQUARELLO
1 722, Sacramento St.
(Van Ness Ave.)
Tél. 567 5432
Ouvert 17 h 30-22 h 30
Fermé dim.
Accueil agréable
et cuisine italienne
traditionnelle. Voiturier.
$40.

ART INSTITUTE CAFÉ
Chestnut St. (Jones St.)
Tél. 771 7020
Ouvert 9 h-17 h sep.-mai
Fermé sam.-dim.
Sur une grande terrasse
près des galeries.
Superbe vue de San
Francisco et expositions
d'œuvres d'étudiants.
Agréable en été
pour son jardin.
$15.

FORNOU'S OVEN
(Stanford Court Hotel)
905, California St.
(Powell St.)
Tél. 989 3500
Ouvert 6 h 30-14 h 30
et 17 h 30-22 h
Décor rustique. Cuisine
française réputée.
Bonne cave. Voiturier.
$35.

LA FOLIE
2 316, Polk St.
(Union et Green Sts.)
Tél. 776 5577
Ouvert 17 h 30-22 h 30
Fermé ven.-dim. et
Independence Day
Chef français. Nouvelle
cuisine réputée. Bonne
ambiance. Voiturier.
$55.

HARD ROCK CAFÉ
1 699, Van Ness Ave.
(Sacramento St.)
Tél. 885 1699
Ouvert 11 h 30-23 h
Bar-restaurant.
Sandwiches et assiettes
composées copieux et
bon marché. Musique.
$20.

SWAN OYSTER DEPOT
1 517, Polk St.
(California)
Tél. 673 1101
Ouvert 8 h-17 h 30
Fermé dim., Noël, nouvel
an et Thanksgiving
Cadre simple.
Fruits de mer
excellents.
$18.

HÉBERGEMENT

BEDFORD
761, Post St. (Jones St.)
Tél. 673 6040
ou 1 (800) 227 5642
Fax 563 6739
Ouvert 24 h/24
Jolies chambres
confortables. Vue
agréable sur la ville.
Service de transport
vers Financial District
en semaine. Bon
rapport qualité-prix.
Petit déj. payant.
$149-$200.

BERESFORD ARMS
701, Post St. (Jones St.)
Tél. 673 2600
ou 1 (800) 533 6533
Fax 474 04 49
Ouvert 24 h/24
Elégant lobby,
chambres spacieuses,
agréables, parfois
équipées de kitchenette.
Café et thé offerts
dans le lobby.
Confortable. Bon
rapport qualité-prix.
Petit déj. compris.
$99-$150.

**COMMODORE
INTERNATIONAL**
825, Sutter St. (Jones St.)
Tél. 923 6800
ou 1 (800) 338 6848
Ouvert 24 h/24
Chambres très
spacieuses, larges
penderies et grandes
salles de bains.
Bon rapport qualité-prix.
Un coffee-shop est
à la disposition
des clients.
$79-$119.

1 Caffè Roma 2 Hotel Bohemia 3 Caffè Sport 4 Mario's Bohemian Cigar Store 5 The Washington Square Inn 6 Fog City Diner 7 Il Fornaio 8 Julius Castle 9 Savoy Tivoli 10 Bocce Caffè 11 Caffè Trieste

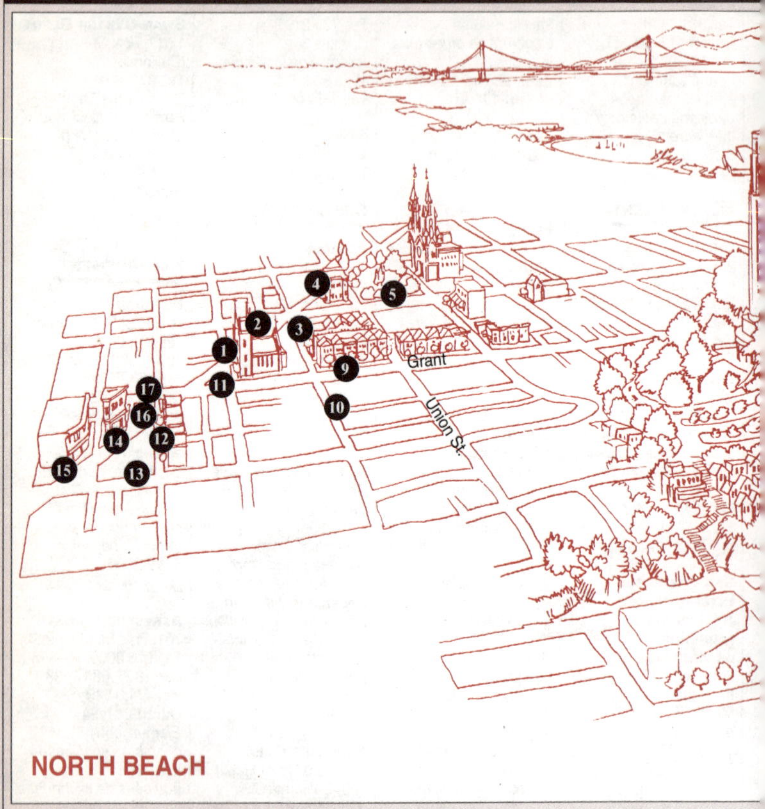

NORTH BEACH

THE FAIRMONT HOTEL
950, Mason St.
(California St.)
Tél. 772 5000
ou 1 (800) 527 4727
Fax 772 5013
Ouvert 24 h/24
Fréquenté par des groupes. Chambres confortables (celles de la tour offrent un beau panorama sur la ville).
$150-$400.

HUNTINGTON HOTEL
1 075, California St.
(Taylor et Mason Sts.)
Tél. 474 5400
ou 1 (800) 2274683
Fax 474 6227
Ouvert 24 h/24
Petit hôtel de grand luxe. Accueil chaleureux. Chambres décorées avec beaucoup de raffinement et sans ostentation. Vue panoramique sur la ville ou la baie.
$195-$695.

MARK HOPKINS INTERCONTINENTAL
1, Nob Hill St.
(California St.)
Tél. 392 3434
ou 1 (800) 327 0200
Fax 421 3302
Ouvert 24 h/24
Grand hôtel à l'élégance un peu passée. Chambres sans caractère mais luxueuses (catégorie «superior»). Le bar de l'hôtel, The Top of the Mark, au dernier étage, offre une vue de la ville à 360°.
$180-$360.

RITZ CARLTON
600, Stockton St.
(California St.)
Tél. 296 7465
ou 1 (800) 241 3333
Fax 296 85 59
Ouvert 24 h/24
Nombreux services, dont accès gratuit au centre de remise en forme de l'hôtel (piscine, sauna, Jacuzzi). Transport gratuit pour Union Square et Financial District.
$240-$325.

STOUFFER STANFORD COURT HOTEL
905, California St.
(Powell St.)
Tél. 989 3500
ou 1 (800) 227 46 26
Fax 391 05 13
Ouvert 24 h/24
Éviter les chambres «standard». Café et journal offerts le matin. Service de transport gratuit en voitures de luxe.
$165-$295.

VIE NOCTURNE

NEW ORLEANS ROOM
950, Mason St.
(Clay St.)
Tél. 772 52 59
Concerts mar.-sam. jusqu'à 1 h.
Club de jazz intimiste à l'intérieur du Fairmont Hotel. Standards du jazz de l'entre-deux-guerres.

BOUTIQUE

EUROPEAN BOOK COMPANY
925, Larkin St. (Post St.)
Tél. 474 06 26
Ouvert lun.-ven. 9 h 30-18 h, sam. 9 h 30-17 h
Presse internationale.

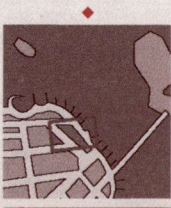

NORTH BEACH
VIE PRATIQUE

PARKINGS
VALLEJO ST. GARAGE
766, Vallejo St.

NORTH BEACH ◆

12 JAZZ AT PEARL'S
13 TOMMASO'S
14 VESUVIO'S
15 SAN FRANCISCO BREWING COMPANY
16 FINOCCHIO'S
17 ENRICO'S SIDEWALK CAFÉ

(Stockton et Powell Sts.)
Tél. 761 0270
MOSCONE CENTER GARAGE
255, 3rd St.
Tél. 777 2782

BUREAU DE POSTE
NORTH BEACH STATION
1 640, Stockton St.
Tél. 956 3581
Ouvert lun., mer. et ven.
9 h-17 h 30,
mar. et jeu. 8 h-18 h,
sam. 9 h-13 h

VIE CULTURELLE

COIT TOWER
À Telegraph Hill
Tél. 362 08 08
Possibilité de louer une salle pour vos parties !

THE NORTH BEACH MUSEUM
Eureka Federal Savings
1 435, Stockton St.
(Vallejo St.)
Tél. 626 7070
Ouvert lun.-ven.
9 h-16 h
Entrée gratuite.

CINÉMAS
CINEPLEX ODEON
CINEMA NORTH POINT
À l'angle de Powell et de Bay Sts.
Tél. 403 8187
GATEWAY
215, Jackson St. (Battery St.)
Tél. 421 33 53

RESTAURANTS

BIX
56, Gold St.
(Sansome)
Tél. 433 6300
Ouvert 11 h 30-14 h 30 et 17 h 30-23 h
Fermé ven.-dim
Rappelle par son décor les jazz bars huppés des années 30. Endroit reposant et décontracté. Clientèle chic, branchée. Concerts de jazz.
$25.
◐

BOCCE CAFFÈ
478, Green St.
(Stockton)
Tél. 981 2044.
Restaurant italien avec terrasse. Bon rapport qualité-prix.
$6-$10.

BRANDY HO'S
452, Broadway St.
(Kearny St.)
Tél. 362 6268
Ouvert 11 h-22 h
Le portique rouge orné de piments se distingue de loin. Cadre agréable, alliant architecture chinoise et design high-tech. Bonne cuisine chinoise (épicée).
$8-12.
○ ☒

CAFFÉ SPORT
574, Green St.
(Columbus Ave.)
Tél. 981 1251
Ouvert 12 h-14 h, 17 h-22 h 30
Décoré avec force accessoires (tables et chaises avec mosaïques, jambons, filets de pêche…). Plutôt sympathique, mais l'attente, le service et les prix le sont moins. Réservation nécessaire. Cartes de crédit refusées.
$25.
◐

CYPRESS CLUB
500, Jackson St.
(Montgomery St.)
Tél. 296 8555
Ouvert 11 h 30-14 h 30,
17 h 30-23 h
Fermé sam.-dim.
Nouveau restaurant, inspiré des années 40. Réservation nécessaire. Voiturier.
$23-29.
◐ ☒

ENRICO'S SIDEWALK CAFÉ
504, Broadway St.
Tél. 982 6223
Ouvert 12 h-2 h
Établissement reconnu. Concerts de jazz tous les soirs. Bon rapport qualité-prix. Merveilleux endroit pour se détendre et observer les San Franciscans.

ESSEX SUPPER CLUB
847, Montgomery St.
(Pacific Ave.)
Tél. 397 5969
Ouvert 11 h 30-14 h 30,
17 h-23 h
Fermé 1er-10 jan.
Restaurant de grande classe datant de 1934. Hitchcock y a tourné une scène de Sueurs froides. Service discret, cuisine très réputée. Tenue distinguée et réservation exigées.
$50.
◐ ☒

FOG CITY DINER
1 300, Battery St.
(Lombard St.)
Tél. 982 2000
Ouvert 11 h 30-23 h
Fermé ven.-sam.
Avec sa devanture chromée, rappelle les bars à milk-shake des années 50. Mais clientèle comme cuisine sont plus sophistiquées. Adresse recommandée. Réservation de rigueur.
$7-17.
◐

HARBOR VILLAGE RESTAURANT
Embarcadero Center 4
(Front St.)
Tél. 781 8833
Ouvert 11 h-14 h 30 et 17 h 30-21 h 30 (22 h sam. et dim.)
Restaurant chinois assez chic, idéal pour les déjeuners d'affaires. Un fast-food en arrière-salle permet de goûter à moindres frais une excellente cuisine.
$25.
◐ ☒

IL FORNAIO
Levi's Plaza
1 265, Battery St.
(Greenwich St.)
Tél. 986 0100
Ouvert lun.-jeu.
7 h-23 h,
ven.-dim. 10 h-24 h
Grand restaurant italien au cadre reposant. Plus animé en journée que le soir, mais souvent complet. Cuisine de qualité, prix raisonnables. Bons petits déj. Fait aussi boulangerie.
$27.
◐

JAZZ AT PEARL'S
256, Colombus Ave.
(Broadway St.)
Tél. 291 8255
Fermé le dim.
Dans ce restaurant italien, le club de jazz propose des concerts tous les soirs.

◆ NORTH BEACH

JULIUS CASTLE
1 541, Montgomery St.
(Greenwich St.)
Tél. 392 22 22
Ouvert 17 h-22 h
Sur les hauteurs de Telegraph Hill, au 1er étage d'une petite maison en forme de château. Belle vue sur la baie. Restaurant traditionnel, mais médiocre.
$40.
◐ ▫••

LITTLE JOE'S
523, Broadway St.
(Columbus Ave.)
Tél. 433 4343
Ouvert tlj. 11 h-22 h 30
Dans le quartier un peu chaud des clubs X et des cinémas spécialisés, un petit restaurant italien très populaire et toujours bondé. Cuisine correcte et bon marché. Attente à prévoir.
$8-$15.

TOMMASO'S
1 042, Kearny St.
(Broadway)
Tél. 398 9696
Ouvert 17 h-22 h 30
Fermé lundi
Une institution depuis 1935 ! Un petit restaurant sombre et animé, où l'on vous servira, au coude à coude, des pizzas cuites au feu de bois ou des plats traditionnels napolitains.
$20.
○

HÉBERGEMENT

HOTEL BOHEMIA
444, Columbus Ave.
(Green et Vallejo Sts.)
Tél. 433 9111
Fax 362 62 92
Ouvert 7 h-20 h
Décor des années 50 et 60, la période «beat» du poète Jack Kerouac.
$115.
⌂ ⊆ ≈

SAN REMO HOTEL
2 237, Mason St.
(Chestnut St.)
Tél. 776 8688
ou 1 (800) 352 REMO
Fax 776 28 11
Ouvert 24 h/24
Une curieuse bâtisse victorienne du XIXe siècle, rénovée et décorée de quelques pièces d'antiquité. Chambres petites mais de caractère.
Bon rapport qualité-prix. Salle de bains et toilettes sont à partager (excepté une chambre équipée d'une salle de bains : $85). Les chambres ne possèdent ni télévision ni téléphone.
$45-$85.
⌂ ○ ⌂ 🚗

THE WASHINGTON SQUARE INN
1 660, Stockton St.
(Filbert et Union Sts.)
Tél. 981 4220
ou 1 (800) 388 0220
Fax 397 7242
Ouvert 24 h/24
En bordure du parc, auberge accueillante, à l'intérieur cossu et douillet. La petitesse de certaines chambres est compensée par les petits services accordés par l'hôtel : peignoir, petit déj. et journal offerts le matin, snack l'après-midi, hors-d'œuvre le soir. Réservé aux non-fumeurs. Télévision gratuite sur demande.
$95-$185.
⌂ ⊆ ⌂ 🚗

VIE NOCTURNE

CAFFÉ ROMA
414, Columbus Ave.
(Vallejo St.)
Tél. 296 7662
Ouvert lun.-jeu. 19 h-23 h, ven.-sam. 19 h-1 h, dim. 19 h-24 h
Dans une ancienne boulangerie, agréable café-bar-restaurant. À l'angle, brûlerie appartenant à la maison.
$6-$13.

CAFFÉ TRIESTE
601, Vallejo St.
(Grant Ave.)
Tél. 392 6739
Ouvert 7 h-23 h 30 (24 h le ven. sam.
Un classique des années 70 : le repaire des beatniks et l'un des principaux cafés littéraires, fréquenté à l'époque par Kerouac et Ginsberg.

FINOCCHIO'S
506, Broadway
(Kearny St.)
Tél. 982 9388
Club de travestis proposant trois spectacles (20 h 30, 22 h et 23 h 30) mar., jeu.-dim.

MARIO'S BOHEMIAN CIGAR STORE
566, Columbus Ave.
(Union St.)
Tél. 362 0536
Ouvert lun. au dim. 10 h-24 h Fermé deux sem. à Noël
Café-restaurant exigu, mais de caractère. Délicieux cappuccino et pâtisseries maison. Vivant et fréquenté par une clientèle d'habitués.

SAN FRANCISCO BREWING COMPANY
155, Columbus Ave.
(Pacific Ave.)
Tél. 434 3344
Ouvert toute l'année dim.-mer. 11 h 30-1 h, jeu-sam. 11 h 30-2 h
Brasserie du début du siècle au cadre étonnant (immenses cuves à fermentation en cuivre). Bières de toutes sortes, dont la production de la maison. Ambiance conviviale et animée.

SAVOY TIVOLI
1 434, Grant Ave.
(Green et Union Sts.)
Tél. 362 7023
Ouvert 15 h-2 h
Fermé lun., deux sem. à Noël et à Pâques
Un des rares bars en terrasse, pour voir et être vu. Décor kitsch, service décontracté. Clientèle jeune.

TOSCA CAFÉ
242, Columbus Ave.
Tél. 391 1244
Ouvert 17 h-2 h
Chic et bohème à la fois ; l'ambiance européenne attire les artistes locaux. Pas de service.
À goûter le cappuccino avec du cognac et du chocolat.

VESUVIO'S
255, Columbus Ave.
(Broadway Ave.)
Tél. 362 3370
Ouvert 18 h-6 h
Un café intime et agréable qui attire une clientèle éclectique d'artistes et d'écrivains.

BOUTIQUES

CITY LIGHT BOOKSTORE
261, Colombus Ave.
(Broadway St.)
Tél. 362 8193
Ouvert tlj. 10 h-0 h
Librairie spécialisée (art, poésie).

EAST WIND BOOKS
1 435, Stockton St.
(Vallejo St.)
Tél. 772 5888
Ouvert lun.-sam. 10 h-18 h, dim. 12 h-17 h
Librairie asiatique.

QUANTITY POSTCARDS
1 441, Grant Ave.
(Green St.)
Tél. 986 88 66
Ouvert tlj.
Collection de cartes postales en tout genre.

FINANCIAL DISTRICT

VIE PRATIQUE

BUREAU DE CHANGE
BANK OF AMERICA
345, Montgomery St.
Tél. 622 24 41
Ouvert lun.-ven. 9 h-18 h,
Fermé sam. dim.

BUREAU DE POSTE
SUTTER STATION
150 Sutter
Tél. 284 0755
Ouvert lun.-ven.
8 h 30-17 h 30
8 h 30-12 h le sam.

VIE CULTURELLE

MUSEUM OF MONEY OF THE AMERICAN WEST
Bank of California
400, California St.
(Sansome St.)
Tél. 765 0400
Ouvert lun.-jeu. 10 h-16 h, ven. 10 h-17 h
Entrée gratuite.

PACIFIC HERITAGE MUSEUM
608, Commercial St.
(Montgomery St.)
Tél. 399 1124
Ouvert lun.-ven. 12 h-16 h
Musée consacré

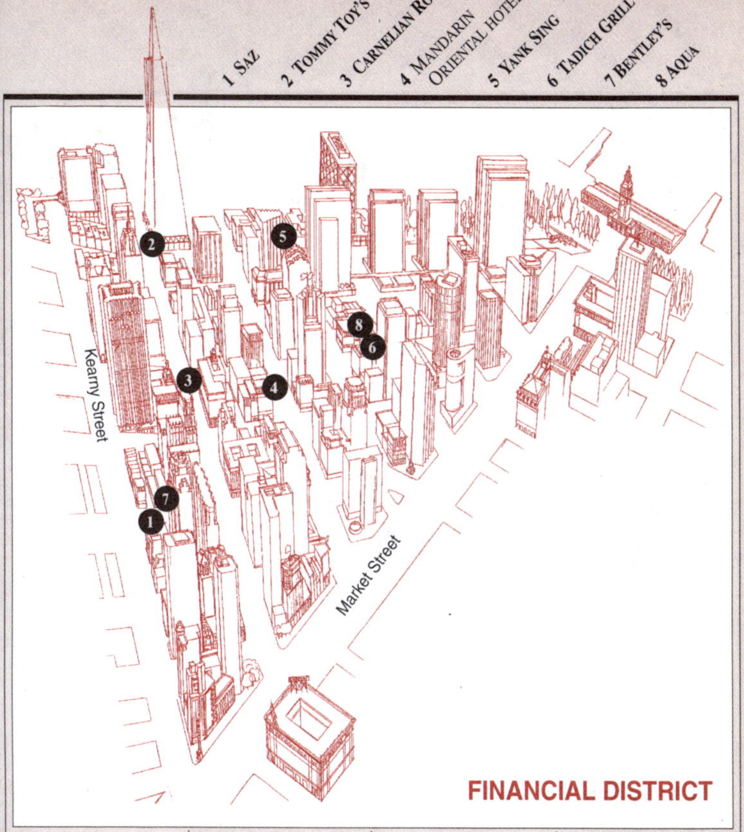

1 SAZ   2 TOMMY TOY'S   3 CARNELIAN ROOM   4 MANDARIN ORIENTAL HOTEL   5 YANK SING   6 TADICH GRILL   7 BENTLEY'S   8 AQUA

FINANCIAL DISTRICT

aux échanges entre les pays bordant l'océan Pacifique. Entrée gratuite.

WELLS FARGO HISTORY MUSEUM (WELLS FARGO BANK)
420, Montgomery St. (California St.)
Tél. 396 2619
Ouvert lun.-ven. 9 h-17 h
L'histoire de l'Ouest depuis la création de la compagnie Wells Fargo jusqu'au début du siècle.
Entrée gratuite.

CINÉMA

U.A. THE MOOVIES
200, Colma Blvd
Tél. 994 1065

RESTAURANTS

AQUA
252, California St.
Tél. 956 9662
Superbes plateaux de fruits de mer servis dans un décor raffiné : grands miroirs muraux. Réservation conseillée.
$65.

BENTLEY'S
185, Sutter St. (Kearny St.)
Tél. 989 6895
Ouvert 11 h 30-22 h
Fermé dim., Noël et Thanksgiving
Spécialité de fruits de mer. Piano-bar.
$28.

THE CARNELIAN ROOM
555, California St. (Montgomery St.)
Tél. 433 7500
Ouvert 18 h-22 h 30
Restaurant luxueux. Choisir le menu composé de trois plats (environ 200 FF) ou prendre un verre au bar pour apprécier la vue.

SAZ
161, Sutter St. (Kearny St.)
Tél. 362 0404
Ouvert tlj.
11 h 30-21 h, sam. 17 h-22 h Fermé Noël et Thanksgiving
Cuisine méditerranéenne de qualité.
$20.

TADICH GRILL
240, California St. (Battery St.)
Tél. 391 2373
Ouvert 11 h-21 h 30
Fermé dim.
Ce restaurant, le plus vieux de la ville (1849), est une institution. Tenue distinguée et réservation obligatoires.
$20.

TOMMY TOY'S
655, Montgomery St. (Clay St.)
Tél. 397 4888
Ouvert tlj. 11 h 30-14 h 30 et 18 h-21 h 30
Un établissement de très grande classe.

Un groom vous mène à une magnifique salle ornée d'objets d'art. Cuisine chinoise très sophistiquée.
$38-48.

YANK SING
427, Battery St. (Clay St.)
Tél. 362 1640
Ouvert tlj. 11 h-15 h
Excellent restaurant de dim sum. Des jeunes filles défilent devant vous avec des chariots remplis de spécialités à la vapeur.
$20.

HÉBERGEMENT

MANDARIN ORIENTAL HOTEL
222, Sansome St. (California et Pine Sts)
Tél. 885 0999
ou 1 (800) 622 0404
Fax 433 0289
Ouvert 24 h/24
Vue époustouflante sur la ville. Chambres spacieuses et élégantes.
$285-$1295.

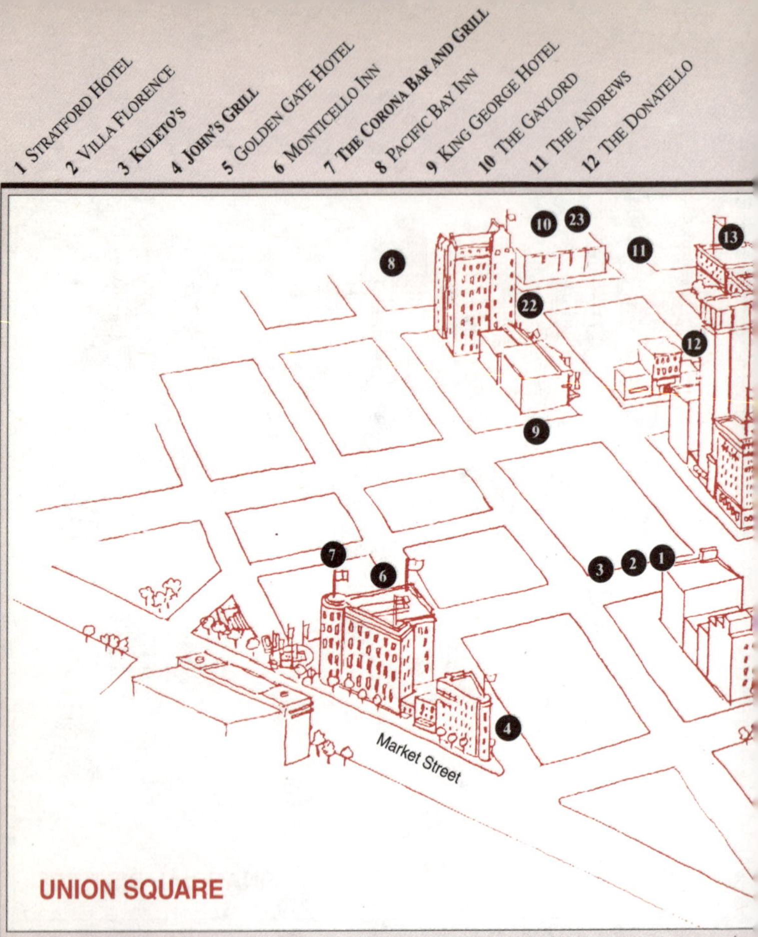

1. STRATFORD HOTEL
2. VILLA FLORENCE
3. KULETO'S
4. JOHN'S GRILL
5. GOLDEN GATE HOTEL
6. MONTICELLO INN
7. THE CORONA BAR AND GRILL
8. PACIFIC BAY INN
9. KING GEORGE HOTEL
10. THE GAYLORD
11. THE ANDREWS
12. THE DONATELLO

UNION SQUARE

UNION SQUARE

VIE PRATIQUE

PARKINGS
SUTTER AND STOCKTON
GARAGE
330, Sutter St.
ou 444, Stockton St.
Tél. 982 7275
UNION SQUARE GARAGE
333, Post St.
Entrée sur Geary St.,
Powell St. et Stockton St.
Tél. 397 0631
ELLIS-O'FARREL GARAGE
123, O'Farrel St.
(Powell et Stockton Sts.)
Tél. 986 4800

**BUREAUX
DE CHANGE**
BANK OF AMERICA
Powell et Market Sts.
Tél. 622 40 98
Ouvert lun.-jeu. 9 h-
16 h, ven. 9 h-19 h,
sam. 9 h-14 h
AMERICAN FOREIGN
EXCHANGE
260, O'Farrell.
Tél. 391 9913
Ouvert lun.-ven. 9 h-18 h,
sam. 9 h-15 h
AMERICAN EXPRESS
237, Post
Tél. 981 5533
Ouvert lun.-ven. 9 h-18 h,
sam. 9 h-15 h
AMPARO'S FOREIGN
EXCHANGE
233, Sansome St.
Tél. 362 0426
Ouvert lun.-ven. 9 h-17 h,
sam. 10 h-16 h
FOREIGN EXCHANGE LTD
415, Stockton St.
Tél. 677 5100
Ouvert lun.-ven. 8 h-
17 h 30, sam. 9 h-13 h

**BUREAUX
DE POSTE**
MACY'S (SOUS-SOL)
121, Stockton St.
(O'Farrel St.)
Tél 956 3570
Ouvert lun.-sam. 9 h 30-
17 h 30, dim. 11 h-17 h
EMPORIUM STATION
835, Market St. (5th St.)
Tél. 543 2606
Ouvert lun.-ven. 9 h 30-
17 h 30

VIE CULTURELLE

THÉÂTRES
AMERICAN
CONSERVATORY
THEATER (ACT)
30, Grant Avenue
Tél. 749 2228
*Pièces de théâtre
classiques et
contemporaines.*
CURRAN THEATER
445, Geary St.
(Mason St.)
Tél. 478 38 00
*Grandes productions
musicales.*
GOLDEN GATE
THEATER
1, Taylor St.
(Market St.)
Tél. 474 3800
*Grandes productions
musicales.*
MARINE'S MEMORIAL
THEATER
609, Sutter St.
(Mason St.)
Tél. 771 69 00
Répertoire éclectique.
THEATER ON THE SQUARE
Kensington Park Hotel
450, Post St. (Powell St.)
Tél. 433 9500.
*Comédies et comédies
musicales.*

GALERIES D'ART
CALDWELL-SNYDER
ART GALLERIES
357, Geary St.
MEYEROVICH
251, Post St.
Suite 405
Tél. 421 7171
FRAENKEL
49, Geary St.
Tél. 981 2661
GALLERY PAULE ANGLIM
14, Geary St.
Tél. 433 2710
HAINES GALLERY
49, Geary St.
Tél. 397 8114
HARCOURTS MODERN
& CONTEMPORARY ART
706, Mission St.
Tél. 227 0400
RENA BRANSTEIN
77, Geary St.
Tél. 982 3292

RESTAURANTS

AIOLI
469, Bush St.
(Kearny)
Tél. 249 0900

13 FLEUR DE LYS   14 BERESFORD   15 THE PAN PACIFIC HOTEL   16 SEARS FINE FOOD   17 CARTWRIGHT HOTEL   18 WHITE SWAN INN   19 SHEEHAN   20 MASA'S   21 HÔTEL TRITON   22 REDWOOD ROOM   23 BRADY ACRES

MASA'S
648, Bush St.
(Powell St.)
Tél. 989 7154
Ouvert 18 h-21 h 30
Fermé dim.-lun. et
dix jours en été
*Du nom du précédent
chef cuisinier, ce
restaurant demeure
l'un des meilleurs
de la ville. Cadre
sophistiqué et service
impeccable. Tenue
distinguée, réservation
obligatoires. Voiturier.*
$100.
◐ ⓒ

POSTRIO
545, Post St.
(Taylor St.)
Tél. 776 7825
Ouvert 7 h-10 h,
11 h 30-14 h et
17 h 30-22 h 30
*Ouvert en 1989 par un
chef célèbre, Wolfgang
Puck, restaurant chic
et beau, très à la mode,
qui désemplit rarement.
Cuisine fine et réputée.
Réserver à l'avance.
Voiturier.*
$50.
◐ ⓒ

SEARS FINE FOOD
439, Powell St.
(Post et Sutter Sts.)
Tél. 986 1160
Ouvert 7 h-14 h 30
Fermé lun.-mar.
*Une institution du
breakfast à l'américaine,
dans un décor de pub
vieillot. Cuisine un peu
lourde et très copieuse.
Adresse typiquement
américaine.*
$13.
○ ⓒ

ST. FRANCIS CAFÉ
Westin St. Francis Hotel
Union Square
Tél. 956 7777
*Décor élégant avec,
du dernier étage, une
très belle vue sur la
ville. Cuisine franco-
californienne.*

HÉBERGEMENT

THE ANDREWS
624, Post St.
(Jones et Taylor Sts.)
Tél. 563 6877

Ouvert tlj. 6 h 30-
10 h 30, 11 h-15 h
et 17 h 30-22 h
*Cadre reposant.
Entrées raffinées.
Ce restaurant de l'hôtel
Triton est voisin du Café
de la presse où l'on
peut acheter la presse
française.*
$23.
◐ ⓒ

CAFÉ CLAUDE
7, Claude Lane
(Bush et Kearny Sts.)
Tél. 392 3505
Ouvert 8 h-21 h
Fermé ven.-dim.
*«Bistrot» parisien plus
vrai que nature. Jazz
jeu.-sam. On peut boire
un verre ou manger.*
$20.
◐ ⓒ

THE CORONA BAR AND GRILL
88, Cyril Magnin St.
(Ellis St.)
Tél. 392 5500
Ouvert 11 h 30-23 h
Fermé dim.
*Restaurant mexicain
agréable mais pas
authentique.*
Décor gai et accueillant.
Cuisine assez chère.
$27.
◐ ⓒ

FLEUR DE LYS
777, Sutter St.
(Taylor et Jones Sts.)
Tél. 673 7779
Ouvert lun.-jeu.
18 h-21 h, ven.-sam.
17 h 30-22 h 30
Fermé dim. et certains
jours fériés
*Certainement le
meilleur restaurant
français de San
Francisco. Entrée
discrète et intimidante
pour élite fortunée.
Salle luxueuse ornée
de lourdes draperies.
Tenue distinguée et
réservation obligatoires.
Voiturier.*
$80.
◐ ⓒ

JOHN'S GRILL
63, Ellis St.
(Stockton St.)
Tél. 986 0069
Ouvert 11 h-22 h
*Le restaurant favori
de Sam Spade, le héros
de Dashiell Hammett, a
conservé l'atmosphère
«début de siècle» qui
a fait sa réputation.
Qualité moyenne pour
une cuisine chère.*
$25.
◐ ⓒ

KULETO'S
221, Powell St.
(Geary et O'Farrel Sts.)
Tél. 397 7720
Ouvert 11 h-22 h
*Cadre superbe de vieille
brasserie, avec long
comptoir orné de
guirlandes d'ails et
autres condiments
(design de Pat Kuleto,
qui a aussi conçu le
PosTrio). Excellente
cuisine italienne à
des prix très
raisonnables. Adresse
recommandée.*
$30.
◐ ⓒ

Fax 928 6919
Ouvert 24 h/24
Petit hôtel confortable.
Petit déj. compris, en
libre-service à l'étage.
Vin offert le soir.
$86-$ 119.

ANSONIA HOTEL
711, Post St.
ou 630, Geary St.
(Leavenworth St.)
Tél. 673 2670
ou 1 (800) 221 6470
Fax 673 9217
Ouvert 24 h/24
Résidence-hôtel
fréquentée par des
étudiants. Un peu
austère. Formule demi-
pension avec petit déj.
et dîner intéressante.
Tarifs week-end et
réductions étudiants.
$46-$69.

BERESFORD
635, Sutter St.
(Mason St.)
Tél. 673 9900
ou 1 (800) 533 6533
Fax 474 0449
Chambres petites
et sombres, salles
de bains exiguës. Une
adresse convenable,
mais sans charme.
Bar et restaurant.
$79-$104.

BRADY ACRES
649, Jones St.
(Post St. et Geary Blvd.)
Tél. 929 8033
ou 1 (800) 6BR ADY6
Fax 441 8033
Ouvert 24 h/24
Réception ouverte
tlj. 10 h-16 h
Dans un joli bâtiment

blanc de quatre étages,
location de petits studios
avec bain ou douche,
kitchenette, rangements,
téléphone (appels
locaux gratuits),
télévision ou
magnétophone. Prix
intéressants. Une bonne
adresse pour les séjours
prolongés. N'accepte
que les MasterCards
et les cartes Visa.
$50-$85 la chambre.
$150-$200
l'appartement.

CARTWRIGHT HOTEL
524, Sutter St.
(Powell St.)
Tél. 421 2865
ou 1 (800) 227 3844
Fax 983 6244
Ouvert 24 h/24
Hôtel intime et coquet.
Accueil chaleureux.
Chambres confortables
et agréablement
agencées (peignoirs,
couvre-lit et rideaux
fleuris assortis, bouquet
de fleurs). Thé et
gâteaux sont offerts.
$139-$249

THE DONATELLO
501, Post St.
(Mason St.)
Tél. 441 7100
ou 1 (800) 227 3184
Fax (415) 885 88 42
Ouvert 24 h/24
Petit hôtel de grand
luxe. Décoration du
lobby sous influence
italienne. Accueil
attentionné.
Chambres spacieuses
et confortables.
Transport gratuit
en limousine vers
Financial District.
Petit déj. compris.
$155-$175.

THE GAYLORD
620, Jones St.
(Post St. et Geary Blvd.)
Tél. 1 (800) 336 84 45
Fax 885 09 34
Ouvert 24 h/24
Réception ouverte
tlj. 10 h-16 h
Résidence-hôtel
acueillante, située dans
une rue calme. Location
(une semaine minimum)
de studios spacieux,
clairs et confortables,
avec salle de bains et
kitchenette. Télévision
sur demande.
Excellente adresse.
Seuls les traveller's
checks et l'argent
liquide sont acceptés.
Prix à la semaine :
$250-$450.

GOLDEN GATE HOTEL
775, Bush St.
(Powell et Mason Sts.)
Tél. 392 3702
ou 1 (800) 835 1118
Fax 392 6202
À mi-chemin entre
Nob Hill and Union
Square, bed & breakfast
victorien, ravissant, tenu
par un couple charmant.
Chambres coquettes et
aménagées avec soin.
Salle de bains collective.
Excellente adresse.
Petit déj. compris.
$65-$99.

KING GEORGE HOTEL
334, Mason St.
(Geary Blvd.)
Tél. 781 5050
ou 1 (800) 288 6005
Fax 391 6976
Ouvert 24 h/24
Joli bâtiment de
dix-neuf étages datant
de 1914 (style victorien).
Accueil aimable.
Chambres élégantes
et confortables. Goûters
dans le salon de l'hôtel,
le Bread and Tea Room.
$115-$125.

MONTICELLO INN
127, Ellis St.
(Powell St.)
Tél. 392 8800
ou 1 (800) 669 7777
Fax 398 26 50
Ouvert 24 h/24
Hôtel confortable mais
impersonnel. Décor
inspiré de l'époque
coloniale. Chambres
petites. Vin offert le soir.
Transport gratuit
en limousine vers
Financial District.
Petit déj. compris.
$109-$179.

PACIFIC BAY INN
520, Jones St.
(O'Farrel St.)
Tél. 673 0234
Fax 673 4781
Ouvert 24 h/24
Hôtel moderne
entièrement rénové.
Accueil sympathique.
Chambres petites
et claires, décor dans
des harmonies de gris
et télévision fixée

au mur, style chambre
d'hôpital.
Belle vue sur
San Francisco et
rapport qualité-prix
intéressant. Quatre
nuits au minimum
exigées (en théorie).
$175-$325 la semaine.

THE PAN PACIFIC HOTEL
500, Post St.
(Mason St.)
Tél. 771 8600
ou 1 (800) 533 6465
Fax 398 0267
Ouvert 24 h/24
Des ascenseurs
en verre teinté et
un élégant hall de
marbre autour duquel
s'agencent les
chambres. Personnel
accueillant. Chambres
reposantes. Sur
demande, équipement
pour l'exercice physique
et la musculation mis
à disposition dans
les chambres.
$235-$350.

SHANNON COURT
550, Geary St.
(Jones et Taylor Sts.)
Tél. 775 5000
ou 1 (800) 228 8830
Fax 928 6813
Le lobby gris perle
de ce bâtiment
de 1929 rénové sort
de l'ordinaire.
Chambres spacieuses
(catégorie «de luxe»).
Petit déj. compris
$98-$300.

SHEEHAN
620, Sutter St.
(Mason St.)
Tél. 775 6500
ou 1 (800) 848 1529
Fax 775 3271
Ouvert 24 h/24
Accueil cordial.
Chambres calmes et
claires mais exiguës.
Accès gratuit à la
piscine olympique
couverte, au sous-sol,
et au centre de remise
en forme de l'hôtel. Petit
déj. compris.
$49-$109.

STRATFORD HOTEL
242, Powell St.
(Geary St.)
Tél. 788 3304
Ouvert 24 h/24
Adresse économique

Union Square

(pour étudiants).
Chambres simples
avec ou sans douche.
Prix imbattables
(traveller's checks ou
espèces uniquement)
$30-$95.

Hotel Triton
342, Grant Ave.
(Bush et Sutter Sts.)
À la limite
de Chinatown.
Tél. 394 0500
ou 1 (800) 433 6611
Fax (415) 394 0555
Ouvert 24 h/24
Aucun détail n'a été
omis pour faire de
cet établissement le
temple du design.
C'est kitsch, branché
et sophistiqué à la fois.
Adresse clinquante
et drôle, à voir
absolument. Salle
de gymnastique.
$135-$285.

Villa Florence
225, Powell St.
(Geary Blvd.)
Tél. 397 7700
ou 1 (800) 553 4411
Fax 397 1006
Ouvert 24 h/24
À côté du restaurant
Kuleto's, adresse
confortable,
mais sans charme.
Chambres claires,
bien aménagées.
$115-$250.

Westin St. Francis Hotel
Union Square
335, Powell St.
Tél. 397 7000
Fax 774 01 24
Hôtel très luxueux
de 1 200 chambres
dont 83 suites.
$195-$345.
Suites à partir
de $270.

White Swan Inn
845, Bush St.
(Mason et Taylor Sts.)
Tél. 775 1755
Fax 775 5717
Ouvert 24 h/24
Auberge de charme,
chambres coquettes.
Personnel attentionné.
Petit déj. copieux
et goûter inclus.
À deux pas, la Petite
Auberge (même
maison, même service)
propose des chambres
plus petites à prix
plus modérés.
$145-$250.

Vie nocturne

Compass Rose
Westin St Francis Hotel
Union Square
335, Powel St.
Tél. 774 0167
Ouvert tlj. 11 h 30-1 h,
dim. 11 h 30-0 h
Dans un des plus
vieux hôtels de la ville,
un lounge-bar luxueux
pour rendez-vous chics.

Punch Line Comedy Club
444, Battery St.
Tél. 397 7573
Spectacles
dim.-jeu. 21 h,
ven.-sam. 21 h et 23 h
Exercices
d'improvisation,
auxquels se sont
prêtés de nombreux
apprentis comédiens
avant de devenir
célèbres.

Redwood Room
Four Seasons' Clift Hotel
459, Geary St.
(Taylor St.)
Tél. 775 4700
Ouvert 11 h-1 h
Ce piano-bar tire
son nom des panneaux
de bois de séquoias
anciens (1933) qui
tapissent ses murs.
Ambiance intime
et très raffinée.

Boutiques

Banana Republic
256, Grant Ave.
Tél. 788 30 87
Prêt-à-porter un peu
plus chic que chez Gap.

Camera Boutique
342, Kearny St.
Tél. 982 49 46
Fermé dim.
Appareils photo,
caméras vidéo, pellicules
et films, location
de matériel et réparation.

The Gap
100, Post St.
Tél. 421 23 14
Prêt-à-porter.

Gump's
135, Post St.
Tél. 982 16 16
Fermé dim.
Connu pour ses bijoux
de jade mais aussi pour
divers articles luxueux,
accessoires de maison,
produits orientaux…

Grands magasins
Neiman Marcus
I Magnin & Co
Stockton et Geary Sts.
Saks Fifth
384, Post St.
Trois grands magasins
de luxe.
Macy's
Stockton et O'Farrell Sts.
Emporium
835, Market St.
San Francisco
Shopping Center
À l'angle de Market
et de 5th Sts.
Plus de 100 boutiques
sur 9 étages,
avec Nordstrom.

House of Blue Jeans
1 029, Market St.
Tél. 255 76 99
Prêt-à-porter.

McDonald's Bookshop
48, Turk St. (Mason St.)
Tél. 673 2235
Ouvert lun.-mer.
10 h-18 h, jeu.-sam.
10 h 30-18 h 30
La plus grande librairie
de livres d'occasion
de San Francisco.

International Camera & Electronics
206, Powell St.
Tél. 421 9124
Appareils électroniques
et appareils photos
à bons prix.

The North Face
180, Post St.
Tél. 433 3223
Ouvert tlj.
Matériel de qualité :
vêtements, accessoires
de sport, tout
l'équipement nécessaire
pour le camping
et les expéditions
en tout genre.

Marchés

Flea Market
567, Sutter St.
(Union Square)
Marché d'antiquités.

Heart of the City
United Nation Plaza
1 182 Market St.
Tél. 558 9455
Ouvert dim., mer. 7 h-17 h
Produits frais.

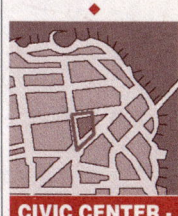

Vie pratique

Parking
Civic Center Plaza
Garage
Taylor et Farrel Sts.
Tél. 863 15 37

Bureaux de poste
Fox Plaza Station
1 390, Market St.
Tél. 252 93 25
Ouvert lun.-ven.
8 h 30-16 h 30
Station A
1 550, Steiner St.
(Geary)
Tél. 563 5955
Japantown
Tél. 563 5954
Ouvert lun.-ven. 9 h-

1 STARS
2 INN AT THE OPERA
3 THE ARCHBISHOP'S MANSION
4 ISOBUNE (RESTAURANT MALL)
5 THE PHOENIX HOTEL
6 MISS PEARL'S JAM HOUSE
7 MAX'S OPERA CAFÉ
8 SPUNTINO
9 STARS CAFÉ
10 CALIFORNIA CULINARY ACADEMY
11 THE ABIGAIL HOTEL
12 COCONUT GROVE

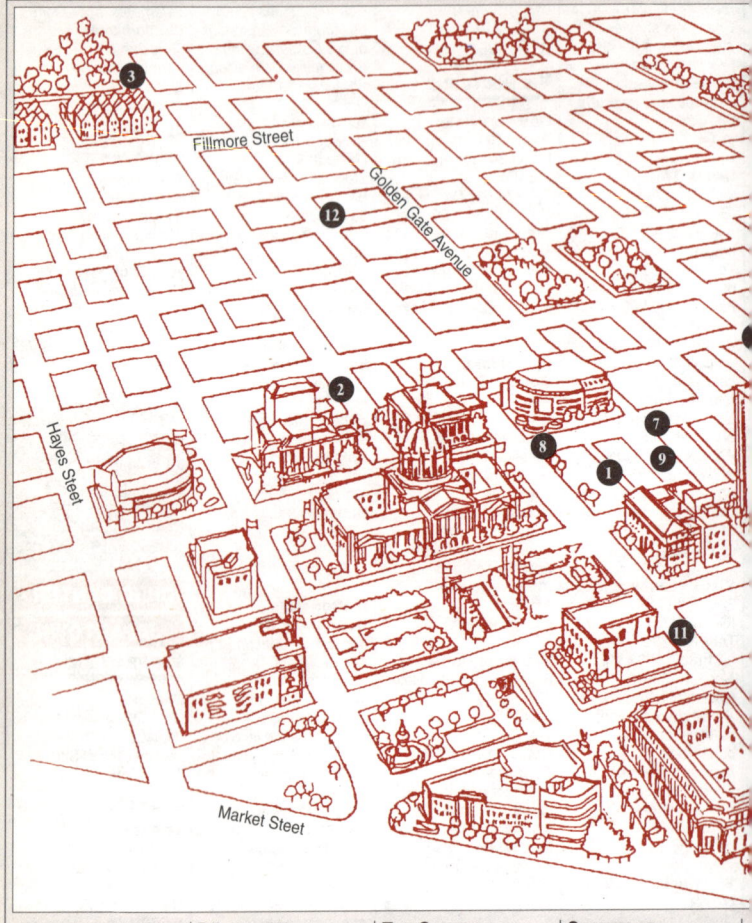

17 h 30, sam. 9 h-15 h
FEDERAL BUILDING (RDC.)
450, GOLDEN GATE Ave.
Tél. 621 7505
Ouvert lun.-ven.
8 h 30-17 h

VIE CULTURELLE

CITY HALL
Van Ness Ave.
Civic Center
Tél. 771 88 53

DAVIES SYMPHONY HALL
201, Van Ness Ave.
Tél. 864 6000
Concerts du San Francisco Symphony Orchestra, de septembre à juin.

GREAT AMERICAN MUSIC HALL
859, O'Farrel St.
(Larkin et Polk Sts.)
Tél. 885 0750
Ouvert ven.-sam. et selon programmation
Billets à retirer lun.-sam. 10 h-18 h
A conservé le charme des music-halls du début du siècle : décoration rococo, balcons et petites tables. Soul, blues, jazz et latin music. Artistes de qualité. Possibilité de dîner.
♫ ⌦

WAR MEMORIAL OPERA HOUSE
401, Van Ness Ave.
(Grove St.)
Tél. 621 6600.
Représentations du San Francisco Ballet et programmes de la saison d'opéra, qui a lieu de septembre à décembre.

THE ORPHEUM
1 192, Market St.
(8th St.)
Civic Center
Tél. 474 3800
On y joue des comédies musicales.

SAN FRANCISCO HISTORY ROOM
6e étage de la San Francisco Public Library
(Larkin et McAllister Sts.)
Tél. 557 4567
Ouvert mar., ven. 12 h-18 h, mer. 13 h-18 h, jeu., sam. 10 h-18 h.
Salle contenant les archives historiques de la ville, une collection de pamphlets, livres, photographies et autres objets historiques.
Entrée gratuite.

SOCIETY OF CALIFORNIA PIONEERS
1 Hawthorne St.
(Van Ness Ave.)
Tél. 957 1849
Ouvert lun.-ven.
10 h-16 h
Art du XIXe siècle.
Une galerie exposant l'histoire de la Californie est ouverte aux enfants.
Entrée gratuite.

CINÉMAS
AMC KABUKI 8
À l'angle de Post et de Fillmore Sts.
Japantown
Tél. 931 9800
OPERA PLAZZA
601, Van Ness Ave.
(Turk St.).
Civic Center
Tél. 771 0102
REGENCY
À l'angle de Van Ness Ave. et de Sutter St.

CIVIC CENTER - JAPANTOWN

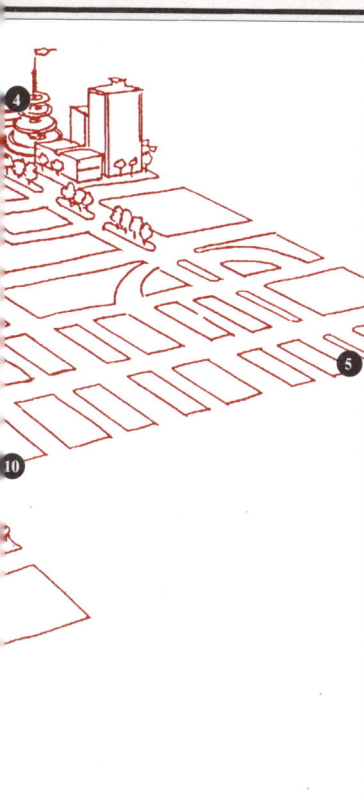

CIVIC CENTER

Japantown
Tél. 885 6773
U.A. GALAXY.
À l'angle de Van Ness
Ave. et de Sutter St.
Japantown
Tél. 474 8700

RESTAURANTS

CALIFORNIA CULINARY ACADEMY
625, Polk St.
(Turk St.)
Civic Center
Tél. 771 3500
Ouvert 11 h 30-13 h 45
et 18 h-20 h
Fermé sam.-dim.
*Dans une école
de cuisine réputée,
service de restauration
entièrement élaboré
par des étudiants
(accueil, service, menu).*
$30.

ISOBUNE (DANS LE RESTAURANT MALL)
1 737, Post St.
(Webster St.)
Tél. 563 1030
Ouvert 11 h 30-22 h
*Sushi-bar traditionnel :
les sushi défilent devant
vous sur de mini-
canaux. Vous arrêtez
ceux qui vous tentent.*
$20.

COCONUT GROVE
1 415, Van Ness St.
Tél. 776 1616
Ouvert lun.-ven. 11 h-
22 h 30,
sam.-dim. 17 h-2 h
Spectacles 19 h et 22 h 30
*Cuisine néocontinentale
dans un décor «années
40». Concerts big band
pop et jazz.*
$25-$45 (après 18 h 30)

MAX'S OPERA CAFÉ
601, Van Ness Ave.
(Golden Gate Ave.)
Civic Center
Tél. 771 7300
Ouvert lun. 11 h 30-22 h,
mar.-mer. 11 h 30-0 h,
ven.-sam. 11 h 30-1 h
*Restaurant américain
au décor de drugstore.
Propose des spectacles
et possède un patio.*
$10.

MISS PEARL'S JAM HOUSE
601, Eddy St.
(Larkin St.) Civic Center
Tél. 775 5267
Ouvert mer.-jeu.
18 h-22 h,
ven.-sam.17 h-21 h 30,
dim. 11 h-14 h 30
(*brunch* au
bord d'une piscine !)
17 h-21 h 30
*Dans le même esprit
que l'hôtel Phœnix.
Décor tropical criard,
expositions d'artistes
locaux. Dépaysant.
Clientèle branchée.
Réservation obligatoire.*
$12.

THEP PHANOM
400, Waller St.
(Fillmore St.)
Japantown
Tél. 431 2526
Ouvert 17 h 30-22 h 30
*Excellent restaurant
thaï. Lumières douces.
Peut-être l'un des
meilleurs restaurants
de la ville.*
$20.

SPUNTINO
524, Van Ness Ave.
(McAllister)
Civic Center
Tél. 861 7772
Ouvert tlj. 7 h-20 h,
dim. 10 h-19 h,
Fermé à Noël
et Thanksgiving
*Près de l'Opéra,
trattoria au décor
moderne pour jeunes
amateurs de pâtes
et de pizzas. Bien pour
un déjeuner rapide.*
$16.

STARS
150, Redwood St.
(Polk St.)
Civic Center
Tél. 861 7827
Ouvert 11 h 30-14 h,
18 h-22 h
Fermé le midi sam.-dim.
*Un des restaurants
les plus connus de San
Francisco. Brasserie
haut de gamme,
cuisine californienne
raffinée et clientèle
argentée. Voiturier.*
$80.

STARS CAFÉ
500, Van Ness Ave.
Civic Center
Tél. 861 4344
Ouvert tlj. de 11 h à 23 h
*À côté du Stars,
restaurant plus
abordable qui permet
d'apprécier, dans un
cadre moins formel,
une excellente cuisine.*
$35.

ZUNI'S CAFÉ
1 658, Market St.
(Gough St.)
Civic Center
Tél. 552 2522
Ouvert 7 h 30-0 h
Fermé lun.
*À la limite de South
of Market, derrière
une grande façade
vitrée qui laisse voir
ses deux étages,
ce café-restaurant,
chic et branché, expose
des toiles modernes.
Cuisine réputée.*
$35.

HÉBERGEMENT

THE ALBION HOUSE INN
135, Gough St.
(Oak et Page Sts.)
Japantown
Tél. 621 0896
Ouvert 24 h/24
*Au 1er étage d'une
galerie marchande,
ce bed & breakfast
rappelle les vieilles
pensions de famille.
Chambres rustiques.
Petit déj. compris*
$95-$195.

◆ CIVIC CENTER - JAPANTOWN

THE ARCHBISHOP'S MANSION
1 000, Fulton St.
(Steiner St.)
Japantown
Tél. 563 7872
ou 1 (800) 543 5820
Ouvert 24 h/24
Vieille maison de 1904, près de Alamo Square. Chaque chambre ou suite porte un nom d'opéra ; le décor est soigné. Petit déjeuner servi dans les chambres et vin offert le soir. Télévision dans les chambres. Parking gratuit. Une adresse exceptionnelle.
$129-$385.

THE CHATEAU TIVOLI
1 057, Steiner St.
(Alamo Square)
Japantown
Tél. 776 5462
ou 1 (800) 228 1647
Fax 776 0505
Ouvert 8 h 30-22 h
Grande maison victorienne de 1892, conçue par l'architecte William Armitage. Sept chambres (non-fumeur) richement décorées de bibelots anciens (dont certains sont à vendre). Suites chères mais confortables. Pas de télévision dans les chambres. Petit déj. compris.
$100-$200.

INN AT THE OPERA
333, Fulton St.
(Franklin St.)
Civic Center
Tél. 863 84 00
Fax 861 08 21
Ouvert 24 h/24
Hôtel luxueux à deux pas de l'Opéra. Chambres petites mais élégantes et confortables (minibar, salle de bains avec peignoir et séchoir). Petit déj. compris.
$140-$265.

THE ABIGAIL HOTEL
246, McAllister St.
(Larkin et Hyde Sts.)
Civic Center
Tél. 861 9728
Fax 861 5848
Ouvert 24 h/24
Hôtel de charme entièrement rénové. Chambres petites, dans le style XIXᵉ siècle.
$84.

PHŒNIX HOTEL
601, Eddy St. (Larkin St.)
Civic Center
Tél. 776 1380
ou 1 (800)248 9466
Fax 885 3109
Ouvert 24 h/24
Adresse dépaysante, branchée, d'un excellent rapport qualité-prix. Hôtel de caractère. Garage gratuit. Petit déj. compris.
$99-$139.

THE QUEEN ANNE
1 590, Sutter St.
(Octavia St.)
Japantown
Tél. 441 2828
ou 1 (800) 227 39 70
Fax 775 5212
Ouvert 24 h/24
Maison de 1890. Chambres soignées. Pour certaines, coin salon aménagé près de la fenêtre, et cheminée. Les chambres «de luxe» sont plus spacieuses. Petit déj. et journal offerts le matin, sherry et biscuits servis l'après-midi.
$109-$160.

BOUTIQUES

JAPANESE CENTER
À l'angle de Post St. et de Buchanan St.
Japantown
Tél. 922 6776
Centre commercial où l'on trouve une librairie, des restaurants, ainsi que des boutiques de porcelaine, de kimonos et bien d'autres spécialités comme les bonsaïs. Depuis quelques années, les boutiques d'électronique ont également fait leur apparition, mais ne proposent pas toujours des prix compétitifs.

MARKUS BOOKS
1 712, Fillmore St.
Japantown.
Tél. 346 4222
Ouvert lun.-sam.
10 h-19 h
Librairie africaine.

VIE CULTURELLE

ASIAN ART MUSEUM (THE AVERY BRUNDAGE COLLECTION)
Golden Gate Park
Tél. 379 8801
Ouvert mer.-dim.
10 h-16 h 45
Une des plus belles collections privées d'art asiatique.
Entrée payante.

M. H. DE YOUNG MEMORIAL MUSEUM
Golden Gate Park
Tél. 863 3330
Ouvert jeu.-dim.
10 h-16 h 45,
mer. 10 h-20 h 45
Musée d'art américain (du XVIIᵉ siècle à nos jours).
Entrée payante.

CALIFORNIA ACADEMY OF SCIENCES
STEINHART AQUARIUM
HALLS OF NATURAL HISTORY
Golden Gate Park
Tél. 750 7145
Ouvert 10 h-17 h
Entrée payante.
MORRISON PLANETARIUM
Golden Gate Park
Tél. 750 7138
Ouvert tlj.
Séances d'une heure.
Entrée payante.

CONSERVATORY OF FLOWERS
Golden Gate Park
Tél. 752 8080
Vaste serre victorienne.

JAPANESE TEA GARDEN
Golden Gate Park
Tél. 668 09 09
Ouvert tlj. 9 h-18 h 30, 8 h-18 h l'été
Entrée payante.

CINÉMAS
BRIDGE
3 010, Geary St.
(Masonic Ave.)
Western Addition
Tél. 751 3212
RED VIC MOVIE HOUSE
1 727 Haight St.
Tél. 668 3994

RESTAURANTS

CHA CHA CHA
1 801, Haight St.
(Shrader St.)
Haight-Ashbury
Tél. 386 5758
Ouvert tlj 11 h 30-15 h et 17 h-23 h 30
Décor coloré et désordonné. Sandwiches, tapas variés. Une adresse recherchée ; un établissement souvent bondé.
$15.

THE PORK STORE CAFÉ
1 451, Haight St.

(Ashbury St.)
Haight-Ashbury
Tél. 864 6981
Ouvert tlj. 7 h-15 h 30
Ancienne boucherie dont on n'a conservé que l'enseigne. Réputé pour ses excellents et copieux petits déj. Adresse sympathique et très fréquentée.
$ 7-$ 10.

HÉBERGEMENT

THE METRO
319, Divisadero St.
(Oak et Page Sts.)
Haight-Ashbury
Tél. 861 5364
Fax 863 1970
Ouvert 7 h-24 h
Hôtel modeste. Les chambres avec lit double sont sombres et très petites. Il est préférable de choisir celles avec lit «queen», elles donnent sur le patio (et sur le jardin), sont un peu plus chères, mais beaucoup plus agréables.
$ 50-$ 94.

RICHMOND

THE RED VICTORIAN BED & BREAKFAST INN
1 665, Haight St.
(Cole et Clayton Sts.)
Haight-Ashbury
Tél. 864 1978
Fax 863 3293
Ouvert 8 h-22 h
Dans le quartier néobeatnik de la ville, une bâtisse peu banale réunit bed & breakfast (non-fumeur), galerie d'art, chambre de méditation, café et boutique. Ambiance toujours amicale.
Petit déj. compris
$76-$200.

THE SPENCER HOUSE
1 080, Haight St.
(Baker St.)
Haight-Ashbury
Tél. 626 9205
Fax 626 9230
Check in avant 9 h, sur réservation uniquement
Belle maison victorienne de 1887, difficile à repérer car sans enseigne. Chambres luxueuses décorées de mobilier ancien. Grand confort. Enfants non admis. Pas de carte de crédit. Très bon rapport qualité-prix. Petit déj. compris.
$105-$165.

VICTORIAN INN ON THE PARK
301, Lyon St.
(Fell St.)
Tél. 931 1830
Fax 931 1830
Ouvert 24 h/24
Le bâtiment, construit en 1897 et classé monument historique, donne sur une partie de Golden Gate Park. Chambres « cosy ».
Petit déj. compris.
$99-$164.

BOUTIQUES

THE BOOKSMITH
1 644, Haight St.
Haight-Ashbury
Tél. 863 8688
Ouvert lun.-sam.
10 h-18 h.
Librairie généraliste.

AARDVARK'S ODD ARK
1 501, Haight St.
Haight-Ashbury
Tél. 621 3141
Friperie.

WASTELAND
1 660, Haight St.
Haight-Ashbury
Friperie.

RECYCLED RECORDS
1 377, Haight St.
Haight-Ashbury
Tél. 626 4075
Disques d'occasion.

RECKLESS RECORDS
1 401, Haight St.
Tél. 431 3434
Haight-Ashbury
Disques d'occasion.

RICHMOND
VIE PRATIQUE

BUREAU DE POSTE
GEARY STATION
5 654, Geary Blvd.
(21st Ave.)
Tél. 752 0231
Ouvert lun., mer. et ven. 9 h-17 h 30, mar. et jeu. 9 h-18 h, sam. 9 h-16 h 30

VIE CULTURELLE

CLIFF HOUSE
1 066 à 1 090, Point Lobos Ave.
(Ocean Beach)
Tél. 386 1170 (musée)
Tél. 386 3330 (restaurant et bar)
Cette maison date de 1909. Très belle vue sur Seal Rocks et l'océan Pacifique.

NEPTUNE SOCIETY COLUMBARIUM
Loraine Court
(Arguello et Stanyan Sts.)
Tél. 221 1838
Ouvert 10 h-13 h
Fermé lun.
Édifice regroupant plus de 10 000 urnes des victimes du tremblement de terre de 1906.
Entrée gratuite.

CINÉMAS
BALBOA
À l'angle de 38th Ave. et de Balboa St.
Tél. 221 8184
UA ALEXANDRIA
À l'angle de Geary Blvd et de 18th Ave.
Tél. 752 5100

RESTAURANTS

ANGKOR WAT
4 217, Geary Blvd.
(6th Ave.)
Tél. 221 7887
Ouvert tlj. 11 h-14 h 30 et 17 h-22 h
Bon restaurant cambodgien au cadre traditionnel. Ven. et sam. représentations du ballet royal cambodgien.
Prix raisonnables.
$20.

NEW GOLDEN TURTLE
308, 5th Ave.
(Geary Blvd.)
Tél. 221 5285
Ouvert 11 h-23 h
lun.17 h-23 h
Dans le nouveau quartier asiatique. Excellente adresse où goûter une authentique cuisine vietnamienne.
$23.

SOUTH OF MARKET
VIE PRATIQUE

BUREAUX DE POSTE
RINCON FINANCE
180, Steuart St.
(Howard St)
Tél. 284 0755
Ouvert lun.-ven. 7 h-18 h, sam. 9 h-14 h
STATION E
460, Brannan St.
(4th St.)
Tél. 543 7729
Ouv. lun.-ven. 8 h 30-17 h

VIE CULTURELLE

CARTOON ART MUSEUM
814 Mission
(4th et 5th Sts.)
Tél. 546 3922
Ouvert mer.-ven. 11 h-17 h, sam. 10 h-17 h, dim. 13 h-17 h.
Musée relatant l'histoire de la bande dessinée.
Entrée $4

THE JEWISH MUSEUM OF SAN FRANCISCO
121, Steuart St.
(Howard et Mission Sts.)
Tél. 543 8880
Ouvert lun.-mer. 12 h-18 h, jeu. 12 h-20 h, dim. 11 h-18 h
Musée consacré à l'histoire de la communauté juive de San Francisco.
Entrée $3.

◆ South of Market

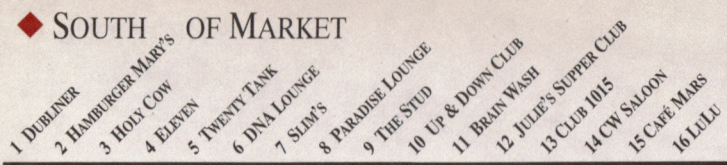

1. Dubliner
2. Hamburger Mary's
3. Holy Cow
4. Eleven
5. Twenty Tank
6. DNA Lounge
7. Slim's
8. Paradise Lounge
9. The Stud
10. Up & Down Club
11. Brain Wash
12. Julie's Supper Club
13. Club 1015
14. CW Saloon
15. Café Mars
16. Lulu

GALERIE D'ART
Ansel Adams Center
250, 4th St.
Tél. 495 7000
Ouvert mar.-dim.
11 h-17 h
L'établissement réunit une librairie et cinq galeries d'art, dont une pour les photos d'Ansel Adams.
$4.

San Francisco Museum of Modern Art
151, 3rd St.
(Mission et Howard Sts.)
Tél. 357 4000
Ouvert mar.-dim.
11 h-18 h, jeu. 11 h-21 h

THÉÂTRE
Climate
252, 9th St.
(Howard St.)
Tél. 978 2345
Spécialisé dans le théâtre expérimental.

RESTAURANTS

Dubliner
1 539, Folsom St.
(11th St.)
Tél. 621 4752
Ouv. tlj. 11 h 30-0 h
Très animé le soir.
$17.
◐

Brain Wash
1 122, Folsom St.
(7th St.)
Tél. 861 FOOD
Fax 861 WASH
Ouvert 7 h-21 h
Lavomatique des années 50 et snack. Excentrique, à voir.
$10.
○

Café Mars
798, Brannan St.
Tél. 621 6277
Ouvert 16 h- 2 h
Fermé dim.
Bon et peu cher, clientèle branchée typique du quartier SoMa.
$15.
○

Caffé Centro
102, South Park
Tél. 882 1500
Ouv. tlj. de 7 h 30 à 18 h 30.
Pour un déjeuner léger (sandwiches et desserts), c'est une très bonne adresse. Donne sur un petit parc charmant. Bon rapport qualité-prix.
$12.
○ ⌂

The Caribbean Zone
55, Natoma St.
(1st et 2nd Sts.)
Tél. 541 9465
Ouvert 11 h 30-14 h 30 et 17 h-22 h
Fermé dim.
Décor de carlingue d'avion : les hublots sont des écrans de télévision montrant un atterrissage à Rio, plantes tropicales et rochers en carton-pâte. Nourriture passable, mais cadre dépaysant.
$20.
○

Eleven
374, 11th St.
Tél. 431 3337
Ouvert 17 h 30-2 h
Fermé dim.
Ancienne brasserie, ce vaste espace industriel et rustique sert aujourd'hui une cuisine italienne. Clientèle internationale. Réservation conseillée.
$20.
♫

Hamburger Mary's
1 582, Folsom St.
(12th St.)
Tél. 626 5767
Ouvert 10 h-2 h
Fermé lun., Noël et Thanksgiving
Une baraque en bois remplie d'un bric-à-brac accueillant, où l'on sert avec le sourire de très bons hamburgers frais et copieux à des prix modiques. Adresse sympathique. Ambiance jeune et bruyante.
$15.
○

Julie's Supper Club
1 123, Folsom St.
(7th St.)
Tél. 861 0707
Ouvert mar., mer. 17 h 30-23 h, jeu.-sam. 17 h 30-0 h
Face au Brain Wash, ce restaurant est farci de décors «années 50» très kitsch : bar matelassé rose, tabourets multicolores, photos de vedettes de l'époque. Plats simples et copieux. Très original.
$25.
◐

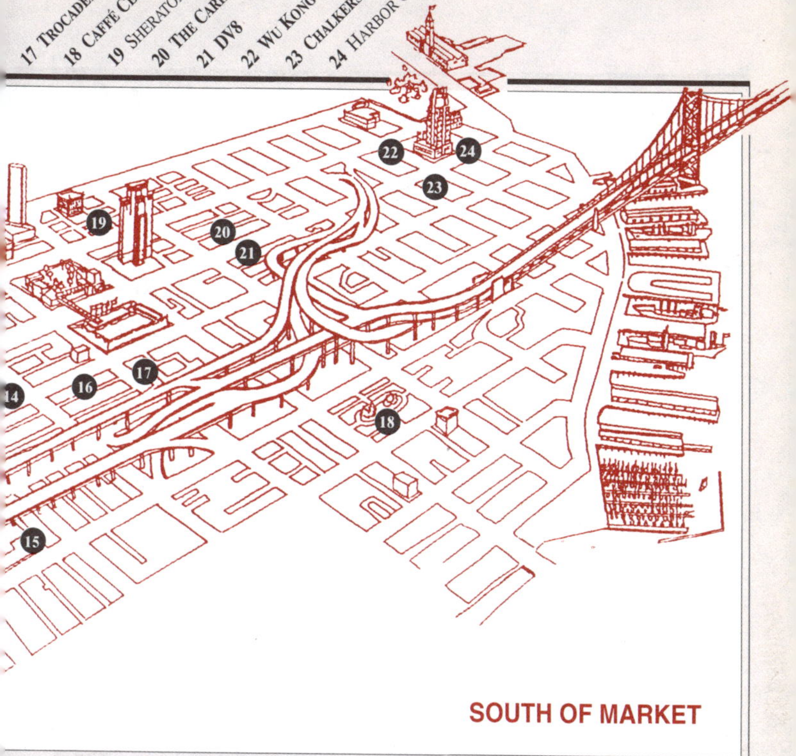

South of Market

17 Trocadero Transfer
18 Caffè Centro
19 Sheraton Palace
20 The Caribbean Zone
21 DV8
22 Wu Kong
23 Chalkers Billiards Club
24 Harbor Court Hotel

SOUTH OF MARKET

LuLu
816, Folsom St.
Tél. 495 5775
Ouvert lun.-jeu.
7 h 30-22 h 30, sam.-dim. jusqu'à 23 h 30
Lumineuse et bien aérée comme une piazza italienne. Cuisines française et italienne. Le restaurant préféré de SoMa. Réservation conseillée.
$35.

The Ramp
885, China Basin (17th)
Tél. 621 2378
Ouvert tlj.
Concerts jazz, flamenco, brésiliens jeu.-dim. Brunch et barbecue sam.-dim.
Bar-restaurant sur la baie entre un yacht-club et de vieux cargots.

Wu Kong
101, Spear St. (Mission St.)
Rincon Center
Tél. 957 9300
Ouvert tlj. 11 h-14 h et 17 h 30-21 h 30
Belle salle de restaurant, dans une galerie marchande.
$25.

Hébergement

Harbor Court Hotel
165, Steuart St. (Market St.)
Tél. 882 1300
ou 1 (800) 346 0555
Fax 882 1313
Ouvert 24 h/24
Petites chambres coquettes avec vue superbe sur la baie. Thé et vin offerts, accès gratuit aux équipements sportifs de YMCA et aux transports vers Financial District.
$ 105-$ 165.

Sheraton Palace
2, New Montgomery St. (Mission et Market Sts.)
Tél. 392 8600
ou 1 (800) 325 3535
Fax 543 0671
Près de Moscone, le plus vieil hôtel de luxe de la ville (1875). Élégant, grand confort, chambres spacieuses et bien aménagées, piscine couverte, centre de remise en forme et un célèbre restaurant, le Garden Court.
$245-$335.
$500-$2600 (suites).

Vie Nocturne

Chalkers Billiards Club
101, Spear St. (Mission St.)
Rincon Center
Tél. 512 0450
Ouvert lun.-ven.
11 h 30-2 h, sam. 14 h-2 h, dim. 14 h-0 h
Savourez nourriture et cocktails autour de beaux billards en cerisier. Endroit chic.

CW Saloon
917, Folsom St.
Tél. 974 1585
Concerts rock et funk tous les soirs. Musique reggae avec disc-jockey tous les mardis.

DNA Lounge
375, 11th St. (Harrison St.)
Tél. 626 1409
Ouvert 21 h 30-4 h
Entrepôt transformé en grande discothèque pour la faune branchée de SoMa. Bons concerts de rock.
$8.

DV8
540, Howard St. (1st et 2nd Sts.)
Tél. 777 2217
Ouvert jeu. au sam.
10 h à 4 h
Dans un bloc en béton peu avenant, une des plus grandes discothèques de la ville. Cadre New Wave (œuvres popart, miroirs et colonnes en faux marbre). Clientèle jeune.
Entrée de $6 à $20

Holy Cow
1 535, Folsom St. (10th et 12th Sts.)
Tél. 621 6087

Ouvert jeu.-sam. 18 h-2 h. *Discothèque identifiable à son enseigne (grosse vache en carton-pâte). Clientèle assez jeune,* Entrée gratuite.

♦ MISSION - CASTRO

CLUB 1015
1 015, Folsom St.
Tél. 431 1200
Ouvert 19 h 30 à 4 h
Discothèque populaire avec trois salles pour différentes musiques.
$10.

PARADISE LOUNGE
1 501, Folsom St. (11th)
Tél. 861 6906
Possède une salle de billard. Concerts de rock chaque soir.

SLIM'S
333, 11th St.
(Folsom et Harrison Sts.)
Tél. 522 0333
Ouvert 20 h-2 h
Entrepôt reconverti. Club de rythme and blues, country et jazz inspiré. Dîner possible.
$6.
♪

SOUND FACTORY
525, Harrison St.
Tél. 543 1300
Trois salles équipées d'un son et de lumières à la pointe de la technologie. Musiques pop et industrielle.

THE STUD
399, 9th St.
(Harrison St.)
Tél. 863 6623
Ouvert lun.-ven. 17 h-2 h,
sam.-dim. 17 h-3 h
Bar et discothèque gay.
$3

TWENTY TANK
316, 11th St.
Tél. 255 9455
Ouvert 11 h 30-2 h
Jazz mar.-jeu et un ven. sur deux (gratuit) Le meilleur pub de la ville. Repas légers, bonnes bières.

UP & DOWN CLUB
1 151, Folsom St.
(7th St.)
Tél. 626 2388
Ouvert jusqu'à 2 h
Fermé mar.
Restaurant-club. Concerts de jazz.
$ 5.

MISSION

VIE PRATIQUE

PARKING
FIFTH AND MISSION GARAGE
833, Mission St.
(4th et 5th Sts)
Tél. 982 8522

BUREAU DE POSTE
4 303 18th St.
Tél. 621 5317
Ouvert lun.-ven. 9 h-17 h
sam.10 h-13 h.

VIE CULTURELLE

MISSION DOLORES
Dolores St. (16th St.)
Tél. 621 8203
Ouvert 9 h-16 h
Fondée en 1776, c'est la seule mission encore existante. Église, jardin et cimetière historiques.
Entrée $2

CINÉMA
ROXIE
3117, 16th. St.
Tél. 863 1087

THÉÂTRES
THE MARSH
1 062, Valencia St.
Tél. 641 0235
Specialisé dans des performances : du théâtre contemporain au cabaret.
THEATRE ARTAUD
450, Florida St.
(17th et Mariposa Sts.)
Tél. 621 7797
Théâtre expérimental, improvisations.

RESTAURANTS

AUNT MARY'S RESTAURANT
3 159, 16th St.
Tél. 626 5523
Ouvert dim.-jeu.
7 h-22 h,
ven.-sam. 7 h-0 h
Fermé lun.
Américain/mexicain rescapé des années 1960, au décor pittoresque. Excellent petit déj.
$ 6.

CAFÉ MACONDO
3 159,16th. St.,
Tél. 863 6517.
Ouvert sam.-lun. 9 h-22 h, jeu.-ven. 11 h-22 h
Les coffee shops sont une institution à San Francisco, on y consulte la presse quotidienne ou on y écoute de la musique en mangeant des pâtisseries.

FLYING SAUCER
1 000, Guerrero St.
Tél. 641 9955
Décor abstrait charmant et cuisine néo-américaine. Très populaire. Réservation obligatoire.
$ 45.

ESPERPENTO
3 295, 22nd St.
Valencia
Tél. (415) 282 8867
Ouvert lun.-sam.
11 h-15 h et 17 h-2 h
Restaurant espagnol réputé depuis des années pour sa paella et ses délicieux tapas.

KATZ BAGELS
3 147, 16th. St.
Ouvert tlj. 6 h-17 h,
sam.-dim. 6 h-16 h
Grand assortiment de bagels, ces beignets troués qui font fureur aux États-Unis.

LA RONDELLA
901, Valencia St.
Tél. 647 7474
Restaurant mexicain classique du quartier. Décoration de Noël toute l'année. Nourriture passable, bonnes margaritas. Groupes de mariachis parfois.
$10.
○

LA TACQUERIA SAN JOSE
2 830, Mission St.
(25th et 26th Sts.)
Tél. 282 0203
Ouvert tlj. lun.-jeu.
8 h-1 h,
ven.-dim. 8 h-4 h.
Très bon fast-food de burritos (bien supérieur à la chaîne aseptisée Taco Bell). Authentique, très populaire et international. Prix modiques. N'accepte pas les cartes de crédit.
$ 6.
○

PASTAIO LUISA'S
3 182, 16th St.
Tél. (415) 255 2440
Ouvert tlj.11 h-14 h
et 16 h-0 h
Luisa a connu le succès pendant quinze ans avec son restaurant sur Castro ; on retrouve ici sa formule familiale et conviviale.
$10-$15.

TI COUZ
3 108, 16th
Tél. 252 7373
Ouvert lun.- ven.
11 h-23 h,
sam. 10 h-11 h,
dim. 10 h-22 h
C'est à croire que tous les ports du monde ont leur crêperie. Bon marché, très populaire et de bon goût breton.

VIE NOCTURNE

BLONDIES
540, Valencia St.
Tél. 864 2419
Ouvert jusqu'à 2 h

Bar local avec deux billards, juke-box. Concerts de blues et de jazz sam. et dim.

CAESAR'S LATIN PALACE
2 140, Mission St.
(Army St.)
Tél. 648 6611
Ouvert jeu., dim.
20 h-2 h ; ven. 21 h-5 h ;
sam. 21 h-6 h
Fermé lun.-mer.
Dans le quartier hispanique, un bar latino animé : musique et cours de danse ven., sam. et dim. après-midi (salsa, mambo).
♪ 🍷

ELBO ROOM
647, Valencia St.
(17th St.)
Tél. 552 7788

ENVIRONS

Dans un quartier jeune et bohème, un café-concert à forte personnalité. On peut y jouer au billard.

JOSIE'S CABARET
3 583, 16th St.
(Market St.)
Tél. 861 7933
Ouvert à partir de 21 h
Nombreuses soirées à thème avec débats. Bonne introduction aux nuits chaudes et weird de la ville.

RADIO VALENCIA
1 199, Valencia St.
Tél. 826 1199
Ouvert 11 h-0 h
Café plein de couleurs, bons petits repas et musique d'un ex-DJ, le patron. Concerts de blues et de jazz ven.-dim. Couvert minimum.

BOUTIQUES

ADOBE BOOKSHOP
3 166, 16th St.
(Guerrero St.)
Tél. 864 39 36
Livres rares et d'occasion.

ESPRIT
499, Illinois St.
Potrero
Tél. 957 25 50
Vêtements pour teenagers, articles pour tous les âges à petits prix (fins de séries, dégriffés).

CASTRO

VIE CULTURELLE

CINÉMAS
CASTRO THEATRE
429, Castro St.
(Market St.)
Tél. 621 6120
ST FRANCIS
À l'angle de Market et de 15th Sts.
Tél. 362 4822
STRAND
1 127, Market St.
Tél. 431 12 59

RESTAURANTS

HOT'N HUNKY
4 039, 18th Street
Tél. 621 63 65
Ouvert tlj. 11 h-0 h, ven.-sam. 11 h-1 h
Délicieux hamburgers dans ce petit restaurant familial, les commandes se font au bar (d'où son appellation de fast-food). Descendre dans la rue pour déjeuner dans Dolorès Park et profiter d'une vue imprenable sur la ville et la baie.

PATIO CAFÉ
531, Castro St.
(18th et 19th Sts.)
Tél. 621 4640
Ouvert 8 h-22 h 30
Un joli bar-restaurant avec jardin exotique.

HÉBERGEMENT

TWIN PEAKS HOTEL
2 160, Market St.
94114
Tél. 621 9467
Fax 863 1545
Bonne adresse dans Castro, 60 chambres. $35-$55.

VIE NOCTURNE

CAFÉ DU NORD
2 170, Market St.
Tél. 861 5016
Ouvert tlj.
Ce bar branché et bondé propose des soirées à thème. Beaucoup de jazz.

MIDNIGHT SUN
4 067, 18th St.
Tél. 861 4186
Un des plus anciens bars gays de la ville. Films et vidéoclips.

ENVIRONS

VIE CULTURELLE

SILVERADO MUSEUM
1 490, Library Lane
P.O. Box 409
St Helena
CA 94574
Tél. 1 (707) 963 3757
Ouvert tlj. 12 h-16 h sauf lun. et jours fériés
Musée consacré aux œuvres de Robert Louis Stevenson, construit en 1979 dans l'enceinte de la librairie de St. Helena.

BAY MODEL VISITORS CENTER
2 100, Bridgeway
Sausalito
Tél. 1 (415) 332 3871
Ouvert mar.-sam. 9 h-16 h, l'hiver ; mar.-ven. 9 h-16 h, sam.-dim. 10 h-18 h, l'été
Simulation de l'action des eaux dans la baie.
Entrée gratuite.

BAY AREA DISCOVERY MUSEUM
557, East Fort Baker
Sausalito
Tél. 1 (415) 487 4398
Ouvert 10 h-17 h
Fermé lun. et mar.
Propose aux familles nombreuses des activités pour les enfants. Deux projections de films sont proposées chaque soir.
$5.

JUDAH L. MAGNES MUSEUM
2 911, Russel St.
Berkeley
Tél. 1 (510) 549 6950
Ouvert dim.-jeu.10 h-16 h
Présente la mémoire de la communauté juive à travers 10 000 objets d'art.
Entrée gratuite.

MUIR WOODS
Mount Tamalpais
Panoramic Highway
(20 miles au nord de San Francisco)
Tél. 388 2595
Ouvert tlj. de 8 h au coucher du soleil
Forêt de séquoias. Parc avec un sentier d'asphalte, d'où vous pourrez rejoindre à pied Stinson Beach.

OAKLAND MUSEUM
À l'angle d'Oak et de 10th Sts.
Oakland
Tél. 1 (510) 238 3401
ou 1 (510) 834 2413
Ouvert 10 h-17 h, dim. 12 h-17 h
Fermé lun., mar. et certains jours fériés
Ce musée consacre trois étages aux sciences naturelles, à l'histoire et à l'art.
Entrée gratuite.

TREASURE ISLAND MUSEUM
Building 1
Treasure Island
Tél. 1 (415) 395 5067
Ouvert 10 h-15 h
Histoire des services maritimes américains.
Entrée gratuite.

UNIVERSITY ART MUSEUM (PACIFIC FILM ARCHIVE)
2 626, Bancroft Way
Berkeley
Tél. 1 (510) 642 1412
Ouvert mer.-dim. 11 h-17 h, jusqu'à 21 h le jeu.
Musée d'art asiatique et occidental.
Entrée payante.

WINE & VISITORS CENTER
5 000, Roberts Lake road
Rohnert Park
CA. 94928
Tél. 1 (707) 586 3795
Ouvert tlj. 10 h-17 h

◆ ENVIRONS

RESTAURANTS

CHEZ PANISSE
1 517, Shattuck Ave.
Berkeley
Tél. (510) 548 5525
Services à 18 h, 18 h 30, 20 h 30, 21 h 15
Fermé dim.
Excellent restaurant situé près du campus de Berkeley. Le chef cuisinier Alice Water a lancé la mode et les principes de la « nouvelle cuisine » dans la gastronomie californienne. Voiturier.
$45./$75

FRENCH LAUNDRY
6 640, Washington St.
Yountville
Napa Valley
Tél. 1 (707) 944 2380
Dans une authentique maison en pierre, ce restaurant offre une fusion de la cuisine française et californienne. Trois étoiles sur le guide Michelin. Réservation conseillée.

TRAVIGNE
1 050 Charter Oak,
St Helena
Napa Valley
CA 94574
Tél. 1 (707) 963 4444
Fax 1 (707) 963 1233
Excellente cuisine italienne traditionnelle, service de qualité et décor idyllique. Réservation conseillée, surtout pour le dîner dans le patio. Carte des vins jeunes mais bien sélectionnée.

V. SATTUI WINERY
Au croisement de l'autoroute 29 avec White Lane (à 2,5 km au sud de St. Helena)
Tél. 1 (707) 963 7774
Connu essentiellement en tant que fromager (« un des meilleurs du monde » selon le LA Times).
On y trouve : 200 fromages, un choix de viande et charcuterie, des fruits secs, des pâtisseries, du vin... Tables pour manger sur place, à l'extérieur.

HÉBERGEMENT

ACCOMODATION REFERRAL RESERVATION
Tél. 1 (707) 942 5900
Pour dormir à Napa Valley, ce centre permet de réserver une chambre par téléphone parmi 150 bed & breakfast de la région.

> «Ce n'était ni vrai ni faux, mais vécu.»
> André Malraux

◆ Votre carnet de voyage

Annexes

Bibliographie, *392*
Table des illustrations, *393*

◆ BIBLIOGRAPHIE

◆ GÉNÉRALITÉS ◆

- Aimone (L.) et Olmo (C.) : *Les Expositions universelles (1851-1900)*, Belin, Paris, 1993
- Beebe (L.) et Clegg (C.) : *San Francisco's Golden Era*, Howell-North Books, Ed., Berkeley, 1960
- Caen (H.) : *San Francisco, City on Golden Hills*, Doubleday, Garden City, New York, 1976
- Caen (H.) et Kingman (D.) : *One Man's San Francisco*, Doubleday, Garden City, New York, 1967
- Cameron (R.) : *Above San Francisco*, Cameron, S.F., 1975
- Collectif : *Le Livre des expositions universelles (1851-1989)*, Ed. des Arts décoratifs Herscher, Paris, 1983
- Collectif : *San Francisco Stories, Great Writers on the City*, Chronicle Books, San Francisco, 1990
- Collectif : *San Francisco*, Sunset Books, San Francisco, 1986
- Collectif : *The Guide to Architecture in San Francisco and Northen California*, Peregrine Smith Books, Salt Lake City, 1985
- Collectif : *Visionary San Francisco*, Prestel, Munich, 1990
- Delehanty (R.) : *San Francisco, The Ultimate Guide*, Chronicle Books, San Francisco, 1989
- Dikson (S.) : *Tales of San Francisco*, Stanford University, 1971
- Dillon (R.) : *Embarcadero*, Comstock Ed., Sausalito CA, 1973
- Fong-Torres (S.) : *San Francisco Chinatown*, China books, USA, 1991
- Gair (P.) et Dougier (H.) : *Californie*, in Revue Autrement, Paris, n° 31, Avril 1981
- Gold (H.) et Brach (G.) : *San Francisco, un guide transaméricain*, Ed. Autrement, Paris, 1987
- Hansen (G.) : *San Francisco Almanach*, Chronicle Books, San Francisco, 1973
- Herron (D.) : *The Literary World of San Francisco & its Environs*, City Lights Books, San Francisco, 1985
- Jewett (M. Z.) : *Coit Tower, San Francisco, Its History and Art*, Volcano Press, San Francisco, 1983-84
- Kingman (Russ) : *Jack London (1876-1916)*, L'Instant, Paris, 1987
- Lewis (O.) : *San Francisco : Mission to Metropolis*, Howell-North Books, Berkeley, 1966
- Lotchin (R.W.) : *San Francisco, 1846-1856*, Oxford, New York, 1974
- Muscaine (D.) : *Old San Francisco, Biography of a City*, Putman, New York, 1975
- Myrick (D.) : *San Francisco's Telegraph Hill*, Howell-North Books, Berkeley, 1972
- Palmer (P. & M.) : *Cable Cars of San Francisco*, Howell-North Books, Berkeley, 1959
- Pettitt (G.A.) : *Berkeley, the Town and Gown of it*, Howell-North Books, Berkeley CA, 1973

◆ HISTOIRE ◆

- Ashbury (H.) : *The Barbary Coast*, Comstock Ed., Sausalito CA, 1973
- Bonnett (W.) : *A Pacific Legacy*, Chronicle Books, HongKong, 1991
- Chandler (A.) : *Old Tales of San Francisco*, Kendall/Hunt Co., San Francisco, 1977
- Chinard (G.) : *Le Voyage de La Pérouse sur les côtes de l'Alaska et de la Californie (1786)*, The John Hopkins Press, Baltimore Md., 1937
- Cole (T.) : *A Short History of San Francisco*, Frisco, San Francisco, 1947
- Collectif : *California History*, The Magazine of the California Historical Society, San Francisco, n° 3, 1982
- Crété (L.) : *La Vie quotidienne en Californie au temps de la ruée vers l'or, 1846-1856*, Hachette, Paris, 1982
- Englebert (O.) : *Le Dernier des conquistadors : Junipero Serra, apôtre et fondateur de la Californie (1713-1784)*, Plon, Paris, 1956
- Ewald (D.) et Dlute (P.) : *San Francisco invites the world*, Chronicle Books, HongKong ; 1991
- Fohlen (A.E.) : *Les Indiens d'Amérique du Nord*, P.U.F., « Que sais-je ? », Paris, 1985
- Gentry (C.) : *The Madams of San Francisco*, Comstock Ed., Sausalito CA, 1964
- Hansen (G.) et Condon (E.) : *Denial of Disaster*, Cameron and Company, San Francisco, 1989
- Hong Kingston (M.) : *Les Fantômes chinois de San Francisco*, coll. « L'Air du temps », Gallimard, Paris, 1979
- Hong Kingston (M.) : *Les Hommes de Chine*, Rivages, Paris, 1986
- Jacquin (P.) : *Vers l'Ouest, un nouveau monde*, Gallimard, coll. « Découvertes », 1987
- Kaspi (A.), Arthaud (D.) : *Histoire des États-Unis*, Point Seuil, Paris, 1984
- Lewis (O.) : *Bay Window Bohemia*, Yosemite-Dimago, Oakland, 1983
- Margolin (Malcolm) : *The Ohlone Way, Indian life in the San Francisco Monterey Bay Area*, Heyday Books, Berkeley, 1978
- Potter (E. G.) et Gray (M. T.) : *The Lure of San Francisco*, Elder & Co., San Francisco, 1915
- Salzman (E.) et Brown (A. L.) : *The Cartoon History of California Politics*, California Journal Press, Sacramento, 1978

◆ HISTOIRE DE L'ART ◆

- Albright (T.) : *Art in the San Francisco Area 1945-1980*, University of California Press, London, 1985
- Alinder (M.S.), Heyman (T. T.) et Rosenblum (N.), *Seeing Straight* : The Oakland Museum, 1992
- Boas (N.) : *The Society of California Six Colorists*, Bedford-Arts, San Francisco, 1988
- Oakland Museum : *The Art of California, Selected Works from the Collection of the Oakland Museum*, The Oakland Museum and Chronicle Books, 1984
- Vincent (S.) : *O California*, Bedford-Arts, San Francisco, 1990

◆ ARCHITECTURE ◆

- Corbett (M. R.) : *Splendid Survivors, San Francisco's Downtown Architectural Heritage*, California Living Books, San Francisco, 1979
- Delehanty (R.) et Sexton (R.) : *In the Victorian Style*, Chronicle Books, San Francisco, 1991
- Kingman (R.) : *A Pictorial Life of Jack London*, Library of Congress, 1979
- Mitchell (E.) : *American Victoriana*, Chronicle Books, San Francisco, 1979
- Woodbridge (Sally B.) : *California architecture*, Chronicle Books, San Francisco, 1988

◆ TÉMOIGNAGES ◆

- Achard (A.) : *Voyage de Paris à San Francisco*, in La Revue des deux mondes (tome V), 1850
- Bénard de Russailh (A.) : *Journal de voyage en Californie à l'époque de la ruée vers l'or (1850-1852)*, Aubier-Montaigne, Paris, 1980
- Dillon (P.) : *La Californie dans les derniers mois de 1849*, in La Revue des deux mondes (tome V), 1850
- Dumas (Alexandre) : *Un Gil Blas en Californie*, 1852
- Dumas (Alexandre-fils) : *Histoire de la loterie*, 1851
- Le Bris (M.) : *La Porte d'or*, Grasset, Paris, 1986
- Stevenson (R. L.) : *La Route de Silverado. En Californie au temps des chercheurs d'or*, Phébus, Paris, 1987

◆ LITTÉRATURE ◆

- Cendrars (B.) : *L'or*, Gallimard, coll. « Folio », Paris, 1985
- Dana (R. H.) : *Deux Années sur le gaillard d'avant*, Robert Laffont, Paris, 1990
- Ginsberg (A.) : *Howl and Other Poems*, Ed. Bilingue UGE, Paris, 1980
- Hammett (D.) : *Le Faucon de Malte*, Gallimard, coll. « Folio », Paris, 1950
- Harte (B.) : *The Men of Roaring Camp and other Tales*
- Kerouac (J.50) : *Sur la route*, Gallimard, 1960
- Levy (H.L.) : *920 O'Farrell Street*, Arno, New York, 1947
- Norris (F.) : *Les Rapaces*, Phébus, 1990
- Steinbeck (J.) : *Tortilla Flat, En un combat douteux, Les Raisins de la colère*, Gallimard, coll. « Folio », Paris
- Traven (B.) : *Le Trésor de la Sierra Madre*, 10/18
- Wolfe (T.) : *Acid test*, Gallimard, 1968.

Table des illustrations

Couv : *Navire*, N. Currier, lithographie, XIXe. D. R. *Jack London*, photo 1906 © coll.10/18. *Publicité pour les chocolats Ghirarolellis* © A. McKinney/ Gallimard. *Victorian House* © 1992, A. McKinney.
DOS : *Le Phoenix*, emblème de San Francisco, dessin, vers 1930. Coll. part. *Panneaux routiers.* CL. Gallimard.
4e Plat : San Francisco, pier 39 © 1992, A. McKinney. *Cable-car*, 1888. Coll. part. *Bateaux dans la baie de San Francisco* © 1992, A. McKinney.

1 *Front de mer vu de Telegraph Hill*, photo vers 1890 © National Maritime Museum.
2-3 *Le Quai de Green Street*, O. V. Lange, photo 1894 © idem.
4-5 *Cable Car*, Max Yavno, photo 1947 © Museum of Modern Art, San Francisco.
6-7 *Star of Zealand*, Gabriel Moulin, photo 1935 © Gabriel Moulin Photo Archives.
41 *Publicité pour un voyage en Clipper*, lithographie vers 1849 © Bancroft Library, U. C. Berkeley.
42 *Coiffure de danse des Indiens de San Francisco*, in *Voyage pittoresque autour du monde*, Louis Chorris, PL. XII, 1823 © Bibl. nat. *Artefacts Ohlones*, Dr Lowell J. Bean et ses étudiants du C. E. Smith Museum of Anthropology (U. C. Hayward). CL.A. McKinney/ Gallimard. *Portrait de Francis Drake*, 1540-1596, Larmessin, gravure © Roger Viollet.
43 *Artefacts Ohlones*, Dr Lowell J. Bean et ses étudiants du C. E. Smith Museum of Anthropology (U. C. Hayward). CL. A. McKinney /Gallimard. *Découverte de la baie par Portola*, Arthur Matthews, huile sur. toile, début XXe © Coll. Garzoli. *Carte de la baie par le père Pedro Font*, 1777, coll.part., CL. A. McKinney/Gallimard. *Danse des habitants de Californie*, in *Voyage pittoresque autour du monde*, Louis Chorris, PL. III, 1823 © Bibl. nat.
44 *Chasse à l'ours*, James Walker, huile/toile, 1876 © California Historical Society. *Label de fruit*, vers 1930, coll. part., CL. A. McKinney/Gallimard. *Landing of Montgomery Crew*, gravure 1846, coll. part. CL. idem.
45 *L'ours, emblème de la Californie*, coll. part., CL. idem. *Le Feu en 1850*, gravure vers 1850, coll. part. CL: idem. *Le Vigilant Comitee pend un homme*, gravure 1851, coll. Patrick Bertrand. CL. idem. *Chemin de fer de la Central Pacific dans les montagnes de la Sierra*, lithographie vers 1870 © coll. Marvin Nathan.
46 *Clay Street*, photo vers 1875, coll. Historical Room of San Francisco Public Library. CL. A. McKinney/Gallimard. *Market Street le 18 avril 1906*, photo 1906 © coll. Patrick Bertrand. *Affiche de la Panama Pacific International Exposition (Le Treizième Travail d'Hercule)*, lithographie de Perham W. Nahl, 1915, coll. part. CL. A. McKinney/Gallimad.
47 *Union Iron à Potrero*, carte de 1890, coll. National Maritime Museum. CL. idem. *Travailleurs*, photo de 1934, coll. Historical Room of San Francisco Public Library. CL. idem. *Embarquements de soldats à San Francisco*, photo pendant la Seconde Guerre mondiale, coll. idem. CL.idem.
48 *Le Bief de J. Sutter à Coloma*, gravure vers 1850 © coll. Patrick Bertrand. *Un mineur en route vers la Californie*, caricature, lithographie du XIXe © Preussischer Kultur Besitz.
48-49 *Port de San Francisco durant la ruée vers l'or*, photo de 1851, coll. National Maritime Museum. CL. A. McKinney/Gallimard.
49 *Clipper durant le gold rush*, affiche pour le passage en bateau, 1849. coll. part. CL. A. idem. *Publicité pour le Flying Cloud*, affiche vers 1850, coll.Part. CL. Idem. *Affiche pour un passage en bateau*, 1849 © coll. Marvin Nathan. *Le Side Wheel Steamer à quai*, gravure vers 1850. coll. part. CL. A. McKinney/Gallimard.
50 *Tamis en bois de chercheur d'or*, D. R. *Pépite d'or* © Oakland Museum.
50-51 *Dans un claim de l'Eldorado*, gravure du XIXe. © coll. Patrick Bertrand.
51 *Descente dans la mine*, vers 1860-1870 © coll. Minnesota Historical Society. *Sunday Morning in Mines*, Charles Christian Nahl, huile /toile © Crocker Art Museum. *Prospecteurs dans une baraque de campements*, gravure XIXe © coll. Patrick Bertrand.
52-53 *Vue aérienne de San Francisco*, lithographie vers 1878. coll. part. CL.A. McKinney/Gallimard. *Vue aérienne de San Francisco*, lithographie vers 1873. coll. part. CL. idem.
54 *Campements chinois*, gravure XIXe © coll. part.
54-55 *Construction de la voie à Green Rivet*, photo hiver 1868 © Oakland Museum.
55 *Théodore Judah*, photo XIXe. coll. Historical Room of San Francisco Public Library. CL. A. McKinney/Gallimard.
56-57 *East meets west at Promontory Point, Utah*, photo de A.J. Russell, 1869 © Oakland Museum. *Le clou d'or*, 1869 © coll. Stanford University Museum of Art.
58 *Après le tremblement de terre*, photo 1906 © coll. Patrick Bertrand.
58-59 *The city burning*, William Coulter, huile/toile, 1906 © Maxwell Gallery.
59 *Trenton Times titrant sur le séisme de 1906*, D. R. *Les quartiers sud après le séisme*, photo 1906 © coll. Georges Fronval.
60 *Camps de réfugiés après le séisme*, photo 1906 © idem.
60-61 *Portraits des pompiers de San Francisco*, photos 1906 © Museum of the City of San Francisco. *Vue aérienne de San Francisco onze jours après le tremblement de terre*, photo 1906 © idem.
62-63 *Vue aérienne de San Francisco : la ville reconstruite*, 1915, coll. part. CL. A.McKinney/Gallimard.
63 *Couverture du Sunset*, Maynard Dixon, 1906, coll. part, CL. idem. *Couverture du New Nick Carter Weekly*, n°: 503, 1906 © Museum of the City of San Francisco. *Les rescapés du séisme*, photo 1906 © coll. Patrick Bertrand.
64 *La grève de 1934*, coll. Historical Room of the San Francisco Public Library. CL. A McKinney/Gallimard. *Grève de 1934, les victimes de la guerre*, coll.idem. CL. idem. *Harry Bridges et les grévistes le 21 juin 1934*, coll. idem. CL. idem.
65 *Cable-car de California St.*, lithographie 1888, coll. part. CL. A. McKinney/Gallimard.
66 *Portrait de Levi Strauss*, photo fin XIXe © coll. Levi Strauss & Co. *Publicité Levi's "Patent Riveted Clothing"* © idem. *Mineurs en levi's*, photo vers 1850 © idem.

◆ TABLE DES ILLUSTRATIONS

67 *Publicité pour les pantalons Levi's*, photo 1930 © idem. *Portrait de Marlon Brando dans La Chevauchée sauvage*, photo 1954, Columbia © British Film Institute. **68** *Cable-car*, dessin publié dans *San Francisco Chronicle*, 1940, D. R. *Powel St Cable Car* © 1992. A. McKinney. *Salle des machines du cable-car*. CL. idem. **69** *Cable-car à Hyde St.* © 1992. A. McKinney. *Andrew Hallidie*, coll. part. CL. A. McKinney /Gallimard. *Tramway de Powell St.*, lithographie 1888, coll. part. CL. idem. *Cable-car de California St.*, lithographie 1888, coll. part. CL. idem. **70** *Crieur de journeaux*, affichette fin du XIXe. coll. Historical Room of the San Francisco Public Library. CL. idem. *Duel célèbre entre James King Williams et James Casey*, gravure 1896 © coll. Patrick Bertrand. *Couverture du San Francisco Chronicle*. D. R. *Couverture du San Francisco Examiner*. D. R. **71** *Portrait de W. R. Hearst*, photo début XXe © Library of Congress. *Couverture d'Oracle*, dessin de Rick Griffin. D. R. *Couverture de Mother Jones*. D. R. *Couverture d'Overland Monthly*, 1897 © California Historical Society. *Couverture de Zap Comix*, dessin de Crumb © coll. Lora Fountain. **72** *Exemple de page illustrée.* © Bancroft Library. U. C Berkeley. **73** *Les ateliers de l'imprimerie* © Bancroft Library. U. C Berkeley. *Matériel* © idem. *Pages de titre* © idem. *Mission grape, aérographe* © idem. **74** *Fauteuil de jardin de Jef Benedetto*, 1986 © Lisa Baldauf. *Table paysage de canyon*, 1992 © idem. *Bureau*, Arthur et Lucia Mathews, bois peint, 1910-12 © M. Lee Fatherree/Oakland Museum. **75** *Mobilier de bureau «Broderick» Group Furniture* © Lisa Baldauf. *Matelas à eau*, de Charles Hall © idem. *Table à café Boomerang*, Luther Conover, vers 1952 © idem. *Chaise Crepe Kingolo* de Philip Agee, 1992 © Philip Agee. *Chambre pour célibataire*, Fritz Baldauf © Lisa Baldauf. **76** *Fanion de Stanford* © Hewlett-Packard Archives. *ENIAC*, photo vers 1950 © coll. Thierry Etévé. *Circuits intégrés rectangulaires* © Tony Craddok/SPL/Cosmos. **77** *Portrait de Dave Packard et portrait de William Hewlett*, photos vers 1945 © Hewlett-Packard Archives. *Université de Stanford* © Stanford News Service. *Portrait de Jobs et Steve Wozniak* © Apple Archives. **78** *Pochette de disque Beau Brumels You Tell me Why* © collection Librairie Parallèle. *Pochette de disque de Grateful Dead Skeletons from the Closet*, 1974, D. R. *Portrait de Bill Graham*, 1966 © Gene Anthony. *Titre de la revue BAM*, D. R. *Titre de la revue Rolling Stones*, D. R . **79** *Jefferson Airplane*, 1967© Herb Greene. *Affiche de concert du groupe Dead Kennedy*, D. R . *Les charlatans* , 1969 © Herb Greene. *Janis Joplin et les Big Brothers Holding Compagny* , 1967 © Gene Anthony. **80** *Exotic-Erotic Halloween Ball.* CL. Gallimard. *Lesbian-Gay Freedom Parade.* CL. idem. **81** *Cherry Blossom Festival* © Hanford Associates. *Blessing of the Fishing Fleet* © Convention & Visitors Bureau. **82** *Cerf-volant.* CL. Gallimard. *Marathon.* CL. idem. *Forty-Niners* © Peter Rowe/Guiness Publishing. **82-83** *Joe di Maggio*, photo d'archives © Wide World/AP. **83** *Voiliers sur la baie* © 1992. A. McKinney. *Planche à voile et surf* © Wilfried Louvet. *Cerf-volants.* CL. Gallimard. *Forty-Niners* © Peter Rowe/Guiness Publishing. **84** *Recette du Sourdough Bread.* CL. A. McKinney/ Gallimard. *Sigle du boulanger Boudin* © coll. André-Boudin Backery, INC. *Recette du Sourdough Bread.* CL. A. McKinney/ Gallimard. **85** *La boulangerie Boudin*, photo vers 1850 © coll. André-Boudin Bakery, INC. *Recette du Sourdough Bread.* CL. A. McKinney/Gallimard. **86** *Produits typiques.* Cl. idem. **109** *A Fisherman and his Boat*, A. M .Bremer, huile/toile, 1905 © coll. John Garzoli. **110-111** *Portrait de Thomas Hill par Stephen Shaw* © Fines Art Museum. *The Golden Gate*, Percy Gray, huile/toile fin XIXe © coll. part. *The Golden Gate from Point Lobos*, Thomas Hill, huile/Toile © Montgomery Gallery. **112-113** *Old Fisherman's Wharf at Front and Vallejo St.* Charles Rollo Peters, huile/toile, 1885 © coll. A. Shumate. **114-115** *Market Scene, Sansome Street*, William Hahn, 1872, huile/toile © Crocker Museum. *Howard Street*, Fortunato Arriola, huile/toile, v. 1860 © coll. A. Shumate. *From my Window, Clarkson Dye*, huile/toile, 1905 © coll. Dr. Oscar Lemer. **116-117** *San Francisco Chinatown*, Gordon Coutts, huile/toile, fin XIXe © coll. Dr. Oscar Lemer. *Rags Bottles and Sack's*, Jules Pagès, huile/toile, 1915 © coll. idem. *Chinatown*, Henry Nappenbach, huile/toile,1906 © coll. idem. **118-119** *America Unity*, fresque de Diego Rivera, 1927 © City college of San Francisco, 1993. CL. A. McKinney. **120** *Autoportrait*, Otis Oldfield, huile/toile © Oakland Museum. *Telegraph Hill*, Otis Olfield, huile/toile, 1927 © coll. J. B. Delman. **121** *Vue de Marin County*, photo vers 1930, coll. part. CL. A. McKinney/Gallimard. **122** *Richard Henry Dana*, gravure du XIXe, coll. Historical Room of San Francisco Public Library. CL. idem. *Blaise Cendrars*, photo vers 1930 © Roger-Violet. *Mineurs de la Sierra*, gravure du XIXe, coll. part. CL. A. McKinney /Gallimard. **123** *Logo de la California Historical Society* © California Historical Society. *Seaport-City and Corner of Plaza*, gravure du XIXe © coll. Patrick Bertrand. *Bayard Taylor*, Historical Room of San Francisco Public Library. CL. A. McKinney /Gallimard. **124** *Vue aérienne de San Francisco*, gravure vers 1870, coll. part. CL. idem. *Robert Louis Stevenson*, gravure du XIXe, coll. Historical Room of San Francisco Public Library. CL. idem. **125** *Mark Twain*, coll. idem. CL. idem. *Grand banquet dans un palace de Market Street* © coll. Patrick Bertrand. **126** *Bret Harte*, gravure du XIXe , coll. Historical Room of San Francisco Public Library. CL. A. McKinney /Gallimard. **127** *George Sterling*, coll. idem. CL. idem. *La Third Cliff house de Adolph Sutro* . © 1988. d'Underwood Photo Archives Ltd. **128** *Rudyard Kipling*, photo vers 1930 © Roger Viollet. **128-129** *Le Cable-car à Clay Street*, photo de 1873, coll. Historical Room of San Francisco Public Library. CL. A. McKinney /Gallimard.

TABLE DES ILLUSTRATIONS ◆

130 *Tremblement de terre*, Arnold Genthe, photo 1906 © Library of Congress, Washington. *Jean Cocteau*, photo vers 1950 © Roger Violet. *Jack London*, photo 1906 © coll. 10/18.
131 *Frank Norris*, coll. Historical Room of San Francisco Public Library CL. A. McKinney/Gallimard.
132 *Ambrose Bierce*, photo début XXe, coll. Historical Room of San Francisco Public Library. CL. idem. *Le Faucon maltais*, John Huston, 1941 © coll. part.
133 *William Saroyan*, photo vers 1930 © Roger Viollet. *Lawrence Ferlinghetti* © Wilfried Louvet. *Kerouac*, photo 1952 © coll. Carolyn Cassady
134 *Cab-car Turn Table*, photo vers 1950 © coll. Patrick Bertrand.
135 *Tom Wolfe* © Louis Monnier. *Can you Pass the Acid Test ?* D. R.
136 *Cable-car à China Town*, photo vers 1950 © coll. Patrick Bertrand. *Cable-car*, photo vers 1950 © coll. Patrick Bertrand.
137 *Maison Victorienne* © Sylvain Grandadan.
138-139 *Vue aérienne de San Francisco* © Baron Wolman/Altitude. *Le pont de San Francisco* © idem. *Vue aérienne d'Alamo Sq. & Western Addition* © 1992.CL. Andrew McKinney.
140-141 *Maison victorienne* © idem.
142 *The Golden Gate Bridge* © Mark Gibson/Convention & Visitors Bureau.
143 *The Golden Gate Bridge* © Idem. *Golden Gate Bridge*, détail © 1992. CL. A. McKinney. *The Golden Gate Bridge* © Mark Gibson/Convention & Visitors Bureau.
144 *Vignes à Napa Valley* © 1992. CL. A. McKinney. *Alcatraz sous le brouillard* © idem. *Tiburon* © idem.
145 *Lampions à Chinatown*. CL. F. de Couliboeuf/Gallimard.
146 *Euphemia*, dessin de 1849, coll. National Maritime Museum. CL. A. McKinney/Gallimard.
146-147 *Forêt de mâts*, photo vers 1851 © National Maritime Museum.
147 *Tentes des prospecteurs*, photo vers 1850 © coll. Patrick Bertrand. *Façade des magasins utilisant les poupes des navires* 1849, coll. part. CL. A. Mc Kinney/Gallimard. *Scène de rue*, 1849, coll. part. CL. idem.
148 *Saloon avant 1855*, coll. part. CL. idem. *Pacific Street*, photo 1910, coll. part. CL. idem. *Barbary coast la nuit*, carte postale de 1910, coll.part. CL. idem .
148-149 *Vue de San Francisco prise de Telegraph Hill*, lithographie, 1850 © Bancroft Library, U. C Berkeley.
149 *Vue de Jackson Square depuis Telegraph Hill*, 1850, photo R. J. Waters, 1914 © coll. part. *Vues intérieures de la Bank of San Francisco*, 3 clichés. CL. Gallimard. *William Leidesdorf*. coll. Historical Room of San Francisco Public Library. CL. A. McKinney.
150 *Montgomery Block*, gravure de Crauwe, 1853, coll. part. CL. idem. *Transam Building* . CL. Gallimard. *Plaque du Transamerica Redwood Park*. CL. idem.*Transamerica Building* © 1992 . A. McKinney.
151 *Hoteling Street* © A. McKinney /Gallimard. *La première usine Ghirardelli Jackson St*, coll. part. CL. A. McKinney/Gallimard.
152 *Immigrants chinois sur l'Alaska*, gravure 1860-1870, coll. National Maritime Museum. CL. idem.
153 *Chinois sur le môle d'Oakland*, gravure du XIXe © coll. Geoges Fronval.
154 *Portrait de Denis Kearney*, photo vers 1890 © California Historical Society. *Street of Gamblers*, Arnold Genthe, photo vers 1905 © Library of Congress, Washington.
154-155 *La Montée du péril jaune, caricature de* The Wasp, vers 1860 © California Historical Society.
155 *Echoppe de barbier chinois*, gravure du XIXe © California Historical Society.
156 *Chinatown Gate* © 1992. CL. A. McKinney. *Grant Avenue*. CL.F. de Couliboeuf/Gallimard. *Chinatown* © Sylvain Grandadan.
157 *Magasins à China Town*. CL.F. de Couliboeuf. *Fumeur d'opium à San Francisco*, photo début du XXe, coll. Historical Room of San Francisco Public Library. CL. A. McKinney/Gallimard. *Diseurs de bonne aventure*, carte postale v. 1920, coll. part. CL. idem.
158 *California Street*. © Wilfried Louvet. *Scène de rue à Porsmouth Square*. CL.Gallimard. *Empereur Norton*, gravure du XIXe , coll. part. CL. A. McKinney/Gallimard.
159 *Portsmouth Square*, gravure vers 1850, coll. Patrick Bertrand. CL. idem.
160 *Waverly Front Temple*. CL.Gallimard. *Le temple Norras*. CL. idem.
160-161 *Aristocrates chinois à China Town*, Arnold Genthe, photo 1895 © Library of Congress, Washington.
161 *Scène d'un opéra chinois*, Jules Page, huile/toile vers 1920 © coll. Dr Oscar Lemer. *Autoportrait*, Arnold Genthe, photo vers 1910, coll. Marvin Nathan © A. McKinney /Gallimard.
162 *Meigg's Wharf (North Beach)*, photo 1885, coll. Historical Room of the San Francisco Public Library. CL. idem. *Intérieur du Cobweb Palace*, coll. idem. CL. idem.*Telegraph Hill pendant la ruée vers l'or*, huile/toile, 1860 © Wells Fargo Bank History Room.
163 *Filbert*, photo vers 1930, coll. Historical Room of the San Francisco Public Library. CL. A. McKinney /Gallimard.
164 *Colombus Tower*. CL.F. de Couliboeuf/Gallimard.
164-165 *Cafés à North Beach*, CL. idem.
165 *Abe Ruef*, coll. Historical Room of the San Francisco Public Library. CL .A. McKinney /Gallimard.
166 *Evergreen Review n°2* © coll. part. *Portrait de Kerouac et Cassady*, photo 1952 © coll. Carolyn Cassady.
167 *Catalogue de City Lights Publications*, 1967 © coll. City Lights Publications. *Portrait de Lawrence Ferlinghetti* © Dister.
168 *Bars à Brodway*. CL. Gallimard.
169 *Telegraph Hill*, lithographie 1883, coll. Historical Room of the San Francisco Public Library. CL. A. McKinney/Gallimard
170 *Animal Force and Machine Force*, fresque de Ray Boynton, 1935, coll. Coit Tower © The Arts Commission of San Francisco. *California Agricultural Industry*, fresque de Gordon Langton, 1935, coll. Coit Tower © idem. *Coit Tower* © 1992. A. McKinney. *Portrait de Lillie Hitchcock Coit* © coll. Historical Room of San Francisco. public Library.
171 *The Pedestrian Scene*, fresque de Victor Arnautoff, coll. Coit Tower © The Arts Commission of San Francisco. *Filbert Steps*. CL. Gallimard. *Napier Lane* . CL. idem.
172 *Entrée du Musée maritime*.

◆ Table des illustrations

© S. Grandadan.
173 *Un baleinier dans le port de San Francisco*, gravure sur dent de cachalot, coll. National Maritime Museum. CL. A. McKinney/Gallimard. *La Chute du Clyde*, huile/toile de William Coulter, 1900, coll. idem © idem.
174-175 *Plan d'un baleinier*, gravure. © San Francisco Maritime National Historical Park. *Scow schooner dans la baie de San Francisco*, huile/toile © idem. *Le Balclutha*. © Visitors & Convention Bureau. CL. Tim Campbell. *Steamer dans la baie de San Francisco*. coll. part, CL. A. McKinney/Gallimard. *Isidor Gutte, commandant du San Fransisco Yacht-Club*, photo © San Francisco Maritime National Historical Park. *Bateau en construction* © idem. *Les navires de l'Alaska Packers Ass. à quai à Alameda* © idem.
176 *Ghirardelli Square au crépuscule* © 1992. A. McKinney. *Publicité pour les chocolats Ghirardelli*, coll. Ghirardelli. CL. A. McKinney/Gallimard.
177 *Publicités anciennes pour les chocolats Ghirardelli*, coll. Ghirardelli. CL. idem. *Cable Car Turn Table*. CL. Gallimard. *Gripman sur un cable-car*. CL.idem. *Publicité ancienne pour les chocolats Ghirardelli*, coll. Ghirardelli. CL. A. McKinney/Gallimard.
178 *Cannery Front*. CL. Gallimard. *Fisherman's wharf*, photos, 1948, coll. Historical Room of San Francisco Public Library. CL. A. McKinney/Gallimard. *Pêcheurs étendant leurs filets*, photo vers 1920, coll. idem. CL. idem.
179 *Carte postale vers 1920* © coll. part. *Le vendeur de crabes* © 1992. A. McKinney.
180 *Vue aérienne de Fisherman's Wharf* © 1992. A. McKinney. *Brouillard sur Fisherman's Wharf* © idem.
181 *Telegraph Hill et Waterfornt*, Laurence & Housewirth, photo 1873, coll. National Maritime Museum. CL. A. McKinney/Gallimard. *Vue de Meigg's Wharf*, photo 1880, coll. Bancroft Library. CL. idem. *Felucca Italienne*, photo XIXe, coll. idem. CL. idem. *Les pêcheurs reprisant leurs filets à Fisherman's Wharf*, photo vers 1940, coll. idem. CL. idem. *Pêcheur à la pipe*, dessin extrait d'un guide touristique publié par le St. Francis Hotel, 1904, coll. St. Francis Hotel. CL. idem.
182/183 *Débarcadère d'Alcatraz*, photo vers 1950 © G.N.R.A.
184-185 *Quartiers cellulaires à Alcatraz*, photo vers 1950 © idem. *Les jardins sur le rocher*, photo XIXe © idem. *Robert Stroud*, photo vers 1942 © G.G.N.R.A. *Alvin Karpis*, photo vers 1940 © idem. *Al Capone*, photo vers 1935 © idem. *Quartiers cellulaires*, photo vers 1950 © idem.
186 *USS Pampanito SS 383*, coll. du National Maritime Museum. CL. A. McKinney/Gallimard. *Le Pier 39*. CL. Gallimard. *Le Pier 39 au crépuscule* © 1992. A. McKinney. *Otaries sur le Pier 39*, dessin de J. M. Lanussé. CL. Gallimard. *189 California Street à Nob Hill*, carte postale, vers 1930, coll. part. CL. A. McKinney/Gallimard.
187 *California St. et Nob Hill*, carte postale vers 1930, coll. part. CL. idem.
188 *Huntington*, photo vers 1900, coll. Marvin Nathan. CL. idem. *Leland Stanford*, Taber, photo vers 1870, coll. Historical Room of the San Francisco Public Library. CL. idem. *Mark Hopkins*, coll. idem. CL. idem. *Charles Crocker*, photo fin XIXe, coll. idem. CL. idem.
189 *Caricature de la Central Pacific Railroad parue dans The Wasp*, vers 1880, coll. part. CL. A. McKinney/Gallimard. *Mark Hopkins Mansion*, Taber, photo vers 1870, coll. Marvin Nathan. CL. idem.
190 *Mark Hopkins International Hotel* © coll. Mark Hopkins Hotel. *Fairmont Hotel* © coll. Fairmont Hotel.
191 *Entrée du Pacific Union Club*. CL. idem. *Hôtel particulier Stanford*, Taber, photo vers 1870, coll. Marvin Nathan. CL. A. McKinney/Gallimard. *James Fair*, gravure du XIXe, coll. Historical Room of San Francisco Public Library, CL. idem
192 *Fairmont Hotel* © coll. Fairmont Hotel. *Hotel Fairmont, boîte de cigares*, vers 1910, coll. Marvin Nathan. CL. A. McKinney /Gallimard. *Temple maçonnique*. CL. Gallimard.
193 *Grace Cathedral*. CL. A. McKinney /Gallimard. *Fontaine des tortues*. CL.Gallimard.
194 *View from Telegraph Hill*, Percy Gray, huile/toile, 1887 © coll. part.
195 *Sommet de Russian Hill*, photo vers 1865 © William Kostura.
196 *Ina Coolbrith*, photo début XXe, coll. Historical Room of San Francisco Public Library. CL. A. McKinney/ Gallimard. *Russian Hill*. CL.Gallimard.
197-198 *Block 1000 of Green*, photo 1906 © William Kostura. *The Lark*, couverture de Gelett Burgess, dessin 1895, coll. Marvin Nathan. CL.A. McKinney /Gallimard. *The Purple Cow*, couverture de Gelett Burgess, dessin fin XIXe, coll. idem. CL. idem.
198 *La maison de A. A. Moore*, photo début XXe © coll. William Kostura. *Lombard Street*, photo 1922 © coll. Greg Gaar. *Lombard Street*, photo 1923 © coll. idem.
198-199 *Lombard Street* © Jay Maisel.
199 *Russian Hill*. CL. Gallimard. *Salle des étudiants du San Francisco Art Institute*. CL. idem.
200 *Vue aérienne de Lafayette et Alta Plaza Park* © 1993. A. McKinney.
201 *2600 Jackson St.* © idem. *Alta Plaza Park* © idem.
202 *Pacific Avenue, détails*. CL. Gallimard.
203 *Vue de Brodway* © 1993. A. McKinney.
204 *Spreckels Mansion, 2080. Washington St., détails* © 1993. A. McKinney. *Has-Lilienthal House, 2007 Francklin St.* © idem.
205 *Vue aérienne du Financial District* © idem.
206 *10th Ave* © idem. *Pioneer Building*, lithographie parue dans The Wasp, vers 1860, coll. Marvin Nathan. CL. A. McKinney/Gallimard.
207 *Financial Dlstrict*, photo vers 1920, coll. part. CL. idem. *Embarcadero Center* © 1992. A. McKinney.
208 *Affiche du Ferry Building pour les légumes de Californie*, 1930. CL. A. McKinney / Gallimard. *Le premier Ferry Building*, vers 1873, coll. William Kostura. CL. idem. *Market Street*, lithographie du XIXe, coll. part. CL. idem.
209 *Vue de San Francisco*, photo 1958, coll. part. CL. idem. *Market St. The Flood Bldg & Emporium*, carte postale vers 1910, coll. part. CL. idem. *Market St. près de la 4eR*, carte postale vers 1910, coll. part. CL. idem.
210 *William Ralston*, gravure XIXe, coll. Marvin Nathan. CL. A. McKinney/Gallimard.

TABLE DES ILLUSTRATIONS

Building au 345 California St. © 1992. A. McKinney. *Building au 101 California ST.* © idem. *Bank of California Hall*, D. R .
211 *Vue de San Francisco*, photo 1922 © Stewart Bloom. *Bank of America Bldg* © 1992. A. McKinney.
212 *Black Barte*, photo vers 1860 © coll. Wells Fargo History Room. *Stock Certificate, signé par le président Louis McLane* © idem.
213 *Logo de la Wells Fargo & Co Express* © idem. *Reconstitution d'une diligence de la Wells Fargo vers 1860* © idem.
214 *Russ. Bldg.* CL. Gallimard. *Russ Bldg*, © 1992. A. McKinney.
214-215 *Financial District vu de South of Market* © idem.
215 *Hunter-Dullin Bldg dans Sutter St.*, dessin 1926, coll. part. CL. A. McKinney/Gallimard. *Crocker Galleria*, 2 détails ©1992. A. McKinney.
216 *Cour intérieure du Palace Hotel avant le séisme de 1906*, photo vers 1900, coll. part. CL. A. McKinney/Gallimard. *Miss Lotta Crabtree*, photo vers 1870, coll. part. CL. idem. *Palace Hotel*, carte postale vers 1910, coll. part. CL. idem.
217 *Hobart Bldg* © William Kostura. *Financial District*, détail du Mechanics' Monument. CL. Gallimard.
218 *Union Square*. CL. Gallimard. *Union Square*, carte postale vers 1920, coll. part., CL. A. McKinney/Gallimard.
219 *Cable-car à Powel St.*, © 1992. A. McKinney. *Union Square*, photo stéréoscopique, vers 1870, coll. Marvin Nathan. CL. A. McKinney/Gallimard.
220 *Publicité du Magnin* © coll. Marvin Nathan. *Magasin City of Paris*, coll. Historical Room of San Francisco Public Library. CL. idem. *St. Francis Hotel* © 1992. A. McKinney.
221 *Publicité du St. Francis Hotel* © coll. St Francis Hotel. *St. Francis Hotel*, photo Charles Weidner, 1904 © idem. *Emblème du St. Francis Hotel* © idem. *Victor Hirtzler, chef du St. Francis Hotel* © idem.
222 *Réunion au Bohemian Club*, Paul Frenzeny, huile/toile, 1874-79 © coll. Dr OscarLemer. *Isadora Duncan*, Arnold Genthe, vers 1900 © Library of Congress, Washington.
223 *Les Critiques*, Frank Van Sloun, huile/toile, 1915-1917 © coll. Jim Delman. *A-C-T Theater*. CL. Gallimard. *Stage Door Theater*. CL. idem. *Curran Theater*. CL. idem. *Cable-car Theater*. CL. idem.
224 *Civic Center*. CL. idem. *City Hall*, carte postale, 1915, coll. part. CL. A. McKinney/Gallimard. *Exposition Auditorium*, carte postale, 1915, coll. part. CL. idem. *Opera House*, carte postale, 1930, coll. part. CL. idem.
225 *Mayor James Rolph et le chef ingénieur Arthur Brown*, photo vers 1920, coll. Historical Room of San Francisco Public Library. CL. A. McKinney/Gallimard.
226 *Monument Lick*, 3 détails. CL. Gallimard. *City Hall, intérieur*. CL. idem.
227 *New Main Library*, dessin d'architecture, coll. de l'Historical Room of San Francisco Public Library. CL. idem. *City Hall* ©1992. A. McKinney. *United Nations 'Plaza*. CL. Gallimard.
228 *City Hall and Civic Center Plaza*, carte postale, 1920, coll. part. CL. A. McKinney/Gallimard. *Logo de la Society of California Pioneers*. CL. Gallimard. *San Francisco Ballet* © Lloyd Englert. *Davies Symphony Hall* © Terence McCarthy
229 *Hayes Valley*. CL. Gallimard. *Enseigne Mad Magda's*. CL. idem. *Davies Symphony Hall* © 1992 A. McKinney.
230 *Victorian Houses, Alamo Square* © 1992. A. McKinney. *Maisons victoriennes*. CL. A. Dister.
231 *Quartier Fillmore* © Alain Dister.
232 *Plan de réaménagement de San Francisco*, D. R .
233 *Cliff House et coquelicots*, carte postale, vers 1910 © coll. part. CL. idem.
234 *Cerfs-volants* © Pierre Fabre.
235 *Liberty Ship Jeremiah O'Brien*, CL. Gallimard.
236 *Fanion de la Panama Pacific International Exposition*, 1915, coll. Donna Ewald. CL. A. McKinney/Gallimard. *Montre souvenir de la Panama Pacific International Exposition*, 1915, coll. idem. CL. idem. *Indiens à la Panama Pacific International Exposition* © idem.
236-237 *Vue aérienne de la Panama Pacific International Exposition*, photo 1915 © coll. part.
237 *Hall of Mechanics*, Sheldon Pennoyer, pastel, 1915 © coll. Dr Oscar Lemer.
238 *Le palais des Beaux-Arts* © Sylvain Grandadan. *Palais des Beaux-Arts*, détail © idem. *Le palais des Beaux-Arts*, fronton © idem. *Le palais des Beaux-Arts*, photo 1915 © coll. A. Shumate.
239 *Palais des Beaux-Arts* © 1992. A. McKinney.
240 *Vue du Presidio, Infantry Row* © 1993. A. McKinney. *The Wall* © idem. *Maisons du Presidio* © idem. *Maisons victoriennes du Presidio* © idem.
240-241 *Tempête sur le Golden Gate*, Nels Hagerup, huile/toile © coll. A. Shumate.
242 *Ticket pour l'ouverture du Golden Gate Bridge*, 27 mai 1937 © coll. Marvin Nathan. *Portrait de Joseph B. Strauss*, photo vers 1936 © Convention & Visitors Bureau. *Jour d'ouverture du Golden Gate Bridge*, photo 27 mai 1937, coll. Golden Gate Bridge Highway Transportation District. CL.Gallimard.
243 *Route suspendue* photo octobre 1936 © Charles M. Miller/Golden Gate Bridge Highway Transportation Distric. *Construction du pilier principal*, photo juin 1936 © idem. *Peintres suspendus à des filins*, photo sept. 1937 © idem.
244 *La Construction du Golden Gate Bridge, tour sud-ouest*, huile/toile, Bonestell © Golden Gate Bridge Highway Transportation District. *Vue en contre plongée du Golden Gate Bridge*, huile/Toile, Bonestell © idem.
245 *La construction du Golden Gate, tour Sud-Ouest*, Bonestell © idem. *Intérieur du pilône Sud-Ouest*, Bonestell © idem.
246 *Richmond District*, photo vers 1905, Historical Room of the San Francisco Public Library. CL. A. McKinney/Gallimard. *Enterrement d'un pompier au cimetière de Richmond*, lithographie vers 1850, coll. Marvin Nathan. CL. idem.
247 *Jonque chinoise dans la baie*, photo XIXe , coll. San Francisco National Maritime Museum. CL. idem. *Baker Beach & Sea Cliff*, © 1992. A. McKinney. *Lincoln Park*, 2 détails © idem.
248 *Vieil homme*, George de La Tour, huile/toile, 1618 © Museum of the Legion of Honour. *Alma Spreckels à 18 ans*, coll. part. CL. A. Mc Kinney /Gallimard. *Palais of the Legion of Honour* © A. McKinney.
249 *La Partie carrée*, J-. Watteau, huile/toile 1713 © Museum of the Legion of Honour.

◆ TABLE DES ILLUSTRATIONS

Statue du penseur de Rodin au palais de la Legion Of Honour © 1992. A. McKinney.
250 *La promenade de Sutro Heights*, photo vers 1880 © GGNRA. *Adolph Sutro, protecteur des phoques*, caricature vers 1890, coll. part., CL. A. Shumate. *Land's End GGNRA* © 1992. A. McKinney.
251 *Intérieur des bains de Sutro*, lithographie vers 1900 © Museum of the City of San Francisco. *Filles en tenue de bain*, photo vers 1920 © GGNRA.
252 *Vue aérienne de Cliff House* © 1992. A. McKinney. *Cliff House*, carte postale 1895, coll. par. CL. A. McKinney/Gallimard. *Cliff House en feu*, carte postale 1907, coll. part. CL. idem. *China Beach*, F. A Butmann, huile/toile © coll. A. Shumate.
253 *Stow Lake*, Robertson, lithographie 1894, coll. Marvin Nathan. CL. A. McKinney/Gallimard.
255 *L'architecte W. H. Hall*, photo fin XIXe ., coll. Historical Room of San Francisco Public Library. CL. idem.
256 *John McLaren*, photo 1927, coll. idem. CL. idem. *Bon de souscription pour la construction du Golden Gate Park*, vers 1870 © Museum of the City of San Francisco.
257 *La Serre du Golden Gate Park*, Robertson, lithographie, 1890 © coll. Marvin Nathan. *Portrait de Crocker*, caricature, lithographie, XIXe , coll. part. CL. A. McKinney/Gallimard.
258 *Le Premier Bâtiment du M-H. De Young Museum*, Robertson, lithographie, 1894, coll. Marvin Nathan. CL. A. McKinney/Gallimard.
258-259 *Vue aérienne de la Midwinter Fair*, lithographie, début XXe © Museum of the City of San Francisco.
259 *Le Kiosque à musique au Golden Gate Park*, gravure fin XIXe coll. part. CL. idem.
260 *Serre du Golden Gate Park* © 1992 .A. McKinney.
261 *Children's Playground*, carte postale, 1900, coll.Part. CL. A. McKinney /Gallimard.
262 *Le Key Monument au Golden Gate Park*, lithographie XIXe © Museum of the city of San Francisco. *Musique au Golden Gate Park*, carte postale, 1910, coll. part. CL. A. McKinney /Gallimard.
263 *Jardin japonais au Golden Gate Park* © 1992. A. McKinney. *Bouddha au Golden Gate Park* © idem.
264 *De Young Memorial Museum*, carte postale vers 1920, coll. part. CL. A. McKinney /Gallimard. *Logo de la California Academy of Sciences*, D. R. *Entrée du M.H. De Young Memorial Museum et l'Asian Art Museum*. CL.Gallimard. *René Lefèvre d'Argencé et Avery Brundage*, photo, 1966 © Asian Art Museum.
265 *Stow Lake* © A. McKinney. *Buffalo Golden Gate Park* © idem. *Manège* © idem. *Lawn Bowling* © idem. *Japanese Tea Garden* © idem. *Joggers*. CL. F. Bony/Gallimard.
266 *Louis C. Tiffany (1870-1921)*, D. R. *Mrs. Robert S. Cassatt*, Mary Cassatt, huile/toile 1889 © The Fine Arts Museum of San Francisco. *From the Garden of the Chateau*, Charles Demuth, huile/toile 1921 © idem.
266-267 *Diner for Threshers*, Grant Wood, Huile sur maçonnerie, 1934 © idem.
267 *Bateliers sur le Missouri*, George Caleb Bingham, huile/toile, 1846 © idem. *Le roi Saül*, Killian Betmore, sculpture, marbre,1882 © idem.
268 *Ouvriers sidérurgistes à midi*, Thomas Anshustz, huile/toile, 1880 © idem. *The Bright Side*, Winslow Homer, huile/toile,1865, © idem.
269 *Pot*, Paul Rivere II, argent, 1760-1770 © idem. *Bol à punch*, Fabricant Hugh Wishart, graveur William Rollinson, argent, 1799 © idem. *Un Arcadien*, Thomas Eakins, bronze, 1883 © idem. *Suffolk Punch Stallion*, Herbert Haseltine, bronze incrusté de lapis-lazuli, d'onyx et d'ivoire © idem.
270 *Rhinoceros Zun*. bronze , période de la dernière dynastie Shang, Chine (vers XIe av. J-C.) © The Avery Brundage collection. *Un prince et sa maîtresse*, encre sur papier, provincial Mughal,XVIIIe © idem. *Brahmani*, granit, période Chola, IXe, Inde du Sud © idem. *Shiva et Uma*, pierres taillées, style Baphoon, XIe tardif, Kampuchéa © idem. *Boîte reliquaire*, argent incrusté de pierres semi-précieuses, XVIIIe. Népal © idem.
271 *Haniwa guerrier*, Kafim (tombes anciennes), VIe, période Fujioka, préfecture de Gunma, Japon © idem. *Simhavaktra Dakini*, bois laqué, XVIIIe, Tibet © idem. *Durga Mahishasuramardini*, basalt, X^e -XIe, Java de l'Est, Indonésie © idem.
272 *Golden Gate Park*, photo début du XXe © Museum of the City of San Francisco. *Portals of the past dans le Golden Gate Park*, photo 1915 © idem.
273 *Maisons, est de San Francisco*, photo vers 1940, coll. part. CL. A. McKinney/Gallimard. *Playland*, coll. idem. CL. idem. *Great Highway, Ocean Beach*, ©1992. A. McKinney. *Le moulin à vent hollandais* © Carol Simowitz/Convention & Visitors Bureau. *Moulin au Golden Gate Park*, photo vers 1940 © Museum of City of San Francisco.
274 *Lange Dairy*, photo de 1873 © coll. Greg Gaar.
275 *Toboggans*, photo 1895 © idem. *Toboggans*, photo, 1895 © idem.
276 *Hippies traversant la rue* © 1966. Gene Anthony. *Kids* © 1966. Herb Greene.
277 *Le bus de Ken Kesey*, © 1966. Gene Anthony. *Portraits de hippies* © Dister. *Charlatans, Golden Gate Park* © 1966. Gene Anthony. *Acid* © idem.
278 *The Art Joint Show*, photo 1966, D. R. *Poster du concert Big Brother & The Holding Co*, march 17 © coll. Family Dog. *Mime troup in Washington Square.*, ©1967. Gene Anthony. *Mr Natural*, dessin de R. Crumb © coll. Lora Fountain.
279 *Hairy*, dessins de R. Crumb © coll. idem. *Poster Greateful Dead, Avalon Ballroom*, 1969 © Artist Rick Griffin. *Ticket de concert Greateful Dead* © Bill Graham Production. *Poster pour un concert de Jefferson Airplane* © Family Dog. *Joint Show*, dessin de Rick Griffin, 1967 © Moore Gallery.
280 *Les fondateurs des Diggers* © 1967. Gene Anthony. *Haight et fleurs* © idem.
281 *Maisons victoriennes*. CL. Gallimard. *Hippie à Haight Ashbury* © idem.
282 *Affiche Haight Ashbury Street Fair*, Katleen Bifulco, 1990 © coll. de Katleen Bifulco. *Haight St. Palace* © Dister. *Panneau de Free Medical Clinic à Haight Ashbury*. CL.Gallimard. *Janis Joplin*, © 1967. Herb Greene.
283 *Mission Dolores*. CL.Gallimard.
284 *SOMA*. CL. Gallimard. *Vue aérienne de SOMA*, photo vers 1870, Bancroft Library. CL. A.

TABLE DES ILLUSTRATIONS

McKinney/Gallimard. **285** *Shelby Shot Tower*, photo 1860, coll. Marvin Nathan. CL. idem **286** *Pacific Telephon and Telegraph Company Building*, carte postale 1925, coll. part. CL. idem. **286-287** *U-S Mint & Fire Wagons*, lithographie, 1874, coll part. CL. idem. **287** *South Park*. CL. Gallimard. *Groundbreaking*, Mario Botta architecte © MOMA. **288** *Melodious Double Stop*, Richard Shaw, porcelaine, 1980. Fonds National Endowmen for the Arts and F. O. Hamilton, B. Meyer, Mrs. Peter Schlesinger © San Francisco Museum of Modern Art. *Untitled*, Clyfford Still, huile/toile, 1960, gift of Harry W. and Mary Margaret Anderson © idem. CL. Ben Blackwell. *Aerial Gyrations*, Charles Sheeler, huile/toile, 1953, don de Mrs. Manfred Bransten. © idem. CL. idem. *Landscape, Cannes*, Max Beckmann, huile/toile, 1934, don de Louise S. Akerman ©idem. **289** *Cityscape I*, Richard Diebenkorn, huile/toile, 1963. Fonds H. Escoba, Brayton Hilbur, J. D. Zellerbach. © San Francisco Museum of Modern Art. *Concretion Humaine sans coupe*, Jean Arp, bronze, 1933, coll. William L. Gerstle © idem. **290** *Autoportrait*, photo d'Alma Lavenson, 1932 © Oakland Museum. **290-291** *Rubber Plant*, photo d'Imogen Cunningham, 1929 © Imogen Cunningham Trust. **291** *Rollers and Stacks*, photo de Preston Holder, 1932 © Courtesy of John P. Fishback. *Cypress, Point Lobos, Carmel, California*, photo de Sonia Noskowiak, 1938 © Oakland Museum. *Cabbage Leaf*, photo d'Edward Weston, 1931 © Idem. **292** *Cimetière de Mission Dolores*. CL. Gallimard. *Indiens à San Francisco*, in *Voyage pittoresque autour du monde*, Louis Chorris, 1823 © Bibl.nat. **293** *Francisco Palou*, coll. part. CL. A. McKinney. *Plaque de la Mission Dolores*. CL. Gallimard. *Combat d'un ours et d'un taureau*, lithographie, 1830, coll. part. CL. A. McKinney /Gallimard. **294** *Mission District*, coll. A. Shumate. *Intérieur de la Mission Dolores*, D. R. *Entrée principale de la basilique*, D. R. *La Mission Dolores*, photo début XXe © coll. Patrick Bertrand. **295** *Vue de San Francisco* © Sylvain Grandadan. *Cimetière de la Mission, tombe de la famille Noe*. CL. Gallimard. *Femme californienne*, lithographie, coll. part. CL.A. McKinney/ Gallimard. **296** *Woodward's Garden*, gravure XIXe, coll. part. CL. idem. **296-297** *Mission District* © Alain Dister. **297** *Mission District*, Thomas Ross, huile/toile, 1874 © coll. Jim Delman. **298** *Fin de la Balmy Alley*. CL.Gallimard. *Mural sans titre*, Mural copyright © 1990 Edythe Boone. *Tribute To Archbishop Romero*, Mural copyright © 1984 Jaime Morgan et Karen Bennet. **299** *El Puigarcito (Tiny Thumb)*, Mural copyright © 1984 Arch Williams. *Balance Of Power*, Mural copyright © 1985 Juana Alicia et Susan Cervantes. *On The Way To The Market*, Mural copyright © 1984 Ray Patian. *Carnaval*, Mural copyright © 1983 Daniel Galvez. *Changes*, Mural copyright © 1990 Francisco Carrasco. *Give Them Arms And Also Teach Them To Read*, Mural copyright © 1984 Jane Norling. *New World Tree*, Mural copyright ©1987 Juana Alicia et Susan Cervantes. *Quetzalcoatl*, Mural copyright ©1974 Michael Rios. *Balance Of Power*, Mural copyright © 1985 Juana Alicia et Susan Cervantes. *The Five Sacred Colors Of Corn*, Mural copyright © 1990 Susan Cervantes. **300** *Ticket pour le tramway de Castro*, vers 1880, coll. part. CL. A. McKinney/ Gallimard. *Castro Street Cable-car*, lithographie vers 1880, coll. part. CL. idem. *Vue de Castro Street*, photo vers 1880, coll. part. CL. idem. **301** *Détails de Castro Street*. CL. Gallimard. **302** *Homosexuels* © M. Moinard/Explorer. *Gay March* © Regnault/ Explorer. *Gay Parade* © P. Zaks. *Homosexuels* © M. Moinard/Explorer. **303** *Gays* © V. Desheulless/Sipa. *Homosexuels se tenant par la main* © M. Moinard/ Explorer. *Harvey Milk*, coll. Historical Room of San Francisco Public Library. CL. A. McKinney. **304** *Vue aérienne de Twin Peaks* © 1992. A. Mc Kinney. **305** *San Francisco Oakland Bay Bridge*, photo 1936, coll. part. CL. A. McKinney/Gallimard. **306** *San Francisco Oakland Bay Bridge pendant la construction*, photo 1936, coll. idem, CL. idem. **307** *Bay Bridge*, CL. A. Mc.Kinney/Gallimard. **308** *Ticket de la GG International Exposition*, D. R. *Maquette de la Treasure Island Fair*, vers 1959, coll. part. CL. A. McKinney/Gallimard. *Vue aérienne d'Oakland*. CL. idem. **308-309** *Lake Meritt*, gravure XIXe, © Oakland Public Library. **309** *Affiche des Black Panthers*, coll. Library of Congress, Washington © Edimédia. **310** *John Heinold*, photo vers 1885 © Jack London Book Store. *Le Snark*, photo 1906 © idem. **311** *Jack London et les chercheurs d'or*, photo 1897 © idem. *Jack London*, photo 1906 © coll.10/18. **312** *Lake Meritt* © Yamashita/Rapho. *Paramount Theater*. CL.A. McKinney/Gallimard. **313** *Mr. Meritt* © coll. Oakland Public Library. *Tribune Tower Bldg*. CL. A. McKinney/Gallimard. *Ceramic Clad Bldg*. CL. idem. *Orpheum Theater*. CL. idem. **314** *Vernal Falls, Yosemite*, Thomas Hill, huile /toile, 1902. Don de Mrs. H. H. Mitten © The Oakland Museum. **315** *San Mateo Marshes and Ducks*, Thomas Hill, huile/toile, sans date, don de Mr. et Mrs.Willough by Hill. © The Oakland Museum. *Kings River Canyon*, William Keith, huile/toile, 1878 © The Oakland Museum Kahn Collection. *Twilight Scene with Stream and Redwood Trees*, Julian Rix, huile/toile, sans date, don de Dc. Cecil E. Nixon © Oakland Museum. *The Yosemite Valley*, Albert Bierstat, huile/toile, 1868, don de Miss Marguerite Laird in memory of Mr. and Mrs. P. W. Laird © idem. **316** *Point Richmond*, Maurice Logan, huile/toile, 1929, don de Louis Siegriest © idem. *Oakland Quarry*, Louis Siegriest, huile/toile, 1920, don de l'artiste © idem. **317** *Ranch in Carmel Valley*, August Gay, huile/papier, 1925, don de Dr. et Mrs. Frederick G. Novy Jr. © idem. *China Street Scene*, Bernard Von Eichman, huile/carton, 1923, don de Louis Siegriest © idem. *Boat and Yellow*, Selden Gile, huile/toile, sans date, don de Dr. Frederick Novy Jr. © idem. *Houses Along the Estuary*, William Clapp,

◆ TABLE DES ILLUSTRATIONS

huile/panneau, vers 1920-1930 © Oakland Museum.
318 *Women in Landscape*, David Park, Huile/toile, 1958, don anonyme de l'American Federation of the Arts. © idem. *Girl Sitting*, Joan Brown, huile/toile, 1962, don de Dr. Samuel A. West. © idem.
319 *Figure in Landscape*, Elmer Bischoff, huile/toile, 1957, don de Women's Board © Oakland Museum.
Figure on a Porch, Richard Diekenkorn, huile/toile, 1959 © Oakland Museum.
320 *Berkeley*, gravure XIXe © coll. part. *Hubert Bancroft*, photo XIXe © Bancroft Library. U. C Berkeley.
321 *Rues de Berkeley* © A. McKinney.
322 *Campanile du Campus*, U. C Berkeley © idem. *Sproul Plaza* © idem.
323 *Hearst Greek Theatre* © idem.
324 *The Famous Bow Knot*, Mont Tamalpais, D.R.
325 *Boutiques à Bridgeway*. CL. A. Mc Kinney/Gallimard.
326 *Sausalito Marina*. CL. idem. *Boathouses à Sausalito*, deux clichés. CL. idem.
327 *Point Bonita* © idem. *Mont Tamalpais*, Percy Gray, huile /toile XIXe, coll. Part. CL. A. McKinney /Gallimard. *John Muir dans les montagnes*, photo, coll. part. CL. A. Mc Kinney/Gallimard. *Coquelicot californien*. CL. F. Bony/J.Morley/ Gallimard. *Muir Wood Monument*, 2 clichés © J. Morley.
328 *Point Reyes*, Côte. CL.F. Bony. *Pelican Inn*. CL. idem. *Point Reyes*, 2 clichés. CL. A. McKinney /Gallimard.
330 *Super Schuttle*. CL. F. Bony.
331 *Avion de la compagnie United Airlines*, D. R. *Titre de la revue Amtrak*, D. R.
332 *Distributeur de billets de cable-car*, CL. Gallimard. *Bus*, D. R. *Bus*. CL. F.

de Couliboeuf/Gallimard.
333 *Titre de transports*, D. R. *Arrêt de bus*, CL. Gallimard.
334 *Bus AC transit*. CL. Gallimard.
335 *Ferrys*. CL. Gallimard.
336 *Panneau Hayes*. CL. idem. *Panneau one way*. CL. idem. *Panneau Colombus*. CL. F. de Coulibœuf/Gallimard. *Panneau Waverly*. CL. idem.
337 *Parcmètre*. CL. Gallimard. *Voitures* © Christophe Cheron.
338 *Façade de la Wells Fargo*. CL. Gallimard. *San Franciscain* © Christophe Cheron.
339 *Baie de San Francisco* © A. McKinney. *Maisons victoriennes* © Wilfried Louvet. *Manifestation Act Up*. CL. Gallimard.
340 *Billets, boites aux lettres, poste*. CL. Gallimard.
341 *Pièces de monnaie*. CL. idem. *Cabine téléphonique à Chinatown*. CL. F. de Couliboeuf/Gallimard. *Distributeur d'argent*, CL. A. Mckinney/Gallimard.
344 *Vue aérienne de Sunset et Twin Peaks*. © A. McKinney. *Cliff House* © idem.
345 *Japanese Tea Garden*, CL. Gallimard. *Japanese Tea Garden* © A. McKinney.
346 *Mission Dolores*. CL. Gallimard. *Haas-Lilienthal-House* © A. McKinney. *City Hall*. CL. Gallimard.
347 *Chinatown* © Wilfried Louvet. *Maisons sur pilotis à Sausalito* © idem.
348 *Vignoble californien* © Wilfried Louvet.
349 *Eglise à Napa Valley* © idem. *Dégustation de champagne*, CL. Gallimard.
350 *Vignobles* © Wilfried Louvet. *Pieds de vigne*. CL. Gallimard.
351 *Tonneaux de Redwood* © Wilfried Louvet. *Vin californien*, CL. Gallimard.
352 *Stanford & San Jose*. CL. F.

Bony/Gallimard.
357 *Titres de journaux*. Cl. Gallimard.
360 *H came from beneath the Sea*, Robert Gordon, 1955 © British Film Institute. *Escape from Alcatraz*, don Siegel, 1960 © idem. *A View to a Kill*, John Glenn, 1985 © idem.
361 *Dirty Harry*, Donald Siegel, 1972 © idem. *Maltese Falcon*, John Huston, 1941 © idem. *Bullitt*, Peter Yates, 1968 © idem.
362 *Panneau de rue*. Cl. Gallimard. *Dashiell Hammet*. D. R.

Illustrateurs :

Couv : Henri Galeron, Jean Marc Lanusse.

Nature :
15 J.Wilkinson, J. Caudiard, François Desbordes.
16-17 Jean Torton
18-19 Jean Torton, François Desbordes, J. Caudiard, J. Wilkinson, F. Place.
22-23 Jean Chevallier, Gilbert Houbre.
24-25 Claire Felloni, Jean Chevallier, Pascal Robin, François Desbordes.
26 à 29 François Desbordes, Gilbert Houbre.
30 à 34 John Wilkinson, Gismonde Curiace, François Desbordes, P. Peche, François Place, Pascal Robin.
34 à 37 François Desbordes, Gismonde Curiace, Catherine L'Héritier.
38-39 Gismonde Curiace, Catherine L'Héritier.
40 John Wilkinson, Jean Chevallier, François Desbordes.

Architecture :
Roger Hutchins : 88-89.
Trevor Hill : 90-91, 92-93, 94-95, 98-99, 104-105.
Hugh Dixon : 96-97, 102-103.
Ruth Lindsay : 100-101.
Ed Stewart : 106-107, 108.

Itinéraires :
J. P Chabot : 55, 83.
Olivier Hubert : 57.
Jean-Michel

Kacédan : 243.
Jean-Marc Lanusse : 80-81,153,159, 169, 180, 186, 192, 204, 226-227, 233, 234, 236.
James Prunier : 54, 56

Cartographie :
Harvey Stevenson, Bruno Lenormand, Vincent Brunot.
Mise en couleurs: Jean-Marc Lanusse, Claire Cormier.

Infos pratiques et carnet d'adresses :
Maurice Pommier.

Infographie :
Paul Coulbois, Sophie Compagne.

Quand la ville n'est pas citée, il s'agit de San Francisco, sauf pour Gallimard, la Bibliothèque nationale à Paris; la collection Patrick Bertrand à Nuits-St-George.

Nous tenons à remercier les personnes suivantes pour leur aide :
Dr Albert Shumate,
Dr Oscar Lerner,
Mr Marvin Nathan,
Mr J.P. Delman,
Mr John Garzoli,
Musée Maritime de San Francisco,
Musée d'Art Moderne de San Francisco,
Fine Arts Museum of San Francisco,
Asian Art Museum of San Francisco,
Oakland Art Museum,
The San Francisco Public Library Room,
Bancroft Library U.C. Berkeley,
The Museum of the City of San Francisco,
Visitors & Convention Bureau,
Maxwell Galery,
Montgomery Galery,
Andrew McKinney,
Lisa Baldauf,
Jennifer Kerr,
Gladys et Richard Hansen.

Nous avons par ailleurs recherché en vain les héritiers ou éditeurs de certains documents. Un compte leur est ouvert à nos éditions.

Index

◆ INDEX

◆ A ◆

Académie Julian, 117
Ace (groupe d'architectes), 99
Achenbach (Moore S.), 249
Adams (Ansel), 287, 290
Adams (Ansel) Center, 287
Adobe, 89
African Hall, 264
African-American Cultural Society, 230
Agee (Philip), 75
Aids Memorial Quilt, 301
Aitken (Robert), 219
Al Capone,185
Alamo Square, 90, 230
Alaska Commercial Building, 210
Albra (Maxine), 298
Alcatraz, 182-185, 186
Alcoa Building, 106
Alleys, 161
Alta California, 70
Alta Plaza Park, 201
Altah-Mo, 292
American Conservatory Theater, 223
American Football Conference, 83
American League, 82
American President Lines Building (Oakland), 108
American River, 44
American Trust Co., 213
Anchor Brewing Co., 86
Ancien hôtel des Monnaies, 286
Anglers Lodge, 273
Anglo-Californian Bank, 213, 217
Angel Island, 324
Anshen & Allen, 211
Anshutz (Thomas P.), 269
Anza (Juan Bautista de), **43**, 241, 292
Apple, 77
Applegarth (George), 203, 215, **248**
Architecture, 87-108
Arion Press, 73
Arp (Jean), 289
Arriola (Fortunato), 115
Art & Craft, **98**, 204, 280
Asawa (Ruth), 177, 232
Ashbury, 255
Asia Garden, 261

Asian Art Museum, 264, **270-271**
Audiffred Building, 286
Audubon Canyon Ranch, 327
Avalon Ballroom, 282
Ayala (Juan Manuel de), 43

◆ B ◆

La Baie, 110-111
Baie de Monterey, 42
Bakewell & Brown, 209, 227
Bakewell J., 97
Balance Street, 151
Balclutha,173
Baldauf (Fritz E.), 75
Balloon frame, 93, 99
Balmy Alley, 298
Bancroft (Hubert), 320
Bancroft Library, 322
Bank of America, 298
Bank of California, 189, 211, 210
Bank of Italy, 211, 213
Barbary Coast, 148
Bart (Black), 212
Baumann (H.C.), 198
Bay Area Figurative Art, 318-319
Bay Area Tradition, **98-99**, 246
Bay Bridge, 47, **306**
Bay Model (Sausalito), 326
Bay-to-breakers, 82
Beach Street, 176
Bear Flag Revolt, 44
Beat Generation, 47, 165, **166**, 321
Beatnik, **167**, 220, 275, 326
Beau-Brummels,78
Beckmann (Max), 289
Belli Building, 150
Ben Ali Higgins (James), 189
Bénard (Émile), 321
Benedetto (Jeff), 74
Berg (Peter), 280
Berkeley, 320-323
Berkeley (George), 320
Berkeley Barb, 71
Bierce (Ambrose), 70, 132
Bierstadt (Albert), 110, 314
Bietry (Jehanne), 120
Big Brother and the Holding Company, 79, 279
Big Four, **55**, 188, 189
Big Sur, 42
Bigler (John), 153
Bingham (George Caleb), 267
Birdman of Alcatraz, 185

Bischoff (Elmer), 321
Black Bart, 212
Black Cat, 167
Black Panther Party, 309
Black Point, 234
Bliss & Flaville, 198, 203, 209, 211, 221, 223, 227
Bloody Thursday, 47, 64
Blue-jean, 66
The Blue Unicorn, 275
Blum (Richard), 273
Böcklin (Arnold), 238
Bodley (George), 193
Bohemian Club, 115, 196, **222**
Boles (Charles E.), 212
Bolinas Lagoon, **20**, 324, 327
Bonanza Kings, 45, 209
Bond iron, 100
Bonestell (Chesley), 245
Boone's Area, 259
Bootleggers, 168
Borel (Antoine), 213
Borel (Antoine) Bank, 213
Bourgeois (Jean Louis), 227
Bourn (William Bowers), 202
Bowen (Michael), 279
Brangwyn (F.), 229
Brautigan (Richard), 136
Briggs (Harry), 64
Broadway (Oakland), 312
Broadway (San Francisco), 168
Brooks (Butcher), 280
Brooks Hall, 226
Brown (Arthur Page), 97, 190, 199, 208, 226, 229
Brown (Joan), 321
Bruce (Lenny), 168
Brundage (Avery) , 264
Brundage (Avery) Collection, **264**, 270
Buckley (Christopher), 45
Bud Surf Tour, 83
Buddha's Universal Church, 159
Buena Vista Park, 280
Buffalo Paddock, 273
Burgess (Gellett), 197
Burnham (Daniel), 104, 197, 207, 210, 214, 215, **224**, 225, 304
Burroughs (William), 166
Byrds, 79

◆ C ◆

C.A. Thayer,173
Cable Car Bell-Ringing Contest, 81
Cable Car, **68-69**, 189
Cable Car Powerhouse, 193
Cable Car Theater, 223
Cable Car Turntable, 7, 177, 219
Cabrillo (Juan Rodriguez), 42
Cadenasso (Giuseppe), 197
Caen (Herb), 167
Cahill (B.J.S.), 224
Calder (A. Stirling), 217
California Academy of Sciences, 264
California Star, 70
California State Legislature, 212
California Street, 107, **210**, 345,
The Californian, 70
Californios, 43
Call Building, 215
Callister (C.W.), 99
Camera obscura, 252
Cameron (Donaldina), 157
Cameron-Stanford House, 313
Camino del Mar, 247
Camino Real, 293
Campus, **102-103**
The Cannery, 178
Canton company, 152
Capp Street, 298
Carleton (Watkins E)
Carlsen (Emil), 199
Cassady (Carolyn), 134
Cassady (Neal), 166
Cassatt (Mary), 266
Castro District, 300-304, 386
Castro Theatre, 304
Cendrars (Blaise), 122
Central Pacific, 54, 208
Central Wharf, 157
Cerfs-volants, 83
Chambrelain (Samuel S.), 70
Charlatans, 79
Charles (Les frères), 70
Chart House, 178, 326
Cherry Blossom, Festival, 81, 232
Children's Museum, San Jose, 108
China Beach, 247
China Clipper, 308
Chinatown, 116-117, 152-161, 368
Chinatown (Oakland), 312
Chinatown Gate, 156

INDEX

Chinese Cultural Center, 159
Chinese Exclusion Act, 154
Chinese Historical Society, 158
Chinese New Year, 81
Chinese Opera House, 161
Chinese Six Companies, 160
Chinese Telephone Exchange, 159
Chorris (L.), 42, 43
Chronicle Building, 215
Chronologie, 42
Chung Ming, 152
Chutes, 275
Cimabue, 119
Cinco de Mayo Festival, 81
Circle Gallery Building, 221
City Beautiful Movement, **96-97**, 102
City Hall, 101, **227**
City Lights Bookstore, 165, 167
Citycorp Center, 217
Civic Auditorium, 228
Civic Center, 46, 97, **224-232**, 380
Clapp (William), 317
Clay-Jones Tower, 193
Clayton, 255
Cleaver (Eldridge), 309
Cliff House, 252
Climatology, 18-19
Clipper, 48
Clipper de type «Monterey», 22, 23
Coastal Highway 1, 327
Coastal Trail, 250
Coastanoans, 293
Cobb's Comedy Club, 178
Cocteau (Jean), 130
Cogswell (Henri), 169
Cohen (Allen), 71, 279
Coit Tower, 47, 120, **170**, 298
Cole, 256
College of California, 308
Colombarium de Lorraine Court, 274
Colombus Avenue, 164
Colombus Tower, 164
Colton (David), 189, 192
Colton Mansion, 192
Columbia Steel Company, 202
Comstock Lode, **45**, 189, 210
Comité de Vigilants, 45
Commercial Street, 157

Concourse Exhibition Center, 80
Conifer Walk, 261
Connick (Charles Jay), 193
Connolly (Mary B.)'s Children's Playground, 261
Conover (Luther), 75
Conservatory, 260
Consulat Britannique, 202
Conte Hall (Université de Californie), 322
Contract-labor-system, 153
Coolbrith (Ina), 196
Coolbrith (Ina) Park, 196
Coolidge, 103
Coolie trade, 153
Coolies, 54, 160
Coos Bay, 250
Coppola (Francis Ford), 164
Corso (Gregory), 166
Cortés (Hernan), 42
Cosmopolitan Hotel, 207
Cottage Row, 232, 300
Coulter (William A.), 173, 210
Coutts (Gordon), 117
Cow Hollow, 204
Coxhead (Ernest), 98, 202, 272
Coyote, 37
Crabe de Dungeness, 23, 86
Crabtree (Lotta), 216
Credit-ticket, 153
Creighton Withersd, 190
Crenier (Henri), 227
Crocker (Charles), **55**, 189, 213, 221
Crocker (William H.), 236
Crocker Company, 55
Crocker Gallery, 115, **215**
Crocker's Pets, 54
Crocker-Woolworth Bank, 213, 217
Crookedest Street, 199
Crown Zellerbach Building, 107, 217
Crumb (Robert), 71, 278
Cubic Air Ordinance, 154
Cummings (Earl), 262
Cunningham (Immogen), 290
Curran Theater, 223
Curtis & Davis, 190

◆ D ◆

Dailey (Gardner), 99, 261

Dana (Richard Henry), 122
Darrell Place, 171
Daughters of Bilitis, 303
Davies Symphony Hall, 229
De Young (Michael Harry), 70, 236, **258**, 266
De Young (M.H.) Memorial Museum, 249, 264, **266-269**
Dead Kennedys, 79
Delmar Street, 280
Demuth (Charles), 266
Deutsch (Richard), 108
Di Maggio (Joe), 82
Diebenkörn (Richard), 289, 319
Different Light Bookstore, 304
Diggers, 280
District Associations, 160
Divisadero Street, 201
Doda (Carol), 168
Dollar Block, 210
Dolores Park, 295
Donahue (James et Peter), 217
Donahue (Tom), 78
Dos Passos (John), 203
Doughboy Statue, 262
Downtown Plan, **106**, 207
Drake (sir Francis), **42**, 328
Draper (Dorothy), 192
Drogstore Café, 282
Du Pon Gai, 156
Duncan (Isadora), 222
Dupont Street, 157
Dye (Clarkson), 115
Dylan (Bob), 79

◆ E ◆

Eakins (Thomas), 269
Earth and Space Hall, 264
Earth Sciences Building (université de Californie), 322
Eastlake style, 95
Échassiers, 20
Eclipse, 207
Église Luthérienne Saint John, 297
Eichman (Bernard von), 317
Eldorado, 147
Elephant Walk, 304
Ellerhusen (Ulric), 239
Ellis (Charles Alton), 242
Embarcadero Center, 107, **207**

Empereur Norton, **158**, 212
Empire Gold Mine, 51
ENIAC, 76
Érigone, 37
Esherick (Joseph), 99
Ethnic Danse Festival, 239
Eucalyptus, 40
Euclid Street, 320
Euphemia, 146
Eureka, 173
Eureka Bank, 168
Eureka Valley, 300
The Evening Bulletin, 45, **70**
Examiner Building, 215
Exotic-Erotic-Halloween Ball, 80
Exploratorium Science Museum, 239
Exposition internationale du Golden Gate, 74, **308**
Exposition internationale Panama-Pacifique (Exposition internationale de 1915), 46, 202, 217, **236**, 319, 326

◆ F ◆

F. 64 (le groupe), **290-291**
Fagan (Hélène Irwin), 249
Fair (James), 189, **191**
Fairmont Hotel, 97, **192**
Family Dog, 282
Farallones (îles), **26-29**
Fargo (William G.), 212
Faucon pèlerin, 21, 40
Favrile, 266
Federal Reserve Building, 209
Feinstein (Dianne), 273
Ferenzy (Paul), 222
Ferlinghetti (Lawrence), 165, 167
Ferry Building, 208
Festivall Hall, 238
Fêtes et Festivals, 80-81
Feusier Octagon House, 198
Filbert Steps, 171
Fillmore Auditorium, 78
Fillmore West, 78
Financial District, **206-217**, 374
Fine Arts Museums of San Francisco, 249
First Chinese Baptist Church, 160
First Church of Christ Scientist (Berkekey), 100, 238

403

◆ INDEX

First National Gold Bank, 213, 217
First Unitarian Church, 232
Fish Alley, 179
Fisherman's Wharf, 112-113, 180
Flamin Groovies, 79
Flatiron Building, 164
Fletcher (Francis), 272
Flood (James C), **189**, 191, 203, 213
Flood (James) Building, 96, 209
Flood Mansions, 203
Florence Street, 197
Flower Generation, 47
Flower Power, 300
Flying Cloud, 49
Fog, 18
Font (père Pedro), 43
Fontaine de l'Énergie, 236
Foreign Miners Licence Tax, 51, 153
Forêts de chênes Oak Woodlands, **34-35**
Fort Mason, 234, 370
Fort Point, 241
Fort Ross, 44
Fort Sutter, 48
Fort Winfield Scott, 240
Fortune cookies, 86, 263
Four Seasons Clift Hotel, 222
Fowler (Orson), 198
Francis Lefty O'Doul Bridge, 287
Francis Scott Key Monument, 262
Franklin (Benjamin) statue, 168
Freak Brothers, 71
Fredell (Gail), 74
Free Speech Movement, 320
Frémont (John), 44
French (Daniel Chester), 262
Frick, 193
The Friends of Photography, 287, **290**
Fromage Vella, 86
Fryer (Pauline C.), 241
Fugazi (John) 's Colombus Savings and Loan Society, 211
Fuller (Loïe), 248
Funston, 59
Further, 276

◆ G ◆

Garden of Flagrance, 261
Garden of Shakespeare's Flowers, 261
Gare de Burlingame, 89

Gash (John), 260
Gay (August), 317
Gay (communauté), **302-303**
Geai, 31, 36
Geary (John W.), 219
Geary Boulevard, 246
Geary Theater, 223
Geefs (Guillaume), 262
Genella Building, 151
Gensler & Ass, 108
Genthe (Arnold), 161
Ghirardelli (Chocolaterie), 86, 151, 162, **176**
Ghirardelli Square, 176
Giannini (Amadeo P.), 211
Giannini Plaza, 211
Gibbs (George), 201
Gibbs House, 201
Ginsgerb (Allen), 133, 166, 167
Giotto, 119
Giuseppe Verdi Statue, 262
Glass House, 215
Gleason (Ralph J.), 78
Goat Hill, 169
Goéland, 40
Golden Era, 71
Golden Gate Avenue, 231
Golden Gate Bridge, 47, **242-245**
Golden Gate Cemetery, 247
Golden Gate Park, 255-273, 382
Golden Gate Promenade vers Cliff House, **233-254**
Golden Gate Recreation Area (GGNRA), 234, 324
Golden Gate Stadium, 272
Gordon (George), 287
Goslinsky House, 98
Gothic Revival Style, 95
Grabbhorn (les frères), 73
Grace Cathedral, 189, **193**
Graham (Bill), 78
Grain Exchange Hall, 210
Grand Hotel, 207
Grand Hyatt Hotel, 221
Grant Avenue, 44, **156**
Grant Mansion, 202
Grant Street, 156
Grapes and Grape Vines of California, 72
Grateful Dead, 78, 279, 282
Gratte-ciel, 104, 106
Gray (Percy), 110, 327
Greater Tuna, 223

Green Street, 198
Green Street Wharf, 2
Gregory-Ingraham House, 99
Grève de 1934, 64
Griffin (Rick), 278, 279
Grogan (Emmett), 280
Grossoni (Orazio), 262
Guérin (Jules), 237
Guerrero Street, 296
Guillemot, 25
Guinness Museum of World Records, 179
Gum San, 152
Guppies, 339

◆ H ◆

Haas-Lilienthal House, 204
Hagiwara (Makato), 263
Hahn (William), 115
Haight, 256
Haight Street, 282
Haight Street Palace, 282
Haight-Ashbury, 274-282, 382
Haight-Ashbury Free Clinic, 282
Hale (Reuben), 236
Hall (Charles), 75
Hall (William H.), 255
Halleck (Henry), 150
Hallidie (Andrew S.), 69
Hallidie Building, 215
Halprin (Larry), 226
Halprin (Lawrence), 99, 171, 177, 217
Hammett (Dashiell), **132**, 171
Happy Valley, 284
Harold Dollar Building, 210
Harper's Weekly, 268
Harte (Bret), 126
Hayes Street, 229
Hayward (Alviza), 214
Hearst (Phoebe A.), 321
Hearst (William Randolph), **71**, 215, 261
Hearst Greek Theater, 323
Hearst Mining Building, 322
Hell Ships, 149
Hell's Angels Cannibales, 71
Helms (Chet), 282
Henry (Carl), 198
Herbst Theatre, 229
Hercules, 173
Héritage hispanique, 88-89
Hertska & Knowles, 217
Heteromèle (Toyon), 37

Hewlett (B.), 77
Hibernia Bank, 96
Hiler (Hilaire), 172
Hill (Thomas), **110**, 199, 314
Hines (Gerard), 210
Hippies, 78, **276-279**, 281, 326
Hipsters, 276
Hiss & Weeks, 202
Hitchcock Coit (Lillie), 170
Hobart (Lewis P.), **193**, 202, 210, 215
Hobart Building, 217
Holder (Preston), 290
Holladay (Samuel), 204
Holmes (John Clellon), 166
Homer (Winslow), 268
Hopkins (Mark) Art Institute, 248
Hopkins (Mark), **55**, 189, 190
Hopkins (Mark) Hotel, 190, 191
Hopkins (Mark) House, 199
Hotaling Buildings, 151
Howard (Henri), 170
Howard (John G.), 97, **225**, 228
Howe Brancoft (Hubert), 198
Howl, 167
Hoyem (Andrew), 73
Huckleberry Botanic Regional Reserve, 323
Huîtres, 23
Huîtrier de Bachman, 26
Human Be-In, 277
Humboldt Bank Building, 101, 104
Hunter-Dulin, 215
Hunters Point, 154
Huntington (Archer M.), 249
Huntington (Collis P.), **55**, 189
Huntington Falls, 272
Huntington Hotel, 192
Huntington Park, 192
Huret (Jules), 117
Hutton (Bobby), 309
Hyatt Regency Hotel, 207
Hyde Street Pier, 173

◆ I ◆

IBM, 77
Ide (William B.), 44
Impressionnisme, 266
Imprimerie d'Art, 72-73
Improvisation Theater, 223
Industrial Indemnity Building, 210
Instant City, 90
Insurance Exchange

INDEX

Building, 211
International Animation Festival, 239
International Longshoremen's Association, 47, 64
International Longshoremen's and Warehousemen's Union, 64
Interstate Bank, 282
Iron Pot, 167
Inverness, 328
Irvine (James)'s Home, 202
Issei, 231
Italian-American Bank, 213
Italianate style, 95

◆ J ◆

Jackson Square, 146-151
Jackson Street, **151**, 157
Japan Center, 232
Japanese Tea Garden, 261, 263
Japantown, 230, 380
Jefferson Airplane, 79, 280
Jefferson Street, 179
Jefferson Street Amusement Zone, 179
Jeng Sen Temple, 160
Jensen (Gerard), 261
Jeremiah O'Brien, 235
Jet stream, 18
Jobs (Steve), 77
Johnson (Philip), 210
Jones (William A.), 240
Joplin (Janis), **79**, 279, 282
Joseph Atkinson House, 196
Julius Castle, 171

◆ K ◆

Kahlo (Frida), 119
Kaiser (H.J.), 235
Karpis (Alvin), 185
Kaufman (Bob), 164
Kearney (Dennis), 154
Keating Clay (Pafford), 199
Keith (William), 197, 314
Kelham (George), 191, 211, 214, 217, 227, 236
Kelley (Alton), 278
Kenny (George), 198
Kent (William), 326
Kerouac (Jack), 134, 166
Kesey (Ken),78, 276, 277
Kevin Roche, John Kinkeloo & Ass., 313

Kezar Stadium, 273
Kiley (Dan), 313
Kinetsu Building, 232
King (Martin Luther) Celebration, 81
King (Thomas Starr), 232
King (Thomas Starr) Statue, 262
King of William (James), 70
Kipling (Rudyard), 7, 128
Kirby, Petit & Green (agence), 215
Kohl Building, 207, 211, 214
Konko Kyo, 232
Kotas (J.), 99
Krafft (Julius), 203
Krause, 193
Kroeber (A. L.), 42
Kulu Loklo, 328

◆ L ◆

Laguna Salada, 151
Laguna Seca, 274
Lands End, 250
Lansburgh (Albert), 229
The Lark, 197
Lavenson (Alma), 291
Laver (Augustus), 191
Lawrence Hall of Science, 323
Lawson House, 100
Leale House, 202
Leary (James), 203
Leary (Thimothy), 277
Lefèbvre d'Argencé René-Yvon), 264
Leidesdorff (William), 149
Leidesdorff Street, 149
Lemonnier (Léon), 294, 295
Lenoir (Henri), 165
Lentelli (Leo), 209, 227
Lesbian-Gay Freedom Day Parade, 80, 302
Levi's Plaza, 171
Levy Strauss & Co, **66**, 297
Liberthy Ships, 234
Liberty Hill Historic District, 296
Liberty Street Steps, 304
Lick (James), 260
Lick Hotel, 207
Lick Monument, 226
«Life Through Time», 264
Ligue californienne de base-ball, 275
Limicoles, 20
Lincoln (Seth S.), 197
Lincoln Park, 247
Lind (Jenny) Theater, 159

Littérature, 121-136
Little Canton, 153
Little Egypt, 259
Livermore (Horatio P.), 196
Livermore, 197
LLoyd Lake, 272
Loire (Gabriel), 193
Loma Alta, 169
Lombard Street, 198
London (Jack), 129, 280, **310-311**
London (Jack) Waterfront, 312
London, Paris and American Bank, 213, 217
Longshoreman's Association, 47, **64**
Long Tom, 50
Long Wharf, 147, 157
Lotta's Fountain, 216
Love Generation, 277
Lowie Museum of Anthropologie, 323

◆ M ◆

Macareux, 26
Mackay, 189
Mackenzie & Harris, 73
Macondray Line, 197
Maiden Lane, 220
Main Library, 227
Maison victorienne, **92-93**, 300
Maison-sac, 100
Maloney (Peter J.) Bridge, 287
Mammifères marins, 26
Mandarin Hotel, 210
Manion (Jack), 161
Manzanita, 37
Marais salés de Bolinas, 20-21
Marina Boulevard, 235
Marina District, 235
Marina Green, 83, **234**
Marina Small Craft Harbour, 234
Marina, 186, 370
Marin County, 324-328
Maritime National Historic Park, 234
Market Street, 91, **208**, **301**
Marsh (George Turner), 246, 263
Marshall (James), 48
Mason (Richard Barnes), 234
Mason Street Townhouse Row, 191
Masonic Street, 280
Masonic Temple and Museum, 192
Mathew (Arthur et Lucia), 74

Mathews (Arthur), 43, 199
Mathews (Edgar), 202
Mathias (John), 177
Mathis (Johnny), 168
The Matrix, 79
Matson (William), 209
Matson Building, 209
Matson Navigation and Co, 209
Maybeck (Bernard), 97, 99, 100, **238**, 280, 321
Maybeck Building, 169
McCoppin (Frank), 254
McKenzie (Scott), 277
McLaren (John), 237, 256
McLaren Lodge, 260
Mechanics' Institute, 215
Mechanics' Monument, 217
Medical-Dental Office Building, 104
Meiggs Wharf, 162, 180
Memorial Day Regatta, 83
Merchants' Exchange, 207, 210, 211
Merola (Gaetano), 229
Merritt (Ezekiel), 44
Merritt Lake, 313
Merritt Samuel, 313
Mésange, 40
Meyer (Frederick H.), **97**, 225, 228
Midwinter Fair, 258
Mile Rock Light, 250
Milk (Harvey), 301, 303
Miller (Joaquin) Park, 323
Miller (Larry), 279
Mills (Darius O.), 211, 214
Mills Building & Tower, 104, 207, **214**
Mills College, 89
Minnaux (Slim), 280
Minnie's Can-Do, 167
Mish, 292
Mission Creek, 42
Mission District, 292-299, 386
Mission Dolores, 43, **89**, 292, 293, **294**
Mission Dolores (Basilique), 295
Mission Dolores (Chapelle), 294
Mission Dolores (cimetière), 295
Mission Dolores (musée), 295
Mission High School, 295
Mission Revival, **88**, 240, 282
Mission Street, 292

405

◆ INDEX

Miwoks, 42, 328
Mobilier design, 74-75
Monarque, 40
Mondo 2000, 77
Montclair Terrace, 198
Monteagle (Louis F.), 202
Monteagle House, 202
Montgomery (John), 44
Montgomery Street, 214
Moody (Walker), 186
Moore (A. Jr) House, 198
Moore (Charles), 99
Mooser Jr (William M.), 172
Mooser Sr (William M.), 176, 178
Moraga (José Joaquin), 240
Morgan (Julia), 89, 97, 99
Morrison Planetarium, 264
Mortadella, 280
Moscone (George), 303
Moscone Convention Center, 287
Moscoso (Victor), 278
Most Holy Redeemer Parish, 300
Mother Jones, 71
Mother Lode, 50
Mount Diablo, 323
Mount Sutro, 304
Mount Tamalpais, 326
Mouse (Stanley), 278
Muir (John), 327
Muir Beach, 327
Muir Woods, 326-27
Muir Woods National Monument, 327
Mullgart (Louis C.), 236
Municipal Pier, 172
Murals, 118, **298**, 299
Musée d'Art moderne, 229, 287, **288-289**
Musée de la Boxe, 229
Musée de la Police, 229
Musée du Jouet, 178
Musée mécanique, 252
Museum of the City of San Francisco, 179
Music Concourse, 262
Musique, 78

◆ N ◆

Names Project, 301
Napa Valley, 38-39
Napier Lane, 171
Nappenbach (Henry), 117
Nash (J.H.), 73
National Football Conference, 83
National League, 82
National Maritime Museum, **172**
National Military Cemetery, 241
National Recovery Act, 64
Nature, 16-40
Mr. Natural, 71, 278
Naval Monument, 219
Nelson (Fernando), 300
Nevada Bank of California, 189, 213
New Chinatown, 246
New Deal, 298
Newhall (Beaumont), 289
Newhall Building, 210
Newspaper Corner, 215
Newton (Huey), 309
Nichi Bei Kai Cultural Center, 232
Nihonmachi, 230
Nihonmachi Mall, 232
Nisei, 231
Nob Hill, 188-193, 371
Norris (C. G.), 115
Norris (Franck), 130, 111
North Beach, 162-171, 372
North Beach Museum, 168
North Point Cove, 162
Northen Waterfront, 172-186, 368
Noskowiak (Sonya), 290
Nouvelle Albion, 42, 328

◆ O ◆

O'Brien (Robert), 208
O'Brien W. S., 213
O'Farrell (Jasper), 168, 219
Oakland, 306-319
Oakland A's, 82
Oakland City Center, 312
Oakland Coliseum, 78
Oakland Museum, 313, **314-319**
Ocean Beach, 83, **252**
Oceanic Steamship Building, 210
Octagon House, **204**, 250
Ohlones, 42, 292
Old California State Office Building, 227
Old Federal Building, 226
Old Railroad Grade (Sausalito), 326
Old United States Mint, 286
Older (Frémont), 46
Oldfield (Otis), 120
Olmsted (Frederick Law), 102, 254, 321
Opera House, 229
Oppenheimer (Frank), 239
Oriental Warehouse, 287
Orozco (José Clemente), **119**, 171, 298
Otaries de Californie, 24, 26, 40
Otto von Kotzebue, 295
Overland Monthly, 71

◆ P ◆

Pacific Avenue, 202
Pacific Club, 191
Pacific Gas & Electric Building, 209
Pacific Heights, 200-204
Pacific Heights Association, 201
Pacific Heritage Museum, 158
Pacific Mail Steamship Company, 155, 287
Pacific Rairoald Act, 45, 55
Pacific Street, 148
Pacific Telephone and Telegraph Company, 286
Pacific Telephone Building, **105**, 286
Pacific Union Club, 191
Packard (D.), 77
Pagès (Jules), 117
Pagode de la paix, 231
Palace Hotel (voir Sheraton Palace Hotel)
Palace of Fine Arts, 97, **238**
Palace of Horticulture, 237
Palace of the Legion of Honor, 238, **248**, 266
Palace of Transportation, 236
Palou (Francisco), 43, 293
Panamerican Mural, 118-119
Pancoast (George E.), 70
Panhandle, 256, 280
Parallel, 250
Park and Ocean Railroad, 260
Parrish (Maxfield), 216
Path-of-Gold, 209, 216
Patrons of Art and Music, 249
Pattison (George), 296
Pavillon chinois, 272
Paysage californien au XIXᵉ siècle, 314-315
Peace Plaza Garden, 232
Pêche et poissons, 22-23
Pei (J.M.), 227
Peinture, 109-120
Peixotto (Ernest), 197
Pélicans, 25, 40
People's Park, 320
Percy (George W.), 119, **214**
Pereira (William), 106, **150**, 217
Perry (Charles O.), 207
Peters (Charles Rollo), 113
Pfleuger (Timothy), 190, **286**, 312
Phelan (James Duval), **45**, 224, 262
Phelan (James Duval) Beach, 247
Phoque veau marin, 24, 28
Piazzoni (Gottardo), 227
Pied Piper, 216
Piedmont Street, 280
Pier 39, 186
Pier 43, 186
Pier 45, 186
Pike Street, 160
Pin de Californie, 19
Pioneer Log Cabin, 272
Piranèse, 238
Pissis (A.), 96
Placa, 298
Place des Nations-Unies, 226
Plan en damier, 91
Plaza, 153, **159**
Plaza Vina del Mar (Sausalito), 325
Pleasant (Mary Ellen), 230
Pleasant Valley, 284
Point Bonita Lighthouse, 327
Point Reyes, **24-25**, 328
Point Reyes Lighthouse, 328
Polk (James), 44
Polk (Willis), 89, **99**, 191, 196, 197, 201, 202, 209, 210, 214, 215, 217, 235, 236, 286, 295
Polk Street, 302
Polk-William House, 196
Polo Field, 272
Pony Express, 149
Pool of Enchantement, 264
Porte d'Or, 242

INDEX

Porter (Bruce), 197
Portman Jr. (John) & Ass., 107, 207
Portola (Gaspar de), 43
Portsmouth, 44
Portsmouth Square, 153, **158**
Potrero Hill, 47, 284
Prayer Book Cross, 272
Précisionnisme, 266
Presidio, 43, 88, **240**, 370
Presidio Army Museum, 241
Presse, 70-71
Preussen, 173
Print Mint, 282
Promontory Point, 56
PT &T Building, 207
Pueblo, 44, 88
Pulitzer (Joseph), 71
Punta Medanos, 234
Purcell, 306
Putnam (Arthur), 209, 248

• Q •

Quarante-Neuvards, 48
Queen Anne, 94, 280
Quicksilver, 279

• R •

Raie de Californie, 23
Rainbow Falls, 272
Ralston (William), 189, **210**, 216
Ranlett (William H.), 196
Ransome (Ernest), 100
Raton laveur, 34, 40
Raza History, 298
Real Estate Associates, 92
Recollections of a Tule Sailor (Souvenirs d'un marin d'eau douce), 202
Red Light District Act, 157
Red Vic Moovie Theater, 282
Redwood Canyon, 326
Redwood Regional Park, 323
Refregier (Anton) 286
Reid (James et Merritt), 192
Reid Jr. (John), **97**, 225, 228, 295
Reid Brothers (agence), 215
Réserve de Las Trempas, 323
Revere (Paul), 269
Rexroth (Kenneth), 167
Richardson (Henry Hobson), 104, 207
Richardson (William), **44**, 156, 325
Richmond, **246**, 382
Rincon Center, 286
Rincon Hill, 284
Ripley's Believe It or Not Museum, 179
Rivera (Diego), **119**, 171, 298
Rix (Julian), 314
Robert Dollar Steamship Lines, 210, 213
Rock Garden, 251
Rockefeller III (John D.), 266
Rockefeller III (Mrs), 266
Rodin, 248
Roller (Albert F.), 192, 215
Rolling Stone, 78
Rolph (James), **46**, 225, 236
Roman Gladiator Statue, 262
Root, 207, 214, 215
Ross (Thomas), 297
Ross Alley, 161
Rossi (Angelo), 225
Roth (William M.), 177
Roth (William P.), 209
Row house, 92, 99
Ruan, 103
Ruée vers l'or, 48
Ruef (Abe), 46, 165
Russ Building, 105, 214
Russ Hotel, 207
Russian Hill, 155, **194-199**

 • S •

Saarinen (Eliel), 207
Sacramento (rivière), 22
Sacramento Street, 157
Safe Sex, 303
Sailing Ship Entering the Golden Gate, 241
Sailing Ship Restaurant, 286
Salami Molinari, 86
Sally Port,183
San Andreas (faille de), **16-17**, 328
San Francisco Architectural Heritage Foundation, 204
San Francisco Art Association, 115, 191 **199**, 316
San Francisco Art Center, 120
San Francisco Art Institute, 199
San Francisco Ballet, 229
San Francisco Buddhist Church, 232
San Francisco Chronicle, 70, 167
San Francisco Daily Examiner, 70, 120
San Francisco Gas Co., 202
San Francisco Mime Troupe, 278
San Francisco National Historical Park, 172
San Francisco Opera, 229
San Francisco Oracle, **71**, 279
San Francisco Public Library, 108
San Francisco Renaissance, 167
San Francisco Sound, 78-79
San Joaquin (rivière), 22
San Jose Avenue, 297
Sansei, 231
Sausalito, 325
Saroyan (William), 133
Sather Tower, 102, **322**
Scenic Drive, 247
Schmidt (Peter), 204
Schmitz (Eugène), **46**, 165
School of Design, 113, 117, **199**
Schroder's, 208
Schubert Hall, 203
Schultze & Weaver, 215
Scott (Irving M.), 201
Sea Cliff, 247
Seal Rocks, 250
Séisme de 1906, 58
Séisme d'octobre 1989, 17
Séquoias de Muir Wood, 19, **30**, 98
Serra (Junipero), **292**, 293, 295
Serra (Junipero) Monument, 262
S. F. Yatch Club, 235
Shaffer, 99
Shakespeare Festival, 81
Shangaier, 148
Shaw (Richard), 288
Sheeler (Charles), 266, 288
Shelby Shot Tower, 285
Shelby's Smelter and Lead Works, 162
Shell Building, **217**, 207
Shell Oil Co, 217
Shelton (Gilbert), 71
Shepley, 103
Sheraton Palace Hotel, 100, 207, 210, **216**
Show (J. Porter) Library, 234
Shrader, 256
Shreve House, 202
Siegriest (Louis), 317
Signal Hill, 169
Sillicon Valley, 76
Silver Kings, 45, 189, **191**
Singing Tower, 193
Siqueros (David Alfaro), **119**, 171, 298
Sir Francis Drake Hotel, 221
Sisters of Perpetual Indulgence, 300
Skidmore, Owings & Merril (agence), **106**, 107, 215 , 217, 229
Sky Line, 207, 209
Skyline National Trail, 323
Sly Stone, 79
Smith (Art), 236
Smith (Bessie), 79
Smith House, 202
Snow (G. Washington), 93
Society of California Pioneers, 228
Société des Six, 316-317
Solari Building West, 151
Solomon (D.), 99
Soto Zen Mission, 232
Sourdough Bread, 84
South Hall (Berkeley University), 102, **322**
South of Market, 284-287, 384
South of the Slot, 284
South Park, 287
Southern Pacific Railroad Building, 209
Southern Pacific Railroad, 274
Southern Pacific Railway, 188
Spécialités, 86
Spencer House, 280
Spite Fence, 190
Spofford Alley, 161
Sports, 82-83
Spreckels (Adolph B.), 203
Spreckels (Alma), 219, **248**, 266
Spreckels (Claus), 215
Spreckels (John D.), 203
Spreckels (Richard), 280
Spreckels (Rudolph), 46
Spreckels Lake, 272
Spreckels Mansion, **203**, 280
Spreckels Temple of Music, 262
Spring Valley Water Co, 199, 202
Sproul Plaza, 322

◆ INDEX

St Francis Church, 168
St Francis International Masters Regatta, 83
St Francis Xavier Roman Catholic Church, 232
St. Mary's Cathedral, 81, **232**
St Mary's Church, 156
St Mary's Square, 156
St Patrick Festival, 81
St. Patrick's Church, 284
Standard Oil Building, 207
Stanford (Leland), **55**, 103, 188
Stanford (Sally), 326
Stanford Court Hotel, 190
Stanford House, 191
Stanford Memorial Chapel, 103
Stanyan, 256
Star Figure, 217
Star of Zealand, 4
Stauffacher (William E. & Jack), 73
Stauss (Joseph B.), 242
Steel (Danielle), 204
Steinbeck (John), 243
Steinhardt Aquarium, 264
Sterling (George), 127, **199**
Sterne caspienne, 20
Stevenson (Robert Louis), **124**, 159, 308
Still (Clyfford), 288
Stinson Beach (Marin County), 327
Stirling Calder A., 236
Stoneman (George), 256
Story (William M.), 262
Stow (W. W.), 272
Stow Lake, 272
Strauss (Joseph B.), 241, 242, 287
Strawberry Hill, 272
Streisand (Barbra), 168
Strong (Joe et Isobel), 151
Stroud (Robert), 185
Strybing (Helen), 261
Sts Peter and Paul (église), 81, **169**,
Succulent Garden, 261
Summer of Love, 276
Summit Tunnel, 57

Sunset, 280
Sutro (Adolph), 45, **252**, 304
Sutro Baths, 251
Sutro Heights, 251
Sutter (Johann), 48
Swain (Edward R.), 203, 260
Sydney (George), 204
Sze Yup Association, 152

◆ T ◆

Tadich Grill, 208
Tank Hill, 304
Tavernier (Jules), 113
Taylord (Bayard), 123
Techniques anti-sismiques, 100-101
Telegraph Avenue, 320
Telegraph Hill, 90, 120, **169**
Telegraph Hill, 120
Telephone Pioneer Communications Museum, 286
Tenderloin, **223**, 302
Tetlow (Robert), 261
Theater District, 223
Theater on the Square, 223
Thelin (Ron), 279
Theodore (Judah), 55
Tielden (Douglas), 217
Tien How Temple, 160
Tiffany (Louis C.), 266
Tilden (Douglas), 262
Tilden Regional Park, 323
Tongs, 161
Tosca Cafe, 165
Tour de l'Horloge, 176
Tower of Jewels, 236
Traité d'Utrecht, 43
Traité de Burlingame, 154
Traité de Guadalupe Hidalgo, 44
Traité de Paris, 43
Traité de Tordesillas, 42
Transamerica Pyramid, 106, 150, 164
Transcontinental Railway, 54-57
Treasure Island, 307
Treasure Island Museum, 308
Trips Festivals, 278
Tudor, 280
Tunnel Company, 252
Turnbull (W.), 99
Twain (Mark), 125
Twin Peaks, 304

Two Bits, 241

◆ U ◆

Union Club, 191
Union Iron Works, 217
Union Labor Party, 46
Union Pacific, 54
Union Square, 218-223, 376
Union Street, 204
Union Trust Co, 213
Université de Californie (Berkeley), 102, 275, **320**
Université de Stanford, 77, 102, **352**
University Art Museum, 320
University Club, 190
Urban Renewal, 230, 232
Urbanisme, 52-53, 87-108
US Geological Survey Building, 101
USS Pampanito, 186
USS Portsmouth, 156
USS San Francisco Memorial, 250

◆ V ◆

Valencia Street, 297
Vallejo, 44
Van Dyke (Willard), 290
Van Sloun (Frank), 222
Vesuvio Café, 165
Victorian Park, 176
Victorian Row, 312
Vignobles, **38-39**, 86
Vioget (Jean-Jacques), **91**, 158
Vista Point, 325
Vizcaino (Sebastien), 42, 328
Vogel (Edward), 280

◆ W ◆

War Brides Act, 155
War Memorial Performing Art Center, 229
War Memorial Group, 225
War Veteran's Building, 229
Ward (Clarence), 236
Warner (Abe), 163
Washington (George), 43
Washington Square, 168

The Wasp, 71, 155, 206
Wattis Hall of Man, 264
Wawerly Place, 160
Wax Museum, 179
Waybur House, 98
Webster Bridge, 232
Weeks & Day, 191, 192
Weihe, 193
Wells Fargo Bank, 212, 217
Wenner (Jann), 78
Western Addition, 200, 230
Westin St Francis Hotel, 221
Weston (Brett), 287
Whalers' Cove, 325
Wharff (Edmund), 204
White (Dan), 303, 304
White Fang, 280
Whittier Mansion, 203
Williams (Dora), 196
Williams (Henry K.), 251
Williams (Virgil), **110**, 113, 199
Wilson (Adrian), 73
Wilson (S. Clay), 71
Wilson (Wes), 278, 279
Windmill (Dutch), 273
Winterland, 78
Wintuns, 42
Wolfe (Tom), 135
Wood (Grant), 267
Woodward (Robert B.), 296
Woodward's Garden, 199, **296**
Worcester (Joseph), 197
Workingman's Party of California, 154
Wozniack (Steve), 77
Wurster (W.), 99

◆ Y ◆

Yachting Association Regatta, 83
Yelland (Raymond), 199
Yerba Buena, 43, 44, 90, 152, 292
Yerba Buena Center, **287**, 285
Yerba Buena Island, 307
Yokhuts, 42
Young (Edward E.), 196

◆ Z ◆

Zap Comics, 71
Zen, 167

DANS LA MÊME COLLECTION
ALPES-MARITIMES,
ALSACE,
BAIE DU MONT-SAINT-MICHEL,
BATAILLE DE NORMANDIE,
BOUCHES-DU-RHÔNE,
CALVADOS,
CHARENTE-MARITIME/AUNIS,
CHARENTE-MARITIME/SAINTONGE,
CORSE-DU-SUD,
CÔTES D'ARMOR,
CÔTE D'ÉMERAUDE,
EURE,
FINISTÈRE-NORD,
FINISTÈRE-SUD,
LA FRANCE AU FIL DE L'EAU,
LA FRANCE DES SAVEURS,
GUADELOUPE,
HAUTE-CORSE,
HAUTE-PROVENCE,
HAUTES-ALPES
ÎLES EN FRANCE,
INDRE-ET-LOIRE,
LOIRE-ATLANTIQUE,
LOIR-ET-CHER,
LE LOUVRE,
MANCHE, MARTINIQUE,
MORBIHAN, ORNE,
PARC NATIONAL DES CÉVENNES,
PARC RÉGIONAL DU LUBERON,
PARCS NATURELS RÉGIONAUX,
PARIS,
PAYS BASQUE,
RENNES-VITRÉ-FOUGÈRES,
RESTAURANTS DE PARIS,
SAVOIE, SEINE-MARITIME,
TAHITI,
VAR,
VAUCLUSE,
VENDÉE MARITIME

AMSTERDAM,
BALI,
BOLOGNE,
CRÈTE,
ÉGYPTE,
FLORENCE,
GRÈCE,
IRLANDE,
ISTANBUL,
LONDRES,
MALAISIE ET SINGAPOUR,
MAROC,
MONDE MAYA,
NAPLES/POMPÉI,
NEW YORK,
PRAGUE,
QUÉBEC,
RAJASTHAN,
ROME,
SAINT-PÉTERSBOURG,
SÉVILLE
TERRE SAINTE,
THAÏLANDE,
TUNISIE,
VENISE,
VIENNE,
WALLONIE/BRUXELLES

GUIDES GALLIMARD
5, RUE SÉBASTIEN BOTTIN
75007 PARIS

CARTE DE SAN FRANCISCO
**Les chiffres en italique renvoient
aux pages du guide
et les coordonnées
à la carte de la page suivante.**

JACKSON SQUARE *146* **H4**
CHINATOWN *152* **G4** ♥
NORTH BEACH *162* **H3** ♥
NORTHERN WATERFRONT *172* **F-G2-3**
MUSÉE MARITIME *172* **F3** ♥
ALCATRAZ *182* **F-G1**
NOB HILL *194* **G4** ♥
RUSSIAN HILL *194* **G3**
PACIFIC HEIGHTS *200* **E-F-3-4**
FINANCIAL DISTRICT *206* **H4** ♥
UNION SQUARE *218* **H4** ♥
CIVIC CENTER *224* **G5**
JAPANTOWN *230* **EF-4**
MARINA DISTRICT *235* **E-F3**
PRESIDIO *240* **D3-4**
GOLDEN GATE BRIDGE *242* **C2-1**
RICHMOND *264* **D5**
GOLDEN GATE PARK *254* **A-D6** ♥
CALIFORNIA ACADEMY
OF SCIENCES *264* **D6** ♥
H.H. DE YOUNG
MEMORIAL MUSEUM *266* **D6** ♥
ASIAN ART MUSEUM *270* **D6** ♥
HAIGHT ASHBURY *274* **E6**
SOUTH OF MARKET *284* **H4-5**
MUSÉE D'ART MODERNE *288* **H5** ♥
MISSION ET CASTRO *292* **F7**

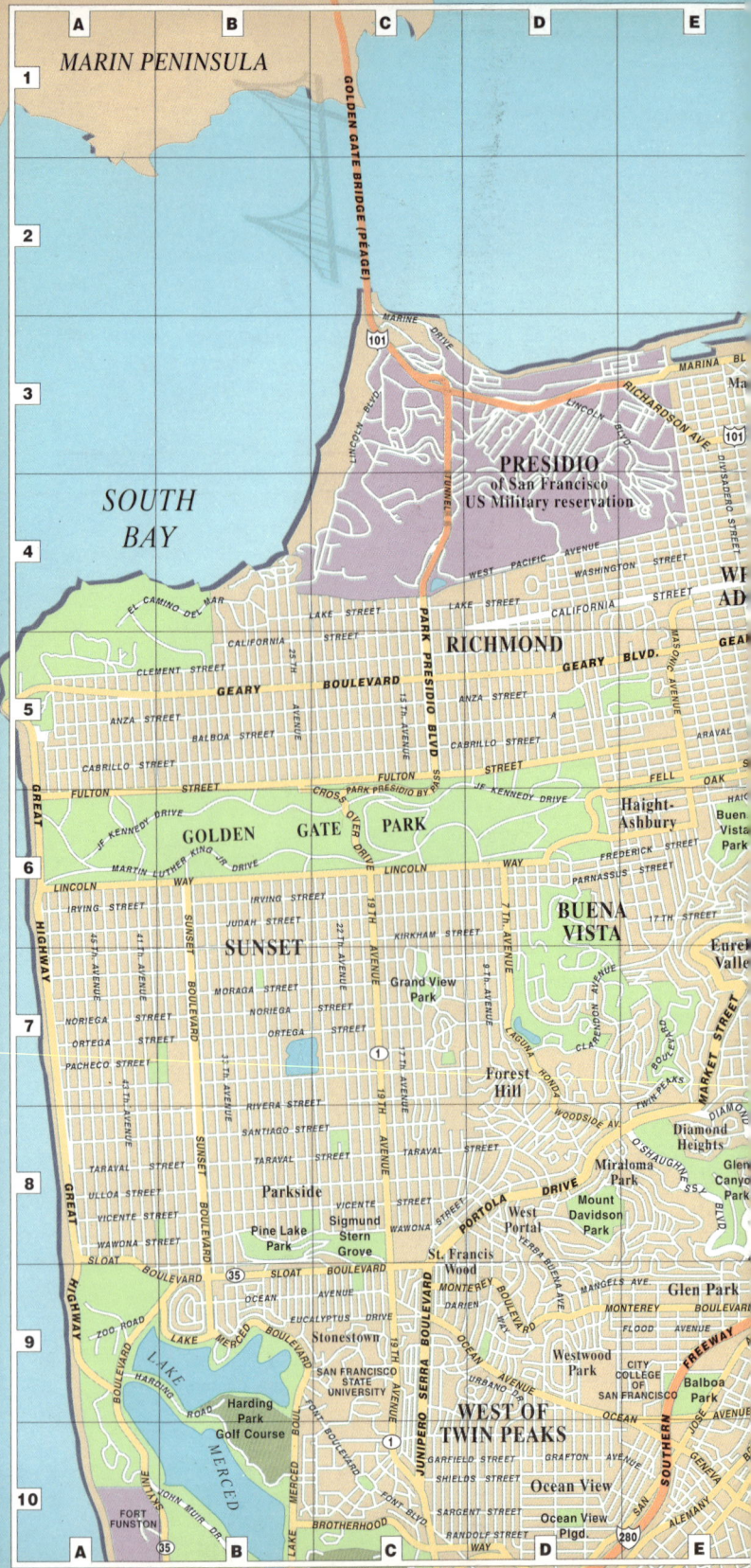